U0515996

谨以此书献给古城襄阳与母亲河汉江

《拾穗三集》编辑委员会

顾　　问：（按姓名笔画为序）

王　雄　叶　植　刘晓峰　李治和　张金起

陈　飞　陈家驹　郑　浩　郝少波

执 行 主 编：颜拥军

编委会成员：（按姓名笔画为序）

马　军　王晓强　方　莉　邓　粮　艾　子

叶经房　阳　光　张玉涛　李秀桦　李俊勇

杨家香　施锦华　徐　信　褚连生　颜拥军

魏冬玲　魏遵明

拾穗三集

襄阳拾穗者民间文化工作群◎编著

文物出版社

图书在版编目（ＣＩＰ）数据

拾穗三集 / 襄阳拾穗者民间文化工作群编著 . -- 北京：文物出版社 , 2021.9
ISBN 978-7-5010-7101-2

Ⅰ.①拾… Ⅱ.①襄… Ⅲ.①地方文化—概况—襄阳
Ⅳ.① G127.633

中国版本图书馆 CIP 数据核字 (2021) 第 112724 号

拾穗三集

编　　者：襄阳拾穗者民间文化工作群

责任编辑：贾东营
责任印制：苏　林

封面题字：张金起
封面设计：王晓强

出版发行：文物出版社
社　　址：北京市东城区东直门内北小街 2 号楼
网　　址：https://www.wenwu.com
经　　销：新华书店
印　　刷：襄阳智羽印务有限公司
开　　本：787mm×1092mm　　1/16
印　　张：31.5
版　　次：2021 年 9 月第 1 版
印　　次：2021 年 9 月第 1 次印刷
书　　号：ISBN978-7-5010-7101-2
定　　价：220.00 元

本书版权独家所有，非经授权，不得复制翻印

目 录

口述历史

捡拾文明碎片的人们

——《拾穗三集》序一

张金起

　　由襄阳拾穗者民间文化工作群编辑出版的文集《拾穗三集》由我作序，是对我的信任同时也倍感压力，思考再三只好从命。

　　我与拾穗者团队结识应该是 2006 年，那个时候"中国记忆论坛"与"拾穗者"都处于起步阶段，这一路十几年走下来，拾穗者团队给予我的更多些。因为我从开始就在各个团队中找寻各种成功经验，然后在更多地区推广，拾穗者提供的案例最便实行，最合适民间志愿者应用。可以说各个团队中多少都有受他们影响的影子。

　　我为中国的文化遗产保护志愿者团队中有这样的团队感觉骄傲。

　　他们在全国的文化遗产保护志愿者队伍中做得特别出色，坚持时间特别长、工作特别扎实、人员特别稳定，成果特别巨大，非常少见。

　　这个团队本身就充满了人文关怀，这种关怀体现在所有方面，有对遗产本身的，也有成员之间的。相当长的时间我在研究他们，也向各个地区推荐他们的经验。

　　我建议文化遗产保护志愿者与团队认真看看这本书，从中可以看到志愿者应当具备的个人修为，也可以看到团队建设并完善的过程，必有益处。

　　借机向全国的文化遗产保护志愿者致意，向各地团队致意，向将来可能参与到文化遗产保护行列的朋友们致意。

2020 年 10 月 20 日于北京

　　注：作者系知名作家、中国记忆论坛创办人。

书写锦绣华章

——《拾穗三集》序二

孙东海

　　翻阅《拾穗三集》，我的眼睛为之一亮，这是一本引人入胜、图文并茂的作品。翻阅之后，我被书中的精彩叙述、精美插图所吸引，便不忍释卷了。全书分为《古城探秘》《古埠旧事》《口述历史》《乡村发现》《汉水流年》《学术探索》《文保散墨》和《草根印迹》等八章，洋洋洒洒，包罗了拾穗者自 2015 年至 2019 年的奋进历程。我贪婪地欣赏着、真切地咀嚼着。我感受到拾穗者的真诚、淡定与厚道，感受到他们的执着、坚韧与坦荡。他们有心无旁骛的专注，他们有孜孜不倦的激情。他们在奔逐的过程中激起一种自豪感，荡漾起惬意感，领略到幸福感。

　　湖北襄阳具有深厚的人文底蕴，名胜古迹众多，历代名人辈出，是诗意栖息之地。然而，在城市变迁的过程中，某些历史遗址被破坏，城乡也散落很多人文碎片。斯时，拾穗者怀着浓烈的乡愁情感，以敢于担当、热爱故乡的情怀，义无反顾地担当起捡拾襄阳文化遗珠的责任，开展了卓越并富有成效的人文行走，为筑梦襄阳作出了出类拔萃的贡献。

　　我曾颇有兴致地阅读过《拾穗集》《拾穗二集》和《拾穗十年》，凭着我从事新闻工作近六十年的职业敏感，深切感到襄阳拾穗者民间文化工作群是一座待采的富矿，拾穗者是一群襄阳人文行走的精英。于是我走近拾穗者，感受拾穗者，领悟拾穗者，撰写了六万字的报告文学《素描拾穗者》。

　　拾穗者是一个业绩骄人、声名远播的人文组织。拾穗者团队是中国文物保护基金会理事单位。2007 年，拾穗者制作的 DV 纪录片《漳源纸事》获得第 29 届东京录影节优秀作品奖。2007 年,拾穗者制作的纪录片《留驻襄阳孔明灯的人——曹志难》获得《大众 DV》优秀奖。2008 年 6 月，拾穗者团队荣膺中国文物保护基金会颁发的"薪火相传——中国文化遗产保护年度贡献奖"。2009年，拾穗者获得湖北省民间文艺家协会颁发的"2007－2008年度先进集体奖"。2012年，拾穗者荣获襄阳市精神文明建设委员会颁发的"襄阳市志愿活动先进单位"称号。2014年，拾穗者被省委宣传部、省文联评为"湖北省十佳民间文化守望者"（采风类）。2014年，拾穗者获襄阳市文化新闻出版局颁发的"特色文化单位"荣誉称号。2015年，拾穗者荣获中国人民大学乡村建设中心、北京爱故乡文化发展促进会和中国农业大学人文与发展学院联合颁发的"2015爱故乡十大年度人物"称号。2017年，中国古村落保护与发展专业委员会授予拾穗者"2016年古村落发展与保护突出贡献团队"荣誉称号。2017年1月，拾穗者荣获襄阳市委、市政府颁发的"2016年感动襄阳十大人物"感动襄阳特别奖。2019年，湖北省委宣传部授予拾穗者"2019荆楚楷模年度人物"光荣称号。

拾穗者是一个能群、乐群、合群的团队。拾穗者团队17名成员各有各的禀赋，各有各的气质。团队组成人员各异，受教育有差异，有科班生，也有自学成才的文化达人；有公务员、编辑记者，也有工程师、企业职员、银行职员和设计师。兴趣各异，有的专注文史研究，有的执着纪实报道，有的擅长文学创作，有的爱好摄影，有的钟情动态影像，有的醉心文物收藏。年龄有差异，绝大多数人到中年，也有年逾八旬的老人。正因为有差异，才好互补，才会有新鲜与活力的源源产生。团队的三位召集人、理事长，善于接纳所有成员的个性，善于容纳一些小瑕疵，善于发挥各自的特长，调动工作积极性。团队成员之间互相欣赏，取长补短，相处融洽。

拾穗者是一个有温度、有气度、有亮度的团队。团队成员在捡拾人文碎片的过程中，相互支持、相互激励、相互帮助。尤其是在关键时刻更显现出浓烈的情谊、心灵的温暖，不是亲人胜似亲人。2008年2月24日，拾穗者团队老大哥徐信年届七十，拾穗者全体成员和市摄影界、书画界、新闻界的朋友一起，为著名摄影师、为人师表者、文化守望者徐信祝福七十华诞。2018年2月24日，徐信八十岁生日，拾穗者团队成员一起祝福徐信八十华诞，向徐信敬献鲜花，品尝生日蛋糕。通过生日聚餐这种仪式感装满深情盛满爱，表达同伴内心的庄重和深沉的情感。徐信深切感到同伴的重视、爱意与尊重，使他倍受感动，倍感欣慰。

拾穗者是一个有信念、有担当、有情怀的团队。拾穗者对捡拾人文碎片具有浓郁的兴趣。拾穗者传承乡音，牢记乡愁，心之所系，行之所至，具有至真至诚的情怀。为了实现心中的寄托与梦想，追逐诗与远方，拾穗者敢于、善于自我加压，他们有必须担当的自我认知，乐意担当的自觉自愿，敢于担当的自知自强，善于担当的自我修为，透露出一股自信与从容。这就是气度，这就是格局，这是就情怀。为什么拾穗者团队享有如此高的知名度、美誉度？为什么拾穗者团队竟有如此高的影响力、感召力？正如毛泽东同志说的那样："为了一个共同的目标，走到一起来了。"一言以蔽之：在于拾穗者拥有健康的人生价值观，拥有富涵正能量的人生理念。"回到田野，守望故乡"是拾穗者团队的核心理念，志愿服务是拾穗者团队的核心价值。他们青春飞扬，砥砺前行；他们保持生命活力，滋养浩然正气；他们学会坚持与豁达，心灵越来越阳光。拾穗者永远奔逐在捡拾人文碎片和遗珠的路上，风光尽在进取中。探索、整理、研究、保护、传播，打捞被遗忘的历史，还原有价值的文化符号，已成为拾穗者自觉的生活方式；热爱、担当、敬畏、刚毅、奉献，留住心仪已久的乡愁，守望文化厚重的故乡，是拾穗者坚守初心、不辱使命的精神追求。

拾穗者梦想之翼展翅翱翔，人生之舟扬帆远航。拾穗者永不停歇奔赴壮美旅程，永不懈怠书写锦绣华章。

2021 年 3 月

注：作者系襄阳广播电视台退休干部、资深媒体人。

古城探秘

"襄阳"，终于找回来的名字

李俊勇 / 文

2010 年 11 月 26 日，经国务院批复同意，湖北省襄樊市更名为襄阳市。宣布更名的当天，在上海读大学的女儿发来邮件说"我的襄樊今天起不存在了！"颇有些耿耿于怀。女儿的"非常不理解"我非常理解。出生伊始，她就在"襄樊"长大，曾经脱口而出的母校"襄樊三十三中""襄樊五中"等名称一夜之间消失，如同让他们把叫了 18 年的名字强行改名换姓那么别扭、难以接受。这是一位 90后"游子"抒发乡愁的方式。这种痛惜和失落，注定会在他们这代人的心头萦绕一段时间。对一座城市来说，选择认同"襄阳"还是"襄樊"，历经坎坷。襄阳是座典型的"双子城"。"一江碧水穿城过"，汉水将襄阳和樊城分为南北二城。"襄樊"作为行政区的名称始于 1948 年，1950 年时隶属襄阳专署，1979 年升格为省直辖市。1983 年地市合并，撤销襄阳地区，其行政区域并入襄樊市。满打满算，"襄樊"作为行政区的历史仅 60 余年。而"襄阳"作为行政区名称，则延续了两千余年。东汉末年自荆州刺史刘表移州治襄阳，"襄阳城"便横空出世。建安十三年，曹操置襄阳郡。此后，襄阳城一直作为州、道、路、郡、署的治所，并成为兵家必争之地，三国风云、宋蒙硝烟都成为文学家最好的创作素材，以至于诸葛亮、庞统还有郭靖、黄蓉们成了襄阳的代言人。不仅如此，襄阳还有极丰富的人文内涵，卞和献玉、宋玉楚辞、荆州学派、隆中对、唐诗宋词，"诸葛千古一智圣，孟米诗书两襄阳"等，无不令人自豪。就连从这里生发的成语，如筚路蓝缕、阳春白雪、曲高和寡、百步穿杨、三顾茅庐、刮骨疗毒、相敬如宾、望衡对宇等，也印证了国人崇文尚武、奉行仁义礼智信的传统价值观。这些，无不和那个"襄阳小儿齐拍手，拦街争唱《白铜鞮》""襄阳好风日，留醉与山翁"中的"襄阳"连在一起。1983 年地市合并时，由于缺乏文化传承理念，"为了照顾襄阳和樊城两地干部的情绪"，让建市仅 35 年的小襄樊市"吞掉"了襄阳地区，仅保留以环城四郊为管辖地带的襄阳县。1995 年 10 月，国务院批复调整襄樊市城区区划，驻地设在樊城的襄阳县不再管辖襄阳城以南的几个乡镇，此时的"襄阳"已与"襄阳城"没有任何地域关联。到了 2001 年，驻地移至东郊张湾的襄阳县改为"襄阳区"，"襄阳"离襄阳城越来越远，名实分离得彻彻底底。外地游客对襄樊地理概念的认识越来越混乱。从这个意义上说，襄樊政区名称到了非改不可的地步。

　　"怎么改"并无争议，但需要契机。2007 年 5 月，"襄樊号"导弹护卫舰应新加坡海军邀请参加了第二届西太平洋海军论坛多边海上演习，新加坡华侨得知"襄樊"就是原来的"襄阳"时，激动地高呼"襄阳襄阳"，让前去庆贺的襄樊领导既感动又尴尬。其实，这些年襄樊人经常遇到类似场面，到海外招商，需要说一句"襄樊就是原来的襄阳"，才能让客商们感知襄樊的地理位置。每年，都有政协委员提交"复名襄阳"的提案，民间呼声一浪高过一浪。2008 年，襄樊市委、市政府基于尊重历史、传承文化、顺乎民意和推动发展的目的，向湖北省和民政部提交更名申请。2010 年 12 月，襄樊终于"让位"于襄阳，使用了两千多年的名字终于重回这座城市。同时襄阳区更名为襄州区，实现了正本清源、各归其位的目的。如今的人完全适应了襄阳这个"终于找回来的名字"，"襄樊"也渐渐淡出了人们的视线，成为城市发展变化的记忆。2014 年底，一条融入本地文化元素的通途展现在襄阳市民面前，这就是连接襄阳、樊城的襄樊大道。大道的命名，为曾经的 60 年留下了痕迹，也为生在"襄樊时代"的年轻人留下些念想。特别想对游学海外的女儿和她的同龄人说一句，故乡是眷念的根，襄阳才是故乡的名。

铁打的襄阳

艾子 / 文   魏冬玲   褚连生   阳光 / 图

我知道，在偌大的中国，能称"兵家必争之地"的城市有好几座。但是，敢称"铁打的"，遍查资料，却只有襄阳。一般说来，现代人们谈及"襄阳"，有两种含义：广义的是指面积达到 19774.41 平方千米的襄阳地区，它包含 3 区 3 县 3 市及 3 个开发区；或面积 100 多平方千米，人口 200 多万的襄阳市区。狭义的是指位于汉水以南、面积仅为 6 平方千米的襄阳古城，某些时候也包括古城东、南、西三面的郊区部分。

"江干楼堞何峥嵘，壮哉快睹襄阳城。"作为襄阳人，笔者常年居住在襄城古城的东门和南门外，深爱城墙的高大、护城河的宽阔。本文取狭义之襄阳进行解读。

军港演变而来的城市

喜欢楚国历史的人大都知道《左传》里有句著名的话：江汉沮漳，楚之望也。说的是：汉水和沮漳河流域，是楚国的发源地。

襄阳位于汉水之滨，与楚国的关系自然深厚。楚人驰骋襄阳，留下大量的非物质文化遗产，光成语故事就有"名列前茅"、"围鄾之战"、"水淹鄀城"、"噬脐何及"等。但这些加起来，都不如一个早已消逝了的地名——"北津戍"之于襄阳城的影响。

大约在 2800 多年前，在荆山沮漳河流域蛰伏多年的楚国按捺不住开疆拓土的雄心，小心翼翼地走出荆山，便被襄阳优越的地理环境所吸引：向南，是湖泊众多的长江中下游平原；向北，是沃野千里的南阳盆地。若以此为门户，全歼周边的小国后，就可以深入南阳盆地，继而北向抗衡，到最后饮马黄河，问鼎中原……襄阳，简单就是上天赐给楚国的一块风水宝地啊！于是，他们带着巫师，在汉水边急急踏勘，檀溪一带便进入了他们的视野——

檀溪一带，南为绵延的群山，真武山、琵琶山向北突出抵定，万山向北蜿蜒突出数里，将汉江顶出，使万山东岘山北至汉江南岸形成一片东西长20余里，南北宽3—5里的河边滩地，又由于真武山、琵琶山前有汇集着西南诸山来水的鸭湖，鸭湖以北又有檀溪湖……水陆共生，天然一个军事渡口啊！只需稍加整治，就可以陈放大军所需的粮秣舟楫，也方便浩荡的车马辎重频繁出入，于是，他们给这里取名"北津"，并大施土木工程，不久，这里就发展成为有戍卒守卫的津渡性城邑——北津戍。这也是汉襄阳县城的直接前身。

因为承接北津戍而来，我们可以说，襄阳城是因水而兴，也因战争而兴。两千年间，随着地理环境的改变，襄阳城也经过不断地东移、扩建，在不同的历史时期呈现不一样的面貌，但它最终在明洪武年间定型，"长成"今天我们看见的样子。虽然其后也有一些损毁，但都只是局部，没有动摇它的根本。

一水之隔，对岸的樊城城墙却是命运多舛。本来，建有九座城门的樊城城墙，在宋元之际已废隳得不成样子，虽在明朝前期重修，但嘉靖四十五年（1566）的大水，使面江一带的城墙全部垮塌。到了清代，再次重修，又在抗日战争时期遭遇日军的轰炸、大洪水的冲刷两重灾难，城楼被毁，城门坍塌，最后一堵坑坑洼洼、残缺不全的城墙，像一个风烛残年的老人，在狂风暴雨中摇摇晃晃地倒下了。

20世纪50年代，襄阳城墙遭遇有生以来最大一次危机。鉴于城市发展（城墙年久失修，残砖破瓦易发展成贫民窟、垃圾堆等，影响交通、滋生疾病）、工业发展（新中国成立初期百业凋敝，闲散人多，拆除残存城墙既可以为下一步规划建设做准备，也起到以工代赈的作用）、市民出行（城市人口暴涨，原有城市范围无法容纳，亟待扩张）的需求，一场大规模的拆城运动在全国推广开来。襄阳城危在旦夕。拆与不拆？成为那段时间压在当地干部群众心上的一件大事。

时间定格在某一天，在原襄樊地区水利局办公室里，一场热烈的讨论正在进行。在这个承担着治水任务的单位、在一批治水专家的眼中，拆掉城墙，整个城市势必近距离袒露于汉水边。固然，一座城市，有没有一圈土垒砖包的外墙，在飞机大炮的热兵器时代已基本无关紧要，但另一种作用——抵挡咆哮的汉水，却生死攸关。大伙儿的脑海里，都还记着民国二十四年（1935）汉水吃人的样子。

民国二十四年，也就是1935年，一场罕见的大雨突降襄阳，仅三天时间，汉江洪水全线暴涨。樊城大堤垮塌，洪水冲进樊城，将民居、商铺、古建筑席卷一空，给整座城市带来灭顶之灾。襄阳城内，居民惊慌失措地用沙袋牢牢地抵住

襄阳城小北门夜景

城门，水位从 50 米，到 60 米，到 70 米，再 71 米，72 米，最高达到 73.71 米，眼看就要没顶，但最终没有越过高大的城墙，襄阳城赖以保全，无人伤亡。

"洪涛日夜打危城，其势难留一片土。"[1] 大洪水给人们心中留下的痛，只要一想，就会发作。在专家们的眼里，治洪是神圣的使命，城市安全高于一切。事情逐级汇报，到上级领导那里，孰轻孰重，一目了然，襄阳城墙幸运地保存了下来。

江水如此多娇

清代学者顾祖禹的《读史方舆纪要》中有一句被广泛引用的名言："湖广之形胜，在武昌乎？在襄阳乎？抑在荆州乎？曰：以天下言之，则重在襄阳。……何言乎重在襄阳也？夫襄阳者，天下之腰膂也。中原有之，可以并东南。东南得之，亦可以图西北者也。故曰重在襄阳也。"

顾祖禹的这番话，地图可以直观、清晰地呈现——地图上的襄阳，正好处于一个盆地的十字路口。从这里向东南，近可以到武汉，远可往江浙。向南，沿荆山（西）、大洪山（东）之间的狭长通道，可以进入广袤的江汉平原，直抵长江。

---

[1] 民国二十四年汉江大水，襄阳士绅刘鉴三《乙亥六月水灾记事诗》。

铁打的襄阳

向西北，沿伏牛山和秦岭南麓之间的狭窄通道，便是大名鼎鼎的武关、商洛，再继续前行，就到蓝田、关中了，长安在望。至于向北，就是南阳盆地，过了伏牛山和桐柏山之间的方城通道，即进入了真正意义上的中原地带。

除了陆地上的四通八达外，襄阳还有一个独特的优势：汉水西出汉中，经安康而来，流经襄阳后，一扭身，东南朝长江奔流而去。在运输不便的古代，拥有这么一条大河，意义不言而喻，它使襄阳的交通更加便利。"即从巴峡穿巫峡，便下襄阳向洛阳"，杜甫一听说安史之乱结束的消息，就激动地想象着坐上船，从巴峡顺流而下辗转到襄阳，然后上岸找辆牛车，就可以回到故乡洛阳了。

这么牛叉的地理位置，决定了襄阳历来都是兵家必争之地。但在中国古代，城才是政权的象征，"城头变幻大王旗"讲的就是政权易手。那么襄阳城外，是否有可依赖的河流、山脉作为屏障？汉水不须讲，我们来看看城外的山脉——

襄阳城南，横亘着雄浑又妩媚的岘山山脉。它起于城西十里的汉江南岸万山，终于城南二十余里的汉江西岸百丈山，脉派支分，森罗环列。这些犬齿交错的山峰形成了两条主要的陆路通道，一条向西，经万山通往十堰、汉中；一条向南，经凤凰山通往荆州。这两条道路有一个共同点，都比较狭窄，尤其是城外的"关口"。向西一条的关口，在乾隆《襄阳府志》上，名"柳子关"，《舆地胜纪》说它"在襄阳县西七里"，是古代襄阳与南漳的分界，你可以想象一片柳叶一样的关垭，是如何的秀美又逼窄。至于向南一条的关口，并不比向西一条宽多少，它离城仅5里，叫"凤林关"，大名鼎鼎的三国人物孙坚，就是在这里被伏兵竹林的黄祖一箭射中后毙命的。

南去和西往的道路如此，岘山与古城之间的陆地又如何呢？让人啧啧称奇的是，向北乌龟一样突兀伸长脖子的郑家山，拦路虎一般切断了两条陆路之间的联系，使襄阳城外的空地被分割成几块相对狭小、封闭，彼此隔离的空间不说，还使它离城池西南角不足500米。如果有敌军来犯，恰好在弓箭的射程之内。

区位重要，外部屏障得力，襄阳城的命运由此被决定，那就是：不论遇到哪一场战争，都只有一种选择——坚守！而守的重点，就是城池。

何谓城池？在《周礼·考工记》中，城指城墙，池指护城河。护城河也称城壕或壕沟。最初人们挖壕沟的时候，目的就是要让敌人掉进去摔死，所以在壕沟底部设置了竹枪等战具。但后来，人们发现宽阔的水面可以"隔离敌人"，便引水注入濠中，这便形成了护城河，城池也就是城墙和护城河的通称。古人筑城和挖濠同时进行，濠挖得深，城就筑得高，一正一负，构成双重的防御体系，体现了古人在城池防御建设中的聪明智慧。

从空中俯瞰襄阳城，简直就是一座美丽的水上城堡。呈不规则长方形的城墙，高约11米、周长约7331米，巍峨挺拔、高大壮丽。它的四周，围绕着一圈宽阔的河水，这是号称"天下第一城池"的护城河。它依托附近的水系而建，北临汉水，在东南西三面由人工开掘出河道，从城外的西南角引襄水进入，又通过西北角、东北角的涵闸与汉水贯通。护城河最宽处达250米，平均宽度180米，水域面积达到91万平方米，完全分割了城市与城外的陆地。

对古代的汉民族来说，敌人多数时候是来自北方的游牧民族。襄阳城北，滔滔汉水日夜奔流，再加上宽阔的护城河，在冷兵器时代就是一条安全带，极大地保障了城市安全。"来早，虏人登高，望见忽有濠一道，莫不惊愕。"这是南宋赵万年的《襄阳守城录》中护城河镇住金兵的生动描写。

城池的被毁与重建

三千来年，在襄阳这块土地上发生了无数场战争。本地学者晋宏忠在其著作《襄樊兵事春秋》中写到："自春秋战国以来，在这块土地上曾发生过约200多次震撼人心的战争。"照这样算下来，大约每15年就有一场。在这中间的绝大部分战争中，城池首当其冲地被攻击，体无完肤；但每一场战争后，它又抖尽霜剑，继续承担它的使命。

最初的襄阳城只是夯土所筑。按照封建社会营建制度的要求，它城门四开，外围有濠，城墙上还有些简单的敌台、弩台等配套设施。冷兵器时代，进攻的一方虽然仇视，但对付"土头土脑"的城墙似乎也没有好的办法，往往只能在城内放火作恶。东晋时，后赵的石勒派荆州监军郭敬攻打襄阳，郭敬"毁襄阳，迁其百姓于沔北，城樊城以戍之"。唐末的赵匡凝在与杨师厚的作战中，被杨打得大败，也是一把火烧掉襄阳，然后率领族人及部下沿汉水逃往广陵。

宋朝，炼丹家发明了火药，"火球"和"火药箭"普遍应用于战争，表明中国古代兵器的发展步入了新的时代，也预示着城墙要承受更残酷的打击。为了适应战争的要求，城墙不再是一味地向高、向厚维度发展，而是通过减少被弹面，增强防御纵深和增设适应火器射击的设施来提高防御能力，襄阳城在这个时候由土城改为砖城。南宋时，为防范外敌入侵，贫弱的朝廷想尽一切办法筹措资金来修建各地城墙。《宋会要辑稿》记载，孝宗乾道五年（1169），襄阳城要大修，中央财政没有钱，孝宗就下诏："给钱五万贯，礼部给度牒百道，仍就襄阳府桩管

俯瞰襄阳城震华门、长门码头和江汉大桥

米支给万硕。"这次的修建，可谓壮观，增筑了炮台、马道；将单一直进直出式的城门改为屯兵式的瓮城门；同时还对城门包铁门，筑砖拱券门，增加羊马城、马面、女墙、敌棚、敌台、敌楼、城门闸、弩台等防御设施，这些都赋予了襄阳城新的建筑内容和生命。

除了朝廷批准的对城墙的修复外，特殊情况下，城池的守将们也会利用战争的间隙对破损的城墙进行小范围的修补。南宋绍兴四年（1134），岳飞攻克伪齐收复襄阳后，鉴于"襄阳焚毁尤甚，野无耕农，市无贩商，城郭隳废，邑屋荡尽"的惨状，主持了修城。今天，在襄阳城的小北门一带的城墙上，还可以看到少量印有"岳"字的城砖，也有专家认为这是岳飞守城的证据。

城墙的加固虽然能有效地抵挡武器的进攻，但却无法改变城内设施及居民被"一把火烧掉"的命运。这样的命运在2000多年里多次重演。最严重的一次是南宋端平三年（1236）二月，襄阳城内外的南（杨虎、王福带领的"无敌军"）、北（由王旻率领的已被宋廷招安的"克敌军"）二军相互斩杀抢掠，"火复自南门起，凡一官民之居，一燃而空"。"抢入制府辕门，被门内军射杀三人，又至东市劫掠，擐甲露刃，不许救援。至二十二日火方熄"。曾经"生聚繁庶，城池高深，甲于西陲"

雪后的襄阳城墙和汉江

的重镇，成为灰烬。襄阳失守后，蒙古军强迫襄阳居民迁往洛阳，留下一座空城，在其后十五六年间，南宋和蒙古双方都未在此重兴土木，襄阳重镇成为野草疯长、狐狸野兽出没之地。

现存襄阳城墙的标准称谓是"明清城墙"，它的源头可上溯到700年前。

1365年，朱元璋控制了湖广全境后，设立襄阳卫，派他的铁杆兄弟邓愈镇守。上任后，邓愈开始修筑襄阳城，天顺《襄阳郡志》对此有详细的记载：

> 本府砖城一座，在汉江之南，与樊城市对，前代创建修筑，
> 旧志不存，无考。然晋羊祜、杜预、朱序，宋吕文焕所守，皆此
> 城也。元季颓废，国初乙巳年，卫国公邓愈因旧址修长，有正城，
> 有新城。新城附正城旧基大北圈门，绕东北角接正城……

此次修筑，诞生了一座"新城"，当时俗称"新城湾"。新城的诞生，增加了襄阳城的面积，达到2.5平方千米，周长达7.3千米，基本上奠定了明清两代襄阳城，也是我们今天所看到的襄阳城的格局。

到了清代，由于朝廷对修葺城垣予以重奖，襄阳城多次得到不同程度的修缮，但它们主要是修补、重修、改建城楼垛堞，加修防御设施，因此不会改变城垣外

铁打的襄阳

廓形态，保证了防御设施的完备和城垣的整齐。此时的襄阳城，高大坚固、设施完备，城垣上设置稚堞 4000 多个，城墙沿线分设敌台和烽火台，另每座城门都设有瓮城，东、南、西三门的瓮城外另有子城，护城河东、西、南三面的平均宽度超过 180 米，最宽处可达 250 米。朝廷政策的刺激及相对平和的环境，还激发了官员们的浪漫情怀，明万历四年（1576），襄阳知府万振孙为六座城门分别题额：东门曰"阳春"，南门曰"文昌"，西门曰"西成"，大北门曰"拱宸"，小北门曰"临汉"，长门曰"震华"。在官员们的心中，城墙上及绕城池的防御构筑物一应俱全，应该就是一座铜墙铁壁了。

千年坚守铸就的美名

在襄阳城的小北门城台上，两个身穿盔甲的泥塑士兵，面向汉水，日夜提防着来袭的敌军。这样的士兵不止小北门城楼，在长门城楼上，也有一对。他们面北而立，手抚长剑，胡须高翘，表情凝重，身上铠甲早已斑驳，似乎已在凄风苦雨中警戒了上千年。

我被这几位守城的士兵吸引，常常在微雨中登上城楼，去怀想遥远的历史。奇怪的是，每一次登上城楼，来到他们身边，便会记起一首写襄阳人的唐代乐府诗：

> 我有辞乡剑，玉锋堪截云。
>
> 襄阳走马客，意气自生春。
>
> 朝嫌剑花净，暮嫌剑光冷。
>
> 能持剑向人，不解持照身。

诗中这个不屈、勇猛的英雄形象，不正是襄阳城的写照吗？鬼才李贺，这个通眉长爪，一辈子都病快快的诗人，不知道是襄阳的哪一段历史给了他创作的灵感，让他写出了襄阳城的这种个性。是"项羽攻襄阳，襄阳坚守不下。已拔，皆坑之"中的"坚守"？还是东晋末年韩夫人连夜率妇女筑城的"坚守"？或者是慕容垂从安阳赶来与和符丕合兵，把襄阳变成孤城一座，还是攻不下来中的"襄阳坚守"？

坚守，这就是襄阳城的性格，也是它的命运。它像一道符咒，让每次的攻守双方都付出无比惨重的代价……每每想到这里，一种悲怆的情绪便会呼地一下涌上心头，心里的柔肠被这千年的宿命刺激得寸寸欲断，泪水中，那些前朝的往事呼啸而至——

南宋开禧二年（1206）十月，金兵数万大军兵南下襄阳。此时的襄阳守将为荆鄂都统制、京西北路招抚使兼襄阳知府赵淳。在外援断绝的情况下，赵淳下令在江北地区坚壁清野，将城外数万军民撤入城中，斩断江上浮桥，加强城防。为稳固人心，赵淳又命人将城门用土填塞，展示了死守的决心。在以后长达半年的攻守战中，赵淳既统管全局，加强郢州、德安的防范，令均州统领王宏出兵攻邓，用来牵制金军的攻势；又随机应变，屡屡创新，如"开重壕以陷炮，穴墙道以出兵，织竹笼以绊马，用层桌以列弩，夜易收兵之号，潜驾袭虏之舟，作泥炮及蒺藜箭"等，都是兵法上没有的。与此同时，鉴于双方实力悬殊，他要求守军出击时以夜间劫营和突袭为主，尽量避免和金军进行硬碰硬……就这样，凭借坚定的决心、顽强的意志、周密的指挥和灵活主动的战略战术，赵淳率万余孤军坚守襄阳三个月，大战十二场，小战数十场，终于击退了数万金兵的攻击，为南宋保住了襄阳这一西陲重镇。"铁打的襄阳"一说也由此而来。

一直以来，南宋给人的印象多是软弱无能。但在那个被普遍认为窝囊的朝代里，却还有着无数文弱的英雄们在上演着铁马冰河的一幕，就像1206年的赵淳和1251年的李曾伯。他们在激战间隙书丹刻石，至今保存在岘山上。抚摸古老的摩崖，仿佛触摸到他们浪漫、坚定又勇敢的内心。

美誉初享，严峻的考验便踏着滚滚狼烟而来，襄阳城迎来了时间最长，也最为惨烈的守城——宋元大战。

为消灭南宋统一中国，南宋咸淳三年（1267），元朝统治者派蒙将阿术进攻襄阳安阳滩，一场长达6年的襄阳保卫战拉开序幕，其后双方的每一次交手，都牵动两国的每一根神经。为了攻破襄阳，蒙古几乎调动了全国的精锐，他们修建城堡，步步为营，将襄阳死死困住。襄阳守将吕文焕对此计看得清楚，也准备得周全。为了支援襄阳，南宋一开始也下了气力，宋朝水军冒着如雨点般的矢石，不惜牺牲，将援军和粮食运入城中。但随着敌军围堵工整的逐渐合拢，外援只是偶尔成功，大多数时候被打败，后来干脆放弃了救援。城内的守军依靠着坚城深池，在缺衣少食的情况下，众志成城，全力抗敌。史载吕文焕每到夜晚，就登上城墙巡视、固防，然后面向襄阳东南方向叩头跪拜，老泪长流，祈求朝廷能派出援军，以解城中军民于水火。当第二天晨光熹微，他又重振精神，组织城内老弱病残，披甲上阵，严阵以待。就这样，他们将元军的铁蹄死死挡在城下，维护着襄阳城的尊严和英名。

忽必烈见大军的铁蹄、长矛、弓箭拿坚固的城墙也没辙，就决定研制新武器。在他的号令下，波斯工匠阿老瓦丁和亦思马试造成功了配重式投石机（也称为"回回炮")。它能将几百公斤的巨石投到数百米远的地方,曾经坚不可摧的城墙,在"回回炮"面前不堪一击。《元史·亦思马因传》记载:"十年,从国兵攻襄阳未下,亦思马因相地势,置炮于城东南隅,重一百五十斤,机发,声震天地,所击无不摧陷,入地七尺。"襄阳城破,多名南宋军官自杀殉国,为了保全城市及城中百姓性命,吕文焕投降。

与吕文焕投降形成鲜明对比的是,在此前不久,城市的河对岸,刚刚落下悲壮的一幕,元军烧杀的火焰还在燃烧,宋军烈士的英魂还未走远。作为双子城的形态,樊城、襄阳唇齿相依,有着紧密的联系,两岸遥遥相对的码头、江中架起的浮桥,在战时既运援兵,又送物资,使两个城市互为支撑,成为牢不可破的一个整体。但地势及城市级别所限,樊城的守护力量常不如襄阳,民间自嘲是"纸糊的"。正是看中了这一点,历次敌人往往从樊城入手,他们阴暗的小心思是:利用樊城的沦陷来打击襄阳守城的信心!元军也是如此。在发动总攻之前,河南行省召开了一次将领会议,征询"破襄阳之策"。最后,取得统一认识:从樊城下手。于是元军烧了汉江上的浮桥,用回回炮打掉了樊城的角楼,焚毁了外栅,攻进城内。但"纸糊的樊城"里,却有无数将士在用血肉之躯筑起城墙。首领牛富见情况紧急,用箭将书信射进襄阳城,相约吕文焕,要坚定信心,誓死守城,然后率领身边的上百名死士进行巷战。他们渴饮血水,以死殊斗,直到身负重伤,力不能支。被俘后的牛富昂首一头撞向战棚内的木柱,未能就义又转身投向熊熊的火海。副将王福见状,高喊:"将军死国事,吾岂宜独生!"也投火自焚。元军见此,恼羞成怒,弯刀落下,樊城屠城。

细究一场战争的胜负,不仅取决于地理环境,还取决于军事首长,它显示着战争一方的决心和可支配的资源。南宋一方,小皇帝在汴京的皇宫里玩得正嗨,一切交给手下处理,已经好久没给襄阳城一兵一卒的援助了;而蒙古一方,由当时十倍于南宋的土地的执掌者忽必烈亲自带兵,在襄阳城下一驻扎就是数年——从两个"一把手"的表现看过去,胜负早已决定。但襄阳守城将士和百姓,明知不可为而为,以区区几万的兵力,阻挡蒙古大军足足六年,蒙古人几乎动用了当时半个国家的力量,才将其攻破。襄阳的不屈和英勇,倔强和坚韧,晦暗如铁的城墙,城墙上的暗红血迹可以作证!

据说城破当天,电闪雷鸣,大雨如注,江水呜咽,它们是在为战死的军民垂泪,为襄阳誓死的坚守颂赞——

好一个铁打的襄阳!

诗意读襄阳

杨家香 / 文　魏冬玲　褚连生 / 图

　　襄阳，一座有着 2800 多年历史的文化名城，历代吟咏襄阳的诗歌数不胜数。让我们撷取一部分，一起品味诗里的襄阳，来一次诗意的读城之旅吧。

下马襄阳郭　移舟汉阴驿

　　"发源自乎嶓冢兮……过万山以左回兮，旋襄阳而南萦……于是游目骋观，南援三州，北集京都，上控陇坻，下接江湖。导财运货，懋迁有无"，东汉著名文学家蔡邕在《汉津赋》里，用平实简洁的笔触勾勒出了古襄阳交通便利商贸繁荣的热闹景象。

　　汉水发源于陕西省宁强县嶓冢山，在襄阳经鱼梁洲折向东南，流到武汉汇入长江，勾连着黄河和长江两大流域。襄阳位于汉水中游，西接川陕，东临江汉，南通湘粤，北达宛洛，是鄂、渝、川、陕、豫五省市毗邻地区的交通枢纽和货物集散地，素有"南船北马、七省通衢"之称。提到南船北马，便会想到白居易的"下马襄阳郭，移舟汉阴驿"，想到杜甫的"即从巴峡穿巫峡，便下襄阳向洛阳"等脍炙人口的诗句。白居易南下，骑马来到襄阳，在汉水南岸换走水路；而杜甫北上，从长江入汉水，到达襄阳后即改陆路。襄阳具备优越的水、陆换载条件，在东汉末年逐渐由渡口发展成为港口，从襄阳向北可水可陆以陆路骑马为主，向南水陆兼备而以水路乘船为主，构成襄阳特色鲜明的对外交通模式。

　　"上水郎担篙，下水摇双橹。四角龙子幡，环环江当柱"，上水撑篙，下水摇橹，角挂龙幡，桅樯林立，早在南北朝时期，汉水已呈百舸争流的景象。水运兴盛吸引了众多商贾行旅之人，尤其是明清时期，手工业的蓬勃发展带来了商业的进一步发达，襄阳港口也随之发展变化，港口重心由汉水南岸的襄阳转移到北岸的樊城。到清乾隆年间，樊城已然成为辐辏千里的大都会，时任襄阳知府的钱塘人陈锷夸赞樊城说道："堤上游骢堤下舟，樊城风景似扬州。"

水能载舟亦能覆舟，老话说，自古行船三分险。"襄阳下来滩复滩，七十二回相见湾。南风乍停北风起，愁杀行船牵水人"，滩险湾多，舟行困难，需要有人拉船助行，这便是纤夫，诗中的牵水人。急流险滩处，纤夫吃力拉纤，纤绳在石头上用力摩擦，经年累月留下痕迹谓纤痕。倘若在樊城迎旭门矶头处细细寻找，还能看到长约30厘米的纤痕。道道纤痕，是水运繁荣背后的艰苦记忆。

随着社会的发展，公路铁路包括航空在交通运输中的地位越来越重要，水运不可避免地暗淡下来，南船北马渐行渐远。然而，作为水运发达及商贸繁荣的产物，会馆还有遗存，码头大多可见。襄樊码头现已成为国保，铭记着这座城市的过往。

何以三千年　屡见攻与陷

"荆州汉魏以来重，古今相望多名臣"，送别来襄阳赴任的朋友，欧阳修送上这样的祝福。

襄阳地位的提升始于东汉末年的刘表。刘表出任荆州刺史后将治所由武陵汉寿（今湖南常德）迁至襄阳，使得襄阳一举成为大荆州的政治中心。智圣诸葛亮也看重襄阳的军事地位："荆州北据汉沔，利尽南海，东连吴会，西通巴蜀，此用武之国也"。隔着近千年的时光还有人附和："襄阳真是用武国，上下吴蜀天中央"。襄阳处在天下居中的战略位置，历来是兵家必争之地——"壮哉形胜地，

襄阳城小北门和汉江

仲宣楼是襄阳城角楼之一

从来争战所"。

唐朝在安史之乱后由盛转衰,中晚期出现的藩镇割据也在襄阳上演,有诗《收襄阳城》为证。到唐末战乱不断,百姓流离失所,襄阳一带竟然出现了千村万户不闻鸡鸣不见一人的荒凉景象:"水自潺潺日自斜,昼无鸡犬有鸣鸦。千村万落如寒食,不见人烟空见花",读来令人唏嘘。

《满江红·得襄阳捷》不但与战事有关,还是作者的亲历。淳祐十一年(1251),京湖安抚制置使李曾伯提兵"复襄、樊两城"。收复的两城几近荒无人烟,经过三年的休养生息才重现生机。李曾伯倍感欣慰,选址真武山脚下,马跃檀溪遗址旁书丹刻石《襄樊铭》,铭记击退蒙古大军一事。摩崖经 700 多年风雨仍保存完好,作为宋蒙战争的实物见证,《襄樊铭》已成省保。

秦楚争霸、三国争雄、朱序抗拒苻丕、岳飞收复襄阳、宋元襄阳之战、李自成进占襄阳……在无数争战中,攻守时间最长的当数宋元襄阳大战。襄阳人张顺、张贵都是民兵将领,在襄阳樊城被死死包围后,冒死援襄,不幸双双殉难。襄阳樊城隔江对峙,互为犄角,"汉水西来抱郭东,襄樊夹汉如唇齿"。樊城被攻破后遭遇屠城,唇亡齿寒,襄阳守将在外无援军内无粮草的情况下,选择降元。从 1235 年宋蒙军事同盟破裂之后在襄阳开战,到 1273 年举城投降,打打停停持续了 38 年,襄阳也经历了失守与收复,再失守再收复,李曾伯提兵复城便是其中一回。襄阳军民坚守六年终以失陷落下帷幕的大战，是宋元襄阳之战最后的挽歌。再三年，都城沦陷，又三年，南宋王朝便雨打风吹去，归于历史。后人在《双节庙歌》里不胜感慨："襄阳重围外援绝，二张崛起身任重……襄阳一失竟不支，乘舆播越宋社迁。"

"何以三千年，屡见攻与陷"，对襄阳城的叩问在《读史方舆纪要》中可以找到答案："以天下言之，则重在襄阳……夫襄阳者，天下之腰膂也。中原有之，可以并东南。东南得之，亦可以图西北者也，故曰重要襄阳也。"作为冷兵器时代的防御体系，襄阳城池不知经历了多少刀光剑影与血雨腥风。

山水观形胜　襄阳美会稽

楚山碧岩岩，汉水碧汤汤。

秀气结成象，孟氏之文章。

楚山的青翠山峰巍峨耸立，汉水的碧波浩浩荡荡。山水的灵秀凝成气象，变成孟浩然笔下美妙的篇章。孟诗现存 260 余首，几乎有一半的作品描写或提及襄阳景色，位居前三的是涧南园、岘山和汉水。涧南园是诗人给自己居所取的名字，位于岘山之南、襄水之畔、汉水之滨，妥妥的山环水绕。

"昔时风景登临地，今日衣冠送别筵"，岘山是风景胜地，岘山是送别之所。"岘山临汉水，水绿沙如雪"，岘山叠翠，汉水鸭绿，山水相映，风光如画。岘山紧邻荆襄驿道，有驿站有码头，是唐代重要的文化交流和迎来送往之地。"襄阳有佳山，名著无如岘"，襄阳岘山声名远播不仅因为山水风光，更在于她深厚的文化底蕴，暂且不表羊公堕泪碑，先说岘山重阳登高吧。

九九重阳节秋高气爽天空澄净，孟浩然直接描写重阳的诗有 3 首，都与岘山有关。其中一首叫《九日得新字》："初九未成旬，重阳即此晨。登高闻古事，载酒访幽人。落帽恣欢饮，授衣同试新。茱萸正可佩，折取寄情亲。"登高、饮酒、怀人、佩茱萸，还有文人名士的雅集，重阳习俗尽囊其中。在唐代，重阳节已是法定节日，登临之乐还有专属名称——落帽欢。可见，唐代重阳登高远比今天更具仪式感。其实，所有的节日无论有着什么样的活动形式与讲究，归根结底，都传递着浓浓的情意，都是对美好生活的憧憬。

"江流天地外，山色有无中"，美丽山水吸引着孟浩然。在一个早春时节，大地复苏，冰开潭绿，诗人和三五知己同游江上，倾杯畅饮，联句赋诗，意兴不减，秉烛夜游。对美景的眷恋，远不止这一时，不止这一处。登望楚山"暝还归骑下"，游西山"日暮方辞去"；到鹿门山"清晓因兴来……回艇夕阳晚"，到万山"沿月

夕阳西下时分的襄阳城护城河和仲宣楼远眺

棹歌还"。一江春水穿城过，十里青山半入城，有形的山因水的环绕多了份灵气，无形的水因山的逶迤平添了妩媚，山水互为点缀，同在画卷里。

襄阳周边山峰众多，最高山峰在望楚山。某个晴朗之日，诗人登顶望楚山，纵目远眺，三岘青葱，峰峦如聚，襄水蜿蜒，汉水如练，鱼梁卧波，鹿门绰约，山山水水尽在眼中，油然而慨："山水观形胜，襄阳美会稽"。唐代会稽是越州州治，今浙江绍兴，以风景优美闻名天下，曲水流觞的故事便发生在那里。会稽很美，但在孟夫子眼里，自己的家乡更胜一筹，"襄阳风景由来好"。

为多山水乐　频作泛舟行

我们知道，孟浩然是山水田园诗人，那他是怎样流连山水之间的？

孟浩然喜欢划船，诗文题目中屡见"泛舟"字眼，独有一首不用泛字，代之以漾字—《初春汉中漾舟》。水面微微动荡谓之漾，仅一个诗题便让人陶陶然，引无限遐思。"轻舟恣来往，探玩无厌足"，任小舟在江面上随波荡漾，自由自在，也暗合了诗人随性率真的性格。

如果说划船是动态的，那垂钓无疑是诗人亲近自然融入山水的静态方式。且看《万山潭作》："垂钓坐磐石，水清心亦闲。鱼行潭树下，猿挂岛藤间。游女昔解佩，传闻于此山。求之不可行，沿月棹歌还。"诗人悠闲垂钓，看鱼在水里嬉戏，撩拨猿挂岛藤倒影；想神女传说，梦邂逅传奇，惚兮恍兮。直到月亮爬上来，才惊觉时光飞逝，驾起小船高歌而返。真个是钓翁之意不在鱼，在乎山水之间也。

不求鱼自有鱼。"试垂竹竿钓，果得槎头鳊"，槎头鳊又叫槎头缩项鳊，体扁阔而头颈短小，味极鲜美。"鱼藏缩项鳊，乡味有槎头"，汉水特产槎头鳊随着孟浩然的诗文流播四方，以至于杜甫想起孟浩然还说"漫钓槎头缩项鳊"。恐怕孟浩然想不到千年之后的今天，他的家乡汉水襄阳为了保护水生态，已经开始实施十年禁捕令。期待十年之后鱼跃襄江。

问题来了，孟浩然为什么如此地喜欢泛舟垂钓？

先来看看孟家所在的位置。孟浩然住的涧南园之涧是白马泉，襄水的支流，襄水又是汉水的支流。换句话说，孟浩然在家门口坐船，可顺流而下入襄水入汉江。"惯习野人舟"，驾船来去实在太方便，几乎成为生活的一种习惯，习惯到视襄水渡头为自家一分子——"我家襄水曲"、"我家南渡头"。襄水就是百姓口里的襄渠或南渠，现在水量很小，可至少在孟浩然生活的盛唐初年，水量是相当充沛的，可自由行船。

划船垂钓，尽享山水之乐，继而为山水所迷。"为多山水乐，频作泛舟行"，孟浩然选择行船多了些有意为之。"岩潭多屈曲，舟楫屡回转"，一早驾船去鹿门山，手摇轻舟绕过岘山，因为早，水边的树已看不清，水中的鸟离得近了才认得出；岩石间的潭水弯弯曲曲，小船在水里打转，水流摆弄船头有趣些还是水波一圈圈地荡漾开去有趣些？终于到了鹿门山，山色翠微，阳光正好。文字非常浅淡，甚至有点儿絮絮叨叨，愈发衬出缠绵山水的欢愉心情。

可以说，小船是孟浩然通向山水诗人的桥梁。孟浩然一生布衣，仕途无果，执着地在自我世界里，以诗为笔，述说山水田园之趣，一路开拓进取，高歌猛进，赢得与王维并称的荣誉，活成了唐诗里不可或缺的存在，无愧于盛唐气象。生在诗歌的时代，生在山水的襄阳，孟浩然用努力加持天时地利，最终成就为世人皆知的孟襄阳，书写了襄阳诗歌的新高度！

典出襄阳

典故，诗文中引用的古代故事或有来历有出处的词语。襄阳物华天宝，人杰地灵，由这里生发的典故自然不少，最受青睐的莫过于游女解佩、羊公堕泪碑和高阳池馆。

游女解佩

在古代，汉水与长江、黄河、淮河并称为江河淮汉，其中集纯洁、美丽、多情于一身的汉水女神，是中国最早、影响最为深远的江河女神。第一部诗歌总集《诗经》里便有"汉有游女，不可求思"之语。西汉刘向赋诗《汉水女神》，并在《列仙传·江妃二女》中详细记载了这个神话故事：江妃二女出游汉江万山的汉皋台，偶遇郑姓青年男子交甫，交甫见而悦之，上前索要佩珠，二女欣然解佩相赠。不料人、珠转瞬俱无，交甫始知是女神，不禁怅然若失。

竹林七贤的阮籍在《汉川咏怀》里说到她，隋炀帝杨广在《春江花月夜》里写到她，孟浩然在万山潭钓鱼时想到她……因为游女解佩，襄阳诞生了一个独特的节日——穿天节。每到正月十五，人们相聚万山，寻找有孔的石头穿心石，用丝线穿起戴在头上。这穿心石便是那美丽的定情之物佩珠，承载着普通百姓追求幸福吉祥的愿景。近年，这个古老的节日在慢慢复活，逐渐为市民所了解所热爱。

羊公堕泪碑

"休哉羊叔子，辅晋功勋大。化行江汉间，恩被疆场外。"作者范仲淹是北宋著名政治家、文学家，对羊祜无比景仰。

羊祜，字叔子，西晋政治家、文学家，268 年受命坐镇襄阳，都督荆州军事长达十年，屯田兴学，以德怀柔，深得军民拥戴，时人赞其"文为辞宗，行为世表"。280 年，西晋按照羊祜定下的平吴之策一举消灭东吴，完成统一大业，皇帝将功劳记在羊祜头上。"自昔登憩且非一，此山振动惟羊公。有志平吴运秘略，竭心卫晋推元功。"

羊祜喜游山水，公务之余常登临岘山，置酒言咏。一日忽然感叹山川永恒，人事沧桑："自有宇宙，便有此山，由来贤者胜士登此远望如我与卿等，皆湮灭无闻，使人悲伤！"共情一叹吸粉无数，引过路英雄骚客纷纷登临凭吊。"宁知千载余，公名蔽天壤，遂使山增辉，过者悉瞻仰。""羊公千载得清吟，芳迹中遥契昔心。更与岘山为故事，凛然风格照来今。"自此，山因人增辉，人因山常在。

襄阳百姓感念羊祜恩德，将岘山更名为羊祜山，在山顶建祠立碑，睹碑思人莫不流泪，谓之堕泪碑。羊公、堕泪碑便成了对死者德高望重的褒奖。

高阳池馆

> 山公出何许？往至高阳池。
>
> 日夕倒载归，酩酊无所知。
>
> 时时能骑马，倒著白接篱。

举鞭问葛强，何如并州儿？

这是西晋时期流行于襄阳坊间的歌谣《山公歌》，说的是镇南大将军山简好在习家池临池饮酒，每每置酒辄醉，自谓高阳酒徒。

习家池位于襄阳城南群峰环抱之中。东汉初年，襄阳侯习郁效仿范蠡修筑鱼池，后造园林建屋宅，现为中国郊野园林第一家。私家园林结缘诗酒，始于儿歌里的这个山公，习家池也因他多了一个称谓高阳池。此后，饮酒赋诗纷至沓来，醉酒诗篇翻唱不绝。庾信"不如饮酒高阳池，日暮归时倒接离"；王维"襄阳好风日，留醉与山翁"；辛弃疾"昨夜山公倒载归，儿童应笑醉如泥"……岁月更迭，传唱不衰，高阳池、山公、山翁、倒载、接离渐成酣饮的代名词，让习家池在园林文化之外，浸染着诗酒文化的醇香。

"习家池上酒，岘首山头泪。死后千年思，生前一日醉"，一山简，一羊祜，同样镇守襄阳，同样嬉游山水，不同结果令人深思。

温故 1945：解读 70 年前的襄阳城

艾子 / 文　襄阳地域文化文献中心 / 图

70 年前的襄阳城长什么样？和现在的襄阳城有哪里不同？本文试图从一张民国地图上找到答案。

众所周知，街道是城市中最稳定的要素，街巷格局一旦形成，就具有长期的稳定性，一些古老的城市虽历经改朝换代或者战争破坏，地表的建筑物往往荡然无存，街道一般很难发生根本性的变化，除非有大规模的城市更新，才会对已有街道进行改建，但在进行时又常常会因房地产产权问题而困难重重。因此，现今许多城市老城区的街巷格局延续至今，古代的道路在今天的地图上依然有迹可循。

襄阳城最早一张具有现代测绘意义的《襄阳县城图》绘制于民国三十四年（1945）九月，现藏湖北省档案馆。图高 124 厘米，宽 108 厘米，右下角为图例和指向标，比例尺为 1 ： 2000。除汉江、坑塘水系边缘轮廓为淡蓝色处，其余为黑色。

查文献资料：1940 年 6 月至 1945 年 3 月，襄阳曾两次陷入敌手，惨遭日军的轰炸及烧杀抢掠，城市建筑被毁，生灵涂炭。这张《襄阳县城图》，让我们得以穿越 70 余年的时空，窥见尚未完全从梦魇中醒来的襄阳城的空间分布。

城墙・四隅・街巷

从地图上看，襄阳城墙完整性较好，但从西门至南门，一直延伸到南门东段约二分之一处，不见城墙。据文史专家陈家驹考证和当地耆旧回忆：民国二十八年（1939）日军对襄、樊二城进行过轰炸，为便于城内官民疏散，将襄阳城西门南段和南门西侧的城墙连同西门、南门瓮城及城楼全部拆除。1948 年夏，国民党第十五绥靖区驻守襄阳，又临时草草修复了 1939 年拆除的部分城墙。

图中的襄阳城呈不规则正方形，开东门、南门、西门、小北门、大北门、长门六门。南北街一线并不在东西轴线的二分之一处，而是偏西，约在东西轴线的三分之一处，另一个三分之一处，则由中山街（今荆州街）"担纲"。为了尊重中国古代城市以钟鼓楼为中心的空间营造理念，也为了贴近人们的认知习惯，本文仍以鼓楼南端的大十字街为中心，以东、西街为横向轴线，南、北街为纵向轴线，将城内分为东北、东南、西北、西南四隅进行描述。

四隅中，东北隅面积最大，街道数量也最多，达 19 条。在北街与中山街（今荆州街）之间，有 3 条基本贯通东西的街巷，分别是：东巷子、新街、民生街。另有县街、县校巷、司令部街、一人巷，因为稍短，未能直通东西。这 7 条街道和另 7 条南北走向的街巷：管家巷、庞家巷、二郎庙街、石壶巷、铜鞭巷、民权街、三槐居巷交织在一起，共同形成这一片的棋盘式格局。在中山街和民族巷（今慧安巷，较现在长，北边直抵公园巷）之间，分布着呈东西走向、长短不一的 4 条街道，分别是：复兴路、公园巷、中山巷、韩家巷。在上述街巷中，有的已经更名，如中山街更名为荆州街，民族巷更名为慧安巷，公园巷在新城湾一带，成了现内环路北段的一部分；有的已经湮灭，如复兴路、民权街、二郎庙街、司令部街（保二大队部警备部）、一人巷等。

东南隅面积略次于东北隅，但街道不多，仅在沿东街、南街处有少量建筑。隅内呈南北走向、与南街平行的街道有 3 条：中山街（南段）、冯家巷、徐家巷。与它们垂直，呈东西走向的街道也有 3 条：汉圣庵巷、绿影壁巷、陈侯巷。这些或纵或横的街道并不完全相交，它们靠一些没有名称的人行道相连，形成城市内的曲径通幽。其中汉圣庵巷改为运动路。

西北隅：没有南北走向的街巷，只有大致呈东西走向的 4 条街，从北往南依次是西巷子、徐指挥巷、积仓街、五中街。在某些街道或建筑的连接处，画有一些弯弯曲曲的人行道，同样没有标注名称，也许在当时还未完全形成街巷。

西南隅的街道数量共有 5 条。东西走向、从北往南依次是：红花园东巷、红花园西巷、法院街、白巷；南北走向的有校士街、米花街。上述街巷中，法院街更名为民主路，白巷已湮灭，其他尚保留。

官署·市井·学校

在地图上看，襄阳城的东北隅相对集中了较多民国时期的官署和防务机关，有襄阳县政府、警备部、田粮处、昭明镇公所、警察大队部、襄阳监狱、青年团襄阳分团部、县党部、县参议会、残废院、救济院等十多个，这也印证了史籍上"城内东北隅多是官衙所在地"的记载。东北隅还有两所学校，昭明中心学校二分部和省立第五师范。前者在昭明镇公所南侧，即今中国工商银行荆州街支行一带；后者在今四中的马路对面、武商量贩店处。

　　如果说东北隅的"官"味要浓一些，西北隅则相对多了一些鲜活的市井气息，从单位布局可以看出，有卫生院、书店、银行、民教馆（全称为民众教育馆，即后来文教馆、文化馆的前身）、民生工厂、社会服务处、襄阳邮局、简易师范等，

《襄阳县城图》，来自湖北省档案馆

温故 1945：解读 70 年前的襄阳城

同时还有一座天主教堂。医院、学校附近，往往是民居扎堆儿的地方，何况还有邮局、银行等新机构。特别是设在今北街单家祠堂的民生工厂，一定把这个区域的人气带到"爆棚"。可以想象，沉浸在抗战胜利喜悦心情中的市民，兴奋地流连在邮局或民生工厂里，他们三五成群，叽叽喳喳，庆幸着自己的劫后余生。

图中的东南隅是个清静的片区，单位不多，标注出来的只有三四家，却有当时襄阳最高权力机关——第五区行政督察专员公署。还原这段历史，系襄阳在民国二十五年（1936）三月为"湖北省第五行政督察区"管辖，并同时管辖襄阳、枣阳、宜城、光化、谷城、南漳、保康 7 县，专署驻襄阳县，即襄阳城内。这个机构一直沿袭到襄阳解放后才算灰飞烟灭。

与上述三隅相比，东南隅显然"寒酸"得不成样子，房屋少，单位少，只有"省立第五高中"一家，另外在现在的体校一带，出现了一个占地 40 余亩的"鄂北运动场"，内有足球场、田径跑道、4 个篮球场、2 个排球场、1 个网球场，划有跳跃和投掷区等。

运动场在当时也是一个新名词，它的出现和民生工厂、社会服务处的意义大同小异，表明民国襄阳城在时代风潮的浸润下，在尚未完全突破城市旧结构的情况下，已在悄然萌发新功能的萌芽，对城市公共空间的设计开始注入现代文明的内涵，趋于经济和实用。

坑塘·桥梁

中国过去的城市地面，不像现在这样用水泥、沥青等现代建筑材料覆盖，被整治得溜光水滑，而是有数量众多、呈自然状态的土坑。一般来说，城内低洼的地方在雨季有水就成池，旱季无水即为坑，可以容纳雨水、污水乃至渠道引水的多余部分，数量较多的坑塘构成了城市排水体系的重要组成部分，具有储水排水、疏导内涝的调节作用。

图中的襄阳城内也有很多坑塘。具体为：南城墙以内 5 个，城墙西南角一个，西北城墙内 2 个，新城湾处 5 个，大北门和小北门之间（城墙外）1 个，西城墙内侧 2 个，荆州街附近（以西）2 个，加上城中心北街附近（以东）2 个，"荆州古治"以西 1 个，第五行政公署周围 2 个，东大街（现新华书店）周围 4 个。它们既沿着城墙的内侧，也在城中心均匀分布，确保了城内的储水或排水。这些坑塘除了新城湾处的道坑、铜鞮巷北边的后坑外，都没标注名字。查阅后人汇编的资料，为鱼跃铺坑、吃汤圆坑、狮子楼坑、母鸡坑、母猪坑、白家坑、文昌宫坑、会仙楼坑、大小黄土坑等，一个个名字生动有趣，俚俗易辨。

今天50岁左右的襄阳人大多对"坑"没有概念，这是后来城市的发展刺激了建设用地的需求，大量坑塘被填埋或缩小，变为建设用地的缘故。目前，城内仅有东南角的文昌宫坑，作为襄阳城南排渍站的收水池而幸运地被保留了下来。

城内的桥非常罕见，只有两处，一处无名，在东巷子与二郎庙街交界处，跨吃汤圆坑；一处韶兴桥，在襄阳县政府的南端，大致在今天由荆州街北段进古治街100米的地方。

偌大座襄阳城，坑到处都有，为何单单在这里出现了两座桥？原来，现在的新城湾一带在过去是"镜湖"水域，由一南一北呈东西走向的两大条块状水面联袂组成。两片狭长的水面西收东放，像蜻蜓微微张开的两翼。水面相交处最窄，韶兴桥坐落其上。取"韶兴"二字，揣测因这里与旧鹿门书院近邻，为莘莘学子每日进出学堂的必由之路，故赋予美好和希望。此两处桥相隔不远，它们比邻而居，共同见证了曾经的镜湖之美。

庙宇·祠堂

庙宇是城池公共建筑中之一重要部分，它直接关联着人们的精神生活，是封建社会民众的精神支柱。各行各业都有要敬的行业神，都要筑庙供奉，以祈求神灵赐予平安、顺利或财富。如在宋赵万年所著《襄阳守城录》中，荆鄂都统赵淳面对强敌，也要在天麻麻亮时，"祷城隍诸庙，以虏犯襄汉，残害生灵，愿求天助赶逐退却"。

民国三十四年（1945），虽然现代科学已渐渐东进，但在普通百姓心中，神灵仍是决定其幸福生活指数的不二选择。城内标注有城隍庙、汉圣庵、岳王庙、马王庙、禹王庙、二郎庙、荧惑庙、宏庆宫8座庙宇。除了城隍庙、汉圣庵原属官方祭祀外，其他均为民间祭祀。祭祀神祇及行业人群大致为：汉圣庵供奉关羽，因关公忠勇仁义精神而信奉人群甚众，此庵抗战时也供奉抗日英烈，故又名"英烈祠"；马王庙为运输业供奉；禹王庙、二郎庙为水运船员们及少数酒业人员供奉；荧惑庙全民皆祭，祈祷上天保佑不发生火灾；宏庆宫原是道教宫观，旧名玄都观，供奉道家的多位神祇。除上述庙宇外，城内还有6处未标名称的庙宇，可能是规模太小的缘故。

城内的祠堂有两处：单家祠堂、杨氏宗祠。宗祠是同姓宗族祭祀祖先或本族先贤的场所，除了"崇宗祀祖"外，各房子孙平时办理婚丧寿喜与重大事务时，也利用这些宽敞的宗祠作为活动之所。城内建宗祠，非大族不能成。单家祠堂在北街中段，是清同治年间赫赫有名的光禄大夫、文渊阁大学士单懋谦的故居。杨氏宗祠在今四中的马路对面武商量贩一带。杨姓主人是谁，未查到相关资料。它因占地面积大、院落宽敞、房屋众多被学校（省立第五师范）、部队（国民党第十五绥靖区司令部）先后使用。1948 年 7 月 16 日，国民党特务头子康泽和副手即在这里被解放军活捉。

名胜古迹

闻喜亭。关于闻喜亭的记载，文献上很容易查到。它始建于唐咸通十二年（872），由官员裴坦所建，在城南三里。取名"闻喜"，与裴坦的籍贯——山西闻喜有关，既有怀念家乡之意，但也稍给人志满意得之感。该亭后来被毁，到清朝康熙年间，从城的东北角发现了石碑及北宋大文人欧阳修写的诗，得以窥见早在北宋，闻喜亭就被移到了城的东北角。在以后的岁月，闻喜亭屡建屡圮，直到清道光十七年（1837），"守道杨以增移建于鹿门书院内"，并"嵌石刻诸诗于壁"。地图上清楚地标注着闻喜亭，在今古治街的北端，镜湖的西侧，可以得知在民国三十四年（1945），该亭或许存在，可惜时光变幻，现在已无迹可寻了。

孟亭。为纪念孟浩然而修建，同样是岁月沧桑，屡坍屡修。最后一次修建是在清光绪三十一年（1905），有孟亭落成记碑、孟亭真伪辨碑为证。城图上的孟亭在公园巷的东段，现已荡然无存。1983 年襄樊市地方志办公室编《襄樊市概况》记载："辛亥革命后，道署一带（今襄阳市人大、政协大院）辟为中山公园，孟亭是其中一景。1959 年襄阳地委扩建时将孟亭拆除，原亭的八块碑刻诗文，题跋等文物，由襄阳地区文博馆收藏。"

狮子楼。在城的东南角。国人真是具有消化各种文化为我用的本领，就如同狮子强大的胃功能。本来是凶猛动物的代表，不知自何时起，就变成看家护院的祥兽，以至于雕刻石狮成了一个巨大的产业，一兴旺就是上千年。襄阳不在化外，最晚在明天顺年间便在城墙的西南角上修了狮子楼，雕了石狮，"以镇楚山"，后来也是几番兴亡，最后毁于时光之手。2015 年，文物部门对狮子楼旧址进行了发掘。

夫人城。巍然屹立在城的西北角，它是一个保我家园不受外辱的英雄故事，一曲女性机智不让须眉的英雄赞歌的物理载体；是纪念最早，现保存最好的人文胜迹，见证了襄阳城的战争与和平，今天已成襄阳城的名片之一。

20 世纪 80 年代的襄阳城小北门城楼

王粲楼。"登兹楼以四望兮,聊暇日以销忧。览斯宇之所处兮,实显敞而寡仇"。两千年前的王粲郁郁寡欢,于是登楼作赋,让后人们知道了他和他的处境、他的心情。王粲楼与夫人城遥相呼应,一文一武,共同述说着古城的悠久历史,深厚文化。有资料称王粲楼毁于民国初年。1993 年新建了此楼,改名仲宣楼,成为人们发思古之幽情的好去处。

墓地·新城门

襄阳历来为兵家必争之地,战争的影响反映到城市建设上,便是城市建设遭到破坏,人口锐减,以至于交易市场凋敝,住房破旧低矮,城中形成大片的空地。

由于多次遭到日本侵略空袭轰炸和焚烧,1945 年的襄阳城,同样满目疮痍、破败不堪。图上看,城墙内建筑只占城内总面积的四分之一;有大片的荒地,约占到总面积的五分之一,分别分布在积仓街以北的简易师范课堂周围、天主教堂以南、鄂北运动场的以东和以南;剩余地面大多被开辟成旱田、水田、果园、茶园、菜园、花园。果园在法院街的西南部,近眺狮子楼,归属鄂北农(林)厂襄阳分厂,另外在东北、东南二隅也有,属小块种植;菜地却是见缝插针,遍地开花，特殊是在东南隅，一块一块的栽种物，阡陌纵横，透出芳草鲜美的气息。

城内还有小块墓区，标注在长门以西、镜湖以东的区域。大概是因为这一带位居古城水陆要冲，凡有战争，首先受到破坏，以至于该地区瓦砾成堆，乱草牵衣，残碑卧水，人迹罕至成荒地了。还因靠近残废院，坟墓的存在与它也许有一定的关系。

城图在东城墙北段，即在今襄阳公园穿过东城墙处进入城内处，赫然标有"明进暗出"四字。"明进暗出"是古代水利工程的遗迹——"镜湖"的水，从现襄阳公园处的原东护城河引入后，西徊北转，再于"震华门"下的地下暗道排入汉江——这便所谓"明进暗出"。但为何成了城门？拜访城中老者，原来在20世纪70年代，新城湾纳入襄阳公园建设范围后，为了通行方便，便凿开城墙，建门一座，还仿旧制题"襄阳古城"与"荆襄锁钥"额两款，请本地书家挥毫，分别镌刻于城洞的东、西两面，张而扬之。这个"门"虽是新凿的，却具有以新乱旧，以假乱真的神功，常有游客迷惑，以为它就是襄阳的古城门遗址而一通狂拍，喃喃自语，细细抚摸，万千感慨……浪费了多少真挚的感情，让知情者啼笑皆非。

民国《襄阳县城图》由当时的"襄阳县政府统计室"主持绘制，其意图和作用不得而知。作为一幅70多年前的地图，不可避免地存在比例不很精准、地名标注与实际略有出入等问题，就像绘图者在"图例"的上方所注："本图因地藉尚未实测整系调查绘制微欠正确"。但是，在抗战刚刚结束的艰苦年代，能绘制出这样一份详尽的城图亦属不易。它蕴含的丰富信息，是研究当时襄阳城历史风貌、时代变迁的珍贵文献资料，彰往察来，见微知著，可谓一图胜万言。

笔者按图索骥，抚图追昔，念兹在兹，不禁为绘图者点赞！

汉江洪水与襄阳护城堤

艾子 /文　张玉涛　李秀桦/图

肆虐的汉江催生的堤防

城市自诞生之日起，人口密度便远大于乡村。一般来说，中国历史上，国家和某一地的精英人群、精华资产、精粹文化大都集中在大大小小由城墙围起来的城内。城市具有如此重要的使命，建在哪里，又如何保护就成了与城市一同诞生的课题。

春秋战国之际，百家争鸣，诸子学问纷纷问世，《管子》便论述了城市的选址："故圣人之处国者，必于不倾之地，而择地形之肥饶者，乡山左右，经水若泽。""地高则沟之，下则堤之，内为落渠。"意思是国都应该建在坚实的高地上，依山傍水，所在地要肥沃而富饶；城市地势高则修沟渠排水，地势低则筑堤防水——把城市建设规划与防洪紧密结合，建设不忘防灾，使城市成为一个能适应抵御灾害的有机体的精妙理论，使《管子》成为中国古代城市选址和建设的教科书。今观襄阳城，南有岘山相伴，北、东北有汉江环绕，岘山与城墙中的开阔地带还有檀溪水流过，城北临水外，一条大堤如长龙卧伏，护卫着城市的安全，确实是管子城市选址理论的具体体现。

作为拥有一条大河的城市，汉江在为襄阳带来福祉的同时，也带来不少麻烦。由于汉江在中游是典型的游荡性河流，在不同的历史时期，河水常会在河谷内左右摆动，造成水灾频发，直接危害百姓生命、财产的安全，因此，为了防止洪水泛滥，稳定河道，保护城镇和田地，自秦汉起，襄阳城的官员和百姓便开始兴筑堤防来与洪水"抗争"，这便慢慢形成了今天我们所能见到的老龙堤以及其他已经消失了的堤防工程。

秦汉至唐的护城堤

早期社会生产力低下，建筑材料单一，可以想见，"堤"很多时候可能只是原生态的土埂，偶尔有石砌，大概也只是简单堆放，一遇汉江暴涨，便被冲荡殆尽，所以历史上屡毁屡修，屡修屡毁，犹如春风野火，代代不绝。

史料有明确记载襄阳最早的堤防建设在后汉。《太平寰宇记》记载："襄阳城有古堤，皆后汉胡烈所筑。"胡烈在晋咸熙元年（263）任荆州刺史，因襄阳城河堤决口而重新修筑，表明在他之前，汉江已有河堤，这与河对岸的樊城在东汉后期筑有护城堤相互呼应。但此"堤"在哪里，因资料所限，不能确定，但离城池当不会太远，大致在今太子酒店为中心的滨江路一带。

南朝时，襄阳属宋北境的大城市，"田土肥美，桑梓野泽，处处而有"。《宋书·张邵传》记载有张邵于南宋刘宋元嘉五年（428）任雍州刺史，在襄阳一带围垦汉江滩地的事迹，"及至襄阳，筑长围，修立堤堰，开田数千顷，郡人赖之富赡"。既见张邵率民大兴水利，开辟农田的壮举，又见当时襄阳城的安全、富裕与堤防工程、耕地的增加有着极大的关系。从古代汉江河道左右摆动，后渐渐北靠的变迁，以及檀溪湖在六朝时已不复昔日波光粼粼，可行舟可泊船的大片水域，只剩下星星点点的残水的变化推测，张邵开垦的数千顷农田自然不会在汉江的沙滩里，它们与修筑的堤堰一样，很有可能就在今檀溪村一带。

襄阳城的堤防在萧梁时也零星见诸史料。《全梁文》卷九记载，雍州刺史萧纲（即后来的梁简文帝）在《临雍州原减民间资教》中称自己"诚欲投躯决堤，曝身求雨"。萧纲曾在公元523～530年在雍州任刺史，可见在当时，襄阳城也是有堤防拦截汉江水的。

唐神龙元年（705），襄阳人张柬之在本地任父母官时，对城堤的建设想必比外地干部更为尽心。《新唐书》记载："会汉江涨啮城郭，柬之因垒为堤，以遏湍怒，阖境赖之。""垒"旧指军营，张柬之就军营的墙壁筑堤，那么军营在哪里？因为襄阳城诞生后历史有几次向东"挪移"，到唐代时，原汉刘表所建的汉襄阳城可能并没有完全废弃，部分充作了军营。军营东靠襄阳城，西临檀溪水（北渠），这大致是张柬之的筑堤所在。一千三百年前的那个洪水季节，连续数日的暴雨后，咆哮的汉江水顺着檀溪水道倒灌进檀溪湖、鸭湖。洪水浩浩荡荡，越滩跨陵，沿途的滩头台地瞬间消失，直接威胁到城市的安全。张柬之寝食难安，甫天一放晴，即指挥沿北渠修建起一道坚固的长堤，以阻拦汹涌的山洪及倒灌的汉江，现在想来，应该是合情合理。

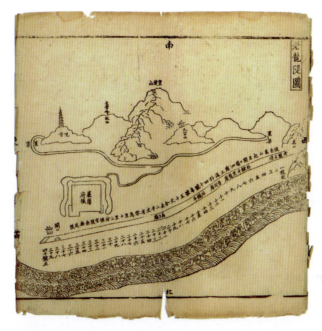

《老龙堤图》，来自光绪《襄阳府志》

唐元和（806—820）末年，身为山南东道节度使的王起，在襄阳兴修水利，"滨汉塘堰联属，吏弗完治。起至部，先修复，与民约为水令，遂无凶年。"王起所约的"水令"，包括对汉江堤防的维修保护。但水令显然未能得到长期执行，所以造成唐会昌元年（841）七月，汉江溢堤入郭，"陆走漂民，襄阳以渚"。因为此次水灾，时任山南东道节度使的牛僧孺被罢官。牛僧孺是历史上赫赫有名的人物，曾任两朝宰相，牛李党争中牛党的领袖，到襄阳上任已是 60 岁高龄，正处在宦途的低潮期，因为这件事情罢官，有被政治对手借机打压的因素，但也说明襄阳水利建设的重要性。

牛僧孺的继任卢钧接任后，吸取教训，"筑堤六千步，以障汉暴"。同时代的诗人卢肇在《汉堤诗·序》中写道："旧防之不固几五十载。……因故堤之址，广倍之，高再倍之，距襄之郊，缭半百里。"唐朝的"六千步"约等于今天的 20 里，"半百里"有文人夸张的成分，但足以说明堤防的宏伟。"旧防之不固几五十载……因固堤旧址"，说明最迟在唐德宗贞元时代（785—805），襄阳城已形成了巨大的环城堤，这次只是在过去的基础上，加高、加宽。从"缭半百里"的长度推算，或许是自南渠始，经城西、城北、城东南直至观音阁襄水入汉处。

《文苑英华》中记载有唐大中十年（856）山南东道节度使徐商的事迹：

> 汉南数郡，常患江水为灾，每至暑雨漂流，则邑居危垫，筑土环郡，大为之防，绕城堤四十三里，非独筑溺是惧，抑亦工役无时，岁多艰忧，人倦追集。

碑文的"四十三里"比较准确，应该可以确信，徐商依然是在前任的基础上，对环城大堤维修，加固，进一步完善了襄阳城的长达二十余里的堤防。需要说明的是，这两次被史书浓墨重彩的环城堤，厦门大学博士生导师鲁西奇考证皆是沙土堤。

唐朝国力强盛，襄阳城作为一线城市，城防建设追求高大上自在情理之中，孟浩然、李白、杨巨源、韩愈等时代大家的诗歌也从不同侧面描绘了时襄阳城东、东北面汉江大堤的景致。

宋元时期的护城堤

唐朝末年，襄阳地区受战乱的影响，城市建设严重倒退，原"缭城半百里"的护城堤毁损严重，致使在后唐、后周、宋初，襄阳城多次进水，危害城内居民财产及生命安全。鉴于此，宋朝初年，河南清丰人赵延进在襄阳任上，率领民众"累石为岸"，开启了襄阳护城堤用石头垒筑的新纪元。

石堤的牢固程度远在土堤之上，在赵延进之后的150多年时间内，襄阳城未见洪水犯城的记载。

南宋年间，襄阳城屡受战火破坏，堤防当再次毁损失修，导致在南宋绍兴十六年（1146）、绍兴二十二年（1152）襄阳城大水。虽然时任知府陈桷（1091～1154年，绍兴十五年调任襄阳知府）主持整修了堤防，但仍有洪水灌城，既说明当年洪水汹涌，也暴露了筑堤未击中要害。

绍兴二十二年（1152），襄阳城再遭洪水侵袭，城内水深"丈五尺"，知府荣嶷只好乘坐小木筏逃命。洪水退却后，荣嶷重议修堤一事。一声号令下，3000余民夫用工15万，耗时"五旬有七日"，重新修复了长四十余里的"环城石堤"。

仅仅30年，到南宋淳熙十年（1183），汉江暴发大水，"漂民庐，盖藏为空"。守臣郭杲率众进行大规模修筑，一是修复护城堤"捍城"，二是新筑救生土堤"卫城"。护城堤在是旧址上的重修，范围与荣嶷所修等同；救生土堤则是新筑，在城外"西南五里"（天顺《襄阳郡志》），斜呈于襄阳城的西南角，以抵御洪水时节来自"三里桥、九宫山沟涧之水"（乾隆《襄阳府志》）。这是护城堤、救生堤

大北门码头与城墙

首次出现在历史上。

元朝政府虽然得天下于马上，但也认为"农桑之术，以备旱暵为先"，把兴修水利摆在重要位置。游显在襄阳"复堰铁拘壅湍水为渠，溉稻田千数百顷，人赖其利"；至顺元年（1330），任襄阳路达鲁花赤的谙都刺也主持修筑了大堤。

总的来看，宋元时节，翻开了用石头筑堤崭新一页，且唐朝创修的环城长堤得到修复和巩固，但政府屡屡出手，仍不能抵御洪水，说明受专业工程技术水平的限制，历代官员面对洪水，思维狭窄，疲于应付，只治标，不治本，白白浪费了宝贵的人力和物力。

明代堤防的修筑及老龙堤的范围

明朝留存后世的各类资料中，共有大小近十次修筑护城堤的记录，远超之前的任何一个朝代，这或许是地方志编撰得到重视和发展，且文献存世较多的缘故。

1. 元至正二十五年（1365），元末明初邓愈重修襄阳城，增筑东北角之新城时，

航拍老龙堤与襄阳城

增修了一道自大北门至长门的截堤，史称"长门堤"。

2. 明正统二年（1437），"修筑湖广老龙堤，以其为汉江所决也"。

3. 明成化二年（1466），"又修筑护城堤岸东西五百余丈"。

4. 明成化十四年（1478），襄阳再发洪水，冲决城墙。当时明王府世子朱祁镛吓得赶紧上折子，但直到成化十八年（1782），才有政府官员率众修筑。有道是"慢工出细活"，这次重修可谓准备充分，多有创举，如在凿石为象鼻杀水势，木桩上固土防浪，种柳树固堤，种草护坡等。已袭封为襄王的朱祁镛想来也是感慨万千，写下一篇《重修老龙堤记》流传后世，文中称襄阳地有谚语"水打老龙堤，襄阳城是养鱼池"，很是形象。

5. 正德十一年（1516），"汉江大溢，破城三十余丈，居民汹汹"。分巡副使聂贤对长门堤作了特别加固，"纵横甃砌，槎枒向背，精坚逾旧，修砌泊岸二百八十丈，高二丈。又筑子堤于江帮护之，阔八尺、高五尺"，形成双重堤防，人称"聂公堤"。同时"复筑二堤于城西"。聂贤将大北门至长门杨泗庙间的河堤改建成石驳岸，并修建大北门、小北门两座青石台阶码头。

明嘉靖以后，襄阳洪水频发，损城毁堤的记载亦不绝于史书。

1. 明嘉靖三十年（1551），洪水冲破堤防，从四面攻击城池，损城墙七处，吓得"人浮怖色"，称"兹城者，兹堤也，吾襄人所域以生还者也。而损坏若是，盖二百年未有之灾也"。

2. 明嘉靖四十五年（1566）至隆庆元年（1567），一场洪水，老龙堤决，"郡治及各州县城俱溃，民漂流以数万计"。洪水后，官员金世龙、秦滢、徐学谟率众"北至老龙堤至长门，皆沿城甃石，高几三丈许；南自万山麓，至土门则仍古大堤；东南自土门至长门，则仍旧截堤，高几二丈许，厚几五丈许。"（万历《湖广总志》）唐中后期修筑的古大堤得以修复，今人口中的老龙堤是这个城堤防的一部分。除此外，还在城东、西、南三门之外约二里处各筑子堤一道，并将各门的子堤连通，形成环绕襄阳城西、南、东三面的护城堤防。这就是万历《襄阳府志》舆图上所绘的"新土堤"。它自万山脚下老龙庙起，经西门、南门、东门，与杨泗庙处的长门堤相接，计长"二千九百一十六丈"，也是清代方志中记载的"救生土堤"、"襄渠土堤"。

3. 明万历三年（1576），洪水再次挑战护城堤与城池，一个完全不同于传统治水理念问世——巡道杨一魁提议："自万山麓起，讫长门，合筑长堤，仍砌以石"（《襄阳府志·水利》）。杨一魁进士出身，具体较强的水利专业能力，曾在全国各地多处治水，最后官至工部尚书兼都察院右副都御史总理河道。他在充分研究了襄阳城西的地理环境后认为：襄阳城西南有绵延的群山，其中的条条小溪常年顺着襄渠汇集，又经南渠、北渠分别汇入汉江，其中，北渠是注入汉江最近的通道。地质的演变虽然导致檀溪湖渐渐干涸，但北渠并未消失，还在继续承接山南诸水后与汉江汇合。洪水时节，汉江在强大的压力作用下会倒灌进北渠进尔向东南漫延，对城西、西南均造成极大的压力，这或许是洪水屡屡破城的主要原因，所以，斩断檀溪水与汉江的连接成为杨一魁治水的关键。

知府万振孙、通判张拱极同意了杨的提议，工程从万历三年（1576）开始，第二年结束。从乾隆《襄阳府志》记载"仍名曰老龙堤……共长十里三分，自是檀溪始为堤隔，不复相通矣"看，此之前不论是环城堤，还是新土堤，均为檀溪水汇入汉江留有通道，这也是中国传统治水"堵不如疏"的一贯理念。杨一魁推陈出新，将老龙堤与聂公堤贯通，形成自万山始，至长门杨泗庙的完整石堤，一条崭新的老龙堤诞生了。它的迎水面砌筑条石，一段平均高度 8 米，堤坝宽 6～10 米，堤外侧筑有许多三角形石矶以减弱水势，远远望去，就像一条巨龙伏卧，阻挡了波涛汹涌的汉江，护卫着襄阳的安全。

回首过去，截断檀溪水迄今已 400 余年，襄阳城基本没再遭受洪水漫灌的灾难，这与汉江河道渐渐北靠有关，截断檀溪水或许功不可没。

清至今老龙堤的延筑

在新老龙堤诞生后，襄阳城的堤防已较过去坚固许多，但这并不意味着襄阳堤防建设可以一劳永逸，实际上，洪水毁堤的事还有发生，也时刻威胁着城池的安全。所以，稍有责任心的地方官甫一上任，就会想到对堤防的维护。如清雍正年间，任襄阳知府的河北人尹会一（1691—1748），上任伊始便上堤考察，"见堤石间有倾圮"，开始思考未雨绸缪的维修之事。拜访分守安襄郧道赵之均，商议维修老龙堤一事。赵之均因为忙于政务分身无术而"未暇修理"，次年恰发大水，毁堤多处，所幸没有溃堤，缘于神灵护佑。尹知府八月返回襄阳后，立即上堤查验应修之处，筹措费用，制定工料民力调集方案，责成时任襄阳县知县的徐宗担纲维修事宜，于十月动工，次年三月完工，仅此便"可告无罪于守土之责"。尹会一在《重修老龙堤记》中写到，汉江暴涨以后，凡"救王嘴、普陀庵、头工嘴、上湾、中工、龙窝，二工嘴等处，堤石尽付波臣"，可见洪水的凶猛。

尹会一之后，又有了"寡妇堤"的故事。在王万芳编纂的《襄阳府志》卷九

《建置志四》载："乾隆二年，复奉旨发帑修筑。中间碎石二三丈者，名寡妇堤，枣阳寡妇某氏所捐修。"中国古代历史向来对底层妇女吝于笔墨，但王万芳的《襄阳府志》将五十丈老龙堤的名分给了这位不知名的枣阳寡妇，让后人感动，无比欣慰。

清末，中央二、三品官员刘保林和鞠成需，受命主政"调署襄樊监捕水利清军府"事务，率襄阳军民大兴土石，对老龙堤进行大规模维修，留下了至今让人心仪的德政工程。

民国二十四年（1935），汉江再闹特大洪灾，成为襄樊人民心中惨痛的记忆。7月6日，三天的倾盆大雨，汉江水位高达73.71米，老龙堤淹坏二十余处，樊城水势高出城垣，街市顿成泽国，民居、商铺乃至许多古建筑如米公祠都被洪水席卷一空。洪水几乎与城墙齐，襄阳城千钧一发，城市里的官民均无法预测明天的命运，是被洪水吞噬还是侥幸逃脱？只好"六门填塞昼不开，封以丸泥作防堵"（刘鉴三《乙亥六月水灾记事诗》），被迫将六道城门全部封死，防止渗水。后来，洪水消退，襄阳城得以保全，应该说，有城墙的功劳，也有老龙堤的功劳。

中华人民共和国成立后，1950年至1954年，襄阳专署整修加固了老龙堤。1964年，大水来袭前，襄阳地委全线加修汉江堤防，组织沿江市县干部群众义务修堤，对汉江堤防进行一次大规模的加固。

一转眼惊青鬓雪，再回头俟黄河清。从今天的气候、生态条件和水利工程看，汉江已难再发灌城洪水。但母亲河的历史，她的为善或作恶，她的恩情与伤害，她威逼下的努力与抗争，身为她养育的子民应该大体知道，借用汉江北岸一通纪念治水官员郑敦允碑刻上的话"民不能忘"，倒是十分妥帖。

固若金汤：话说襄阳护城河

艾子 / 文　张玉涛 / 图

　　"方城以为城，汉水以为池"的宏观城池关系，早在公元前七世纪就已出现，它是英姿勃发的楚国的战略防御架构。北津戍时期之后，汉水成为襄阳城的一道天堑。除此之外，襄阳城人工开挖的城濠又是什么情况呢？"华夏第一城池"又有哪些历史变迁？

缘起

　　何谓城池？在《周礼·考工记》中，城指城墙，池指护城河。护城河也称城壕或壕沟。最初人们挖壕沟的时候，目的就是要让敌人掉进去摔死，所以在壕沟底部设置有竹枪等战具。水壕作为另一种防守设施出现，是基于"隔离敌人"的理念而产生出来的，同时，也可以利用壕沟里的水进行补给、运输、消防等。

　　城池是城墙和护城河的通称。古人筑城和挖濠同时进行，濠挖得深，城筑得高，一正一负，构成双重的防御体系，体现了古人在城池防御建设中的聪明智慧。

　　号称"天下第一城池"的襄阳护城河长 5060 米，最宽处达 250 米，平均宽度 180 米，面积 91 万平方米，是一个依托城市附近水系构建的自流系统。它北临汉水，在东、南、西三面人工开掘河道，从城外的西南角引襄水进入，在不同时期分别通过西南角、东北角的涵闸与汉水贯通，完全分隔了城市与城外的陆地，在战争时期成为一条缓冲带，极大地保障了城市安全。凌空俯视，河水仿佛一条玉带，环绕在襄阳城的周围，把城市烘托得犹如一座美丽的水上城堡。

一组宋朝的数据

　　"来早，虏人登高，望见忽有濠一道，莫不惊愕。"这是赵万年在《襄阳守城

襄阳城东南角的护城河

录》中对襄阳护城河镇住入侵者的生动描写。

南宋开禧二年（1206），襄阳城完成了一场抵御北方侵略的壮举。《襄阳守城录》中记载："襄阳府城周围共九里三百四十一步，城外有羊马墙，墙外有水濠。"这是目前已知关于襄阳护城河的最早记载。书中另一处记载：十二月一日，虏遣被掳人刘宝于城东隔濠呼城上云："相公欲令人来打话"。隔河可以喊话，且听得真切，大致可以推揣测，当时的护城河的最窄处并不是很宽。不过到了吕文焕镇守襄阳时，为抵抗元军，已将护城河拓宽数倍。当时，元军主帅阿尔哈雅在襄阳城东南角二里处设置了攻城指挥部"将台"，但因有宽阔的护城河阻挡，相当长一段时间无法接近襄阳城。

南宋一朝，襄阳城是南北政权反复争夺的军事要地，城墙屡经战火，城濠也不能幸免，更无法统计有多少位将士惨死在看似柔弱的河水里。当时护城河的位置在哪里呢？20世纪90年代，襄樊市考古队在今阳春门公园内曾清理了几座宋代墓葬，表明宋代东护城河的外缘只到现东环城路位置。同时，在东门城墙内侧区域仅发现明代以后的堆积，且明代堆积下全为淤泥，证实其下在明代以前为襄阳城的东护城河。

护城河上的水利工程

早在南宋时期，古人对于如何平抑城濠水的丰歉已有巧妙的构思。同治《襄阳县志》记载：南宋淳熙八年（1181），"知府郭杲修护城堤以捍江，筑救生堤以卫城，又于九宫山麓（即真武山，作者注）今仙关门内外设二闸以备蓄泄，导九冲十八洼汇集檀溪湖之水，一由仙关门外桥下入濠，一由仙关门内桥下入汉"。2000年，修环城南路时出土了一块《重浚襄渠记》石碑，"宋郭杲设二闸，水涸时导之入濠以卫城，水涨时导之入汉以杜冲溢"，也记述了郭杲在城濠中设闸的创举。

郭杲的做法被后来人沿袭下来，清同治四年（1865），襄阳知府方大湜在护城河里增加了水利工程。他在"城西南和南渠处各留一剅口，设节制闸，城濠水浅时，将南渠水引入，又在城东北城濠留一剅口设闸口，挖有渠通至长门外，亦设闸口。当城濠水多溢出时，起闸放入汉水"，以此调节城濠水位，保证城市的安全。现襄城东门外的闸口即诞生于此。

拓掘与疏浚

历史上襄阳护城河并非一直是现在这么宽，而是在不同时期不断拓掘与疏浚的结果。

同治《襄阳县志》记载，南宋绍兴二十二年（1152），一场冒城大水过后，知府陈天麟疏浚了城濠。这是关于地方官员明确修浚城濠的最早记载。

乾隆《襄阳府志》记载，元末明初，邓愈重修襄阳城，"凿濠，城北以汉为濠，计四百丈。东、南、西凿濠，共二千一百一十二丈三尺，阔二十九丈，深二丈五尺。"可以推测在元朝中后期，护城河或者规模很小，或者已经废弃，这与史书中元朝在内地不修城的记载相吻合。

明朝末年，杨嗣昌镇襄阳。杨是朝廷要员，崇祯帝委他以重任，是希望他能剿灭农民起义军，延缓大明气数。不幸的是，他最倚重的襄阳城却被张献忠轻易攻取，接着，襄王朱翊铭被杀，朝野震惊。惊惧和压力之下，杨嗣昌自杀。在他坐镇襄阳时，正是农民起义军风起云涌之时，战争防御的需要，他"宿辎重襄阳，浚濠筑城甚固"；"仞深沟方洫而三环之"，督促拓掘的护城河又深又宽。襄樊市考古队从南门护城河外的勘探和试掘情况得知，明代以后护城河内侧即现有河岸，而外侧则要继续向外延揽 150 余米，可见当时护城河的实际宽度将近 300 米，比现在还要宽。

清咸丰八年（1858），知府启芳疏浚了城濠。大概是清朝中后期地方财政不充裕，这次疏浚采用的是"谕城绅劝捐，由西门到长门分段认工"的办法，同时檄知县梁照"丈量濠面立石柱二十四处，以清岸界"。

清同治四年（1865）五月，知府方大湜将前任留下的石柱界限逐段量明丈数显示：护城河由西门到长门共长八百五十丈（约 2850 米），留下一份宝贵的档案资料。

清同治八年（1869），城西南的城濠渐渐淤平，知府恩联便商量提督郭松林，令士兵开工浚河，范围是从西门至南门间，共长五百丈，深一丈，广十丈。

新中国成立后，护城河失去了城防功能，被划归原襄樊市国营渔场管理，其主要功能是养鱼，以丰富居民的餐桌。1976 年，政府对襄阳公园至东门桥段长约 300 米的护城河进行下挖和疏浚，以提高护城河的产鱼量。这段河面平均下挖了 1.5 米，挖起来的淤泥在襄阳公园堆建成受人欢迎的猴山。

1991 年，为迎接全国历史文化名城会议在襄樊召开和诸葛亮文化节的举办，襄樊市再次大规模疏浚护城河，水面最宽的地方已达到 250 米，水深也有 3 米多。

荆州城墙上的"襄阳制造"

艾子/文　李秀桦/图

城、城砖与明代城砖

纵观中国历史风景，不乏一座座由墙围起来的"城"。它们是中国文化的特殊产物，构成了汉文化人文地理的独特景观。中国的城主要是行政和文化的象征，在理论上，是用来保护人民的。《说文》就说过，"城，以盛民也"。这样的源流，使中国人在潜意识里，将城与城墙画了等号。唐朝李贺"黑云压城城欲摧"中的城，就是城墙。有墙才有城，城无墙，不成其为城。中国古代城市研究者、美国历史地理学家章生道就说过："对中国人的城市观念来说，城墙一直极为重要，以致城市和城墙的传统用词是合一的，'城'这个汉字既代表城市，又代表城垣。在帝制时代，中国绝大部分城市人口集中在有城墙的城市中，无城墙型的城市中心至少在某种意义上不算正统的城市。"

中国的城墙大多经历了一个从"夯土"到"包砖"的过程，这是源于生产力的发展及火器的问世。宋代以前，土城是城墙的主要形式，到了宋代，为了加强军事防御，砖开始较普遍地用于砌墙，特别是在门墩和城墙拐角处包砌以砖。襄阳城同样经历了这样一个变化。据《襄樊市文物古迹普查实录》记载，襄阳城在"宋时由原土城改为砖城，南北长约 1.6 公里，东西宽约 1.4 公里，周长约 6 公里"。

早期的砖，烧制比较粗糙，在砖上留字的现象也极为个别。自明朝开始，城砖则呈现出质量好、产量高的特点，同时，详细记载有官职、姓名的文字出现在砖上，成为一大风景（也成为不可多得的历史资料），这是由朱元璋的治国理念和当时的社会环境决定的。

1357 年，朱元璋经邓愈的推荐，采纳了老儒朱升"高筑墙、广积粮、缓称王"的献策。修建城池在当时是耗资巨大的工程，仅用砖一项，就不得不向民间摊派。

但是，分散在全国的民间作业工地，质量如何得到保证？那就必须寻找先进的管理办法，制定统一的标准，并对制作者"立字存档"，这便出现了那些有制造时间、地点，有负责制砖的官吏、工匠姓名的铭文砖。清清楚楚的文字，表明生产环节已经全部责任到人。所以，在政府明显保留"事后追责"态度的压力下，洪武年间的城砖质量之好，在各个朝代的城砖中自然首屈一指。

把"官砖"刻印记并显露外面，相传是明初丞相胡惟庸的一大发明。相传朱元璋定鼎南京后，巨富沈万三捐资修建南京城墙，朱元璋派胡惟庸监理。胡惟庸分派任务后，为防止担负砌筑任务的军民偷工减料，下令承担任务的各方要在两方交界处砌筑标明承建方隶属、姓名的字砖，以便查验。朱元璋对这一做法大加赞赏，这便成为一种制度在明代沿袭下来。

襄阳洪武文字砖的人物和官职

公元 1365 年，朱元璋在基本荡平天下后，便派他的"铁杆兄弟"、后封卫国公的邓愈镇守襄阳。邓愈在任上，开始了庞大的复建、新建城墙工程，对此，天顺《襄阳郡志》有记载。此次修城，大致奠定了今天襄阳城的格局。除此外，在之后的成化、弘治年间，襄阳城也多次得到修缮。屡次维修，遗留下来一批文字砖，成为襄阳城珍贵的历史资料。

2016 年 3 月，拾穗者考察荆州城墙文字砖

荆州城墙上的「襄阳制造」

我市文史学者李治和收藏的明代文字砖多达 44 字，内容如下："襄阳府襄阳县提调铺长王宗仁典吏郑鉴 的当人韩敬蒋文胜 总甲吴思聪 小甲李义 窑匠王敬德 人户杨大等"，官职、制造者等文化信息相当丰富，让后人知晓了当时制砖工程中的诸多参与者及各自承担的责任。

提调官：城砖文字中最显眼、使用频率最多的职务是"提调官"。所谓提调官，并不代表官职，仅表明某官员在受朝廷委派承担征调事务的一种临时身份，是专为阶段性工程建设指挥调度的官员，相当于今天某工程建设的指挥长。

典吏：司道、府厅、州县所属吏员的通称。

的当人：应为确切具体的负责人和验收许可人，相当于现在的工程监理。

总甲：见证了明代的户籍管理制度。十户为一牌，立牌长；十牌为一甲，立甲长。

小甲：既是乡村城砖生产直接组织者，又是城砖任务被摊派者。

窑匠：又称"窑户"，是烧造城砖过程中的技术负责人。

人户：又称人夫，是明代里甲制中娶妻成了家的户头，是城墙建造工程中的又一主要劳力来源。

明代的铭文砖不仅见证了朱元璋"高筑墙"的立国方针在军事重镇襄阳得到了落实，而且还可窥见当年的社会形态与制度，如砖中多处留下的诸如"杨大"、"熊大"等，即是元末汉人极低的社会地位的见证。据清朝人俞樾考证："元制，庶人无职者不许取名，而以行第及父母年龄合计为名。"意思是元朝禁止老百姓取正式名字，只让他们按排行或者父母的年龄编个号。朱元璋本名叫朱重八，父亲叫朱五四，爷爷朱初一大致也可以佐证。

"襄阳制造"在荆州

襄阳城在明一代虽多次整修，但留下的文字砖却寥若晨星，让民间对城墙建设的研究缺少有力的物证。但在与襄阳相距不到 400 公里的荆州城墙上，文字砖却随处可见，同时，当地收藏市场上可以看到有襄阳县、枣阳县、谷城县、南漳县、光化县 5 个县名的城墙文字砖拓片。

由襄阳市档案局主编的《襄阳那些过去的事儿》一书中曾刊登了尚明洋的文章《一块明代文字砖透露的信息》。在文中，作者介绍该砖是从荆州城上拆下来的，"此砖证明，当时的襄阳府担负着为修荆州城墙供砖的任务"。

在笔者的认识中，明朝的荆州城和襄阳城同属府治，地位相等，且江汉平原，古砖厂比比皆是，为什么在荆州的收藏市场上会出现为数不少的"襄阳制造"文字砖？是襄阳府真为荆州供过砖，还是荆州的收藏市场早已认识到城砖的价值而悄悄收藏的？

带着这个疑问，笔者一行驱车来到荆州。

张世春是荆州城墙文字砖的资深研究者。他酷爱地方文化，寻觅城墙砖已有 30 余年，编著了《堤破天惊》《荆州城文字砖》等多部书籍。"这些物品上面承载着历史，记录着我们生活的变迁，很有考古价值。"他这样解读自己的癖好。

在张世春和荆州藏书大家刘作忠的带领下，我们登上了荆州城墙。春风中漫步，一块块城砖携带着几百年前的信息，尽现眼底。在东门北段的马道上，我们见到一块长 38.5

荆州城墙上的襄阳文字砖

厘米、厚 8 厘米的郧县城墙文字砖，铭文为"襄阳府均州郧县提调官县丞康泰监造的当人邓俊作匠王成贾元忠人户王均保 洪武十六年 月 日造"，恰是尚明洋先生撰文，现收藏在襄阳市档案馆的荆州城砖的"同款"。

荆州城从东门到南门，各色不同的文字砖随处可见，特别是在南门左右的两段"原版"城墙上，大量的文字砖在争先恐后向我们讲述着当年的城建故事。在众多的文字砖中，我们一一辨认，希望看到更多的"襄阳制造"，但却一直不能如愿。张先生称十多年前拾得的襄阳造砖，已全部捐献给"城砖博物馆"，说因无人妥善管理，恐怕也遗失殆尽。

疑问再次悄悄爬上心头，几近失望时，在西城墙与北城墙的拐角处，笔者赫

荆州城墙上的『襄阳制造』

然发现一块长 40 厘米，厚 11 厘米的襄阳造砖。这段城墙中间是夯土，临护城河的一面是包砖。襄阳砖被砌在一个垛口处，砖文清晰可辨，像是等着被家乡人发现。我们急忙拍照，经过事后核对资料，砖文内容为："襄阳府襄阳县提调铺长王宗仁 典吏郑鉴 的当人 韩进蒋文胜 总甲许 口祖 小甲周宜音保 窑匠王口德 人户余太保等"。这与李治和老师收藏的大致"同款"，区别仅在总甲、小甲、人户等。

两块城砖，完整无缺地现身荆州城墙，之前的疑问烟消云散。看来，襄阳城为荆州城供过砖已确凿无疑。至于和襄阳市内的藏砖相似，应该是在为荆州烧砖时，也留下了一部分，用于襄阳城墙的修缮。

跨行政区域供砖，在权力范围管控严格的封建时代，非全国性或区域性的大工程不可能实现。襄阳为荆州供砖的背景及原因大概有如下几点：一是朱元璋定都南京后，荆州成为长江沿线拱卫首都的重镇，所以，为荆州城修筑高大巍峨的城墙已是必然。二是明洪武九年（1376），朱元璋改行省为布政使司，当时的湖广行省平章政事（行政首长）杨景驻守荆州，他向辖区范围内的各地摊派城砖，也是顺理成章之事。这种情势下的修建也不再是荆州一府之事，而是跨区域的大工程，类似于现在"三峡工程"等重点项目。于是，一道圣旨之下，湖广范围内的各地官民纷纷动员起来，万窑起浓烟，千帆忙送砖，就有了荆州城墙上的辰州府、长沙府、常德府制砖以及大量的"襄阳制造"。

从《襄阳守城录》看南宋襄阳战事中的武器

艾子 / 文　襄阳地域文化文献中心 / 图

襄阳城不负"铁打的"盛名

襄阳城有美誉"铁打",这首先是基于战争中地理条件的肯定。君不见,吾城雄踞于汉水之南,北有滔滔汉水作天堑,南面有岘山、真武诸山作屏障,地势险要,易守难攻,又兼城高池深,所以"铁打"一谓先有了几分底气。

但战争除了地理条件的凭据外,还有双方将士能力、兵器优劣的比拼。有江河险固不堪一击的,如苻坚寇晋,兵非不多,但仍败于淝水;有将优兵众一败涂地的,如曹操南下,大军百万,仍败于赤壁。所以,在残酷的战争史上,襄阳能有"铁打"之美誉,绝非凭空得来,而是一箭一箭射出来,一炮一炮"轰"出来,一个一个生命杀出来的。在数次的守城战中,在岘山、汉水、城墙的大背景下,战马嘶鸣,箭弩纷飞,将士衔枚疾走,火牛横冲直撞……上演着一幕幕将帅调兵遣将的能力、战士的意志和体力、兵器优劣的大比拼。比如《襄阳守城录》记下的这一次。

南宋开禧二年(1206)寒冷的冬天里,觊觎中原已久的金军长驱直下,企图快速拿下襄阳城,战争拉开帷幕。从冬月十七到第二年的二月二十七,襄阳守军与金军前后大战12场,水陆攻劫24次,致对方人马死伤几半,逼迫金军只好撤退。指挥这次战事的是京西北路招抚使赵淳,他的幕僚赵万年用日记的形式写出《襄阳守城录》,为后人记下了无数个生动的细节,如:洞山寺前躲着的几个金兵哭着说:"被南军杀了驸马,如何归得?";俘虏萱阿里孛(千户)称:"虏渡滩日,诸军淹死九千二十七人,马三千余匹,攻城死伤二三万人";纳合道僧称:"吾父(万户)所部五千人过江,淹死者千余人,小谋克(万户)所管三千人全没……",无不力证了襄阳的难以攻克。

襄阳城墙见证过的兵器和战具

守城胜利的背后，各种兵器依次登台——

浮桥："谍知虏贼于东津搭浮桥"。是军队采用制式器材拼组的军用桥梁，也称舟桥。

火牛："将所办油灌干草名为火牛置于土山之内，以火焚之"。本为双角绑上利刃，尾巴绑上易燃物点燃令其冲向敌军的牛。这里指浸过油的干草，便于着火，用来烧毁对方。

石炮："炮石镌青石为之，圆如气球，工极精致。"金军攻击襄阳城的重型武器，青石质地，从北方用牛车专门运来。

泥炮："令诸军用黄泥以牛、马、鹿毛搅合为泥炮，如气球样，或日晒干，或用火炙，打于城外，人无不立死。"鉴于石弹可重复使用，赵淳守军便研制出泥炮这种"一次性武器"。即使没有命中目标，泥炮也会落地而碎，不会被金军重复利用。

鹿角："公命壮士自鹿角中突出"。用削尖的木棒制成的木栅栏即"鹿角"，可以有效防地止对方骑兵的偷袭和冲锋。

云梯："夺取军器及烧毁云梯等攻具"。是冷兵器时代攻城战的重要手段。宋代的云梯有飞梯、竹飞梯、蹑头飞梯、行天桥、搭天车、行女墙和云梯等许多形式。

鹅车洞子："鹅车洞子亦是牛皮蒙护"。攻城用的战车类，形如鹅状，如同一小屋，外面蒙上一层铁皮，底下有四轮，能够有效保护士卒攻城。宋以前又称"尖头木驴"。《靖康纪闻》一书记其功能构造为：洞子可以沼道，可以攻城而上，用车轮推行，其状如峻屋，上锐下阔，上用生铁裹，内用湿毡，矢石灰火皆不能入。

火药箭："公密谕四隅兵官将预办火药箭、炮石等分布"。南宋的重要武器。包括弓弩火药箭、火药鞭箭等。是在常规箭的箭头后部，以箭杆为轴，绑附一个球形对称的火药包，使用时借助射远的抛石机、弓、弩等弹射装置，把火球、火药包，抛射或运至敌方烧裂，达到烧夷、障碍、毒杀、熏灼等作战目的。

弓弩：古代兵车战法中的重要组成部分,是步兵有效克制骑兵的一种武器。古代强弩的射程可达 600 米，特大型床弩的射程可达千米。

战牌："烧毁云梯战牌五百余件"。多用于车战和步战，用木、革制做或用藤条编制。按制作材料的不同又可分为木牌、竹牌、藤牌、革牌、铜牌、铁牌等。

天桥：是用于连接城墙、道路或地面上的缺损之处。

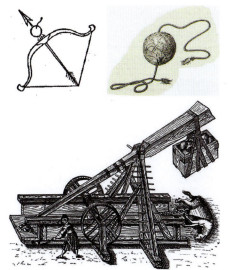

古代兵器：弓箭、霹雳炮、抛石机　资料图片

皮帘："击中楼橹无不损者，公遂用牛马皮造作皮帘"。用生牛皮制成的一面布幕，用以挡住敌方矢石或箭弩。若是城上被打出缺口，则用于保护望楼。

霹雳炮："城上亦发喊擂鼓，仍用霹雳炮打出城外"。宋朝创造出的一种新式兵器，外形圆球状，用火药配方外加适当的可燃性或杀伤性的物料拌和黏合而成。广泛运用在水陆各种作战之中。

蒺藜箭："作泥炮及蒺藜箭，皆兵法所不载。"蒺藜是一种一年生的草本植物，果实外壳有刺。战场上自宋朝出现仿蒺藜功能的箭镞，它们被射出后即使没有直接命中敌军，落在地面上又变成了蒺藜，达到了今天封锁路段及远程布雷的效果。

竹笼："遂创织竹笼，高二尺，长六尺，眼圆六寸，如竹夫人状"。竹夫人是古人的一种纳凉工具，用竹篾编成，圆柱形，中间通空，四周有许多洞孔。根能收风窜散，常用在床上供人取凉。此处变成拌拦敌方人马的障碍物。

拒马子："令前行人各持小拒马子一副，遮拦虏人来路，于内布列阵队"。防范骑兵突袭时的障碍物。利用一支较粗的轴木，将枪穿插其中，以防止马的冲击。

炼丹家的贡献

以现代的眼光看过去，这些武器都太落武了。但这是在 800 年前，且这中间还有两种新式武器——"霹雳炮"、"火药箭"，当时的威力不亚于今天的核导弹。

中国的四大发明之一——火药的发明经历了一个漫长的过程，炼丹家于公元808年的试验结果，是火药发明的标志。宋代立国后，由于内外战事频繁，各方都致力于寻找高能的武器。炼丹家发明的火药在燃烧后产生的巨大杀伤和摧毁威力，极大地吸引了军事技术家和统兵将领们的注意力。经过不断的研制和改善，初级火器开始登上大宋的战争舞台，成书于宋庆历年间（1041—1048）的《武经总要》刊登的三个火药配方就是火药用于战争的历史性标志。它宣告了冷兵器时代的结束，表明中国古代兵器的发展步入了新的时代。

发明初期的火器分"火球"、"火药箭"两大类。《武经总要》"守城器械"部分列举的"火球"有引火球、蒺藜火球、霹雳火球、烟球、毒药烟球、铁嘴火鹞、竹火鹞等；"火药箭"有弓弩火药箭、火药鞭箭两种。这两大类火器主要的用途是燃烧，即烧毁敌方的人马和粮草积聚。它们依靠人力，或借用弓弩投掷，作为火源运载到敌阵，达到冲击敌阵的目的。

赵淳驻守襄阳时，已是南宋。火器已由普通的燃烧性武器，发展为爆炸性武器，其杀伤力大为提高。赵淳率部在用常规武器制衡敌军的同时，也用"霹雳炮""火药箭"对金军进行了三次反击，收到较好的效果，成为中国古代战争史上运用初级火器的著名战例：

第一次，赵淳率守军千余人，于半夜出金军，并"用霹雳炮打出，城外虏人惊惶失措，人马崩溃。"

第二次，当金军呐喊着攻城之际，赵淳即令城上"擂鼓发喊，并打霹雳炮出城外，虏骑惊骇，退走。"

第三次，赵淳指挥宋军1500人，乘雨夜驾船30余只，备霹雳炮，火药箭，潜驶至敌营岸边，乘敌人疏于防备之际，突然向敌营抛放霹雳炮，火药箭，敌人人马惊惶，自相踩踏，"残余两三千人、马八九百匹"。

将军在郑家山的深情述说

襄阳城南，是有绵延起伏的岘山。岘山离南门最近的小山峰是南岘凤凰山的余脉，名郑家山。它岩壁陡峭，风景绮丽，来因南朝文学家谢庄的眷顾而蜚声今古，又名谢公岩。

襄城环城南路高架桥南谢公岩岩壁上，有一方南宋的摩崖石刻。摩崖高约85厘米，宽60厘米，字径约3厘米。上刻5行计53字楷书，全文为：

庆元己未寒食日，率兵将官以下，遍祭战殁将士于岩亭之野。

醑酒焚币，成礼而去。清明复携家来此，遥睇松楸，用修时祀。

河阳赵淳题

战殁将士是指在抗金战争中阵亡的将士。寒食日即清明的前一天。醑酒焚币是古代一种祭祀形式，醑酒是把酒举过头顶然后慢慢把酒洒在地上，焚币即烧纸钱。我国各地在每年清明的前一天禁止用烟火烧饭，同时辅以扫墓，踏青，插柳等风俗以祀先人。

赵淳出生于河阳（今河南孟州市）军人世家，祖父在靖康时率兵守备河阳，抵抗金兵，因河阳失陷，举家被金兵所杀，只有赵淳的父亲孤身逃脱。家仇国恨，积郁于胸，使他成为同辛弃疾、陆游、叶适等人一样闻名朝野的主战派。

庆元年间（1195-1200），赵淳以鄂州都统制驻兵襄阳。摩崖凿于南宋宁宗赵扩庆元五年（1199），据《元史》记载："庆元四年，蒙古行军千户张好古攻樊城。"赵淳野祭的或是在这次战斗牺牲的将士。他在寒食日带军祭奠，借此激励将官英勇杀敌，报效国家；次日又带家人祭祀，当是告知亲人自己将报必死之心，勇赴国难。

可以说，赵淳早已做好了报国的心理准备，甚至可以说在等待这样的机会。所以当七年后敌军兵临襄阳城下，他自然而然欲决一死战。面对金人的劝降，他复函："枣阳、光化，小胜小负，兵家之常。尔士马死伤，十倍我数……今我城高池深，兵精马壮。疆场之臣，但知戮力报国，毋烦多言。"，其点评胜败，义薄云天，大气凛然，气势上已先胜一筹。为稳固守军人心，他命人将四座城门用土填塞，其死守的决心，感天动地。赵淳体恤将士，当时襄阳城库存白酒已不多，他不准买卖，而是发给冒雨雪出敌的战士。爱护百姓，怕城中百姓挨饿，在城内置场赈粜……这一切，保障了赵淳在苦撑三月，毫无外援的情况下，仅靠城内万余官兵及居民，终于击败金军，成就了战争史一次以少胜多的典范，更是对"铁打的襄阳"的一次完美诠释。

那年，落在襄阳城墙上的"襄阳炮"

艾子 / 文　襄阳地域文化文献中心 / 图

　　"襄阳炮"是宋元大战中首次被蒙古军队使用的重型武器。称为"襄阳炮"，是因为它的两位主要制作者是西域人，因此也叫"西域炮"；又因为它在攻打襄、樊二城时首次使用，所以又称"襄阳炮"；还由于它是兜着巨石向远方抛射，所以又叫"巨石炮"。但不管怎么叫，由于它参与了攻打襄阳的战争，且成为压垮骆驼的最后一根稻草，则襄阳城与它，便有了一段不得不说的故事。

一举成名天下知

　　1267 年，坐在临安（今杭州）皇帝宝座上的是南宋度宗赵孟启，昏庸，孱弱，只知享受。此刻，它的北方邻居蒙古，已经用铁骑征服了大半个世界，强大的国力，开阔的眼界，高效的军队，早就想把南宋一口吃进。南北对峙中，襄阳成了一只挡住蒙军面前的"拦路虎"。忽必烈在降将刘整的建议下，以蒙将阿术为主帅、刘整为都元帅，率领七万大军，直逼襄阳后，用玉带贿赂主管襄阳事务的荆湖制置使吕文德（治所在今鄂州），以与南宋做买卖建市场为名，秘密在襄阳城东南的鹿门山、襄阳城东的白河口修筑了两座堡垒，意在阻断襄阳与汉水东部的联系。

　　从 1267 年 11 月起，蒙军"冷水煮青蛙"，一面在襄阳、樊城四周筑城，一面操练水军，向襄阳缓缓逼近。至 1270 年，蒙军将筑在万山、岘山、虎头山的诸堡相连，完全切断了襄阳与西北、东南的联系，完成了对襄阳的全面包围。吕文德这时才意识到上当，他向朝廷奏报，虽然朝廷陆续派来张世杰、范文虎等领兵来救，均在蒙军早已修好的堡垒下屡屡受挫。

　　1273 年 1 月，元军使用新式武器"襄阳炮"轻松攻破樊城，然后疯狂屠城。守将张汉英、范天顺、牛富等人全部战死。屠城，是对此前五年樊城顽强抵抗的

襄阳炮石弹

报复，也是对襄阳城守将——京西安抚副使兼襄阳知府吕文焕的警告：若不投降，襄阳城将遭遇同样的命运！樊城破后，元军移炮襄阳。他们根据对地势的细心观察，在襄阳城东南角安置巨炮。1273年2月的一天，襄阳城中忽然"声震天地"，只见襄阳谯楼瞬间化成粉雾，其"所击无不摧陷，入地七尺"。强大的攻势下，"城中汹汹"，一些将领翻墙出城投降了。摆在吕文焕面前有两条路：誓死抵抗，那么结局就只有死，而且还要搭上全城数万条生命；归顺，可保城中将士及百姓生命无虞，而本人也将得到重用。吕文焕犹豫不决，平章政事阿里海牙折箭盟誓：元朝皇帝承诺的一切，必不食言。在既无力固守，又无外援，兵尽粮绝，人心崩溃下，到底该怎么办呢？"殒身徒有客，误国始由谁。百战江山破，三军恸哭辞。"曾经的英雄潸然泪下，相持五年之久的襄樊战役，就这样在震天动地炮声中宣告结束。

　　岘山沉默，汉水呜咽。在城头旋即升起的元人帅旗中，吕文焕也被载入历史的叛臣榜，万劫不复。

压垮骆驼的最后一根稻草

　　宋元史书中有大量关于襄阳炮的记载。与襄阳有关的，首推《元史·亦思马因传》。该传云："亦思马因，回回氏，西域旭烈人也。善造炮，至元八年（1271）与阿老瓦丁至京师。十年，从国兵攻襄阳未下，亦思马因相地势，置炮于城东南隅，重一百五十斤，机发，声震天地，所击无不摧陷，入地七尺。"说的就是襄阳炮攻陷襄阳的故事。还原这段历史，当是从1268年（至元五年）开始，虽然元军围困樊城、襄阳多年，却始终未能攻克，这让忽必烈大光其火。他忆起曾在西域见过的一种威力无比的石炮，便在1271年（至元八年）派人到西域重金悬赏优秀的兵器家，阿老瓦丁及其弟子亦思马因在这种情况下来到元大都。经过一年多的实践，襄阳炮制作成功，忽必烈高兴异常，一番赏赐外，令二人带上此炮到襄阳战场使用，这便有了襄、樊二城的陷落。

城高池深兼兵器优良，五年间固若金汤，缘何这款改良的炮车一到，形势便急转而下，瞬间致人心崩溃，城门洞开？它到底是个什么东西，有这么大的威力？

以现代的现光来看，襄阳炮本质上是一种"配重式投石机"。它利用杠杆原理，一端装重物，另一端装炮石。发射前，先将放置炮石的一端用绞盘、滑轮或直接用人力拉下，而附有重物的另一端也在此时上升。上升到一定的高度后，放开或砍断绳索，让重物的一端瞬间落下，石弹便借力抛出，击中目标。抛石机发射的巨大石弹足以撼动当时最为坚固的砖石结构的防御工事，同时还方便攻城步兵用云梯或其它方式越过城墙。除此外，某些时候，蒙军还会利用抛石机投掷腐烂的士兵或牲畜的尸体（那些污秽物同时也是最早的生化武器），常给对手以极大的心理打击，成为压垮骆驼的最后一根稻草。

从守城的情况看，元军对襄、樊二城五年多的围攻，使得守城的将士死伤大半，城内的粮食、弹药及其它生活必需品差不多全部耗尽，到最后，城内连做饭的木柴都没有，百姓只好劈了桌椅、床板当薪柴。人皆血肉之躯，在这样极端的情况下，襄阳炮的出现，只能说是天道如此，造化弄人。

普通石炮与襄阳炮的区别

襄阳炮无疑是当时一种最好的攻城武器。宋代在中国兵器的发展史上是有骄傲资本的，它开启了热兵器时代，但面对襄阳炮，宋人也评价说："回回百工技艺极精，攻城之具尤精"。"攻城之具"指的就是襄阳炮。它的精，在于它改良了之前汉、波斯等民族广泛使用的中小型投石机的技术，破解了射程不远、角度不准、威力不大等障碍，从而一跃成为最具杀伤力的重型武器。近代试验表明，吊杆长15米，平衡重锤为10吨的抛石机能将200到300磅（约90—136公斤）的石弹抛射约 300 码 (约 270 米) 的距离。则元史中所记载的,所用弹石重达 150 斤,射程近 400 米,看来不是虚言。只是无法想象它的重锤能达数吨。

襄阳作为"襄阳炮"的主战场,应该有大量遗存,此前文史爱好者也称多处收藏有"襄阳炮"。但实地调查,这些石炮大小各异,最大的一枚直径为 35 厘米,重 80 斤,最小的一枚直径不足 10 厘米,重 1 斤,均外表粗糙,呈灰白色。据收藏家施锦华先生介绍,目前被收藏的石炮弹 80 斤以下居多,也有极少百斤以上的。

笔者认为,作为对敌方城楼具有巨大摧毁作用的,能够载入史书的"襄阳炮",远不是三五斤、四五十斤的中小型石炮。因为这种中小型石炮,在 1206 年由赵淳率领的襄阳守卫战中,已经被宋军、金军用得烂熟。如在《襄阳守城录》中,"如城脚下安顿者,皆九梢十梢大炮","虏人每来攻城,城上以石炮打之,虏复用打入","立在敌楼上,遇有炮石打来,即著网而坠"……无不体现了敌对双方熟练使用或抵御石炮的方法。这种方法和能力不会在短短 50 年后,就消失殆尽。一定是前所未见的巨大杀伤力的石弹的出现,才摧垮了人的信心,导致城破人降,则这石弹每枚应该在百斤以上。

2012 年秋,笔者曾在东门口原靠近守桥部队营房的棚户区里看到过一枚石弹,形滚圆,色灰白,直径约 40 厘米,重约 150 斤。有人曾试图抱一抱,但使出了吃奶的劲,石弹也纹丝不动,惹得端着碗在旁边吃饭的主人哈哈大笑。这枚记忆犹新的石弹应该是货真价实的襄阳炮,同时也是笔者所见过的石弹中最大的一枚。

那年,落在襄阳城墙上的「襄阳炮」

古埠旧事

闲话樊城

李俊勇 / 文　张玉涛 / 图

　　樊城的话题得从几年前的那场复名风波说起。

　　2010年11月26日,经国务院批复同意,襄樊市正式更名为襄阳市。消息传出,网络上众说纷纭,热评不断,几乎成为那几天国际性的热门话题。网评对"襄阳"回归持赞成态度的自然占了上风,但反对的声音里也有我们不能不正视也不能不反思的见解。譬如有人认为"襄樊"涵盖了"襄阳"、"樊城"这两座都具有深厚历史文化背景的中心城区,而"襄阳"则无形间缩小了襄樊地区的地域和文化范围。平心而论,这还真的是个问题。对于在"襄樊"的环境中出生、长大的襄樊人特别是樊城人,更名时多少有一些樊城丢失了甚至被"遗弃"的感觉,那种痛失的伤感至今还令人耿耿于怀。而对于念惯了"襄樊"的国人来说,刚复名时不仅有绕口的别扭感,"襄阳"这个新名字也有点让这座城市仅剩半壁河山的错觉。

　　几年过去了,襄阳的更名,当然也有人称为复名、正名,其是非曲直的讨论如今已是过眼云烟,襄阳市已逐渐被公众所接受。当然,地名换了,城市还是那座城市,不过由于东津的崛起、鱼梁洲的开发,加上樊西、汽车两个新旧开发区的壮大,城市的结构悄然改变,一江一山依旧在,但"三城夹一洲"的格局在逐渐凸现。但人们还是习惯于"一江碧水穿城过"的襄阳是双子城复式结构。其实,这也并不是本文闲叙的内容,我们关注的是,相对于一江之隔的襄城(也就是"襄阳城"),"樊城"在今天人们的心目中似乎就是比襄城地盘大、人多、楼高,商业繁华。要命的是,樊城一直背负着一个重要的标签,那就是不知何朝何代何人发明、无端让樊城矮化了许多的"纸糊的樊城"。面对听起来浩然正气、威风凛凛的"铁打的襄阳",樊城人不由自主地生出"人家那般大气,我却如此猥琐"的感觉,并因此自惭形秽,倍觉无端蒙羞,简直是窝囊至极。

樊城出土文物青铜器

邓城遗址，襄樊城市之根，全国重点文物保护单位

如此看来，樊城的历史地位以及其存在对于"襄阳"的价值和意义太值得今天的我们来重新审视。因为我们对"樊城"忽略得太久，也忽略得太过了。

真要在一篇文字里把樊城说透说全委实有些困难，而且大大超出了笔者的学力和笔力。这里只能从历史的角度、以絮絮叨叨的方式说几点对樊城粗浅的认识和感知。

———

第一个认识，樊城比襄城的历史更悠久，"襄阳"的源头恰恰是樊城。

如果说樊城的历史比襄城更悠久，发展更曲折，可能很多人不相信。如果我们的视野从明清时期的樊城镇扩大的现今的樊城辖区来看，事实的确如此。

樊城西北部团山镇有个邓城村，距离樊城中心城区大约有六公里远。这个今天尚未完全城镇化看起来并不起眼的小村子却是西周至春秋早期古邓国繁华的都城。邓国，商王武丁时始封侯国，至迟在西周中期迁都于邓城，且与周王室及姬姓国关系密切。据《左传》桓公九年（公元前703）记载，邓国及其属国鄾子国与邻国楚国及巴国联军开战，结果"邓师大败，鄾人宵遁"。这是史料所见发生在襄阳地区的第一次战争。"筚路蓝缕、以启山林"的熊姓楚国到熊绎时才被周武王册封为诸侯，并且是周代公、侯、伯、子、男五等爵位中的第四等子爵，与位于邓国"南鄙"且为邓国附庸国的鄾国地位相当。楚巴合攻邓国的前一年即公元前704年，灭掉多个小国、已强大到显露出春秋五霸征兆的楚子熊通自立为武王，自我实现了由楚子到楚王的跨越，可谓风头正劲，甚至跃跃欲试去问鼎中原。邓国此时有底气跟楚国叫板，说明其军事实力也不容小觑，但更大的可能是，邓侯妄自尊大，骨子里压根没把来犯的小小子国放在眼里，没闹明白"此一时，彼一时也"的道理，用句时髦的话说，"我也是醉了！"。公元前678年，邓国终于被楚国灭掉。楚国在此置邓县，秦、汉沿袭，三国至南北朝时期改为邓城县。据文献和考古资料证实，古邓城距今有近3000年的建城历史，而鄾国也在今天樊城东郊（一说西北），也就是说樊城境内在周朝有两个封国存在，自然也有两座都城，颇有"一主一副"两座城市的味道。而汉水对岸的襄阳城呢？周代时尚为"楚之下邑"、"楚之北津戍"，也就相当于楚国北方的一个边防港口，直到西汉时才首次设县，隶属南郡。按照置县建城的惯例，此时襄阳才开始建城的历史。直到东汉后期，刘表将荆州治所迁至襄阳城，襄阳才迅猛发展，并且地位迅速超过樊城。综上所述，位于今樊城辖内的邓城至少比襄阳城建城历史多了六七百年。从建城的角度出发，樊城实为今天的大"襄阳"城市的源头。

作为中心区樊城的建城历史，目前尚无定论。魏晋南北朝时期就有樊城源于西周宣王时"仲山甫封于樊"，并逐渐成为樊城起源的最传统也最有争议的说法。当局至迟在明代嘉靖初于樊城建樊侯祠，清代多次重修，并与庞公祠（祀庞德公）、庞靖侯祠（祀庞统）、武侯祠（祀诸葛亮）、羊巨平侯祠（祀羊祜）一起享列于清初襄阳五大官方祀典。尽管时至今日仍有学者力挺此论，但仲山甫封国樊城的命题逐渐被学术界证伪。

其实仲山甫跟樊城有没有关系都不能磨灭樊城悠久的历史。据《汉晋春秋》、《水经注》载："（东汉）桓帝幸樊城，百姓莫不观，有一老父独耕不辍。议郎张温使问焉，父笑而不答。温因与之言，问其姓名，不告而去。城周四里，南半沦水。"
这是樊城最早见于文字的记载。这樊城老农夫颇有骨气，也颇有点傲气，皇帝来
了不围观不山呼万岁，高官问话不失礼貌却又爱理不理。你走你的阳关道，我过
我的独木桥，惹不起躲得起，最后干脆来它个扬长而去。樊城最初的出场便是这
般华丽这般个性也这般让人刮目相看。这段记载也清晰说明至迟在东汉中后期，
樊城周长四里的城池尚在，不过南部城墙已经毁于水患。汉桓帝刘志（146—167
年在位）幸游，说明至少 1850 年前，樊城已经成为进入皇帝视野的繁华市镇。

樊城出现前后，相当时期内属邓国、荆州南阳郡邓城县辖地，而汉魏时襄阳
县隶属荆州南郡或襄阳郡管辖。西魏时（535-557），置樊城县，隶属襄州河南郡。
北周（558-580）时废樊城县入安养县，属襄州河南郡。此时，襄阳县属襄州襄
阳郡辖。

隋初一度改河南郡为邓城郡，隋文帝开皇二年（583），废郡行州县二级制，
安养县与襄阳县同属襄州直接管辖。到了唐天宝元年（742）改安养县为临汉县，
贞元二十一年（805）移位于樊城的临汉县于古之邓县旧治，复名邓城县。樊城
遂为邓城县辖镇，开始沦为县级辖镇，直到 1979 年襄樊升为省辖地级市后才恢
复独立县级建制。

南宋绍兴五年（1135）撤邓城县，并入襄阳县。我们注意到，此前由于州、府、
道或路的治所皆在襄阳城，但襄阳县一直未能直接管理樊城。所以说，绍兴五年
是个具有历史意义的节点，樊城由此开始成为襄阳县的辖镇。换句话说，襄阳城
由此开始跨江而治，正式开启一城两镇、并驾齐驱的格局并且长期延续。

1949 年 1 月 10 日，樊城、襄阳第二次解放后，中共桐柏行署三专署将襄阳、
樊城合并组建襄樊市。1949 年 5 月，襄阳地区行政专员公署成立，直辖襄樊市。
1979 年，襄樊市升为省辖地级市，樊城再次成为县级行政区。1983 年 8 月，地
市合并，樊城随后分设樊东区、樊西区、郊区。1996 年 7 月 12 日，三区合并的
新樊城区正式成立。

用文字罗列行政沿革的确令人索然寡味，其实历代行政区划变更的过程比这
还要复杂得多。跳开这些复杂而无趣的变迁，我们会看到，樊城与襄阳城从最初
的各自发展、互不相属到最后合二为一、一城双璧经历了漫长的历程。"大襄阳"
悠久的历史、深厚的底蕴里无疑有樊城不可磨灭的贡献。只有理解这一点，我们
才能全面理解襄阳的历史，襄阳的文化。

二

第二个认识，同襄阳城一样，樊城也是兵家必争之地。"纸糊的"城里也有热血沸腾，也有英雄壮歌。

"一封书信到樊城，拆散我弟兄两离分。""我一心坐定樊城镇，愿做个不忠不孝人。"这是京剧《伍子胥》第一折《战樊城》里的经典唱词。《战樊城》讲的是楚平王佞臣费无极谋害伍奢父子，伍尚、伍员兄弟一个前往郢都以尽孝道，一个留驻樊城以备复仇的故事。伍子胥镇守樊城似无史料可稽，但《战樊城》的传唱说明清代梨园界对樊城作为军事要地的肯定与传播。

"东连吴楚，西通巴蜀。岘山峙其南，汉水环其北。天下形胜，樊得百一"。这是曾任明代襄阳知府的吴华从军事战略意义上对樊城地理形胜的评价。这"百中有一"的评价里除了樊城的军事地理意义外，恐怕还包含有军事战例的影响吧。

楚邓之战后，真正让军镇樊城惊艳于世的真实战争当属东汉末期到三国时期的群雄逐鹿。先说个小战役吧。东汉初平三年（192），袁术派孙坚攻击刘表，在樊、邓之间打败刘表部将黄祖。急于取胜的孙坚跨江击刘表，单马行岘山，在凤林关为黄祖流矢所中。这位伐黄巾、讨董卓、威势赫赫的破虏将军在此英年早逝，令人扼腕。

建安十三年（208），曹操亲率大军南下，而刘表次子刘琮遣使者投降了兵临城下的曹操。此时投靠刘表达七年的刘备只能含泪抱屈，放弃屯守的樊城携民众渡江南下，过襄阳而不入，亡命荆州。十一年后的建安二十四年（219），汉中王刘备拜关羽为前将军、假节钺，攻打守卫樊城的曹仁部。于是，一代武圣在樊城的历史舞台上上演了惊天动地的水淹七军、惊心动魄的刮骨疗毒大戏，擒于禁，斩庞德，重创曹魏，威震华夏，以致曹操"议徙许都，以避其锐"。此役堪称刘备十一年前仓皇弃城的雪耻之战，无疑也是关大将军军事生涯的巅峰之战。

行文至此，我发现这两次三国战役颇有点小意思。孙坚樊城小捷，很快送掉了性命；关羽樊城大胜，不久遭遇大意失荆州，最后败走麦城，殒命临沮岗。两位三国时期的盖世英雄，惨死之前都着实在樊城风光了一回，这不知是英雄的宿命，还是樊城的宿命。

魏晋南北朝乃至隋唐，襄阳地区作为军事重镇的战略地位迅速攀升，只要发生战争，樊城便是战火不断，可歌可泣。时光到了南宋，宋元之战更是让樊城充满了悲壮与惨烈。咸淳九年（元至元十年，1273）正月，艰苦的襄樊攻防战逾五年后，阿尔哈雅（又译阿里海牙）率元军攻陷樊城。宋荆湖都统制范天顺在"生

樊城城门"荆襄屏障"石额

为宋臣，死为宋鬼"的叹声中自缢。统制牛富率死士百人巷战，渴饮血水，"前遇民居，烧绝街道，身被重伤，以头触柱，赴火死"。裨将王福也以"将军死于国事，我岂以独生"的信念赴火殉职。英雄末路，以命相惜，以身报国，尽显铮铮铁骨。如今，后人在樊城西敌台为英雄建造的三贤祠早已不存，但这幅惨烈的画面一直定格在历史的天空，至今令人不寒而栗，也令人为三贤祠的毁失而唏嘘不已。

"铁打的襄阳，纸糊的樊城"在襄阳几乎是妇孺皆知，外地人可能也是耳熟能详。"纸铁论"是对襄樊二城军事意义特别是军事防控能力的基本估判。至于这句话最早出自何时、出自何人，我们已无法考证，但它俨然成为描述这个城市特征的关键词之一。这一点在樊城人心里始终是个"死结"。既然樊城也是历来兵家必争之地，那么为什么还会有"铁打的襄阳，纸糊的樊城"的说法呢？襄、樊乃夹江相望城市，为什么对它们军事攻防力量的评判如此悬殊呢？

一般认为，襄阳城池高大坚固，南有岘山为屏，易守难攻；而樊城则是四战之地，无险可守。其实，历史上樊城也有城池，且有九门，城墙的高度和厚度仍可在保存完整的定中门找到实证，冷兵器时代用来抵御外敌的侵入还是绰绰有余的，20世纪五十年代在屏襄门发现的"孟珙设伏战胜处"石碑也证明了这一点。所以个人觉得不应该这么简单理解。

樊城屏襄门和城楼下的市民摊贩

　　所谓的"纸铁论"应当是后人站在南方华夏政权的立场上，以分裂时期南北征战为背景，以南守北攻为基础，以二城历次战争胜负为实证而形成的结论，这种结论的背后蕴含着当政者对襄樊二城重视程度和经营力度的巨大差异。中国古代战争史上襄樊二城军事战略地位一般是在南北交锋时凸显，南方军事集团继承了楚人"方城以为城，汉水以为池"的攻防心理，在构筑防御据点时自然倚重南岸的襄阳城。这一点很容易理解，当局利用岘山、汉水为天然屏障，加大对襄阳城经营和建设的力度，除了大多数军事力量集聚在汉水南岸，而且政治力量如官员衙署都集中在襄城；樊城只是军事攻防的桥头堡，能守则守，不能守则撤至襄城固防。如南宋开禧二年，为避金兵锋芒，招抚使赵淳火焚樊城，退守襄阳即是显例。而相对应的北方军事集团则是另一种心态，要啃下襄阳城这块硬骨头，必须先拿下樊城，封锁汉江，切断襄、樊呼应，而后再图南进。正如元兵主帅阿尔哈雅所言："襄之有樊，尤齿之有唇也。宜先攻樊，樊下则襄可不攻而得。"无视或者否定樊城的军事意义，就无法确立"大襄阳"在中国战争史上的战略枢纽地位。

　　上述认识还可以从更早的战例中找到实证。东晋咸和七年（332）四月，后赵石勒的部将郭敬攻陷襄阳后，居然"毁襄阳城，迁其民于沔北，城樊城以戍之"。到了七月，驻扎荆州的东晋太尉陶侃趁郭敬南掠江西时，派儿子陶斌和部将桓宣"乘虚攻樊城，破之"。随后，"（桓）宣遂拔襄阳，因使（桓）宣镇襄阳。"《水经注》

樊城官码头是全国重点文物保护单位襄樊码头组成部分

所载的桓宣碑当记此事。北人胜了镇樊，南人则守襄，各自以汉江为界，背靠自己的母国，把自己的城池经营得固若金汤，对岸顶多当成拱卫之城来构筑。南北方军事势力消长之间，襄樊二城的战略地位发生戏剧性变化。所以我个人认为，襄、樊二城在军事防控能力上的优劣差别是统治阶层的政治谋略、军事策略、经营重点与地理形胜共同作用的结果，是交战双方在政治力量、军事力量及自然力量较量后的综合结果。但不管咋说，我们都不能否认，"纸糊的樊城"里也有过金戈铁马，也有过英雄壮歌，同襄阳城一样，也是攻防双方都十分重视的军事要塞。

元代统一以后，特别是明清以来，大型南北战争相对较少，加上冷兵器向火器时代推进，襄樊传统的战略定位渐次下降。襄樊二城在政治上实现了完全一体化，政府对襄樊二城的城市定位也发生了重大改变，"南城北市"，南政北商，樊城的城墙不断圮毁，军事地位愈加减弱，防御能力更是急剧下降，至此"铁打的襄阳，纸糊的樊城"便可能会由哪位好事者的戏说变成约定俗成的习惯用语，甚至逐渐成为这座城市的文化符号。

清代被尊为一代文宗的阮元有一首《襄阳诗》云："汉水以为池，荡荡本天堑。何以三千年，屡见攻与陷？守取在人谋，慎哉以古鉴。"诗句本来仅指襄阳城，但用在襄阳、樊城的力量消长方面倒也是恰如其分。如今，当我们漫步在古

冬天的汉江襄阳段樊城码头

老的定中街，抚摸前朝留下的厚重城砖，遥想牛富们的英勇悲壮，再念及"纸糊的"评语，心中怎能不五味杂陈？事在人谋，为何要这般难为和贬抑樊城？

三

对樊城的第三个认识是樊城的经济实力代表襄阳的经济实力，"樊城熟，襄阳足"。

编撰于清乾隆五年的《下荆南道志》卷首绘有一张《水星阁图》，窃以为是历代方志中最能代表襄樊二城城市关系与功能区分的绘图。画面上，襄阳城大北门威严肃穆，一片寂静祥和；而对岸樊城岸边商铺、会馆密集排布，错落有致，码头千帆林立，竞相待发，一片繁荣景象。这种视觉和感觉的差异一直持续至今。沃尔玛、武商、家乐福、万达、绿地、麦当劳等商业、地产大咖入驻襄阳时布点首选樊城，看中的便是樊城自古集聚的人气以及流淌在大街小巷浓郁的商业气息。

城市也叫城市聚落，是"城"与"市"的组合词。"城"主要是为了防卫，并且用城墙等围起来的地域；"市"则是指商品交易的场所。城市的起源从根本上来说，有因"城"而"市"和因"市"而"城"两种类型。作为军事要地，襄阳、樊城都是先有"城"，后有"市"，不过随着历史的发展，两者在城市功能的划分上逐渐形成一个重"城",一个偏"市"的架构。

南宋绍兴五年,襄邓两县合并,襄樊二镇合一,"两套班子"必然缩减为一套,这就为襄阳城成为合并后的政治中心提供了可能。其实早在东汉末年,刘表让襄阳城一度成为"荆襄九郡"的首府。后来,襄阳城一直是州、道、路、府、县的治所,加上地理形势及历代官府的经营,是襄樊合并后政治、军事、文化中心的不二选择。樊城先因合并失去了政治治所地位,在国家统一的元明清三代又失去了军事地位,"城"的意义几乎消失殆尽。所幸的是,在政府"南城北市"、南政北商的城市功能定位确立后,樊城承担了这个城市"市"的绝大部分职能。凭借优越的水路交通优势,樊城很快发展成为汉江中游地区的大型市镇乃至中心市镇,成功地完成了由"城"而"市"的转型,实现了由政府驻地、军事要地到经济商埠的华丽转身。有学者认为,明清之后,襄阳的政治地位逐渐式微,被武昌取代。而其历史地位不至彻底衰落还能保持至今,更多由于市镇的力量。樊城无疑是这个"力量"的最大贡献者。

史料记载,明嘉靖和清朝道光、咸丰、同治三代有过在樊城修城浚濠、增加砖垛炮位的历史,并美其名曰"鉴宋、元往事,而安不忘危,治不忘乱,当因时修筑以固疆围者矣。"随着军事功能的丧失,商业功能的崛起,樊城城墙的废弃已是必然结果。那几代主持修城浚濠的同知、县丞们或许是因为驻扎在此,想和对岸一样,保留城池,享受城池带来无尚的威严和荣光。可惜终究是风吹雨打花落去,商业市镇的发展不需要城墙,也没有当代文物保护或借古城墙发展旅游的概念,需要是疏交通,建堤防,修码头,整街道,引商贾(招商引资),于是除了同知署外,一批适应市镇功能的机构在樊成立,虽然樊城的街道因为历史的缘故仍然保持着唐宋军镇的流风余韵。

市镇乃商业实体,政府必然利用税收杠杆对其实施监控。如清代咸、同年间,襄阳府、县的关权就是征税的关卡均设在樊城镇,包括落地税关、牙厘专局、药土税专局等等,建立了一套体制完备的税收体制。同治《襄阳县志·食货志》留下一条有趣的税政旧事,即运抵樊城的货物并非都得缴纳落地税,"凡货物到樊,虽落地,并不交易,贩运他方销售,抵岸时由行户开单,报局挂号,盖用戳记。临行时报局验明放行,概不纳税",宽松的税收环境无疑为保持汉江货运集散地地位乃至樊城的繁荣都起到了积极的作用。

规整有序的街道是市镇的一道风景线。坊间传说樊城自古便有"九街十八巷",而且言之凿凿。但乾隆《襄阳府志·市镇》记载:"樊城镇,在郡北门外,临汉江。

宋元有城，废。分驻同知一员。其街市分七：曰两河街，自大马头（即码头）上至西敌台。曰华严寺街，自大马头下至杨家巷。曰上中正街，自杨家巷至大桥口。曰晏公庙街，系通邵家巷及姜璜街、后沟、水星台。曰中正街，自大桥口至回龙寺。曰下中正街，自回龙寺至迎旭门。曰丰乐街，自迎旭门外至王家台白河嘴。"光绪府志的记载大同小异，这让我多少有些怀疑"九街十八巷"的说法是否是拾了别人的牙慧，或者赶了别人的时髦。清代的樊城"七街"想必是当时最为繁华的街道，其盛况如同 20 世纪 90 年代初的"劳动街"。如今"七街"或消失或改名，几乎无存，而瓷器街、炮铺街、机纺街、皮坊街、油坊街、铁匠街、当铺街等以行业入名的街道绝大部分尚存，这些街道还有至今遍布樊城的会馆、公所、码头、商铺等等，无不昭示着当年樊城手工业和商业曾经的繁盛。单说会馆一项，襄樊目前所知的 21 家明清会馆竟然全部集中在樊城。交通路上有个三义庙，据说主祀杀猪行的祖师爷张飞的，内存的"永远遵行"碑，是襄阳地区目前发现的唯一一通牙行制度遗碑，这反映出樊城市镇功能的齐全。1986 年 12 月，襄樊市成为第二批"中国历史文化名城"，樊城老街区、老街巷、老会馆、老码头的存在是申报获批的重要依据。

　　明清市镇按经济功能一般划分为商品流通型市镇、交通枢纽型市镇、手工业专业市镇等，而樊城集多种优势于一体，成为商业辐射力强大的复合型市镇。襄阳被公认为"南船北马"、"七省通衢"之城，更多也是因为樊城商业市镇的作用。因樊城镇"阻山林，带江汉"，"许、关、洛、晋、卫、郑、陈、齐、宋之交，汉沔、巴蜀、吴越之际，舟车惟其所适，货贿迁化，漆、丝、羽、革、麦、布、缕，沾被原野，湖海无迩远，是诚水陆之会，南北所扼控也"，独特的地理优势吸引了大量的客商往来，形成"往来行舟，夹岸停泊，千帆所聚，万商云集"的手工业重镇、商品流通和货物转运的重要集散地。中俄蒙正在联合申报的世界文化遗产"万里茶道"，襄阳是"万里茶道"的转运中心，是万里茶道一个"绕不过去的点"。当年，晋商在武夷山茶区采购的茶叶，先运到汉口，再经汉水运至樊城或老河口或社旗上岸，由骡马驮运北上，经洛阳，过黄河，越晋城至归化城（今呼和浩特），然后改用驼队穿越 1000 多千米的荒原沙漠，最终抵达恰克图同俄罗斯商人进行国际交易。这是"万里茶道"的一条主线。襄阳"万里茶道"申遗方面首席专家叶植认为，往北到河南洛阳的传统商路基本上就三条：一条是从樊城上岸直接走旱路到洛阳；另一条是在樊城卸货，换体积小的船，驶入较窄的唐白河，到河南的社旗上岸奔洛阳，这条路线因多走一些水路，成本较低；第三条是经樊城继续

闲话樊城

《樊城新堤记》碑刻局部

往西到老河口，在老河口上岸卸货，换上骡马往洛阳。不论从哪条线走，樊城都是茶商们的必经之地。据说，国家"万里茶道"申遗专家组最开始准备将襄阳城列为襄阳节点的遗存代表，当看到樊城丰富的码头、会馆和老街资源时，立即被震撼，并迅速改变了申遗方案。作为商业古埠的重要遗存，码头、会馆和老街的历史价值和文化价值迅速提升。

茶路其实只是樊城作为商路埠口的一个缩影，也是樊城明清时期作为商业重镇一个例证。清代王士祯康熙十一年（1672）十月二十九日曾因公路过樊城，他在《蜀道驿程记》中记下了他在走马观花后形成的樊城印象："樊，与襄阳隔水相望，实为南雍屏蔽。盛时为吴楚大贾辐辏之所，酒楼歌馆鳞次十余里。自闯（李自成）、献（张献忠）二逆相继陷襄，皆先据樊，由白马洞南渡。数年来流移稍归，居人尚数千家。"当代汉水文化研究专家鲁西奇教授在寻经索典、潜心研究后指出："明初，樊城已是襄阳城外最重要的市镇。至迟在天顺间，樊城的市场地位已远超过襄阳城。故至弘治五年（1492），乃以樊城为'各处商贾凑集，流民杂处，故多盗贼，深为地方之患，乞增设巡检司于此缉捕'，反映出樊城之地位已十分重要。襄阳府巡捕通判移驻樊城，是樊城发展史上大事，表明樊城商业之发展、户口之繁庶，已超过了襄阳城。"这个结论才是我们这个"闲话"所要的。

同襄阳城相比，当代的樊城依然保持了经济发展水平的强大优势。20世纪60年代，樊城借助国家"三线建设"的契机，大力发展轻工、纺织、机械、化工等现代工业，如今面临拆迁改造的工业区一带当年几乎堪称内地织造第一城。现代工业的快速发展，为当时的"襄樊市"成为"中国明星城市"立下了汗马功劳，也为古城襄阳摆脱发展的瓶颈期，重新确立在湖北的经济发达地位做出了重大贡献。如今的樊城，在改革开放的洪流中异军突起，商业、现代工业、信息产业、物流服务业百业并起，引领襄阳乃至汉水流域经济发展的潮流。"樊城熟，襄阳足"，套用这句古语，对于认识樊城对于襄阳的经济意义或许不太过分。当我们在享用发展成果时，别忘了樊城的重大贡献。

四

第四个认识有些主观，有些个人，权且叫作"更有襄味的樊城"，"更有温度的樊城"吧。

在自然和人文景观方面，樊城的确大逊于襄城。明代万历吴道迩修纂的《襄阳府志》将襄阳景致归为"襄阳十二景"，它们分别是岘山叠翠、汉江鸭绿、龙洞云深、檀溪清浅、铜鞮夜月、铁佛晨钟、万山夕照、文选古台、隆中草庐、高阳池馆、鹿门高隐和堕泪晋碑。大家注意到，除了汉江本身、鹿门山在汉江东岸外，其余十景皆在汉江南岸，还不包括大堤暖流、谢公岩洞、九宫道观之类没有上榜的景观，而且历代文人墨客留下的诗篇里吟诵襄阳的当在十之八九。这一点的确让樊城有些难堪，生在襄城的人似乎也有底气在樊城人面前嘚瑟嘚瑟。

但是，并非所有的樊城人都这么看，都这么纠结。

"大襄阳"是中国少有的山水城、双子城，拥有名山、名水、名城还有几个大大小小的洲渚。襄阳城与岘山、汉水、鱼梁洲、解佩渚共同构成一个独特、完美且宏伟的景观。面对如此充满诗情画意的大景观，观景的又会是谁呢？樊城人！只有在樊城，襄阳的美景才可能抬眼而得、一眼望穿且尽收眼底，只有樊城人，才能更真切地去品味襄阳的日出日落，云卷云舒。晏公庙码头过去有个望岘亭，清代同知署也有个望岘楼，岘山对于樊城人来说，可及稍难而可望太容易。从这个意义上说，樊城人看风景用的是眼，饱了眼福；襄城人看风景用的是心，自我满足于"我在风光中"，但也有"不识山水真面目，只缘身在此城中"的缺憾。美景加美人，的确秀色可餐，但美人的眼里只有忙得不亦乐乎的摄影师，而摄影师一览无遗，照单全收，他们才是美的鉴赏者，才是真正的获益者。小品与大观，微景与全景，各有所美。若论"望得见山，看得见水，记得住乡愁"，人家樊城才是得天独厚呢！

城市的主宰是人，城市的灵魂更是人。樊城也有过楚武王夫人邓曼、昭明太子母亲丁令光、米芾，还有可能是樊城人的魏玩、魏泰姐弟等，但同历史上名人不胜枚举的襄城比，樊城显然又是明显处于下风。话又说回来，能够名垂青史的精英毕竟屈指可数，城市的真正主体是世俗的凡人，是市井的老百姓，老百姓的精彩才是城市的精彩。樊城人似乎更草根更接地气。他们喜欢逛大街，即便不买东西，也会在琳琅满目的商品里，在肩摩踵擦的人流里看到风景，找到乐趣。在他们眼里，襄城人要么木讷，要么土气，要么就是更令人反胃的假模假式、一本正经。樊城人该说说，该玩玩，该吃吃，穿得鲜亮时髦，活得洒脱自在，轻松飘逸，他们肆无忌惮地享受城市的生活，引领襄阳的生活时尚。明人王世贞曾有《拟古乐府》一首云"买得樊城酒，来醉襄阳伎。人道江波险，侬道是平地。"不知这位王少保为谁而作，但这种放荡不羁的快意人生似乎更适合樊城的汉子。我敢说，襄阳第一辆自行车、第一台摩托车、第一部汽车都是在樊城的街道上行驶的；第一件旗袍也是穿在樊城哪个大家闺秀的身上；还有第一家钱庄、第一家超市、第一家西餐店、第一家咖啡屋等等等等。光绪二十年（1894），樊城第一家照相馆在马家巷开业，不久张德卿、郝树儒在樊城永丰巷合开"二我"照相馆。要知道，北京第一家照相馆"丰泰照相馆"是1892年开的，仅比樊城早两年。樊城人坐拥襄阳地区最大的"市"，无论块头、无论人口、无论繁华，樊城都是"最"的。夜幕降临时，襄城灯火阑珊，人烟稀疏，在樊城人眼里甚至有点凄凄惨惨戚戚的味道。据说襄城人不愿到樊城买房，嫌闹腾；而樊城人不愿到襄城居住，嫌冷清。况且，因地处汉江北岸，樊城冬天少了刺骨凛冽的江风和骇人听闻的江涛，夏天也多了凉爽和惬意。所以，樊城人觉得自己生活在最宜居的地段。（这样也好，两相情愿，各得其所。）正因为如此，樊城人觉得他们更"城里"、更"街上"，剩下的都是乡里的或者郊区的，优越感十足呢！的确，很多人感觉襄城人大多衣冠楚楚，温文尔雅，显得更有涵养，但他们却多把喜怒哀乐写在心里，闷在肚里，城府太深；而樊城人则爽快直接了许多，他们多把喜怒哀乐写在脸上，不会把自己的意识掖藏到灵魂深处的抽屉里，丁是丁卯是卯，沟通容易。所以，有人总结说襄城人活得很理想、很认真也很沉重，而樊城人活得很平凡，很真实也很轻松，多少有点道理。说真的，看人的精神气儿，还真得到樊城。

清末有个叫华学澜的翰林，1901年到云南主持乡试时到过樊城并留宿。他在《辛丑日记》中写道："自入湖北界，房屋皆作南式，土人语音亦大异。河南舆夫之前呼后应者亦与北方不同。画疆分界，只就形势言之，乃竟如此限人也。真不可解矣！"襄樊地处中国之中，南北、东西交汇之处，同时也是历史上著名的移民城市，因为战争的遗留，因为经商的需要，很多外地人在此落籍，各种风俗、语言、饮食在此交汇融合，成为东西、南北文化的过渡带和交集点，呈现出亦南亦北、不东不西的文化特征。《光绪府志·风俗》记载："襄属七邑民俗尚纯，民风素朴，然例礼未娴，轻蹈法网而不知。郡城北之樊镇地当孔道，为商贾所萃荟。自西来者尚循朴俭；自南来者多习侈靡。迩来饮食燕衎之节，皆以丰腆相夸；婚姻酬酢之仪，渐至华侈是尚。居民耳濡目染，由俭入奢，自近及远，相习成风。"这条史料充分说明商品经济的发展对民间社会风气的冲击，也说明移民对习俗影响的强大力量。又如，明末清初西北的秦腔由军人带入此地，与楚地的越调、清戏等地方唱腔相互影响，逐渐糅合，形成西皮腔，为国粹京剧的最后形成做出重大贡献。可以说，遍布樊城的会馆戏楼功不可没。如今北方的豫剧、曲剧、坠子、梆子，南方的花鼓、黄梅戏等，在如今汉江两岸的大小舞台上、公园绿地里频繁上演，此起彼落。但值得注意的是，樊城多北方戏的拥趸者，襄城多喜南方戏的老票友。

　　除剧种的差别外，只有一江之隔襄樊二城在语言、习俗、饮食、信仰等方面也有些微的差别。

　　由于商业环境的影响，樊城人习惯纠缠于义利之间，狡黠、算计，但同时也坚信诚信、公平、规范在交易中的力量。1870年4月，德国地理学家李希霍芬到樊城考察，在其《中国旅行日记》里写道，对高鼻子蓝眼睛他们的到来，樊城的居民居然没有围观（这一点同东汉桓帝幸游是有惊人的相似之处），而且车船商行（应该也是牙行）一口报出实价，并签订规范的合同。这种经商规则深得李氏的赞赏。当然，樊城人有时也会拥有土著人的优越感，特别的自爱和自信。一听口音就说你是哪个县里来的，"乡里的娃子，穿得土，脑壳笨"，哪天不高兴了就对外地人狂言"把你赶出樊城"。但是，他们骨子里还是很包容，只要你有本事，能挣钱，会做人，他们很快会接纳你，然后打成一团，不分彼此。

　　樊城人的精神生活也有与襄城不同的地方。比如，樊城民间信仰的世俗化多元化的倾向明显高于襄城。受政治和个人身份的影响，襄城人的宗教信仰场所相对较少且官方化，敬天地日月、敬社稷、敬文武二圣、敬先贤耆旧，而樊城除了少量官祭场所外，还有教堂、清真等外来信仰，也有火星观、五显庙、回龙寺、十方院、晏公庙、杨泗庙、素堂院等多种世俗化宗教机构，不一而足，进庙便下跪，不管磕的"老爷娃"是何方神仙，都是虔诚地信着拜着供着，淫祠化倾向相当严重。

　　樊城是吃货的天堂，大大小小的餐馆鳞次栉比，各类小吃、生猛海鲜应有尽有，但总体来看，其饮食习俗稍偏向北方，相对偏重于面食，油馍筋、清汤、胡辣汤、金刚酥、牛肉面为其代表。米粥、米窝也有，但总体来看，不如襄城人看重。樊城也是购物的天堂，商品琳琅满目，品种齐全，选择性余地大，货比三家的机会比襄城多。但是樊城的小偷也多，因为有钱人多，加上人多好下手，得手的机会也多。古代因为人口繁杂，管理混乱，混迹于码头、街市的黑社会较多，把头横行霸道劣迹严重。当然，复杂的环境也有利于正义组织在此隐秘开展工作。如1938年前后，中共鄂北特委、鄂西北省委的工作地点就在湖南会馆，位于铁匠铺街的王之铮家里举办五期中共党员训练班，《新华日报》鄂北推销处在回龙寺，战时教育工作团设在兴武街。这是樊城对革命事业的贡献。语言方面，据说语音和用语也有区别，比如襄城说"站到"，樊城人更多以"立到"、"竖到"来表达，不一而足。

如果说在文化气质、生活习俗、处事理念等方面襄樊二城有或大或小的差异，除了有历史上南北二城城市定位、人口结构不同的原因外，两地因为有一江之隔，尽管近在咫尺，但仍然缺乏有效的交流和融合。虽然历史上因战争特殊需要或生活需要，在南宋、明代、民国时期，于枯水期建过连接两岸的浮桥外，两岸的联系仅靠渡船，直到现在，很多人还记得六十年代两分钱坐划子渡江的情景。直到1970年4月，一桥飞架襄、樊，天堑瞬间变通途。襄樊汉江大桥的建成具有划时代的意义，真正实现两城变一城，交往的便捷改变了数十万人的生活乃至心理，两城融通的趋势日益明显，文化气质、生活理念也逐渐糅合为统一的"襄味"。

以上所言纯属个人感觉，别太当真，真有不是，恕我胡诌，万万不可找我玩命啊。

汉字是一种特有趣味的文字。一个"樊"字同音字多达十数个。樊城之繁华，樊城之船帆，樊城之凡俗，樊城之烦恼，樊城之饭食，樊城之庙幡，共同构成樊城的"范儿"。襄阳成为中国历史文化名城、中国书法名城、三国文化之乡、中国魅力城市乃至未来的中国文明城市，有"范儿"的樊城都做出过不可磨灭的贡献。

最后以乾隆《襄阳府志·形势》所引《图经》一段最能代表襄樊二城关系的话为本文作结——

襄阳居楚蜀上游，其险足固，其土足食，东瞰吴、越，西控川、陕，南跨汉、沔，北接京、洛，水陆冲辏，转轮无滞，与江陵势同唇齿。往者常筑樊城以为守襄计。夫襄阳之于樊城犹武昌之有汉阳也。南北对峙，一水衡之，固掎角之势，樊城固则襄城自坚，襄城坚则州邑自安。然则襄阳者天下之咽喉，而樊城者又襄阳之屏蔽也。

2017年5月1日凌晨六点于临汉斋

闲话樊城

寻找记忆之城

李秀桦 / 文

城市是一种特殊的构造，这种构造致密而紧凑，专门用来流传人类文明的成果。

——路易斯·芒德福（美、现代哲学家）

在所有描摹和回忆樊城的文字中，我最醉心的是文化老人邹演存先生写在《樊城古镇史话》中的一段文字：

> 会馆、庙观、河岸是我当年读书、看戏、游乐的地方；青砖木屋是我从褓褓、牙牙学语、栖息的安乐窝。自幼小从城东端搬迁六次至樊城中心，处处都是我熟悉爱恋的街巷。每每忆及屋前撩檐水、厅前掏雀儿窝、街前赶老鸹、路旁跳房子、跨背过关的童年嬉趣，总有兴味未尽之感；那座座会馆的大屋顶，碧水映着沙滩的儿戏，特别是和善熟悉的面孔，乡音生动别有风韵的方言，能让人留恋着古镇的优美、宁静、和谐。

这是一位耄耋老者的童真回忆，生于斯长于斯的文化老人邹先生，小时候在酱园老字号何同昌、黄州书院等地生活过，而如今，此情只可成追忆。

近些年，缘于对已往生活的一种寻找和对当下生活的一种观照，拾穗者团队开始关注樊城老城区，周末假日他们不断在自己的城市行走。这样一种行走或者说阅读城市是不需要地图的，也勿须背囊和行头，兴致所至，随时都可以出发，了无情趣也可以立马回家，我称之为在自己的城市旅行。把别人寻常的日子看成风景，把司空见惯的东西换一种视角去体味，会收获捡拾到与在他乡一样的发现和探索的惊喜。当然，对于真正的读城者来说，行走在老城中，感情常常是五味杂陈的。我们既可以从古诗中陶冶浪漫，也可以从沧桑中学会从容面对，还有可能从无助中发出后现代的感慨。

一条汉水把襄、樊二城切割成两半，南为襄阳，北为樊城，是所谓"南城北市"的双子城。樊城位于汉水之北岸，与襄阳隔水对峙，历来为鄂西北水陆交汇要冲，乃汉水中上游商品集散地和商埠中心，民国以降，就有"小汉口"之美称。文献记载：樊城因周宣王封仲山甫于樊而得名。早在公元502年至550年的南北朝梁、魏时，樊城商业已相当发达。李唐盛世，进入鼎盛时期，工商业日益发达，国内各地行商来者日众。清代以降，沿江兴建的诸多水码头，吞吐南北货物，转运汉口至陕南的土洋商品。外地商贾斥巨资建有陕、闽、赣、豫、川、皖各省及本省内的黄州、汉阳和武昌会馆。

徒步在这个城市最古旧的街道，油漆斑驳的门楣上的门牌有好几种制式，不同的编号和不同的名称是不同历史时期的不同称谓，颇有一些沧海桑田的感觉。在逼仄的老街，你可以发现一些以行业命名的街道，如铁匠街、机坊街、皮坊街、炮铺街、磁器街等，从中可以揣测这些街巷昔日市井繁华的风韵，遥想贩夫走卒摩肩接踵的情形。在邹演存先生手绘的一张樊城中山前街中段（邵家巷至曾家巷）商号示意图上，俨然排列着众多商号：银楼、典当行、南北杂货、货栈、酱园、茶馆、药铺，鳞次栉比，热闹非凡。

樊城素有九街十八巷之说，但有好几个版本。一种版本是：

  九街：十字街、教门街、大同街、磁器街、前街、后街、铁匠街、丰乐街、机坊街

  十八巷：林家巷、左家巷、杨家巷、余家巷、永丰巷、陈老巷、曾家巷、前马家巷、后马家巷、基峨巷、火巷、古井巷、莫家巷、财神庙巷、邵家巷、朱家巷、苏家巷、乔家巷

九街十八巷中，前街最长，约两千米；莫家巷最短，不到40米；后街最宽，平均约8米；朱家巷最窄，不到2米。街巷多狭窄而崎岖不平，1949年前大多为卵石路面铺就，1949年后这些街巷得到扩建和修缮。

随着城镇的不断发展，原来的九街十八巷扩展到23条街、25条巷，即隆茂街、十字街、教门街（后改友谊街）、油坊街、大同街、皮坊街、马街、大瓷器街、小磁器街、前沟、后沟、前麻鞋湾、后麻鞋湾、车站街、中山前街、中山后街、兴武街、铁匠街、机房街、篾匠街、鹿角门街、复兴路、炮铺街等23条街。25条巷有雾巷、厘金巷、林家巷、左家巷、杨家巷、邵家巷、余家巷、陈老巷、马

家巷、曾家巷、莫家巷、汉阳书院巷、白家巷、朱家巷、乔家巷、基峨巷、苏家巷、马道口、回龙寺巷、财神巷、户丰巷、郑家巷、米花台巷、百花古道子、大井台等。

2012 年的一天，我去看望邹老，老人家慷慨送我山陕会馆、齐安书院、湖南会馆手绘图，1949 年前四官殿街道平面图、1949 年前襄樊城市平面图复印件。书房里贴有邹老收集整理的樊城街巷，名为批驳"九街十八巷"。

街道 19：十字街、教门街、大同街、油坊街、皮坊街、前街、后街磁器街、小磁器街、兴武街、机坊街、炮铺街、马街、前沟后沟、鹿角门街、铁匠街、当铺街、复兴路

巷 27：雾巷、杨家巷、邵家巷、余家巷、陈老巷、麻鞋湾、曾家巷马家巷、郑家巷、永丰巷、古井巷、财神巷、回龙寺巷、乔家巷、基峨巷、当铺坑巷、苏家巷、东升巷、马道口巷、疯子道、百花古道子夏家道子、火巷、汉阳书院巷、米花道子、林家巷、朱家道子

其实我们也不用纠结樊城到底有多少条街有多少条巷，在中国的城市中，有"九街十八巷"的还有好多城市呢。如浙江宁波、安徽宣城、湖南郴州等，都是极言其数量之多而已。对此，襄阳著名城市规划师陈家驹回应："九街十八巷其实是个统称，或是民间流传下来的称谓，是对城市经济繁荣发展的一种承载与记忆。它能引起这么多市民的关注这是一件好事，说明九街十八巷承载着很多人的记忆，希望老一代的襄阳人与新一代的襄阳人，都能通过九街十八巷，铭记老樊城的历史和文化。"

樊城除了街巷还有街巷上的字号和隐匿的人生故事。多次游走在中山前街，我们和 82 岁的熊士林熟悉。老人家颇为健谈，"我现在住的地方原来是珍华烟厂，是商人郭锡珍和我的老人家开的。1949 年前我们家还有一家银楼，叫物华银楼，原来在官码头对面，比周协和、张启盛这些银楼的规模小一些，有一间门面，但有好几进院子，有十几个银匠。"老人说，"银楼做金银首饰，接受看样订货，也做来料加工，首饰上刻字的活都做。"老人一生经历丰富，1943 年参加国民党青年军，到四川万县受训后，到过缅甸密支那，也就是远征军。老人家收藏的照片上依然可以看到银楼后代当年的意气风发。

当然还有樊城的若干码头。樊城汉江堤岸和码头当年是何等风光旖旎，热闹非凡，如今已经作为中俄万里茶道的组成部分而一一调查并申报。但毕竟老街昔日的繁荣和兴盛已荡然无存，物是人非，老房子的骑墙飞檐和汉江上的古老码头

正寂寞在一抹夕阳里。

城市的现代化是城市发展的必然趋势，但城市越现代化，人们对精神文化的需求层次就会越高。历史文化名城中众多的历史街区、古迹名胜、文化风情是现代化都市不可缺少的部分。

我知道，城市也有生命，也会与时俱进。城市历史的嬗变演进，老城区的一些老街老巷也随之消失和改头换面了，这些街巷已然成为历史。看看樊城棠芝巷、火巷、天灯巷、雾巷、鞋拔子巷，早在20世纪就已经消失，这些名字是何等陌生，陌生是因为我们再也不能在某一个地方去与这些街巷邂逅或相遇。而今，中山前街、中山后街、铁匠街、基峨巷、汉阳巷又在城市蝶变中消失殆尽。

著名作家、文化学者冯骥才说过一段话：如果我们不尊重城市历史，对他们任意宰割，把阅历丰厚的城市变成光鲜闪闪而又腹内空空的暴发户，变成失忆症的患者，那么，我们的后代便会在变得千篇一律的城市里，一边茫然无知凭借，一边骂我们这一代的无知和野蛮。

所幸，我们城市的管理者已经认识到，"旧城不仅是一个地区悠久和灿烂文化最好的历史见证，也体现着传统的城市文化价值；不仅是世世代代居住在此的人们的精神家园和集体记忆，也构成我们今天生活的重要背景；不仅可以强化乡土意识，而且也是现代社会物质文明和精神文明的宝贵资源"。老街老巷不仅具有历史认识价值和审美价值，还有凝聚民众精神的政治、心理价值。

保护历史的延续性，保存城市的记忆是城市可持续发展的要求。日前，襄阳城墙准备申报世界文化遗产，米公祠、樊城会馆等文物古迹逐步得到妥善保护，历史文化街区陈老巷将得到保护性修缮，古老的渡口埠头再次得到进入世界文化遗产视野，城市的基因再次被拼接，被呵护。

《温故老樊城》是襄阳市档案局（馆）和襄阳拾穗者民间文化工作群主编"老樊城民间档案丛书"中的一册，所收录文字大部分是拾穗者同仁在老城拆迁之际不断寻访的结集，可以说这些文字不是用手而是用双脚丈量后写下的，时间跨度从2005年到2015年，也正好是一个草根文化团队的成长史。

让我们在这些文字中去寻找一个城市的过往吧。

2016年11月29日

注：此文系"老樊城民间档案丛书"《温故老樊城》序（武汉出版社2017年版）

寻找记忆之城

水运业的社会主义改造

颜拥军

　　樊城的兴旺与发展得益于汉江水运，其独特的地理优势形成了"南船北马"的联运枢纽，在几千年的水运历史上，不同种类的木帆船是唯一的水上运输工具。中华人民共和国成立前，民船运输没有专设航运管理机构，船民因地域而形成具有浓厚封建色彩的船帮，在同乡会的组织下，形成了帮派势力，民国时期，樊城各码头运输组织主要有船帮、船行、船业公会。船帮有河南帮、襄阳帮（本地）、口帮（老河口）、淅帮（淅川）、黄帮（黄陂、黄冈）、中帮（钟祥、天门）、孝帮、均帮、汉中帮等船帮，流域共计船舶5万多只，各帮负责组织货源，处理相关问题及解决纠纷。在汉口、汉阳、安康等外港也都安排驻有负责人，民国三十五年（1946）至三十七年(1948)武汉各船商帮会调查表如下：

帮会别	负责人姓名	负责人住址	备注
谷城帮	曹彬	汉阳月湖堤边22号	
豫淅驳船帮	鄢自宽	工防街57号	河南淅川帮
府河帮	陈宗才	汉口汉水街155号新茂祥内	
唐河帮	赵明郎	汉口清庭三巷沿河大道336号	
老河口帮	阮清汉	汉口水街3号 喜顺行	
襄阳帮	阮海靖	同上	
中帮	许开先	汉口关圣寺上首河边沿河棚户52号	
河南帮	笪豫屏	汉口汉水街104号	
八帮	王爱山	汉口长堤448号	
宜城帮	龚家珩	汉口鸡窝巷七号	

　　同期，樊城有船行47家，张湾港5家。船行是民间组织，主要为船民招揽货物办理手续，是承托双方的中间媒介，船民为了接活，会给船行送钱送物，船

行会扣取 3-20% 的佣金，船行老板多系船帮帮首，在码头上有一定的政治经济势力，是货主与船民双方的保证人。船行在船帮上面还有行业性的同业公会，北洋政府曾在 1921 年公布过"帆船业工会暂行章程"，1931 年南京政府颁发帆船"公会组织规则"，规定民船员工达百人以上港埠，应组织民船公会，襄阳也成立了船业公会，樊城民船商业同业公会负责人是李保珊，行主入会有 30 人，渡划职业公会负责人龚华宣，会员有 242 人（1948），公会负责贯彻实施地方政府政令实施、摊派税捐规费，协调船民的行、帮、会各派之间的矛盾，并接受政府交通主管部门的监督。

旧社会的大部分船民都很贫苦，受水潮、天气的天灾和船行、帮会及流氓恶棍的人祸等多重压迫，为了揽活运货，都不得不请客送礼，即便费九牛二虎之力装点货，收入也很微薄，除去支付佣金、搬运费、更费、火疗费、税金等等，自己所剩无几，长期以来不能养家糊口，修不起船，直到破产变成船工。船工的社会地位十分低下，被船主雇佣后，做饭、缝蓬、修船等活都要干，不然随时都有可能解雇，三九严寒、三伏酷暑，行船拉纤、遇山爬山、遇滩走滩，老话说："拉到上坡累个死，走到巴茅地刺个死，六月拉到沙滩烫个死，冬天赤脚冻个死，船到了岸饿个死"，"沟死沟埋，路死路埋，掉到河里，浪打沙埋"，船工生活的痛苦是可想而知的。

中华人民共和国成立前夕，众多船民受到官僚、恶霸、土匪、流氓、水上保甲的敲诈勒索和残酷剥削。中华人民共和国成立后三年恢复时期，樊城木帆运输业经过一系列工作，初步纳入了国家管理轨道，这一时期，农村开展了清匪反霸和土地改革运动，城镇开展了镇压反革命和民主改革运动，有一些逃匿的匪霸、流氓、特务通过各种关系混迹于船民中间，继续为非作歹，祸害船民，破坏水上交通运输，制造海损事故，党中央决定要在 1953 年上半年完成水上民主改革，交通部指示："民船民主改革是组织管理木船与管理民船运输的必要步骤……"。

1950 年 4 月成立了湖北省帆船运输公司襄阳分公司，取缔了船行，把流散在码头上的船只组织起来，编组编队，进行有序的运输。1951 年起结合陆上开展镇压反革命、禁锢、禁毒、五反等一系列的政治运动，有力地打击了水道上的封建势力，彻底解放水上船民，维护水上治安，扫清水上运输障碍，2 月初襄阳专区（包括郧阳地区和十堰市）组成"湖北省襄阳专区民船工作委员会"，领导水上船工船民进行民主改革，镇压河道的封建反动势力，"湖北省襄阳专区民船工作委员会"从相关部门抽调总计 392 人，建立八个民船工作办公室，组织六个随船工作队和 37 个随船工作组于二月下河工作至八月底结束。同时，加强水上组织建设，建立了水上办事处，襄阳市公安局设水上公安派出所，同时建立了船民协会，协会的任务是协助政府和主管部门宣传和教育船民遵守国家政策法令，反映船民要求，介绍船工就业，调解船民内部的劳资纠纷，以及运输淡季组织船民生产自救等。1953 年对专业运输的船只、船民"定港、定籍和定航线编组编队"，外港船只，参加本港运输两年以上，本人愿意加入本港，或虽然不满两年，但取得原籍证明准于转移的，也可定为本港籍、户籍。推毁了民船业中的封建残余势力，对少数反改革份子按当时的政策区别情节予以处理，"三定"工作实现了船有港籍、人有户籍、行船有航线、进出口凭签证、运行有调度，统一运价，统一货源，结束了千百年来"木船漂天涯，三江五湖都安家"的自由航行历史。

经过民主改革推倒水霸、取缔船行，船民积极性充分调动起来，要求组织起来进行生产，早在 1951 年，中南军政委员会提出：为发展国营经济改造个体经济，必须引导帆船逐步走向合作化集体经营的道路。1954 年，交通部在全国交通会议上提出了木帆船运输业社会主义改造问题，襄阳在 1955 年成立了"民船社会主义改造办公室"，领导木帆船的互助合作化运动，在全国性的社会主义改造浪潮激励下，民船合作化发展很快，到 1956 年 3 月，基本实现了合作化，由个体经济变为社会主义集体经济，以生产资料的集体所有制代替私有制的变革，不仅有利于进一步加强运输管理，生产也保持了持续增长势头，更重要的是进一步解放了生产力，初步显示出组织起来的优越性。

但由于当时合作化运动进程过快过急，对如何贯彻执行党的方针政策未能很好研究，在执行政策中也出了些偏差，加上制度不健全，建社工作粗糙，遗留问题很多，财务混乱，出现了资产无偿归公的倾向，挫伤了群众积极性，1957 年 9 月根据湖北省委指示，对合作社进行整顿，以社为单位，深入发动社员群众，把开展社会主义教育与整风整社密切结合起来。1974 年襄阳市成立航运公司，重新对入股船只（包括工具）评价定股入社，适当降低积累，提高社员分配，清理财务公布账目。

通过整顿，合作社得到巩固，樊城的水运业也就完成了新中国的社会主义改造。

从龙坑到张湾港

颜拥军

有道是："三十年河东，四十年河西"，汉水及其最大支流唐白河同属蜿蜒型河道，崩岸和淤滩严重。

1860年以前，唐白河在王家河汇滚河水后，从马沟经杨庄、肖湾、张家湾（现潘台社区小张湾）、曹湾到汇清河水，然后向南流3.5千米经新大洪（现清河口一带）从白河口（现清河口）入汉水。咸丰三年（公元1853年）在张家湾（现小张湾）设白河厘金局，向船只收税，鄂北、豫南水运货物在此交易，并形成码头和街市，当时樊城有三分之一的生意都在这里做，实际上就是樊城码头的一部分。

1861年夏，洪水暴涨，唐白河的水自然裁弯，自小张湾急流直下，冲决龙坑直接入江水，老航道淤塞，逐渐形成新航道，商贾曾两次凑钱修堤，企图阻止唐白河改道，但没有成功，九月农民起义军捻军姜太凌部与清军在樊城郊外激战，攻打新大洪，街市毁于战乱，商贾纷纷迁到新港口，这里逐步形成新街市。

新港口原为散家营村，村南有深潭称"龙坑"，龙坑隔汉江二里，有小河沟与唐白河相通，唐白河改道后，港口转移到散家营沿岸一带，因白河厘金局从张家湾（现小张湾）迁至散家营，遂改名张家湾。

张家湾港是近代兴起的水上贸易市场和水上换装的港口，在樊城下游下7.5千米，沿河航道5千米，河岸弯曲，可以避风，航舶停泊极便，港区有三座码头，三座码头均属自然港，没有什么设施，靠脚行肩扛担挑人背人抬，一个码头同时可装卸两只船，上码头在中龙坑（现六两河），为陡坡，离张家湾港较远，很少使用，中码头在上龙坑（1953年被洪水冲塌于河中），下码头泊船位置不定，后因经年洪水冲击，张家湾镇河岸和老街几乎崩完，全镇向西移动近1千米。1965年开始修建石头滑坡，制止了河岸继续崩溃，修建了六两河码头、张湾镇砂矿码

民国时期的张家湾港　来自《老河口支线经济调查》

头、老街大码头。

　　张家湾港很有特点，货物交易多在水上进行，唐白河古为豫西鄂北水路要道，白河古称淯水与汉水联为西北航线，河南西南部和枣阳西部的货物多取道于此，小舟来往不绝，水上贸易极为繁荣，棉花、小麦等农作物运此成交后，换大船转运汉口，豫西南所需的盐、煤油、百货等日用品，由汉口用大船运此换小船运回，是豫西南货物集散的交易市场，由于帆樯云集、商贾纷至，张家湾粮行、船行、茶馆、饭铺、酒店、客栈等应运而生，樊城及汉口的粮客在此设行开店者居多。

　　张家湾港距樊城 7.5 千米，水路、陆路均半小时路程，货物不必逆运樊城可直接出港，省时省事、省费用，故经营出口量较大商人，均设肆樊城采购于张家湾，朝出暮归，形成当地特殊市场习惯。张家湾不仅是樊城之门户，加之港池条件好，港口水深，水势宽阔，因而很快发展成为一座繁荣的水上贸易市场和水上换装的港口。

　　中华人民共和国成立后，张家湾设张湾镇，后为襄阳县城关，现为襄州区，已经发展成为一座现代化的都市。

樊城山陕会馆的三张老照片

徐信 / 文图

　　襄阳（曾称襄樊）位于湖北省西部，是雄踞汉江流域中游的历史文化名城，素有"南船北马""七省通衢"之称。汉江将城市分为南北两部分，南为襄阳古城，北为樊城。

　　明清时期商业的繁盛让外地商人在襄阳大兴土木修建会馆。商界劲旅中的山西、陕西商人就是最早在樊城修建会馆的商帮。樊城山陕会馆位于解放路中段南侧、皮坊街1号的襄阳市二中。会馆前身为始建于康熙三十九年（1700）的关帝庙，康熙四十四年（1705）竣工；康熙五十二年（1713）增建拜殿、正殿及戏楼，扩建山门、增建门面，并重塑关帝圣像，改称"山陕庙"；乾隆十七年（1752），创置山门外石狮两尊（今仍保存于山门之外）；乾隆二十五年（1760）对"山陕庙"集资修整；乾隆三十九年（1774）新建了祭祀天、地、水诸神的三官殿；乾隆五十七年（1792），重修院墙；嘉庆六年（1801）重修山门、门面和戏楼，改称"山陕会馆"；道光三年（1823）重修山陕会馆，并于正殿之右新建荧惑宫、增建花园和香积禅寺（僧房）等，经过一百多年的不断修建经营，山陕会馆建筑群总面积达到了数千平方米，殿阁楼堂一百余间，达到史上最大规模。光绪十三年（1887）"山陕两省众首士"又对正殿进行了修葺。百年之后，2002年至2004年，襄樊市文物部门对会馆主体建筑的前殿、正殿、钟鼓楼进行了抢救性修缮。

　　山陕会馆内现存从建修以来的17通碑刻，完整地呈现出山陕会馆由关帝庙——山陕庙——山陕会馆的发展历程，是厘清和研究山陕会馆历史沿革、研究山陕商帮在樊城乃至汉水流域经商活动的重要文献，是研究秦晋商帮和樊城商业文化的重要实物文献。

　　山陕会馆不论从格局还是结构，从不同建筑装饰手法的应用，处处雕梁画栋，

20世纪60年代的樊城山陕会馆戏楼一角　　　　　1966年9月，樊城山陕会馆红卫兵"破四旧"

精雕细刻，内容有人物故事、花卉飞鸟、兽头等图案，造型生动，足以体现会馆是不同于一般民用建筑的华屋高构。其建筑装饰特色是琉璃材料的大量运用，以及精湛的石雕、木雕工艺。

山陕会馆是襄阳规模最大、保存最好的会馆建筑，2002年公布为湖北省重点文物保护单位。

山陕会馆"祀神、合乐、义举、公约"四大功能齐备，建筑群由山门、戏楼、影壁、钟鼓楼、拜殿、正殿、花园等组成，现仅存影壁、钟鼓楼、拜殿、正殿，均为琉璃瓦覆顶。其中八字影壁的琉璃雕塑最为精美绝伦。牌楼内前部为两层飞檐戏楼，琉璃覆顶，雕花门罩，历年改建后已面目全非。

会馆继承中国古代建筑的精华，以山门至正殿为中轴。山门之后有一狭长天井，戏楼大门上原有一块长约两米的阴文石刻，上书"天地同流"。前院钟鼓楼分列左右，筑于高台上，歇山顶，四角高翘，方形藻井，栏额有供品纹彩绘，斗拱为网状。上一层斗座、昂、翘呈斜格排列，各斗之间用榫卯结构十字加接，所以这种斗拱外观上是双层网。斗拱结构特色鲜明，在层层叠叠斗拱衬托下，屋顶显得非常轻盈。而亭子下边的琴、棋、书、画木雕，也精美异常。梁、枋及檐下隔板上多以线雕或浮雕、透雕人物故事及花鸟图案以及彩绘装饰，内容极其丰富。

我曾在襄樊二中工作了23年，亲眼看到了这座古建筑群近50年的沧桑变迁。1961年我见到的山陕会馆屋顶，不仅有黄绿色的雕塑，在瓦上还有一组一组历史故事的组雕。最令人惊叹的是大门两侧的琉璃影壁，上面的图纹和人物也有其含义：左边是"日"，右边是"月"；左边立的是文官，右边是武将。另一精彩的建筑就是院内的钟鼓楼了。两座钟鼓楼分三部分，1964 年以前钟鼓楼的中下部是相通的，有木板相隔。可能是将钟鼓搁置在中部，下边是敲击钟鼓之处。那时中部四周钉有木板。4 根粗大的圆木柱从地面顶托着上部的斗拱和顶部。亭的斗拱结构至今未变动过，

1964 年的山陕会馆大门

斗拱下边的 4 块木雕：琴、棋、书、画没有变动，仍为原物。但斗拱上的顶部经 21 世纪的翻修，已完全失真变样了！原貌是四角高挑，尖部各有一条鱼，显得轻盈美观，在其下部悬挂有风铃，微风吹动就可听到清脆的铃声。1964 年市文化局曾拨款维修钟鼓楼，拆除了中部四周的木板，显露出四根大圆立柱；又考虑到年代已久柱子承托不了上部的重量，就在每根圆柱的内侧加上 30 厘米粗的铁柱支撑。中下部之间用钢筋水泥固定。同时对已损坏的鱼图案等翻模复制；斗拱下的装饰木雕以粉绿色作底色，凸起的图纹涂上彩色；四根大柱刷上大红色。当工程完成后，人人都拍手叫绝，赞叹这次的修缮。因经费有限，只修缮了钟鼓楼。

　　这张有人在钟鼓楼上下活动的照片拍摄于 1966 年夏。当时，史无前例的"文革"风潮席卷襄阳，山陕会馆也被扣上"四旧"的罪名。1966 年 9 月 2 日将近中午，当时某技校的"串联"队来到二中，向在校学生介绍"革命形势"。在革命小将离校前有学生问他们，这些古建筑是四旧吗？此人答曰"你们看是什么？"话音刚落，学生们就发疯似的架梯爬房攀上房顶，掀掉房顶屋脊上的装饰物。我亲眼见到钟鼓亭上和戏楼大殿等顶部的琉璃装饰物都是从插在屋脊顶部长一米多的铁柱上一段一段拆卸下来扔下砸碎。亭上的四块木雕也遭重锤打击，因木质厚实未被击碎，后又企图锯断木雕，经劝说才作罢。当时房顶上一批学生在行动；地面上也燃起了熊熊大火，将几个月从学校周边搜罗来的"四旧"物品付之一炬。我

面对此情此景，只有痛惜！

劫后余生的会馆一片狼藉，残破凋零，悲惨凄凉。学校也不成学校。喜欢摄影的我用学校的相机记录了这一时刻。

20世纪30年代国民政府当局曾利用山陕会馆办过一所"樊城第一中心国民小学"，即今襄阳市迎旭小学前身。1949年10月在山陕会馆内恢复襄樊第一小学，创办"襄樊市中学"，是市人民政府创办的第一所公办普通中学，始称"联中二部"，其中学前身是民国时期的昭明学堂。1956年，襄樊市中改名为襄樊市二中。

1951年生于武汉市胡卫平，襄樊二中是她生活和工作过的地方，对这个地方她似乎有复杂的感情。每天，胡老师可以通过自家房间的窗户看到山陕会馆黄色的屋顶。"1958年，母亲被打成右派，下放到襄樊，分到二中教书。当时对山陕会馆印象特别深，一开始还以为是个庙。我们是用板车从汽车站把行李拉到二中的。门口有一尺多高的石门槛儿，记得当时弟弟妹妹们过的时候还蛮吃力。有两扇大木门，现在还留下一扇。穿过戏楼下的通道就到了内院。戏楼中间是戏台，两边是厢房。从大门到钟鼓楼铺的是石板，两边是鹅卵石。童年的记忆总是美好的，这地方不是石头就是琉璃瓦，当时就感觉到很新鲜，心里很喜欢。钟楼圆门左边进去是一个院子，钟鼓楼两边都是二层的办公楼。大殿的空间很高，当时隔起来一层，北边三间做图书室。南边做了女生宿舍。90年代又拆除楼板，恢复原状。大殿后面到教门街是一个操场，操场上有学校的气象站。那个时候汉江大桥还没有修。整个学校既有古典美，又有田园情趣，每个老师还分了一块地做菜园。后来环境就越来越差，也不美了。"胡老师深情回忆当年所见。

一所满载了秦晋商人荣耀和骄傲的地标性建筑，做为"中俄万里茶道"的历史见证，屹立汉水之滨三百多年，在今天已经得到妥善的保护，我所拍摄的三张老照片是迄今为止可以一睹60年前会馆风姿的唯一影像。

樊城书院

施锦华 / 文

书院是中国古代私人或官府所立讲学肄业之所。

襄阳及所辖各县设立书院，自元代既已逐步推行，到了清代已达到鼎盛。据《襄阳府志》和《襄樊教育志》记载，自元至清，襄阳府及所辖各县书院21所（不包括民办），其中襄阳府设乳泉书院（府署东）、襄阳书院（市委党校院内）、岘山书院（府学西隙地）、鹿门书院（襄阳大北门内）。襄阳县设隆中书院（城西隆中）、凤山书院（岘山羊侯祠）、冽泉书院（城南习家池）。而襄阳鹿门书院规模、名望皆在襄阳众多书院之上。方志记载：鹿门书院在襄阳城大北门内，清雍正12年（1734）守道鲁之裕以用试院改建，初名荆南书院。书院分东壁西园两院，斋房共33间，上下厨房17间，字藏一所。西面有奎星阁，竖孔子像，东面有闻喜亭，前面有寿岂堂，后面有景行堂。光绪九年（1883），守道黄彭年捐赠图书1.2359万卷，放置在景行堂左边，并规定看书条规，设斋长两人司其事。

除重镇襄阳的官办书院外，古埠樊城也涌现了一批私立的书院，它们大多利用行帮会馆有资金、有场所的优势创立，从而在襄樊二城形成了官立、民办齐繁荣的教育格局。这些民办书院是：位于樊城交通路与马街交叉口北侧的黄州书院（黄州会馆）、中山前街与陈老巷下首的齐安书院。还有位于中山前街汉阳书院巷内的汉阳书院，廻龙寺巷内由当年韩城会馆创建的龙门书院，皮坊街徽州会馆创建的新安书院，郑公祠西河南会馆创建的"河南书院"，中山后街中段的三闾书院等。我市文化老人邹演存为了让书院文化得以传承，还亲自为龙门书院题书"龙门书院旧址"，并制作牌匾悬挂在旧址房檐。此外，樊城还有1912年由美国福音教会在现今市一中建立的鸿文书院，同时在现今的磁器街小学建立淑华书院。

龙门书院。韩城位于陕西省东部黄河西岸，是西汉史学家司马迁的故乡。韩城办学之风兴盛，民重耕读，因而人才辈出。一代史圣、两朝状元、三朝宰相、四代世家、父子御史、父子知洲、祖孙巡抚、兄弟侍郎、南北尚书、一母三进士一举一贡生等传为佳话。当年，素有文史之乡的韩城商人在樊经商时，也没忘记自己是来自文教之乡、龙门之地，他们希望人们刻苦读书，通过科考跃入"龙门"，光宗耀祖。故将坐落在樊的书院谓之"龙门书院"。

河南书院。在河南会馆幸存的《万善同归》记事碑中有："……悉蒙襄樊旧有河南书院，前人累加整饬……兵燹……又复几于栋折榱崩，诚非所以妥神灵也。我乡目睹心伤，邀集公议，重修大殿、拜殿，再为增廊，一时诚敬感触，无不踊跃争先乐于输，将工为鸠材而庀……自此以后，惟愿同心协力以图久远昭来世……今来古往永留传。大清光绪元年三月拾五日立。"碑文记述了河南书院维修一事，也从侧面见证了河南商人重视教育的具体行动。清代是河南书院发展史上的一个重要时期，清代的河南书院实现了普及化，先后设置292所书院遍布省内各个州县。黄河两岸诸府，如河南府（治洛阳）、怀庆府（今河南焦作、济源地区）等是较为发达地区，他们不仅在本省广置书院，在邻省的樊城也设置了会馆、书院，形成这种状况的原因与其发达的经济和学术因素有着密切的关系。

三闾书院。三闾书院是由湖北武昌府所辖十县旅樊人士兴建，内奉楚国三闾大夫、爱国诗人屈原。相传湖北秭归县城东北三十千米处为屈原故里，有石碑上书：楚三闾大夫屈原故乡乐平里。屈原是湖北杰出的历史文化名人，是楚人的骄傲，富足的武昌商人在樊城建立武昌会馆时，在会馆内贡奉屈原雕像，作为武昌商人心中的楷模、偶像。武帮商人经商有成后也没忘记办学助教，并在会馆内建立三闾书院，以彰显武帮商人的文化情愫。

纵观襄阳书院，或围绕府治周围，或坐落于市井之间，或点缀于山水田园。众多的书院无论是官办还是民筹，它们都在中国古代和近代的教育史上曾发挥着不可替代的作用。樊城书院数量众多、分布均细，它们与襄阳城内的府学宫、县学宫构成了我市教育史的宝贵历史遗产。

兴武街的不凡身世

施锦华 / 文

　　兴武街南临前街，北对后街的武昌会馆，地处老樊城的商业中心，呈南北走向，长约 150 米，宽 8 米左右。此街在抗战前为武汉商贾集聚之地，商业较为繁盛。

　　说到兴武街就不得不提武昌馆。武昌馆位于樊城后街中段（今襄阳人民广播电台处），是由湖北省旧武昌府所辖武昌、鄂城、大冶、蒲圻、咸宁、通山、崇阳、嘉鱼、通城等县在樊城商旅人士兴建，内奉楚国三闾大夫屈原，故又名"三闾书院"。会馆建筑众多，占地广大，冠居樊城。当年樊城民间有"山陕会馆是金銮宝殿，武昌会馆是三宫六院"之说，足可见当年武昌商人在樊的富有。

　　清末民初是武帮商人的兴盛时期，钱庄、票号、匹头等行业几乎均为武帮商人经营。武帮商人财力雄厚，社会关系也就自然神通。为让本帮利益进一步扩大，于是疏通官府、筹募资金、赎买民宅，将原来宽不过 3 米的狭窄小道扩宽取直，并直通前街，使武昌会馆面南向阳的气脉通畅，并取名"兴武街"，意为振兴武昌。

　　道路通畅后，还要体现出发旺的祥瑞之气。襄阳文化老人邹演存回忆：当年的兴武街临街建筑统一为两层欧式风格的楼房，顶楼设阳台、门窗、花眼、栏杆、女儿墙，几乎一个模式，并且用灰砂粉墙。八字式的街口象征着聚财的兴武街会财源广进，横跨道路的骑楼牌坊甚是壮观。地上建筑费尽心机，脚下的路面也是大动干戈，每户门前的踏步以水磨石砌面，煞是美观洋气，并且建成了辛亥革命后古镇上的第一条"洋灰路"，即其路面以水泥混凝土铺之。洋房、马路建好了，街上也进驻了武帮商人，大绸缎商永远福、怡和、启新，分别在兴武街南北端立足，除此之外，京广杂货、糕点糖食等商铺也纷至沓来，花花绿绿的绸缎布匹，加上新颖的门面柜橱，可谓汉味十足，真像置身于汉口的花楼街。兴武街的建成，给古老的樊城镇带来了新兴的开化之风。当年很多人慕名到此街专门要走一走"洋

兴武街的不凡身世

灰路"，瞅一瞅"洋式楼"，以饱眼福。可惜的是1940年日寇的一阵狂轰滥炸，装点古镇的"洋街"便灰飞烟灭，取而代之的是木板、残砖垒砌而成的小民房。

2013年2月2日，笔者走访了兴武街35号民宅的房主周光英，她1930年出生，19岁时由清河口老西湾嫁到兴武街从事铁匠生意的蔡全喜。回忆老街往事，周光英记忆犹新：蔡家铁匠铺主要打制船上用品，如船钉、篙头等，也打制一些生活小件，像勺、铲、火钳等。当时正值年轻力壮，所以在铁匠铺里不仅干拉风箱的轻松活，同时也干抡大铁锤的气力活。人间有三苦，打铁、撑船、磨豆腐，铁匠铺里的活是一天干到晚，起早摸黑，每天累得喘不过气，仅火钳一天就要打一二十把，其他物件一天也是好几十个。打制好后就摆在门口售卖，南漳、宜城等周边的商贩都过来购买。我们蔡家做的都是些小活，兴武街上还有几家做大活的铁匠铺，主要打制农具，他们是彭珍贵、李光汉、方文林、朱意盛等。1954年，襄樊市第一个手工业互助组与朱意盛互助组合并为初级生产合作社即襄樊市第一铁器生产合作社，朱意盛任监事会主任。而后企业逐步演变为1956年的襄樊市红光铁器生产合作社、1958年的襄阳县地方国营农具厂、1959年的襄阳县地方国营通用机械厂，到1966年4月则扩建为湖北空压机厂。

兴武街在新中国成立前后除了有多家铁匠铺外，还有篾匠铺、车木社、糖坊、印刷店、油漆铺、白铁铺、卷烟厂等，尤其是还有几家做杆秤的铺子更是闻名樊城，其中有肖太来、姚中兴、李三元、纪大富等。其中，肖太来在兴武街众多的手艺匠人中数得上是独具匠心：长长的招牌悬挂在门前，墙脚还放置一个足有300斤重的石秤砣作为实物广告模型，成为兴武街一景。1950年9月12日的樊城卷烟手工业登记调查表显示：兴武街42号处原为樊城长记卷烟厂，生产的"狗头"牌卷烟畅销一时。"过去，兴武街虽然宽畅，但没有直达河岸的码头，运送货物还得左拐到前街五显庙码头上下。新中国成立后，兴武街南端前街临江的房屋才拆除打通，修建了兴武街码头，特别是近些年，码头修得很漂亮。"周老太告诉笔者。2013年3月23日，笔者在兴武街旅游码头看到这样一段文字：襄樊港兴武街旅游码头是襄樊市交通局、航务局组织建设，工程于2001年12月26日开工，2002年4月18日完成，2002年5月1日立。

如今，兴武街上的铁匠铺早已歇业，杆秤店更是难觅踪迹。在现代工业高速发展的今天，这些传承了上千年的手艺已面临式微、断裂，甚至湮灭。兴武街的坎坷身世与街上曾经的手艺人一样，虽起起落落，但塑造了我们这座历史文化名城璀璨的历史，值得我们后人去追忆、去思索。

茶馆世界四官殿

施锦华 / 文图

　　古老的地名是一方文化的凝结，百味杂陈的市井生活更是城市发展和社会变迁的缩影。

　　樊城中山前街 294 号的一处普通老宅，房屋的主人叫李春发，1949 年出生。身材高大的老李坐在门前的空地上将一根根劈柴棒塞进自制的铁皮炉中烧着开水。"解放桥那一片，在过去就叫四官殿……"在闲聊中，老人为我们谈起了承载老樊城太多记忆的城市地标——四官殿，说到兴头，还让我们开了眼，目睹了他的镇宅之宝——"四官殿地界"石碑。

　　的确是开了眼，地界石笔者也收藏了不少，但大都是些民宅地界，如"彭家地界"、"李家地界"、"熊家地界"等等，像这种城市地标性的地界石还是头一次见到。更何况四官殿曾在民国时期名噪一时，有"鄂西北娱乐中心"之美誉，作为不可多得的历史物证，这块"四官殿地界石"可算是珍贵之物了。此地界石为襄阳本地的青石锻琢而成，宽 17 厘米，高 65 厘米，厚 13 厘米，背部呈不规则状，正面中上部打磨平整处阴刻楷书"四官殿地界"五字。

　　李春发介绍，这块石碑是 1986 年秋季，当时在人民剧场居住时挖自家下水道发现的。发现时，石碑还呈直立状埋在土中，老李顺着石碑一直往下挖，直到将石碑完全挖出，擦掉石面上的泥土，隐约有字迹出现，虽没读过几天书，但"四官殿地界"这几个字老李还是认得清清楚楚。"四官殿"是祖辈生活的地方，这东西得留下。老李遂将石碑保存了起来，不轻易示人。后来搬家时，老伴曾对他说，一块烂石头扔了算了，但李春发固执地认为，把老祖宗留下来的东西保管起来是个纪念，再说它又没长嘴，既不要吃也不要喝，这"四官殿"地名如今只有岁数大的老樊城人才知道了，留着它还是个念想。

李春发讲述四官殿往事

民国时期，在财神庙巷（今劳动街）北端对面靠城墙处，有座面南背北的庙宇，名曰"四官殿"，内奉"天官"、"地官"、"水官"、"火官"，取天地水火之含义。四官殿的由来还与邻近的炮铺街有关。炮铺街是以生产鞭炮、火药、引芯为主的专业手工作坊一条街，生意昌盛的鞭炮业同行每年农历十月初一都会在四官举行一次行业盛大集会，祭祀天、地、水、火四官，以求保佑平安，行业昌盛，贺生意兴隆。"四官殿"始建于何时，已无从查考，零星的记载中还能拼凑出它当年的大致模样：其建筑规模虽不算十分宏伟，但其建筑格局在一般庙中是比较规范的。走进神庙大门，是七间大厅，厅后有双层八角戏楼一座，戏楼对面有青石台阶拾级而上，高约三米，上面有亭式佛殿一座，整个建筑雕梁画栋，房脊屋檐装饰花鸟虫鱼，各种神像工艺考究，栩栩如生。屋面均为绿色琉璃瓦覆盖，气势颇为壮观。据襄阳文化老人邹演存回忆：1935年的特大洪水及日寇的轰炸，四官殿终成一片瓦砾，后经地方绅董出资建起了演出娱乐场所——民族大舞台（剧院）、鹤园（放映无声电影），在其影响下，其他娱乐设施也逐步兴建。以四官殿为中心，周围开茶馆、鸦片烟馆、妓院、酒馆、放洋电影等都集中在这一带营业，其他像唱戏的、说书的、演皮影的、打把式卖艺的、卖大力丸的、玩把戏的、唱小曲的、卖当的、卖狗皮膏药的……更是遍地皆是，"五花八门"、"洋洋大观"。到处丝竹弦歌，叫卖吆喝，人声鼎沸，甚至大型集会活动也在这里举行。尤其是夜幕降临，卖夜宵汤圆混饨黄酒的、闲逛带孩子玩耍的，只见人头攒动，摩肩接踵。当时的四官殿一时竟成鄂西北最大的娱乐中心，好似老北京的"天桥"、上海滩的"大世界"、大武汉的"民众乐园"、南京城的"夫子庙",这里既有衣冠楚楚的官吏商旅、纨绔子弟,也有衣不蔽体,流浪街头的穷哥们……

在众多的娱乐场馆中,茶馆是四官殿的主角。襄阳文化老人邹演存为拾穗者手绘了一张他记忆中的四官殿景象图,图中标示四官殿区域汇集了大大小小茶馆40多个:怡心、清廉、雨来散、新民、品香、清香、管家等茶馆。这些茶馆不仅是品茶、休闲和做交易的场所,多数也是常年邀请艺人来说唱坠子、评词、京剧、汉剧、曲剧等艺术表演的舞台。这里俨然是一个茶馆世界、娱乐天堂。

李春发回忆,原人民剧场窗口卖票处就是他家原来开茶馆的旧址。茶馆由老母亲与外爷(外公)合伙经营,母亲名叫管慧明,因此人称"管家茶馆"。管家茶馆当时的经营规模为八仙方桌10余张,椅子全为靠背式太师椅,房屋坐北朝南前后进深约40余米,中间为一院落,来喝茶的顾客多为常年在此消遣打发时间的回头客。茶馆内提篮叫卖瓜子、花生、纸烟的小贩穿梭不断,喝茶人常常是打着"点点牌"(一种老式长条形纸牌),聊着世间事,更多的时候是听民间艺人说唱。李春发还记得早年我市著名曲艺表演艺术家郝桂萍就曾在四官殿一带的茶馆里表演河南坠子。

孩童时代的李春发经常在四官殿外护城河里逮鱼,在土城墙上捉知了。玩累了,渴了,就跑回茶馆冲着母亲叫嚷:快给我倒茶喝……茶馆的主要家什除了桌椅外,茶炉、茶壶、茶碗、茶杯、水缸等物件也是必不可少。茶馆用水皆从汉江河中由挑水工挑来,茶炉为生铁铸造而成的燃煤炉,上面可置5至6把用锡皮敲制而成的大提梁壶。襄阳自古出好茶,茶叶不必舍近求远,故多选用襄阳本地的炒青,价廉物美。茶馆的营业时间一般为上午9点至晚上10点左右,喝茶、听书、看热闹,成为那时人们重要的文化休闲生活方式,直到1956年公私合营,四官殿众多的茶馆随之淡出人们的视线。

新中国成立后的1950年,四官殿处的民族大舞台、鹤园,改建为樊城京剧院、曲剧院、文化馆,加之解放桥的建成,昔日还是城墙外的乱坟场也逐渐成为人们文化娱乐的新天地——人民广场,四官殿也慢慢被解放桥、人民广场这些新生的地名所取代,1971年,樊城京剧院被改建为人民剧场,之后,四官殿之名渐渐被人们所淡忘。

"四官殿"是老樊城历史上的一段重要城市记忆,建议将"解放桥"处的公交站名更名为"四官殿",在"四官殿"区域还能寻找到老樊城的历史,不要让"四官殿"在城市的变迁中消失。临别时,李春发向笔者表达出了他个人的心愿。

杨家巷，为焦枝线让路

施锦华 / 文图

老樊城的每条古街、每条老巷、每条道子都蕴藏着厚重的历史文化。这些街巷有的随着城市的脚步在创新、延续，有的为了城市的美好明天而让路、消失。很多事回头看，才能发现其深远意义，这就是历史的魅力。1969 年为让路焦枝线而消失的杨家巷便是其中之一。

杨家巷位于樊城一桥头，呈南北走向，北到油坊街，南到汉江边的杨家巷码头。巷长 150 米，宽 3-4 米，原以杨氏宗姓命名，浙江会馆在此巷南端。此巷是过去汉江船只上下货物的通道之一。樊城三义庙碑文记载："樊城码头丰盛，杨家巷为最……"杨家巷码头地处樊城码头中心地带，以杨家巷码头为中心，在左右 200 多米的汉江岸线分布着林家巷码头、左家巷码头、晏公庙码头。中华人民共和国成立前，搬运工号子声不绝于耳，巷内有各类做小生意的商铺数家。北边紧邻油坊街，油坊内不断传出声声打油的沉闷锤击声。巷两侧以两层滴水房为主，风火墙形成一道景观线。1969 年修焦枝铁路襄樊汉江铁路公路两用桥时，杨家巷位于铁路中心线上，整条杨家巷根据铁路建设的需要而被拆除。

襄阳自古沿江筑城，依水建市，雄踞中原。襄阳因水陆通达向被称作"七省通衢"，兵家必争之地。一条汉江穿城而过，给襄阳带来无限荣光的同时，也带来了可歌可泣的历史文化。

1906 年和 1936 年京汉铁路和粤汉铁路相继建成通车后，武汉成了水陆交通要冲，经济迅速发展，其经济和交通地位取代了"南船北马"传统要道的襄阳，襄阳的经济步伐相对减缓，其城市地位日趋下降。直到 20 世纪 70 年代初，襄、樊二城来往仍靠沿袭了几千年的传统，摆渡过江，襄阳人渴望铁路、梦想大桥……

这一天终于盼来了。1969 年，因修建焦枝铁路，襄樊汉江铁路公路两用桥

杨家巷码头旧址

被列入设计计划，桥梁勘测组将杨家巷附近推荐为桥址，并得到铁道部批准。那是一个激情四射的火红年代，从 1969 年 9 月 6 日动工，至 1970 年 5 月 20 日大桥公路建成通车，仅用 256 天就顺利建成按常规需要两三年才能建成的特大铁路公路两用桥，这在当时是我国建桥史上从未有过的速度。在这高速度的背后，有无数襄阳人为之付出了巨大的辛劳与牺牲。为了纪念这段难忘的岁月，1969、1970 年出生的孩子当中多以焦枝、襄桥、建桥、庆桥起名。"天连五岭银锄落，地动三河铁臂摇。"汉江一桥开工之前，整个城市已经开始行动起来了，位于樊城桥址的杨家巷近百户居民接到通知后二话不说，以最快的速度，整体搬迁至水星台当铺坑附近。

　　3 月 23 日，笔者来到水星台，寻找当年杨家巷的老居民，请他们讲述杨家巷 40 多年前的一点城市记忆。现在的水星台是一片密集的居民生活区，巷道整洁干净，退休的老人在健身器上悠闲地扭动着身体，襄阳名胜水星台就在居民区旁，为小区增添了文化魅力。在水星台 12 号，笔者找到了 1936 年生于杨家巷，17 岁嫁在杨家巷的龚秀英老太，龚老太热情大方，非常支持笔者的采访，将她

杨家巷，为焦枝线让路

所知道的杨家巷往事娓娓道来：杨家巷的路面与樊城其他古巷一样是清一色的青石板路面，城外的乡下人说我们街上的人是"踩石头板儿"的。巷内居民用水主要在杨家巷码头挑水吃，杨家巷内有好几棵粗大的古槐树，小时候没有什么吃的，只要槐花一开，就摘树上的槐花吃。父母均在巷子内做小生意为生，父亲夏天在附近的晏公庙、余家巷一带挑着挑子卖凉面，冬天贩些生姜卖；母亲长年在巷南靠江边的菜场卖菜，当时还是小姑娘的我就帮母亲看菜摊。杨家巷内的小商户主要有朱家黄酒馆、李富昌染坊、蔡家豆腐铺、魏家油条店、刘二爷雕章子铺，其他还有卖净糕（用糯米、白糖加红枣蒸制而成）、卖麻草绳等一些小店面，记忆较深的是周聚财茶馆，周家茶馆位于汉江边杨家巷码头旁，是用十多根碗口粗的木头支撑而成的吊脚楼，楼上摆有大方桌，做生意的及茶客们常在这里歇息喝茶，小时候常跑到吊脚楼上玩，趴在窗口看江面上不知是从哪里来的帆船以及对岸的襄阳城、远处的群山……

"我们搬来时，水星台一带只有2户人家，其余全为水坑、菜地，当年和我们一起搬来的老居民现在大多已不在人世了。"龚老太感叹着岁月的无情。

昔日的长丰洲

施锦华 / 文图

　　说起长丰洲，就不得不提施官营（现为王寨街道办事处施营社区），施官营原为樊城西郊外的一个古村落，源自明初的施将军曾在此驻扎。"施官营"的得名经过，其实就是一位将军的传奇。

　　朱元璋建立政权后，让他手下的爱将邓愈镇守襄阳府，邓愈镇襄阳时下令各守将"披荆棘，立军府营屯"。当时，有位施姓的武将屯兵樊城，施将军出城西7里观察后发现，这里是东临樊城，西接柿子铺、竹条铺，南临汉水的重要驿道，地理位置十分优越，只是道路坎坷，河汊遍布，且人烟稀少。施将军为了加强樊城西部的军事防御，改变这里的面貌，减轻当地百姓负担，遂召集军民疏浚河道，开垦荒田，使原来江边狭长的一片荒滩变成了长长的丰收洲，当地百姓俗称"长丰洲"（今汉江三桥樊城桥头月亮湾公园是其中一部分）。

　　长丰洲在20世纪七八十年代还属施营大队的公有耕地，常年种植大面积的西瓜、小麦等农作物，且长势很好。据光绪三十三年（1907）《施氏宗谱》记载：施官营的前身叫黑龙庙，后来改为泰和乡，中间又改为太和乡，直至洪武三十一年（1398）因为施云将爷爷施通葬在此地才改称"施官营"。据此推断，这施将军应是施通了。

　　前些年，挖石船在汉江中曾挖出残铁钟一口，上有残字铭文：湖广襄阳府……长丰洲西北岸……奉里作汇、祈福保太平，洪钟二……泰山殿供奉……康熙二十五年十月造。道光壬寅年七月，襄阳席方璘《移置张氏墓志前记》介绍：樊城郭西三里许，今之长丰洲，古属安养县，唐汉阳王张公柬之祖墓在焉。长丰洲广袤数十里……从这些史料再结合现今的地理状况，可以想见历史上的长丰洲大致东起樊城杜甫巷码头，西止柿子铺（即柿铺）白家湾码头一带，是片狭长的汉

昔日的长丰洲

105

襄阳汉江三桥未建前的长丰洲

江滩涂地。

　　这片狭长的地带历史上河汉纵横，林木茂盛，水陆通畅，非常适合打游击。史料记载：咸丰六年（1856），9月26日夜，安陆人朱中立率王喜、马光先在竹条铺起义，准备破樊城、攻襄阳，因起义军头戴红巾，故称"红巾军"。襄阳知府海顺闻讯后惊恐万分，急率清军围剿。红巾军在距竹条铺3里之地的武家营村大败清军，并乘胜攻打樊城，在施官营长丰洲被当地一支乡团阻击，经过激战，歼灭了这支乡团武装，红巾军首领马光先也在此战中阵亡，当天晚上，红巾军以施官营为据点，里应外合，一举攻占了樊城。

　　今天的长丰洲已成为本市最大的湿地公园，汉江三桥在长丰洲上空飞架南北，这里成为市民休闲娱乐的好去处。

风水宝地鱼梁坪

施锦华 / 文图

何谓鱼梁？《辞源》解释：一种捕鱼设置。用土石横截水流，留缺口，以笱承之，鱼随水流入笱中，不得复出。

鱼梁坪位于襄阳城城东，隔汉江与鱼梁洲相望，是汉江西岸的一块冲积平地，南北长 6 千米，东西宽 4 千米，整个区域有 18 平方千米。鱼梁坪一带文化厚重、山清水秀、民风淳朴，是襄阳城城东的一块风水宝地。

鱼梁坪文化积淀丰厚，《三国演义》中"伏龙、凤雏，二人得一，可安天下"的凤雏便是从鱼梁坪走出的一代名士。据光绪《襄阳府志》卷五"古迹"注引《县志》记载，"庞统故宅即今庞靖侯祠。"又注引《舆地纪胜》《通志》载"士元、德操二宅俱在呼鹰台侧。"说明庞统故居、庞靖侯祠实为一体，与司马徽故居和呼鹰台相邻。乾隆《襄阳府志》卷九"坛庙"庞靖侯祠条载："在城东三里。祀汉军师中郎将关内靖侯庞统。"今庞公街道办事处得名实与庞统（号凤雏）有关。

位于襄阳城城东的庞公鱼梁坪，濒临汉江，与鱼梁洲隔江相望，这里土地平坦肥沃、土质疏松，属淤积型沙土地，排水性能好，所产的萝卜、山药、芥菜、大蒜远近闻名，是我市的优质蔬菜基地之一。鱼梁坪最为有名的两种蔬菜是蔓青和红萝卜。蔓青肉质密实、大小均匀，是腌制襄阳特产大头菜的优质原料。提起鱼梁坪的红萝卜，老襄阳人个个赞不绝口。因为鱼梁坪的大红袍萝卜不仅个头大体一致，而且质细皮薄水分大，生吃味甜爽口、清脆而不辛辣，犹如水果。做菜，爆炒、凉拌，香甜而脆嫩。"鱼梁坪的萝卜摔到地上能摔成八丫子"，当地人总是这样形容它的脆嫩。鱼梁坪的萝卜易烂不糊、入口味长，是炖汤的上好配料。鱼梁坪人热情好客，有春节自酿黄酒待客的传统，每年腊八节一过，几乎家家户户自酿黄酒，因此这一带的黄酒也是远近闻名。

鱼梁坪老民居

鱼梁坪，当地百姓亦称"玉兰坪"。笔者在鱼梁坪还发现一块残碑，上有"盂兰坪离城十里许，有泰山庙……"等字样。其实这"盂兰坪"就是当地百姓口中的"玉兰坪"，也即鱼梁坪。

鱼梁坪与襄阳城虽近在咫尺，但由于焦柳铁路的阻隔，这里仍保留着较浓厚的农耕气息：红白喜事多在家中自制酒席、左邻右舍相互串门、大事小情相互照应……

随着城市的发展，汉江五桥已将鱼梁坪与东津湾紧紧相连，向东延伸的滨江大道也将改变鱼梁坪的面貌。

水淹七军鏖战岗

施锦华 / 文图

鏖战岗，是三国蜀将关羽水淹七军与魏将庞德鏖战的地方，距樊城西北约 8 千米。

建安二十四年（219）五月，刘备占领汉中，曹军退回长安，刘备又派将军孟达，刘封占领了房陵（今湖北房县）和上庸（今湖北竹山西南）。诸葛亮在"隆中对"中提出的方略正在着着实现，形势对刘备越来越有利，孙权为结好关羽，曾遣使

鏖战岗擂鼓台遗址

聘关羽女为其儿媳。本来这是加强吴蜀联盟的大好机会，但是关羽却自大无谋，把吴国使者痛骂一顿，从而引起了孙权对蜀国的更加不满，七月，孙权乘曹军主力在汉中与刘备作战的机会，进攻合肥，曹操又调兵到淮南与孙权作战，关羽利用这个机会，留南郡太守糜芳守江陵，将军傅士仁守公安，自率主力进攻樊城，当时，曹操方面由征南将军曹仁镇守樊城，左将军于禁，立义将军庞德率军驻在樊城北面，将军吕常防守襄阳，平寇将军徐晃驻南阳。八月大雨，汉水泛滥，于禁所率七军遭水冲淹，关羽乘机进攻，于禁战败投降，庞德被杀，数万人被俘。这段战役《三国志》蜀书中是这样描述的，二十四年，先主为汉中王，拜羽前将军，是岁，羽率众攻曹仁于樊，曹公遣于禁助仁，秋，大霖雨，汉水溢，禁所督七军皆没。禁降羽，羽又斩将军庞德，羽威震华夏，《三国演义》的描写更为精彩：夜半征鼙响震天，襄樊平地作深渊，关公神算谁能及，华夏为名万古传。

鏖战岗现有一百五十多户人家，人口 1000 多人，以朱姓、陈姓居多，1700多年前的那场战争，至今仍有物可证、有迹可循。20 世纪 80 年代梁坡砖瓦场在村西取土，曾挖出铜剑一把，村西古时候有一条河流直通汉江，1967 年修建的桥梁还在，该桥叫红卫二桥，南边的韩洼过去还有红卫一桥，村东北的关田还有三桥，在村子后面有一台地名唤擂鼓台，村民代代相传为当年关羽擂鼓助威的地方，只是人们从台上取土使台地变矮了，台地上曾发现过箭头，马铃铛等古物。以鏖战岗为中心的村庄地貌至今仍没忘却过去的历史：马棚、酒店、回头庄、陆寨、罩口川、五堰二池……

古驿小镇竹条铺

施锦华 / 文图

20世纪80年代初，在不宽的人民西路上，每天一大早骑着加重自行车或人力三轮车，驮着粉条、豆腐、豆芽、猪肉、蔬菜等农副产品浩浩荡荡驶向城区的人们，大多来自樊城西部的一个小镇，这个地方便是原襄阳县竹条铺。

《襄阳县地名志》记载：竹条铺位于牛首镇南部，汉水北岸，东南距樊城15千米，汉孟公路经过此镇。相传，早年此地为汉水淤积而成的一片沙地，名"西太湖"，因多产细竹，当地人用以编织竹器，设铺成集，故得名"竹筱铺"，后讹传为竹条铺。

世事沧桑，现今的竹条老建筑所剩无几，只有十字街的格局和少许斑驳的残墙还能让人依稀想象出它当初的大致模样：酒幌在风中摇摆，街面上各式竹器商品随处可见，叫卖声此起彼伏……竹条铺老街呈十字形分布，与汉江相依，东西、南北各1.5里左右，老街的河对岸是泥嘴（卧龙镇），老街的南头早年被汉江洪水吞没，这里"贵"家为大姓，过去曾有贵家庙一座。竹条铺这一带土质优良，特别适合种植蔬菜，尤以郭家菜园出名，这里的白菜、萝卜、黄瓜、西红柿等四季时令蔬菜长得特别好。有个叫上升的村子，擅长加工豆干、豆腐等豆制品。

竹条铺这个名称的来历还有一说：街西有条白龙沟（1966年改名胜利沟），很久以前沟上有座竹制的小桥，人们俗称"竹桥"，时间久了，起初的"竹桥"误传为"竹条"。这里紧邻汉江，水陆交通都很方便，由于做生意的多，渐成集市。史料记载：明天顺四年（1460），襄阳知县李人仪在竹条铺西侧曾建一座大石桥，后因河道变迁崩入江中，每逢枯水季节，汉水中尚能出现石桥遗址。据传此桥精良无比：大型石条为基础，糯米汁为黏合剂，雕栏玉砌，桥的两端还有石狮把守，当为竹条铺一大胜景。

竹条铺老街

　　竹条铺东接柿子铺，西连黄水铺（牛首镇西），与汉水相依，自古便为襄阳的交通要道。《襄阳县交通史·公路篇》中介绍：明天顺年间，我县驿运繁忙，驿运机构日趋健全，当时，本县境设递铺 21 所，均系明洪武二年（1369）由知县翟居仁建置。其中，柿子铺在县西北三十里，竹条铺在县西北四十里，系明天顺四年（1460）由知县李人仪撤旧铺重建。

　　如今，这些曾经作为递铺的乡镇，甚至村落，还在无声地向今人讲述那渐渐远去的邮驿历史。

樊西门户施官营

施锦华 / 文图

施氏宗譜
據史載施姓源於春秋時
期魯惠公之子尾生字施
父率後人於今山東安徽
處建古施國歷千餘年繁
衍生息至唐初已盛
本族始祖施通號文公籍
安徽鳳陽府壽州人自明
太祖皇帝登龍位加封先
祖明威將軍上騎都尉世
祿修富自此家族於襄陽
施官營居住歷五百年從
始祖至十三世均未列序
光緒十二年初春族長施
天德率衆於先祖文公祠
堂祭祀祈福并商定自十
四世天字輩起家族排序
為
天正有崇文維世法學道
培本祖蔭宗光立心廣大
萬代明良根居禮義興隆
茂昌乾坤振奮長發啟祥
光緒十二年初夏記於文公祠
歲在庚子季冬憲綱恭錄

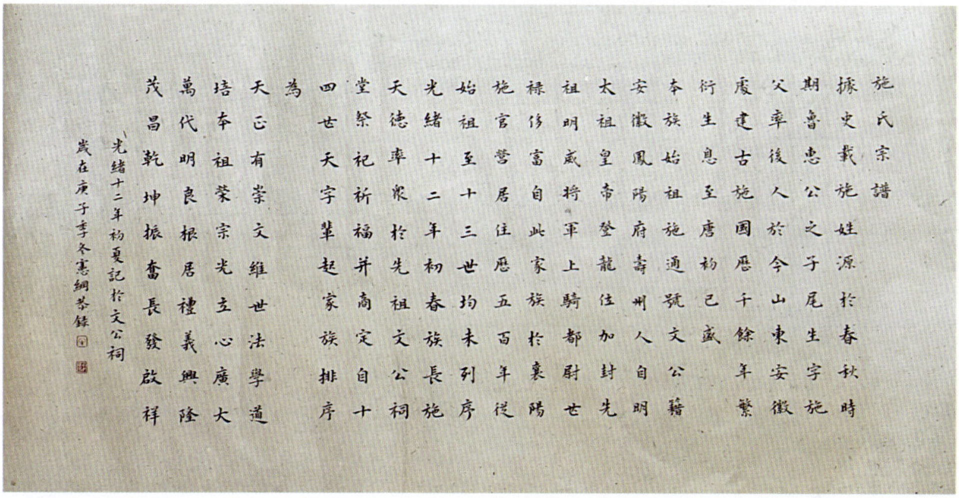

《施氏宗谱》

在距樊城定中门以西3.5千米处的汉水北岸，有座村庄在历史上曾扼守着樊城西部的门户，600多年来，曾演绎过不少鲜为人知的故事，它就是享有“樊西门户”之称的“施官营”。“施官营”的得名，明初邓愈镇守襄阳府时，有位名叫施通的将军屯兵樊城，施官营东邻樊城，西连柿铺，南临汉水，北接邓城，乃襄阳西部门户，历史上是鄂豫川陕进入襄阳的重要驿道，官吏兵马南下的必经之地，施通将军来此之前，此地名唤襄阳府泰和乡黑龙庙。

施通：安徽凤阳府寿州人氏，因佐明太子有功，太祖登龙位，加封施通上骑都尉，明威将军，卫襄阳府，世袭六代，施通逝后，谥号文公，族人建文公祠（施官庙）世代祀之，所葬之地逐更命为施官营……施将军当年出樊城以西7里观察后发现，这里地理位置十分优越，只是道路坎坷、河汉遍布，且人烟稀少。施将军为了加强樊城西部的军事防御，改变这里的面貌，便在原籍凤阳府招募族人，由官家提供生产和生活费用，来此定居的人员中，以施、韩、贾、郭、聂、詹等姓氏居多，他们在这里平整土地、疏浚河道，使大量荒芜的土地、河滩变为良田。临汉江有块狭长的大沙洲经施将军治理后，成为一片长长的丰收洲，后来当地的人们干脆称之为"长丰洲"。据光绪十二年《施氏宗谱》记载：本族始祖施通号文公，籍安徽凤阳府寿州人，自明太祖皇帝登龙位加封先祖明威将军上骑都尉，世禄侈富，自此家族于襄阳府施官营居住，历 500 年从始祖至 13 世从未列序，光绪十二年初春，族长施天德率众于先祖文公祠堂祭祀祈福并商定自 14 世天字辈起家族排序为：天正有崇、文维世法、学道培本、祖荣宗光、立心广大、万代明良、根居礼义、兴隆茂昌、乾坤振奋、长发启祥。光绪十二年初夏记于文公祠。施官营自明初至今已有 600 余载。1954 年兴建化工厂时，"施官庙"拆毁。施官营的村民也许是受一代武将施将军的影响，该村的青年男子有习武、舞狮子，女子有划旱船、跳蚌壳舞的习俗，此习俗一直持续到新中国成立后。

施官营地处汉江北岸，过去是通往老河口、谷城、均县、郧阳及陕、川的要道，远近闻名。1923 年襄郧镇守使张联升借军事调遣困难，沿旧有官道培修加宽，修建了我省早期公路——樊城至老河口段，俗称"樊老公路"。施官营正处在"樊老公路"两侧且距樊城仅 7 里之处。1938 年 10 月武汉沦陷后，李宗仁指挥的第五战区进行了重新调整，第五战区长官司令部也由鄂东宋埠一带，迁往古埠樊城。第五战区根据施官营特殊的地理位置，立即派兵驻守该村，为了进一步巩固军事防御，令附近村民在村西挖战壕、筑土墙，施官营的老人们至今还称此工事为"二道沟"。

老樊城人都有这样的印象，20 世纪 80 年代以前，以施官营为界，往东工厂林立、人口密集、热闹繁华，算进了市区，往西一出施官营，便是大片农田，算出市区了。

城区面积在不断延伸，施官营的名称也几经变化：由新中国成立初的王寨公社施营大队到 20 世纪八十年代的王寨乡施官营村，而今成为王寨街道办事处施营社区。昔日的"村民"早已变成了"城里人"，每一次名称的变更，也见证着时代的变迁。

曾经的工业区

施锦华 / 文图

　　工业区，大致即今樊城西部的长虹路以西、振华路以东、松鹤路以南、南抵汉江，这一片工业企业相对集中的区域。

　　在这片区域内的 20 世纪七八十年代，分布着大大小小工厂数十家，尤以纺织企业居多：床单厂、毛巾厂、印染厂、毛纺厂、五一棉纺厂（小棉纺）、针织厂……在这些众多的工厂当中，有 2 家单位不得不提：大棉纺、棉织厂。

　　"大棉纺"大有来头。在国家"三五"计划建设时期，根据中央关于"备战备荒为人民"的指示，国家把鄂西一带确定为中南五省工业重点发展基地。地处鄂西北和西南咽喉地带，素为兵家必争之地的古城襄阳，以其特有的水陆交通和地理优势，自然成为湖北工业发展要地。同时鉴于襄阳地区系鄂西北棉花主要产区，对发展轻纺工业十分有利，1966 年，由湖北省计委报经国家经委批准，决定在襄阳投资兴建一座棉纺织印染企业——湖北省襄阳市棉纺织印染厂，并列为国家"三五"重点建设项目之一。"大棉纺"是襄阳人对该企业的一个简称和俗称，"大棉纺"落户樊城西部后，让昔日城郊的僻静之地，遥身变为热闹的"工业区"。"大棉纺"的确大，这个 1966 年 8 月筹建，隶属湖北省纺织工业局的棉纺织印染联合企业，高峰时有职工万余人，占地 517 亩，生产建筑面积 10.34 万平方米，建有日产 3 万吨的自来水厂，拥有子弟学校、技校、职工学校、医院、工人俱乐部等众多的文化福利机构。

　　棉织厂经历不凡。襄阳市棉织厂的前身是 1949 年在樊城河南会馆创办的"豫公贫民纱厂"，后厂址几经辗转，1960 年，为了适应大规模的生产，厂房从老城区的定中街迁至西郊外的施官营，形成了一个初具规模的，在当时也是襄阳最大的棉纺织企业。棉织厂党支部书记梁彦斌同志响应党的"艰苦创业，勤俭建国"

的号召,在棉织厂开展"寸纱不落地"的勤俭节约活动,涌现出艰苦创业的"五虎"、"八匠"、"二十四英雄"……1963年4月9日,湖北省委发出了全省学襄棉的通知,省委书记王任重同志亲笔撰写了《一面红旗》这篇,高度赞扬了襄阳棉织厂勤俭办企业的精神。这年6月下旬,全国工业交通企业经济工作座谈会在北京召开,襄阳棉织厂被树为全国勤俭办企业的五面红旗之一,7月2日下午,周恩来总理亲切接见了梁彦斌同志,并指示拨给棉织厂100台自动布机,并对梁彦斌说:"老厂要换新装,老兵要拿新枪,有了新机器,可不能丢掉寸纱不落地的精神啊!"

大棉纺、棉织厂奠定了樊西纺织工业区的基础。此后续接的荣光,有一个人不能忘记,他就是1973年2月至1975年8月任中共襄樊市委书记的曹野。发展现代工业所需要的各类技术人才的引进就是在这个时期开始的,这期间,以优惠的政策从全国各地引进科技人员850多人,五一棉纺厂(小棉纺)、床单厂、毛纺厂、毛巾厂、印染厂等众多企业也是在那个时期诞生和取得辉煌的。正是由于曹野打下的基础,1982年8月17日,襄樊这个不被世人注意的城市,竟奇迹般地跃入"中国十大明星工业城市"之首。

20世纪80年代左右的工业区是工厂墙连墙、烟囱随处见。1981年,国家"六五"期间在全国安排的五个节能环保试点项目——襄樊热电厂正式建成投产,工业区一带众多工厂"家家生火、处处冒烟"的情景逐成历史,联片集中供热为樊西工业区提供了强有力的热能保障。

在人民路与汉江路十字路口的西南角,也就是大棉纺与棉织厂中间,至今还能看见一幢三层高的转角小楼,这就是当年工业区的消费中心——工业区百货商店。这座在今天看来已不起眼的小楼,在20世纪70年代可是工业区一带人们心中的"大楼",计划经济时代,这里分布有菜店、肉店、煤店、粮油店,在店名前都冠以"工业区"地名,就连附近的派出所也称"工业区派出所"。

如今,517路、2路、9路、26路等公交车仍以"工业区"站名在这里停靠,时刻提醒乘客:这里是工业区的地标。随着时代的变迁,樊西工业区逐渐被城市的商业圈所覆盖,以另一种面貌再现出来。

襄阳商号、商店、商场的变迁

施锦华 / 文图

　　襄阳地处汉水中游，水陆交通便利，有"南船北马"之称，因此自古就是商业繁盛之地。民国前后，不仅川北、陕南、豫南、鄂北一带的商贾云集襄阳，而且湖南、江西、安徽、浙江、江苏等省、地区的商号也在这里落足，此时的襄阳已有大小会馆20余座，各类商铺、字号遍布，商业兴旺，就连商贸繁荣的一条小巷陈老巷也被誉为汉口的"花楼街"。在老樊城一带经营布匹的"永远福"、"阮祥泰"，经营杂货、山货"信义昌"、"九如斋"，小百货"方祥兴"、"恒兴成"、"永茂昌"等是其代表，"利川和"、"恒记"、"发记"是名噪一时的京货铺，另外何庆大煤油、王宜昌盐店、何同昌酱园等等，这些商号都是近代襄阳商业活动的见证。当时的商铺字号虽然众多，但大都是些单门独户的店铺经营模式，受当时生产力的制约，商品种类稀少，经营方式传统。

　　斗转星移，在水运时代终结30多年后，老樊城四官殿、大桥口一带以其特殊的地理环境、时代背景，理所当然地成为当时引领襄阳人消费的首选，也成为改革开放后个体私营业主大显身手的风水宝地。一时间，国有商场、私营摊点，充塞着这里的每处缝隙，解放桥百货大楼、大桥百货商店、大桥口日杂商店、劳动街市场、炮铺街市场、东方红大道市场……十多年间，这里人流如潮、举步维艰。当年住在樊城西郊的笔者当身揣几块钱，为扯几尺布、为买一双鞋，步行十多里来到这里一点也不觉得累，因为逛街购物是件快乐的事情。过年买鞭炮、碗筷，大桥口日杂商店是必去的，大桥口纺织品门市部更是过新年扯布做新衣的首选之地，宽大厚重的木柜台上摆满了各式各样的布匹，品种多为的确良、的卡、毛料……撕布声与夹着发票、现金的夹子在空中的钢丝上来回穿梭声相互交织……

　　在人民路与汉江路十字路口的西南角，也就是原大棉纺与棉织厂中间，至今

117

樊城老商号旧貌

还能看见一幢三层高的转角小楼，这就是当年工业区的消费中心——工业区百货
商店。这座在今天看来已不起眼的小楼，在上世纪七十年代可是工业区一带人们
心中的"大楼"，计划经济时代，在这座"大楼"的周围还分布有菜店、肉店、煤店、
粮油店等日常消费门市部，与现在所不同的是那时购买这些物资需要票证。

　　在襄阳的商业发展道路上，有两座大型商场不得不提，一座是位于樊城大庆
路与长征路交叉口西北角的襄江商场，该商场 1969 年元月破土动工，1970 年 4
月建成，1973 年元月开始营业。另一座是位于襄阳城内十字街西北侧的鼓楼商场，
该商场 1979 年 10 月破土动工，1981 年 12 月竣工营业，当时为襄阳最大的综合
性商场。

　　城市在发展变迁，襄阳商业也在与时俱进。昔日商场、商店的柜台式经营模
式已不能适应人们的消费需求，一站式购物的大型商业超市应运而生：华洋堂百
货、武商百货、民发广场、万达广场、乐福天下广场、天元四季城购物公园、天
丽国际家居博览中心……人们在这里购物、休闲、娱乐、享受美食的同时，也深
深地感受到：蝶变的襄阳商业，改变着你我生活。

口述历史

李治和：民间仪式使人有敬畏和尊严感

李治和 / 口述　杨家香 / 整理　邓粮 / 图

口述人：李治和，樊城人，1941 年生，1964 年在中央民族学院武汉分院毕业，中学历史特级教师，2001 年从襄阳市第五中学退休。现为襄阳市汉水文化研究会副会长、襄阳市环保协会副会长，襄阳传统民俗节日"穿天节"恢复传承发起人之一，极力保护汉江生态、极力宣传襄阳文化，在市民中极具号召力。

口述时间：2013 年 6 月 30 日

口述地点：中山前街 396 号

李治和先生在中山前街祖宅前讲述家史

121

如果追起来，老家可能是山西的，可惜那儿也没人了。太爷在磁器街住，他还有个兄弟在大同街住，都围到山陕会馆在。太爷没得儿子，太爷舅舅的儿子过继到李家。爷爷又没得儿子，我舅爷的儿子过继过来，这样有了我父亲。我爷爷叫李大鑫，我父亲叫李文祥。

前街石板路从邵家巷一直到这里，基峨巷以下是石子路，就不是石板路了。我记得只有占吉庙有过街牌坊，很庄重，石头做的，栋梁雕的，有天官赐福那一类画，下面有很漂亮的大象石墩，牌坊两边有长条的石桌子、石椅子。

中华人民共和国成立前印象深的是，我们在对面丁家的一个旧房子里面住，吊楼子，可能是樊城的最后一个吊脚楼。靠河边，河底下停的船最多，有湖南船、江西船、河南船。襄阳利益主要是河里运输利益，上下码头就是生财的好地方，官码头以上是贺子洲把持，下面是钟嘉仁把持。过去有势力的人二三十岁都开始拄拐棍戴礼帽，我们认为钟嘉仁比较厉害。钟嘉仁是老大，还有老二、老三，他们住在这后头一带，他的房子很长。樊城下边生意比较好的，一个是钟嘉仁卖盐的，熊家开馆的，杨家的花包行，高家的茶馆，潘家的杂货行，再往下有襄樊最大的银行，这丁家也是卖盐的，上隔壁是宋家开酱品厂的，然后是王家卖酱油的。这一块儿生意还比较好，热闹。

我爷爷有个小钱庄，字号叫李祥鑫。就是把做生意大字号的钱收集起来，我爷爷每天晚上都要清钱、记账，下午转借给急用的，收点儿手续费。我们家有个当铺在下头梯子口那个地方，当时最大的当铺是冀家的。我晓得冀家的很大，因为我父亲当铺的家底，后来就是被他当破烂一样收了，乖乖，你看那不得了呀。我们虽然开了个钱庄，可是名气不大，我查政协编的新中国成立前襄樊的银号，还看不到我爷爷开的这个李祥鑫。

太爷没有子女，爷爷没有子女，到了我父亲，子女就很多，我就出生在丁家。我头上去世了4个姐姐，我是老五，是个儿子，我母亲就非常高兴，起个女孩的名字叫大俩子，莫起儿子名，起个儿子名莫又走了。我耳朵这块儿还有个眼，戴耳环啊，后面的弟弟妹妹就留下来了。我们现在还有兄妹10个，8男2女，我母亲一共生了16个小孩，在我以后又过去了2个妹妹，我母亲的一生是痛苦的一生。当时我的家庭条件比较好，前6个都请了奶妈，我的奶妈是河南的，老二的奶妈是湖南的，老三是个妹妹，奶妈是襄北的，老四、老五、老六都有短期的奶妈。奶妈吃好了才有奶下来，有的为了当奶妈，自己的娃子给别人养，以后知道那是很痛苦的。

所以说到我这一代的时候，我爷爷、父亲都很重视我，过年贴对联，包括喂鸡子的地方贴"五畜兴旺"，都叫我去贴。我父亲很重视腊月三十敬老爷，专门告诉我，今儿里要敬老爷，该如何上香，如何上蜡，如何摆好供香、供馍，特别是如何擦好煤油灯罩子，擦得亮亮的还很不容易。穿上新衣裳，然后上香，给老爷磕三个头，给长辈作揖，作揖时还要喊：爷爷身体好，父母身体好，祝我们一家身体好！仪式才结束。这个庄重的仪式使我懂得了，人要有尊严，人要有敬畏感，我觉得太好了。因此，我自己不觉得那是一种迷信，那是祝福我们家里。做这些，我总感觉到我是老大，应该的。

由于我们是钱庄，要到一些字号去，我爷爷喜欢带我出去，叫我不能乱跑，到哪家都要主动喊别人，我觉得那是最初的礼仪教育，很好。我爷爷喜欢带我到外头吃饭。第一个感觉好的是，在占吉庙码头那儿吃蒸肉，乖乖呀，香得狠得狠。第二个感觉好的是，去大华饭店吃饭，在官码头那儿，有七八岁了。印象最深的有三个菜：大杂烩、烧煤锅、滑鱼片。鱼片炸一下，溜一下，又有糖又有醋，哎呀，几十年都忘不了。

好玩的游戏是"赶老鸹"，就在这街道上，用一个铁皮疙瘩子，你赶到这儿我赶到那儿。小孩没得啥玩的就玩挤暖和，在墙角你挤我我挤你。还有就是滚铁环。大一点，就在几个码头之间打仗，跟回龙寺的娃子们甩瓦片。

电影看过。谁要是能看电影那又是难得的，赶快牵到大人的手，然后到茶馆去，看电影还能喝茶，坐那儿不敢跑。看电影看惯了，以后喜欢看京戏，又没得钱买票咋法儿呢，就在那后门缝里看，门缝里那个风啊吹得眼泪流，还盯到那儿看。当时叫星光大舞台，记得京戏叫王志大（音）的戏、刘皮杰的戏、董汝珍的戏。

五月端午赛龙船是码头组织的，一个码头周围前前后后"好家的"收点儿钱。赛龙船之前先把这个船重新油漆，船弄到对岸庞公乡晒干，刮好，油漆，还要在上面抹那个黏浆，船才飙得快。龙船就是平时过河的木船，24匹桨，没得啥装饰。龙船最重要的有3个人，第一个是船尾搬大棹的，就是拐弯转头调方向的；第二个是船中间打鼓的，第三个是站在船头打旗帜的。旗帜世世代代固定的，是码头的标志，湖南馆码头是红旗，基峨巷码头是白旗，汉阳码头是白旗，回龙寺码头是红旗，占吉庙码头是黑旗，官码头是花旗，白旗上面带边。旗帜是个长条，0.4米宽，1.5米长。上午要做生意，划龙船是在下午3点钟到晚上7点钟，从初五划到十五划10天。我们两个船出去碰到了，你跟我划，我跟你划，划的过程中有比赛，天儿——咚，天儿——咚，到最后，天咚天咚，那个节奏越来越快。"我

李治和：民间仪式使人有敬畏和尊严感

们再划吧？再来一趟？"划得非常友好。划龙舟没得钱，没得奖赏，就是回来吃饭喝酒。一个码头的船划得很威风啊，24个人都打精赤膊，都会水。船有时会翻，翻了开玩笑说，到龙宫找龙王小姐去了。

有一年五月端午赛龙船，基峨巷的是白龙旗白龙船，回龙寺的是红龙船，汉阳书院的也是白旗。湖南船喊的号子跟我们不一样，我们喊的是"扎龙船哟扎……哟"，湖南船喊的"咕噜噜咕噜噜划……着"，基本旋律是一样的，节奏是一样的。那一年湖南的龙船最有彩。实际上过去赛龙舟不仅是竞赛，有娱乐的成分。我们现在把娱乐的成分搞掉咯，仅仅成了体育比赛，而且只有3个小时。我就建议划龙船在下午划一下，旗帜扎一下，唱一下龙船歌，体现一下文化娱乐。

我们这儿有个民间活动叫朝武当，是市民自发组织的，来回大约得一个月。顺着汉江，先到真武山小武当拿牌，实际上是小旅游的方式。听我父亲说，进入这个队伍之前要沐浴、禁同房、背香袋。香袋是蓝色长条布袋，里头装馍馍、大头菜、卤肉，也有的装酒，然后上路上武当。原来连肉都不能带的，也不能带酒，后来河南人带，我们这儿也带。上去了还给我们小朋友带果果回来，我们叫"叫鸡"，小朋友可以吹。哎呀，玩这个叫鸡就说明你家里有人上武当山去了，只有武当山才有。

社区还有个活动叫摽水枪。社区民间消防队买的有水枪，我家就有一杆，从外国进来的，铜管子，放到水桶里一压，水就摽出去，可以救火。"好家的"有，不是每家都有。那时社区主要有这三种活动，划龙船、上武当、摽水枪。过年没得别的啥活动。

解放襄阳的1948年，我们开始盖房子，估计是由于战争，远处的包括湖南卖木材的降价卖，我们才买了木材盖的这个房子，借别人的钱盖的。临到中华人民共和国成立以后，大概1949年房子盖起了，一亩多地，前头一合大院，三开间两层楼，中间有个大的天井院，后头是两趟偏房，东偏房6间，西偏房4间，还有一个厨房。厕所还怪好，为啥子呢？过去襄阳人是不重视厕所的，一般在街道拐角地方挖个坑，只要不看到别人就可以尿，臭烘烘的。当时我们家修的厕所有个溜池，周围好多人都喜欢到我们的厕所去。

新中国成立后钱庄生意不好做了，我父亲做经纪人，给别人介绍生意，可以说是二道贩子，这也不好做了。盖房子借了人家钱，爷爷用芦席草搓成绳子卖，还钱，父亲把房子上的瓦卖了，还不行，到1954年就把这里的房子卖咯，在回龙寺买的房子。这里房子大些，卖了7000多万，回龙寺那儿买房花了4000多万，空出 2000 多万块钱，可能相当于现在的 2000 多块钱，还了别人的账。

我在湖南馆上了 3 年学，在汉阳书院上了 2 年，还在川主宫上了 1 年，离这儿都很近。过去想在哪个学校上就在哪个学校上，不是固定在哪个学校。湖南馆叫一小，一到六年级，是完小，有 200 人。汉阳书院有小一和小二。川主宫叫二小，也是完小。邹演存做的好事，好多小学都是他找的，他是文化干事。初中在二中，高中在四中。有一个事心里想起来很不好过，我有一个叔叔从云南回来，给了我一张票，要我去看戏。这个时候我已经上中学了，我想要一个钢笔，就把票给卖了，买了个钢笔。后来我叔叔问我看了这个戏没有，我谎称看了，其实我没看，那时候家庭经济状况已经很不好了。

1960 年上大学走的，中央民族学院武汉分院，就是现在的中南民族学院。由于家里成分不好，4 年大学毕业结果到郧阳山区去了，在山区待了 17 年，1981 年才调回来。

李治和：民间仪式使人有敬畏和尊严感

杨振辉：中山前街老字号杨恒丰中药店

杨振辉/口述 杨家香/整理 徐信/图

背景资料：杨恒丰中药店，在襄阳市文化老人邹演存提供的 1938 年前中山前街中段（邵家巷至曾家巷）店铺商号列表中，位于晏公庙码头与余家巷码头之间，坐南向北，斜对面为熊临丰药店。

口述人：杨振辉，襄阳人，1943 年生。1967 年技校毕业，1969 年进入专用机械厂（后更名为纺织机电厂），2003 年退休，现居住前进路纺电家属院。

口述时间：2014 年 4 月 26 日

口述地点：前进路纺电家属院

书一拿回来我就认到了，都是这本《拾穗集》上的图片还看得到我们那旧房子，山墙边就是，隔壁是居委会的楼顶，杨恒丰药店在中山前街 80 号，三进三开间，两个天井院。曾祖父是清朝末年从江西丰城县过来的，来襄樊之前在江西就做药铺生意，杨恒丰字号是在这儿壮大起来的。樊城做起来以后，才有东津和双沟分号，东津的也叫杨恒丰，双沟的叫恒泰昌。太爷弟兄四个，亲太爷可能是老大。爷爷杨海山，弟兄俩，一个在东津做，一个在双沟做。我父亲杨长仁，跟我四太爷在襄樊做。我叫杨振辉，兄弟俩。父辈兄弟 8 个，仁、义、礼、智、信、福、禄、寿，有当老师的、有参军的，二爹杨长义做西医，四爹杨长智是二爷的儿子，在双沟做药材生意。

我记事时四太爷有五六十岁，叫杨鑫斋，是樊城店掌柜，爷爷在东津当掌柜，双沟是二爷跟四爹做。他们没得药材了，到樊城来领，樊城没得了就到武汉去买。

鄂西北这边襄樊是最重要的交通要道，东津是水路，来襄樊做生意必然要在东津歇脚，在那儿歇一晚第二天上水才能到襄樊，一走几十艘船在码头上。直接从庞公那儿过来还不行，沙滩不好拉纤。大一点儿的船都从张湾沿河转，沿着东津到张湾转唐白河，有坎子好拉纤，再到清河口，到樊城。前街生意好一点的都坐南朝北，临到河。临江的那边都有吊脚楼，几根柱子扎到水里，吊脚楼上面开的有洞，装的有木质轱辘，船可以开到吊脚楼底下，直接把货拉上来。要是从码头过来又要请人搬运。大部分从武汉进货过来，走水路到襄樊。

药材都有大几百样，分粗药细药。粗药有草草子根根子，搁到中间那一进房。细一点儿的药像党参、人参、天麻、珍珠，搁到前头，做生意的后面有一个小厢房。不是只做门市，按药单子抓药，除了卖药还制药，搞批发，南漳、老河口的小药铺来襄樊就是从我家店里进的货。

药铺，大秤进小秤出。药单子都是几钱几钱的，那个量具叫戥子，小秤，牛骨头杆子，秤钩子秤砣都是铜的，跟蚕豆颗子样。四太爷他盘药材时间长，经验丰富，会鉴别药材。人家那个单子不敢随便给抓的，因为中药里有好多味，啥东西啥味，切开后是啥纹路，都应该清清楚楚的。中药有18反，一个单子里存在两个相反的药，吃了会要人命的。虎骨豹骨是比较贵的药材，鉴别能力要强。大太奶奶是江西人，懂药，奶奶不会制药，我妈只认得常见药，我只认得一小部分，甘草、熟地、生地这晓得。药铺的学员都有文化，认单子，记得药，要写字，打算盘。配伍配伍，有一味几味药起主要作用，跟打仗一样，有主攻的，有侧翼攻的，不能说差一味就给人家，有时候这一味药在里面起关键作用，差这个主攻药，这药就起不到药效了。

收药材有季节的，周边县市的直接送到铺子里来。本地产啥药材，做药铺生意的都晓得，到那个季节了都往那儿送，够发货量了就往武汉送。像这个季节，快端午时大量收蜈蚣、蝎子、知了壳，麦冬那时也产，没得现在这么多。收回来的药材要先制一伙子。像蜈蚣不能长时间保存，一串一串串好，几寸头的搁一起，大的小的分清，一箱一箱码好，喷上酒，免得路上腐烂。蝎子用盐水煮。

那时制药讲究得很。半夏，蚕豆大小，药性比较烈，不泡个十天半个月不敢用。一泡那个沫大得很，几起几泡，把那个药泡得没有那个沫了才敢吃。还要用铡刀慢慢片，蚕豆样的半夏要片几十片薄片，搁到报纸上能看到底下的字，那都是功夫。麦冬泡好以后一咬，跟嗑瓜子样，把那个芯抽出来，药性就没得那么烈了。生地熟地要蒸要熏，药铺都有个小炕房，门口有个小洞洞，把要熏的那个药点燃，搁那个洞洞里，口一封。牛黄也要熏。这叫炮制，零售的药都是炮制好的药，有膏、丹、丸、散。虎骨豹骨熬胶用，熬胶不能带肉，骨头来了先煮一道，用手掰得干干净

127

净的，再用刀刮得不能有一点儿肉。那驴皮阿胶，一点儿油都不能要，动物皮下都有脂肪，新鲜驴皮刮毛刮油，刮得干干净净才搁锅里熬，0.5 米左右直径的铁锅，上万斤木柴才熬那一锅阿胶，制胶费神得很。

四五个店员，四太爷当家。早晨七八点钟天一亮就开门，黑了掌会儿灯才上铺板门，店员东家吃饭在一起，娃子们跟女眷们在后头吃。前面旁边一个饭厅，老店员吃饭，新店员在旁边守着，碗一给就晓得添饭，不说就添满，手指一下添平碗，吃搅片（筷子在碗里搅一下）只添个碗底。

开药铺的自己屋里人能当医生的少，要给医生维持好，每个药铺都有对口的医生帮衬到在。为了捞生意，找看病比较好的老中医，跟他拉上关系，他看病后说，你直接拿这单子到哪哪抓，他们那儿药全，药好。

杨恒丰药店在公私合营后还卖了两年。公私合营是 1956 年吧，开药铺房契地契都有，公私合营时交公，药材，包括铡刀制药工具，都清点算上钱，按资产定股息，工资比人家高一点。1956 年到 1966 年，股息 3 块多钱。东津铺面比这大些，三进四开间，是东津第一大药铺，入股各入各的。父亲和四太爷合并到襄樊市医药公司开的药店里了。几家自愿联合起来，公家派人过来主持工作，三四家组合到一起叫健康大药房。自愿组合跟不上形势发展，小打小闹不行，要组大，襄樊市统一组织起来叫医药公司，四太爷还在市医药公司上过班。熊临丰也是。熊临丰药铺，襄樊市中药材最大的，靠五显庙过来一点儿。紧挨熊临丰的杨佑顺几个做药材生意的，祖籍都是从江西药都樟树过来的。熊临丰药铺那个房子洋气点儿，在官码头那儿，一直当医药公司的一个门市，修沿江大道才拆。其他小点儿的都撤了当仓库。

搞中药材是越老越吃香。熊临丰还在上班的时候，湖北省医药公司下来的人到门市部看看，找这些懂行的，每年评药剂师，新中国成立前的老药工还发个本子啊，这样的人是个宝喽，不要他做事不要他干活，只要他坐那儿就行。我父亲一直在定中街口上班，一直到修前街才搬，死前一两年 70 多岁还在返聘，还是拿那点儿钱。前街熊家一到新中国成立后，后人接班的就少喽，只晓得有个姑娘在一中当老师，因为成分问题压倒在，能脱壳就脱壳。

我上小学在晏公庙小学，现在的晏公庙码头正对面，往先一个庙办的学校，进去瘆得慌。"文革"前叫三小，"文革"中间又改成红星小学。新中国成立后我屋里成分为资本家，庐山会议（1959）之后成分就当回事了，"地富反坏右"想参军是莫想的。屋里人晓得，没得文化是不好吃饭的，屋里再困难也要我们读书，在一中上初中、高中，1962 年高中毕业。高中毕业没考上大学，到酱园厂做了一年临工，捞那个大头菜。1964 年就业就困难了。哥哥从武汉水利电力学院毕业分到丹江口，丹江口办了个技校，高中毕业一年后我跑过去又读了三年技校，学了个技术。那时技校包分配，1967 年正在"文革"没分配，1968 年分到云南我没去，我跑回襄樊自己找工作，1969 年进纺织电器厂，那时叫专用机械厂。

　　公私合营以后就没在前街住了。前面店面已经合股了，要做生意，后面是河是吊楼子，死路，我们到后面住不行了，搬出来佃房子住，佃到斜对面私人的房子。医药公司盖的有楼房，职工们分的有房子，"你们是资本家，这旧房子你们先住着"，我们又回去住过一段时间。公私合营时入股拿股息，"文革"时都充公了，跟杨家没得关系了。拆前街修沿江大道时，有单位的找单位解决，没得单位的找居委会、房管局解决，我在单位分的有房子。这张前街照片是 1999 年拍的，照时我们肯定都搬走了。

1999 年 9 月 11 日中山前街

杨振辉：中山前街老字号杨恒丰中药店

129

李春燕：四官殿界碑在我家

李春燕 / 口述　杨家香 / 整理　邓粮 / 图

口述人：李春燕，祖籍陕西华县，1941年生于樊城，1961年入伍，1976年转业，2001年退休，现居住机电公司家属院。其弟李春发现居住中山前街294号，保存有"四官殿地界"碑一通，在访谈时曾给我们展示。

口述地点：前进路机电公司家属院

口述时间：2014年1月1日

老家是陕西华县的，有次陕西遭大旱（按：1929年陕西全省大旱），爷爷奶奶带着一家人迁过来了，投亲戚找不到地方，就住在泰山庙，后来住在四官殿。奶奶疯癫癫的，到处讨饭，逃难时丢啦，不知饿死在哪儿了。爷爷死了以后就埋在四官殿。

爷爷叫管体魁，是北洋水师的炊事员。以后开了茶馆，茶馆没得招牌，三间门面，有长靠椅、短靠椅、小桌子，里面小方桌、小凳子，茶客能坐三四十个。中间还有一个大院子，种花花草草，粉红色的月季花他们叫四季玫瑰。两棵大槐树，身上有病或者腿上长疮的人，弄点儿槐树叶熬水掺红糖喝能治病。院子后面还有三间住房，前面瓦房后面草房，最后草房也改成了瓦房。

过去门面门板是一块一块上的，1942年日本兵搞硫黄在门板上画个圆圈，到了一定时间自燃就着了，屋里房子烧得精光，只剩几个花檐窗子没烧完。

父亲是蒲池澡堂的工人，1954年土地改革分田地时改姓李。我原来叫管泽富，后来改叫李春燕。茶馆没请伙计，家里人弄，以爷爷为主，奶奶、母亲天天围着转。井水不好喝，我们卖茶一般不用井水，挑河水一天要挑五六担，一担85斤。

我爷爷85岁还挑一担水，从河边挑到茶馆里。

茶馆专用炉子一般人还没看过，人工砌的，底下大高头小，有几个衬，火都跑到衬里，逼到火往四转跑。灶是梅花灶，中间一个，四周五六个，灶的旁边还有个罐罐，过去炖汤叫铫子，砂铫。这是个总炉子，四外都是小炉子，一溜趟尽是火，一个火上搁一把壶，一个灶五把壶。这半匝叫瓮缸，这粗，这高，这边一个那边一个。过去的壶是锡壶，五把壶都着了，瓮缸里的水也热了，把那个瓮缸里的热水舀到锡壶里再烧。公私合营时，所有的靠椅家具茶壶都收了。

新中国成立前，我爷爷人缘好，派他个甲长，甲长相当于现在的居委会主任，管现在的京剧团、曲剧团、劳动街、炮铺街、电影院这一片，就是四官殿那一块儿都归他管。京剧团就设在四官殿，京剧团后面是城墙。我们就挨到京剧院。

四官殿地界碑

襄、樊二城最热闹的地方是四官殿。过去用汽灯，最早的电灯就是从四官殿那儿开始的。

四官殿最热闹的是茶馆，靠茶馆把人聚那儿了。茶5分钱一碗，以前2分钱一碗，茶钱是茶钱。里面有曲艺的、说书的、唱戏的，买票进去再倒茶。茶客三教九流的都有，做工的、搬运的都到那儿喝茶，做小生意的、卖梳子的、卖药的、卖金银首饰的、卖肉的、卖油条的、卖清汤的也到那儿喝茶。早上天一亮茶馆就开门，喝早茶的还多，带上油条，交流信息。晚上都去看皮影，听评书，就是河南坠子。我们家没有说书的。

四官殿供奉的像叫国民党军人砸了。为什么能唱戏？就是靠大殿，后来慢慢改成大房子，成了民族大舞台。每到晚上，京剧、曲剧、皮影、电影、豫剧、评

131

书，几乎都有；说书的、玩杂技的、卖清汤的、卖狗皮膏药的、卖大力丸的、卖炒花生瓜子蚕豆的，进进出出都是人，热闹得很。我家门口就有摆药摊的，治跌打损伤，东西寄放在我家里。我卖过红薯片，生的，切成一片一片的，在水里漂好，捞起来放在筛子里。

四官殿旁边最早有个茶馆叫新民茶馆，利用那个空场子开茶馆。京剧团过去叫京剧院，就设在四官殿的原址。京剧院跟新民茶馆打官司，京剧院说场子是四官殿的，新民茶馆说在四官殿以外，你说是四官殿的你拿界碑出来，官司打了好多年没得结果。新民茶馆撤走以后搞文化馆，盖了一长条房子做办公室，盖了一个大厅为舞厅，旁边留了一个花园，这个花园最后变成了文化馆的宿舍了。我们挨着文化馆的墙，左边是京剧团，右边是文化馆，在我家左边还有一个木匠铺，一个书店。过去开书店的少得很。书店过去还有一个铜匠铺，铜家具铜茶壶啊，再里边有一个夏家茶馆，一个李家茶馆，还有一个饺子馆，一个酸浆面馆。对面炮铺街有个药铺卖上清丸，药铺旁边是石家茶馆，石家茶馆对面又是胜利茶馆，这些茶馆也大。劳动街口有个清汤馆。

从电影院到邮电局火巷口是条直路，电影院过来，过去叫解放桥，解放桥这边是曲剧团，过来一点是京剧团。京剧团挨到我们家，那个卖票的地方占的我们的地段，我们家拆了后才盖的京剧团的宿舍，这样我们就住在京剧团。京剧团要盖这个楼房，挖出一具尸首，我估计是我爷爷。地基上面还捡过弹壳。

挖防空洞时，在我家后面房子边上发现了四官殿这块碑，还有几块砖，上面有字，啥字不记得了。界碑挖出来以后一直当个纪念的东西。为什么放老三那儿呢，他买了间房子，有生根的地方。

周运富：吹拉弹唱找生活

周运富 / 口述　杨家香 / 整理　魏冬玲 / 图

口述人：周运富，襄阳东津人，1954 年生，1970 年进入襄阳市航运公司，1984 年开始自谋职业，逮鱼、扛包子、开饭馆、吹喇叭、办舞厅、斗狗、搞旅游等都不长久，最终在喜欢的民间乐队上过得如鱼得水。

口述时间：2013 年 9 月 1 日

口述地点：中山前街回龙寺码头

周运富先生在回龙寺码头河堤外自建房前亮相

我是周运富，1954 年出生，小时候随父驾船，在水上子弟学校读了三年书。1970 年参加工作，在市航运公司，不服从领导分配被开除了。姊妹 6 个我老大，小时候穷怕了，啥子挣钱干啥子，养鱼鹰、逮鱼、开饭馆、吹喇叭、办舞厅、斗狗、搞旅游都干过，现在经营这个民间艺术团，顺带看风水。我这一生不简单，一直在拼搏，没闲到，到今天不容易。当然正这儿也发家致富，托共产党的福，要不改革开放舷都不沾。

1984 年从航运出来以后，一面放鹰逮鱼，一面学吹喇叭。我喜欢乐器，人家在那儿吹，我就守到那儿看啊弄啊，给人家弄个棒棒敲呀捶呀。跑半天，人家给你一块钱，我说不要不要，巴结人家想学艺，跟着跑了一年多也懂得一点了。我那时候卖鱼，背着媳妇攒点钱买个乐器，骗媳妇呀，说这两年没要钱师傅给我买的。不是她不给你买，那时候买个笙得 30 块钱。30 块钱是个啥概念，工资才拿二三十块。鱼鹰死了，逮鱼不搞了，开饭馆开不成，又跟人家吹喇叭，一场分两块钱，回来给媳妇，媳妇喜得要不得。

改革开放了，生活水平慢慢提高了，吹一场喇叭 20 块钱，都是师傅的，管吃管喝。我想掌个班子当个队长那样的，也约一班班人。我就跑到河南，喊了两个吹得好一点的吹家，一个吹唢呐，一个吹笙，那是 1987 年。到 1989 年下半年，全市把唢呐都禁止了，说是扰民。那时候有人在搞舞厅了，我又赶快在烟厂里找了个师傅学吹长号，1989 年 12 月份我就跑到武汉买了一把长号回来。1990 年夏天，轮渡的一个旅游船，我喊了几个人到那高头吹。人家乐队素质好，光有乐队没得场地不行啊，我联系场地不要钱，跟着吹练功夫。我不会吹，胡吹乱吹，人家说老周你对到桥吹，莫对到观众吹哦。就这样搞了一个夏天，赶到下秋我也差不多了。我这个人组织能力强，又重新组织一班班，在襄樊饭店正式开始，那是个大舞厅，搞了一年。

1991 年下秋，要找高档的地方搞正规的，还经过文化局考试，那时候磨炼了不少。我一伙子转到紫薇宾馆，襄樊市最高档的舞厅，乐得不得活呀。到1992 年，长虹路地下室里有一个皇宫乐园，你晓得是吧，人家乐队专业些，素质高，搞得好，就把我们这支乐队挤垮了。我又赶快再找地方，找到科技馆，也是一个大众舞厅，扎住根了，搞几年啊。干到 1995 年，人家搞碟子放音响，不要乐队少开支，这乐队慢慢不行了。

我感觉红白喜事又行了，赶紧又出来做白事做红事。老年人过寿的、小孩过生日的、结婚的，大部分在酒店里，只去一两个主持人小规模地搞，中午那一会会儿也能搞个几百块。郊区在屋里办，像柿铺、贾洼、老西湾，我们叫舞台车开上，戏台子朝那儿一弄，大规模地搞。哪儿老人了，去三四个人，请个乐队四百五百，点歌是另外。你愿意请了，我们就过去，只要说是长头发吹喇叭的，个个都晓得，慢慢就搞好了。

这个乐队正式开始搞差不多是从 1999 年到现在，中途都是玩玩打打的。艺术团也有十好几个将近 20 人，年轻一点的 20 多岁，四五十岁、60 多岁的人都有。我在外头接活，然后喊他们过来一起弄。你要说有大型活动了，临时喊一伙子也能喊一二十人，都是民间艺人，吹的吹，拉的拉，唱的唱。

我们演出以唱为主，也有小品。像我们这都是各学各的，正这儿不是都有碟子么，网上下载又方便，跟到唱就学会了。我们这些民间艺人感觉好，拿上去就能搞。我没有跟你合作过，你说唱个啥歌，我大脑就有印象。你仔细说，我要过门跟你走，说过门说土了，说前奏，你叫前奏给我一说一走，我感觉就出来了，后面节奏搭腔能够唱，没得必要非要搁一堆排练。人家搞现场直播，那时候看谱子还不行，我说你再哼一遍我就吹得下来，他说"唆啦唆唆，唆啦唆，一样的天，一样的地"，我说我会了，拿到号就吹出来了。科班的要叫谱子先学好，你看哆咪发，四四的格子，我现在晓得，哆这是一拍，两拍，三拍，四拍。可是你要是说，这个高头戴个帽，两个格子底下带一个，底下再加一个杠杠又不一样了，8 个音符，16 个音符，它论这，好麻烦。我干脆自己弄个四四的格子，小一格的是两拍，我自己掌握得住。

虽然电视上说我们跟"乡村大舞台"一样，其实很多农民根本不识谱。我刚才说的穿大衣唱歌的"大衣哥"，他不也是个农民出身么，人家现在红遍全国。赵本山不也是民间艺人么，也是吹喇叭吹出来的。像我们嘴一张，不会给你说哆来咪发唆啦西，是一哼就哼出来了，农民为啥子一跑就能够跑个歌出来，"呦，呦，呦"。往年修河堤的时候，我们当娃子娃儿打桩，一个人专门扯到嗓子喊，没人喊劲使不到一处。"哎呀呀，打起来呀～唱起来呀～，嘿呀么嘿嘿"，它扑哧都到地下了，"我不唱呀～，该你来呀～"，你就开始唱开始喊，就是这样挨到来。现在喊一二一、一二三，喊得又不好听，劲儿还使不匀，还累得不得活。原来那个搬运工扛包的为啥也喊号子呢，我也搞过的，有时候两个人，那边一个这边一个人，"哟呵呵—起，哟呵呵—落"。这个口号是劳动人民的号子，这歌都是这样喊的，喊得劲溜溜地。撑篙要喊号子，下船的也有号子，拽纤、摇橹都有号子，是船工的号子，这马上都失传了。

我现在还吹萨克斯、竹笛、葫芦丝、长号，弹电子琴，这几样乐器经常要用。吹唢呐费劲些，不经常吹把功夫都丢了。有时候唱两句，唱老歌，红太阳毛泽东这一类的革命歌曲。前一段时间，点一个《大汉营》好多人都不会，我说我会，唱一伙子给我搞20块钱，做事说笑话，说到钱高头来了。像《打靶归来》《东方红》这些我会唱，学习雷锋呀，革命军人的歌，日常生活中都有人点到让你唱。

带徒弟规规矩矩带的有四个，这是我带的最后一个徒弟，叫彤樊，1987年的。这娃子上学也上不进去，从失学一直在民间行业里头跑，也吃苦耐劳，也勤学苦练。跟着我又熏陶熏陶。他也不识谱，歌曲多听几遍就会了，拿个唢呐他能吹得赫赫叫，啥师傅教啥徒弟。我教他唱《大海航行靠舵手》，还有《红太阳》《北京的金山上》，我要教他毛泽东思想是不落的太阳，不能叫他忘记历史。他开始也接受不了，他也喜欢唱那你爱我我爱你的歌，像流行歌曲《九百九十九朵玫瑰》《亲爱的你慢慢飞》，我说你光唱这有啥意思，流行一阵过去了。你看那《我曾永远地爱着你》，20世纪90年代流行，大街小巷都在唱，现在不唱了吧。正这儿猛一伙子唱太阳红照四方，听到都舒服，经典歌曲它有保留价值，不歇气儿我能唱七八个。像老歌唱家郭兰英、关牧村们又出来了。我用的歌手们都会唱老歌，最起码歌唱毛主席的歌你要给我唱一个。那时候是那时候，正这儿是正这儿，时代不一样是吧，年轻人们到一堆了，跟他们多谈谈这有一定好处。你看他们年轻，一个是要搞钱，一个是要走正道，老传统的东西也不能丢，最起码要懂得一点。赶到我们不行了，我们这一代讲的东西他们都能够讲，那叫讲故事，一代代地传下去。

自称民间艺术团，实话实说也一般，还是要搞二分钱。人也不能光为了钱，那绝对叫弄不成，回回公益活动我们也参加。去年重阳节，广场搞100对金婚仪式，舞龙的队伍全部是我招呼的，一二十条龙，人不够，连襄州区的都喊来了。春节前在老干部局里，广电现场直播那个《春晓》，光排练都占我们12天时间，没给一分钱，累得不得活，都高兴得不得了。还有诸葛亮文化节开幕式，这是我们参加的三个大活动。你看我们平时没得事，在公园喊两个唱家儿，我拿一个乐器到那儿弹，免费唱给大伙听，老年观众们多得很，巴掌拍得哇哇叫，再来一个再来一个。今年春上，襄阳电视台《今日播报》有两个女孩找到我，为一个白血病人搞募捐，那人也实在遭业。我们在广场找一谷堆人，尽心尽力弄，上午那一会会儿搞几千块钱。最近我们居委会搞一个活动，我给他找两个人参加一下演出，又不计报酬。你看居委会毕竟是个顶头上司，我们有点儿大小不言的事儿找到居委会，人家也立马给我解决。下一步我有这样的想法，遇到这个节日上了，带几个女同志们去敬老院给人家梳梳头、剪剪指甲，我们扛两袋子米、拎两壶油，乐队的乐手们或者是唱歌的歌手们跟老年人在一起搞个互动，跟他们到一起玩玩、吹吹、唱唱。我想每年搞个一次到两次，我们也想献一份爱心。

实际上，我也很想有机会跟李治和老先生到一起沟通沟通，他收集的那个划龙船的号子，还不是像他那样喊的，我们当娃子娃儿也听过。虽然说我们属于街坊，他在前面一点住，人家是老师，我们不好意思，总觉得一个吹喇叭的算是鬼娃子，没得机会在一起，把自己的一些知心话或者是日常生活中的东西也展示展示，也想搞一些公益活动，也想献献爱心。

周实现：驾船走江湖

周实现 / 口述　杨家香 / 整理　邓粮 / 图

　　口述人：周实现，东津人，1937 年生；老伴胡启顺，黄陂人，1933 年生。典型的夫妻船，在河里闯荡一辈子，中华人民共和国成立后参加互助合作，1960年代初被下放到农村，20 世纪 70 年代初返城，租住在中山前街。

　　口述时间：2013 年 3 月 24 日

　　口述地点：中山前街 496-2 号

周实现先生与老伴在搬出前街公租房前留影

老家是东津鹿门寺脚下三合村的，爷爷是逮鱼的，父亲是驾船的。驾船做小生意划得着，就跟街上摆地摊是一样的。我是1937年出生的，船上生船上长，10岁就拉纤。我从小都在河里浩，晓得这个水性，我站在船头，对面有花水我都晓得水下有啥东西，都有这点狠气。水起来盯死它是个啥形状，翻的散花"哗啦、哗啦"，底下肯定是个树疙瘩；"哗"翻这大一个水窝，一个独花，底下是个大石头。驾船一辈子，有学不完的经验。

七嘴八口到汉口。太平上头一点格垒嘴，庙滩对着谷城过来到太平店，头嘴那儿是茨河，白马洞对面是金瓜滩，襄阳有个叫驴滩，在鱼梁洲对面，钟祥有个浰河口。老河口下面十五里是剑口滩，跑风上滩，石头把船撞得咕噜噜咕噜噜，水流得狠得狠。河里这大的一个个石头，船打高头走直蹦，南风一刮，这高的浪呀吓得人都没得魂，那一顶通（顶破船）都会给人淹死活不成，那个时候都得拼命拉，衬衣汗湿完。白马洞是顺山上拉，石头上割的有纤担印，那是拼命的地点，拉不上去的百分之八十，不打转不行。一个船两个人拉，两个船结合叫打转拉。那水急，二三吨的小船得五六个船一起打转拉，姑娘不上坡，有五六个人都可以拉上去啦。拉纤喊号子那是有讲究的，喊号子你喝点酒浑身都是红的，喊号子的眼睛要盯到船上，船横到你一拉那不就倒啦，船头一定要对到人。"哟——嗬，哟——嗨，哎——嗨"，拉纤准备，有喊有接；"嗨呵哟——哎"，这是一句，"哈——呵噫"，拉纤的都往下躺，拼命地往下躺，就像倒麦秆，咔，那船就是一颠啊，船头的浪荡那高，都看不到船。那使好大的劲呐，本来吃两碗饭的，喊完号子下来要吃三碗。驾船吃的是人的饭，干的是牛的活。

船上有桅杆，用来扯篷子跑风，上下水都可以跑风，下水跑北风，上水跑南风。1950年那时间，七天七夜没睡瞌睡，从清河口装小麦到沙洋，从沙洋装煤上来跑南风，水也涨得大，朝劲儿跑。跑起来脸上哪有颜色啦，老伴都说你过细啊，我说不要紧，你给我坐那儿。任何人都撵不上我跑风。在山懂两栖，在水懂水性，搞啥悟啥。跑风的时间她拿舵我看水，遇到滩一飚出去飚多远。要是遇上水那船就沉啦，性命归天。半夜跑风，性命就在水上滚，在阎王爷面前走。吃住都在船上，一二岁的娃子都在船上，大人忙得要不得，怕他猴啦吧唧掉河里，围到窝里还用绳子绑到怕他跑。做饭、洗衣裳、带娃子、拿舵，跑风还要看船头，驾船的姑娘们最遭业。有一个歌唱的，男儿再好莫找那个撑船佬，再苦的女儿莫跟那个驾船郎，那是苦中加苦啊。

跑船挣钱，驾船的能赊得到货，到大河刘集、欧庙油坊赊两桶油700多斤，买些棉饼、桃黍，下去一个半月两个月回来再结账，不欠人家账。过去土匪多，一年只走二趟只做二回生意，其他时间歇伙。

那一回下汉口，上来的时候在宜城，晚上五六点钟来了一帮子土匪，他说咋称呼，我老爹说"臑沙包的"。"你老家是哪里"，我老爹说应山。"应山上面的还是下面的"，我老爹说是下面的。"上面的周署红（音）你认得吧"，我老爹说认得，那是我侄儿子。"那是我们么爷啊！没得别的，你说是你侄儿子，那我们大胆还个价，借两条烟钱。"我老爹说你有好些人。12个人。我老爹说各位么哥们，"臑沙包的"没得别的，四条烟行吧。他们忌讳一个"送"，忌讳一个"死"，都是避讳"送死送终送葬"。他们之间不兴喊本姓，要喊代号，红帮喊姓周"臑沙包的"；姓邓"清河的"；姓杨"捏河的"；姓史"臭河的"；姓胡"锅巴丸子"；姓张"跳河的"；姓王"横河的"，红帮姓王的不能当老大。你懂得他们行话，都少问你要点儿钱。土匪也是看货张口，看你这船多大，装的围篮子、箩筐、畚箕、扫帚，多些乱东西，你给20块现洋；遇到你装的碗、桐油、瓷器值钱的，给50块。不给呢，弄个绳叫两条腿一弄，搅腿搅得人直打滚，腿给你搅断，看你给不给钱。看到哪个姑娘漂亮给拉走，弄得家败人亡，过去都这样。给烟是最少的，一个是懂得他，再一个是有人，给面子。一箱烟50盒，都要五箱啊，走到沙洋都完了。

君子说话甜如泥，眼子说话滂潴气。闯江湖是先作揖后说话，喊土匪们要喊么哥们："么哥们辛苦了，没得别的，你们几个人。"有积恨的喊人家要喊么爷们。黑了上船的就是土匪，要烟钱，多少要给一点儿。先说话，又不挨打，要的又少。他也一抱拳，好，走喽。他还礼，就是你够意思。挨打的都是不给钱的，硬抗，给腿搅断。干坡上不能拖船，过去说书的说，明明人家要几个盘缠钱要几个烟钱，你想过这一关不出一分钱，你做不到滴啊！这个路是我开，这个树是我栽，你到这儿歇个凉走个路，给点儿过路钱。为啥我懂得？土匪们也喝茶，穿的跟老百姓一样，年轻一点儿的请教，"来来，吃脆壳子"，就是吃花生。三爷在屋里听到了，说，好，是哪两位么爷请进。么爷后头跟四五个人。

船头那下锚的头里有个鞠躬头，跪到那就是烧香拜神的，船头不准姑娘们打那儿走。走张湾过矶头杨泗庙，要放鞭上根香，跪到船头磕磕头。像我们走到涟水山过急流水，都要烧香敬老爷，弄一块肉搁到草盘里，黄表纸烧烧，放鞭磕头。遇到庙打这走一回磕一回头，遇到急流隔多远都要敬老爷放鞭。春节敬老爷，也在船头。

1948年我11岁，我老爹装了一趟货下汉口，那船只能装7000斤，3吨半，到刘集买 3 石 5 斗高粱，4 块现洋一石，买了两桶棉油一桶香油，都是自己装自己卖，那时间我在拉纤，弄到汉口赚了 500 块现洋。上来买了几个竹竿、200 筒碗、2 箱烟、1 包黑糖，那 1 包黑糖卖了就买 17 石芝麻，你说赚好些。做一趟生意，湾到那儿吃半年都吃不完。所以驾船有"四子"：拉起船来像猴子，撑起篙来像疯子，装起货来像孝子，上起街来像公子。

不跑船的时候就在茶馆里，一年一半的时候都在茶馆里，不在茶馆里都在戏场里看戏。鹿角门茶馆，中华人民共和国成立前后都有说书的，以后有电影电视了说书的少了。说曹书（古书）两个人，一个拉胡垫（二胡）一个说，说曹书的少得很。还有打梆子的，脚里踩葫芦，手里打梆子嘴里说，一个人。茶客直接加到茶钱里头了，门外头荫凉里都满是人。

定港时想入哪个港就入哪个港，襄樊港，老河口港，宜城港等，东津的就入了襄樊港。后来我们这个船交给国家啦，给了 420 块钱，现款 360 啊，还有几个条子。转到高级社就下乡了，知识青年、社会青年下乡，人口多的也下乡。我 18 岁差半年结的婚，那是 1954 年。有娃子后不得活，1964 年从航运上下乡下到大河刘集对面那个王咀，下乡下了 16 年，1980 年才回来。回来没落到单位上去，单位穷，养不活，没的退休费。拿低保，一个人 380 元，住房管的房，房租 100 多块。三桥下面那都是驾船的，这里跟那个迎旭门矶头窝子都是航运下放户。

周实现：驾船走江湖

王凯：小小轱辘养大家

王凯 / 口述　杨家香 / 整理　襄阳地域文化文献中心 / 图

口述人：王凯，汉族，襄阳人，1950 年生，1963 年进入襄阳市第一车木厂，该厂于 1972 年更名为玻纤厂。在樊城王伙村四组办有车木厂，主要由儿子打理，现居住在襄城玻纤厂家属院。

口述地点：襄城玻纤厂家属院

口述时间：2014 年 1 月 12 日

父亲叫王子秀，住鹿角门城门洞外头，开茶馆。新中国成立后不准搞单干，茶馆入服务行业。父亲搞运输，会车轱辘手艺，主要不干这个。母亲叫李秀英，也会车轱辘，进了后街东风公社，三中那个车木厂是我母亲办起来的，从那里退休后没搞了。

伪爷是河南邓县文渠人，年轻时逃难来的，婆婆是襄城东门外四季青的。伪爷叫啥名不记得了，只晓得不吃肉、不吃腥，人称李斋公。人家老几代都搞车轱辘，有百十年历史了。伪爷常说，你们学会了车轱辘，就是铁饭碗。

我们弟兄三个从小跟到伪爷在。我大哥叫王文斌，1940 年的，在屋里跟到伪爷搞车轱辘，没上过啥学。那时候襄樊就我们一家做车轱辘。你们在前街税务局那边看到的是我二哥王斌，1948 年的，也搞车轱辘。我叫王凯，1950 年的，七八岁放学回家就要车一会儿，从小就会做。

车轱辘有字号，叫李文祥，就在前街汉阳巷口，一直用到 1958 年。现在船上不用木实轱辘了，别人还说不清。过去船上扯篷用的木实轱辘，有大轱辘、小轱辘、麦穗轱辘。一个麦穗轱辘带多些线，一根主线，分多些小线，每根横梁上都要带上线，上下拉这个控制横梁，线要拴到麦穗轱辘上，折叠带方向，不拉帆

手工木质轱辘

了就折叠下来。顶高头的轱辘叫千斤轱辘，拽多些线全部要由高头那个轱辘拉，半中腰的叫麦穗轱辘，底下双轱辘连的两根线，拉两根线就收整个帆。桅杆有一个的，也有两个的，前头一个小桅。一桅的，上面一个千斤轱辘，麦穗轱辘可能得两个，一个主轱辘，还有七八个小轱辘挨到一排，一个比一个小，分线在小轱辘上。一个轱辘上面两个饼，麦穗轱辘多个饼，大轱辘小轱辘都转圈。我们做，船家自己装，简单，千斤轱辘高头是个钩钩，往桅杆上一挂就行了。

轱辘这东西必须用檀木做，山里头有，像保康的黄檀木，搁到屋里阴干，不能见太阳，不打药，每年六月份翻一次，还要敲敲打打，如果不翻不打，第二年就长虫，一般放一年。下料先砍成四方的，两头砍圆，外壳刮光，中间掏空装轱辘饼，上钻眼，轱辘饼要车光滑。一个车床，这个面是几根衬子做起来的，两面有个桩桩，尖的，这边是个活的，根据材料长短拉，拉了用个楔子一楔紧。这边有根手拉的皮条，一拉一转再一松，皮条带到木实转，刀子是呆的，搁腿上。过去车轱辘是手拉到车，1958年大跃进时改成电动的。除了船上用的轱辘，马车高头牲口夹板、刹车轱辘、油坊榨油用的油键、木工拉的钻杆、擀面杖、掉衣棒、弹花锤、鼓槌、锣锤、刀把、斧头把、锤把、家具桌子腿，这些我们过去都做，还带花形。木榔头也做，搞机械都用它，包括做铁的，钣金电瓶都用它。

20世纪50年代前街成立车木厂，伪爷从河南带来的儿子是第一届厂长，我大哥、伪爷大徒弟、二徒弟都当过厂长。弟兄三个都在前街车木厂干过，我是1963年去的，1965年进了专用机械厂，叫我过去搞车床，搞了几年车铁的车工，跟车木实性质一样的。大哥去前街办车木厂时，我伪爷还在单独搞，1964年死

王凯：小小轱辘养大家

143

了以后屋里没搞了。多些过去搞车木的找到屋里去，我又在鹿角门外头屋里，私下搞了几年。

我们屋里都会搞车轱辘，大哥的技术是最好的，二哥的技术是快、毛，我是搞机械多，各方面都那子一点儿。我们也带了些徒弟，张湾曹家是跟我们学出来的，搞了两三代人，柿子铺跟我们学没搞起来，武汉一家学出来了到现在还在搞。上海北站那一家，我站那儿看，搞现代车铁的车床在做，是个外行。人家说是老了车不动了，请了个车铁的师傅在做。问他在哪儿学的，他说湖北，我说你莫说了，湖北襄樊对不对，襄樊前街汉阳书院那儿一个姓王的是你师傅。当时那个徒弟赶紧摆场子接吃饭，年龄比我大一岁，还喊我师叔。解放初跟我大哥学的。

鹿角门屋里那个车木厂后来也没做了，设备在，手艺在，有人要我们又可以搞起来。街上多些人找到屋里去，在屋里又搞起来了。现在这个车木厂是别人要车轱辘做得螺办起来的，在王伙村四队，王寨后头，离中原路七八千米，办了有四五年了，屋里老车床还在那儿搁到。老年人的门球专门在我们那儿加工，体委介绍的，过去是木实做的。还有那个康乐球，我们也做了几年。现在又流行打得螺锻炼身体，差不多都做不到我们那样儿。我儿子叫王小凯，今年38岁，也会搞，王伙那个厂是儿子在弄，我指挥一下就行了。大哥的娃子都会搞，手艺不精，没搞。

襄阳原来有两个车木厂，襄樊市车木厂和东风车木厂，现在都不存在了。

于建春：皮坊街上的皮鞋匠

于建春／口述　杨家香／整理　邓粮／图

　　口述人：于建春，襄阳人，1963年生，1976年进入皮革社，1980年离职，在居住的皮坊街4号开设平价皮鞋店，妻子经营旅馆。
　　口述时间：2012年12月8日
　　口述地点：皮坊街4号

于建春在皮坊街原皮鞋厂房前留影

打出生都在这皮坊街上住。皮坊街过去都是生产工业用革，以后才改成皮面。这一块儿都是皮革作坊，硝皮子的，大部分是从红安、武汉那边来的，他们住这儿都几百年了。过去这是胡家的，连硝皮子带做鞋子、马鞍子、皮箱。过去那箱子，要么是竹子编的，要么是藤条编的，有钱人家搞皮箱。隔壁姚家以前烟熏皮子，专门做革、牛皮帐篷、牛皮船，马鞍子又是一种硝法。过去硝出来的皮子都是乌色，现在硝出来的是本色，灰白色。还有马用的缰绳，拉纤的，过去哪儿有绳子呢。那颜家咋发家的，清朝的时候，皮子弄下来的下脚料一熬都成了牛皮胶，黄灿灿的，直接粘脚盆做家具啊。木板子锯了以后对粘，中间打两个眼，搞个竹签子用牛皮胶粘，那时没得万能胶。

皮子到成品呀，开始脱毛呗。过去只做一道皮，皮革弄回来以后先把肉铲完，用刨子刨平，肉刨完了以后光一个皮子，开始硝，全部手工。过去硝用桶，不大，跟食堂水缸样，有个一米高，人能上下。肉刨光了以后牛皮并不大，一般搞个两三张皮子在里面泡，人站在桶里日夜跟那个踩面样，踩了翻，然后再踩。每天要踩好长时间，冬天也踩，人都遭业得很啦。烟熏皮子跟那个烤肉样，搞热水烤。工业革有烟熏的，有重革轻革，原来没得机械，皮子做熟了以后搞那玻璃刀一点点推出来的。带毛的叫毛货，都是貂皮羊皮啊人们穿衣服用的。毛货原来是搞糯米粉子直接泡出来的，是鞣熟的，自然的，好掉毛，现在用药水泡，不掉毛。

我只晓得皮毛，那时小，只晓得玩，不想上学，见天这劳动那劳动，成绩越来越跟不上，小学都没上完。13岁毛泽东死的那一年（1976）上班，我们皮革社是手工业，进来的都是小娃子。那时学艺挨打，我学艺时师傅还敲我。我们当学徒的时候都在那缸里踩，踩了后还要晒，晒了还要踩。特别是那个缰绳，直接搓成绳子，我上班时还搅那缰绳，每回铁路边起晒多些那东西，臭得很。

我那时吊儿郎当的，但我学东西快。帮工是帮工，底工是底工，分的清得很。你做帮子的只做帮子，下料的光下料，慢慢形成流水作业。会做帮子的不会做底子，这是上海人，但是我们这边的学徒把这一套全部学会了，瞟学的。现在那鞋厂里分的还细，你做这点儿只叫你做这点儿，产量大，缝得还好看，特别是那品牌鞋子。

过去叫皮革社，集体的，归二轻局管。原来有四个车间，一个制革车间，专门是硝皮子的，一个浑水车间，一个皮鞋车间，一个皮件车间，做皮带、皮箱、皮包。皮子等级也多得很，什么箱包革啊专门做包的。后来皮革社改成了皮革厂，搬到新华路我都没去了，差不多1980年吧。

我们坐的这儿都是皮革社厂房，过去是人家私人的，原来是木楼房。那时房屋多了都充公，交房管所了，这楼房还是房管盖的。一楼二楼是做皮革硝皮子的，浑水车间是半成品，在里面片皮子，以后搞机械。二楼是整理车间，做好的皮革打蜡，用个玻璃刀慢慢推，全部推平推光。三楼是两个车间，做皮鞋的，做皮箱的。

这个平价皮鞋店我搞 20 年了，带到搞亥儿修修补补。楼上开的旅馆，都是街坊邻居家里来客住得多，你看现在搬出去的居民越来越多，旅馆生意也不好。

原来皮鞋我全部自己做，做的鞋子供不应求，从不拿出来卖。现在没做了，进现成的卖。过去鞋子全部是皮革的，打底、后跟不是皮的。做鞋子没得胶粘，基本上手粘。全部是手工线缝的，线缝的鞋子有出边有不出边的，不出边的鞋子搞竹子钉起来。20 世纪 90 年代中期，见天都忙得不得了，早上 5 点钟起来，赶到晚上十一二点才睡觉。媳妇也会，是我教会的，还请了四五个人啊，一天做五六双，屋里都没得鞋子。我们进货也吓人啊，一带带多些钱，都是现金，那时材料也贵。说句内心话，原来的皮革结实些，现在的皮革好看些、柔软些。那是九几年，以后都不行咯。我们厂里几个出来做鞋子的，第一个捞门市，第二个又是这里人，鞋子价钱要往下放，放得叫你搞不成，搞搞都不愿意搞咯，出去打工也不行。

崇尚手工？北京上海差不多。北京我也去过，那千层底鞋子做得歪歪扭扭还卖 100 多块钱一双。我看电视高头放的，外国一个专门做皮鞋的搞那个线缝的老手艺，全部是手工敲出来的，在上海卖最少也在 2000 块以上，说生意还不错。老式工艺要是捡起来的话有点儿丢手，艺不得丢，搞还是能搞。把鞋提过来我能把样设计出来。不出边的鞋子，鞋底子直接搞竹子，买那个材料除非跑到广东去。我去过一回广州，一双底子 180 元，那可是正儿八经意大利的，人家那皮革底子是全皮的，不能搞胶粘，要搞那个竹片牵上去。过去把那个鞋帮子用钉子一拉，绳子先一绊，绊了以后把那个竹片一个一个跟那个针缝样牵上去。竹子一钉怕扎脚，弄个锉把里头一磨，再垫个这么厚全皮的皮垫子。这手艺我会，刚上班那会儿不抽烟，买烟给师傅们抽，吧吧吧学会的。那鞋子穿到，第一个也光，第二个也舒服。全皮的鞋子飘轻，不像我穿的这个底子重，真正的好橡胶底子也不重。做了几十年鞋子，手头上没得自己做的了，其实我们穿鞋子并不讲究。

郑友军：旧时小吃

郑友军 / 口述　杨家香 / 整理　邓粮 / 图

口述人：郑友军，樊城人，1970 年生，餐饮世家，后在街道企业工作，下岗后在交通路 42 号自住房一楼开办"郑记火锅店"，二楼居家。

口述时间：2013 年 1 月 20 日

口述地点：交通路 42 号

郑友军在交通路三义庙遗址讲述老街故事

那时候河运比较发达，汉江边有好多码头，前街后街商铺多，各个省的会馆就更多了。为啥子叫铁打的襄阳，流来的樊城？樊城这一块都靠河运流过来的。当时的政治中心在襄阳，经济都在樊城这一块。

你看磁器街，以前卖瓷器的多一点，我们这儿本身不烧窑咵，都是从下边运来的。把船放下去，要带货物过来，这样来回不空手。路上运货也有，那时候路不算很好，靠骡马驮咵。马街它不搞骡马交易，它有换马掌的，比如说有毛驴呀骡子呀马呀，都要换掌，还有马鞍马镫都可以换。陈老巷那石板路不能通大马车，都是那个独轮车。那边家家都是商铺，运货都要靠独轮车拉，长年运货，碾的辙比较深，现在那几块还有辙。

四官殿的茶馆知道吧，那时候各行各业信息不通呀，茶馆分得细，等于叫信息部。早上第一件事儿就是坐茶馆。比如说你是做泥瓦匠的，你是做红白喜事的，还有那个帮厨的。今儿你孙子满月，哪个结婚，哪家要过事，做好些席要请厨师过去，要用好些脚力，都到那个茶馆里去。你从事哪个行业，你要到哪儿去找饭。下午找活的少，一般都是早晨。早上去了以后茶一泡你坐那儿，喝一肚子水就等生意，等到响午没得人了就回家。三天五天没得生意没开张很正常，不要紧，茶钱你赊倒。但是，你挣了钱立马要给人家茶钱，那时候靠的就是信用。那时候襄樊人口少，事儿也不好找，但是讲信用，再穷信用也要高。我们老爹小时候屋里做生意都赊账，赊面条、赊面粉、赊油、赊炭，啥都赊，但有一条哦，今儿里赊了，明儿卖了钱以后立马把账给你结了，再赊再结。没得那个信用度，那你是搞不成。

我屋里是旧社会就在这儿，这几代都是做餐饮的。做餐饮那时候叫帮厨，滑刀。我以前上班，单位说没得就没得了，人家叫我去机关当通讯员，我们老爹人太正直了，不搞，要让你搞个手艺。

以前做东西讲究得很。1984 年我们屋里做烧饼，老传统的打饼子。这个烧饼有三种。一种是"掏麻雀"，用一个水缸中间掏一个洞，然后"大脚片"摊上去，用火钳给它夹出来，这叫掏麻雀。一种是卧炉，炉膛高头这叫卧炉。还有吊子，底下一盆炭，高头放个锅子，高头再放一盆炭，上下烤叫吊，这种烧饼是从陕西那边传过来的。

烧饼做了一段时间，后来没做啦。像我们那种饼子，现在卖 1 块 5 一个别人不能接受。我们那面用老面发开，老面都是用黄酒做的，用了以后要留一坨，接着再发。半个月以后要重新换酵，不换这个面发不开，都成死面了，做出来的饼子不香不好吃。我们做那盐饼子，卷呀卷呀卷了以后再按下来，有这么大，有这么厚，把那个圆转给它剔开，一拉就像手风琴一样，一层一层的，能当手工艺。像这样做根本赚不到钱，因为是老手工东西。东西拿出来以后，上手打眼一看，哎呀是那回事，才觉得有食欲。现在你吃吃，不吃算了，你不吃他吃，人多了，过去竞争好狠吧。

襄樊牛肉面那是后来的，最早还是牛油面。以前主要是窝子面。面下生点，略八成，不能下太熟了。不洗，从锅里捞起来用碗一挤，然后这样一转一揪，它自然就成了一坨，一坨是二两，标准的一个窝子。下了好些面，垒好些窝子，你心里要有数。它搁那儿，醒到第二天，搁"帽子"里放滚水里焯。"帽子"就是三角形的竹窝子。面焯好后浇上臊子，最早臊子都是带皮、豆腐、豆瓣熬出来的，加点猪油，香头大一点，这叫窝子面。不能说帽面，这不是行话知道吧，行话都是焯面。过去的老人好犯忌讳，你做哪一行口语上不能乱说。

襄樊还有一种水洗面。像那个酸辣面、川味面，都属于水洗面。都是现下，下好以后一洗，洗了以后朝那儿一扣，当时就可以吃，这叫水洗面。窝子面不洗。窝子面现在改进了，叫油拌面，下好以后不用洗面，弄点油一拌，用风扇吹凉，抖散后搁到那儿，明天拿到直接用。

过去勤行有个说法，"宁卖水上漂，不卖火里烤"。情愿卖水上漂，面条带水吵，是水货。火里烤，烤熟了都小一点，没得真材实料你弄不出来。以前我们屋里做饼子，面稍微少一点，那饼子明显不好看，拿到手里都不一样。以前吃饼子，不看个头看重量，拿到手里一掂，你这分量不够，都说你太缺德了。过去人讲究呀，出了钱没吃饱。

过去卖饼子的摊子多得很，竞争好激烈吧。你做这个饼子大了也不行，小了也不行，大了自己亏，小了人家不买。给多了你也不行，因为那叫恶性竞争了，每个行业都有一个标准尺度对吧。你看油条从早晨炸起来搁那儿，站到晚上不倒；你还没拿住，掉地下扳几丫子，你捡不起来。现在油条拿了一抻都成橡皮筋了，手工艺慢慢都丢了。

以前老传统风味的东西多得很。襄樊早晨卖甑糕，甑糕是用一个大木桶，我们行话叫甑子，蒸出来的。它里面掺有果脯、红枣、葡萄干，然后用红砂糖磨碎撒上去。红糖补血，吃了不渴，以后都是搞白糖了，白糖来得快些，但是吃了渴。过去还有一个酥枣，我父亲说酥枣入口即化，跟牛奶糖一样，现在没得人做了。

刘立贵：猪行刘大兴那些事儿

刘立贵／口述　杨家香／整理　邓粮／图

　　口述人：刘立贵，襄阳人，1947年生，1971年参加工作，2007年退休。在原樊城猪行集资建造于前沟的三义庙里，有通清代同治年间树立的《永远遵行》告示碑，碑文有"刘大兴"字样。

　　口述时间：2013年3月3日

　　口述地点：郑家巷

刘立贵和母亲在郑家巷祖宅前讲述家史

我叫刘立贵。听我父亲说，我们家是明朝末年从河那面儿过来的，老家在檀溪刘家园，西门外头，铁佛寺城河边起，就是现在的襄阳人家。那里也没得啥人了，祖坟就在烈士塔山上。我父亲叫刘兴让，1918 年生；爷爷叫刘发林，1896 年生。刘学富是我爷爷的爷爷，有 5 个儿子，老五是我太爷。太爷的 4 兄弟都没得儿子。我太爷生了 4 个姑娘，这大家业没得儿子不行吵，太爷就过河到祖坟高头烧了几炷香，又请和尚道士在屋里做道场。这个时候太奶奶怀孕了，老天保佑生了个儿子，就是老五。当时道士说，如果生个儿子不能按派起，他给起个名字叫发林。所以我爷爷叫刘发林，应该是正字派的。爷爷有两个儿子三个姑娘，老大叫刘兴仁，我父亲老二。我们兄弟三个，哥哥刘立生，我是老二，小的叫刘立明。每人都是一个儿子，按"学明正兴立则"排下来，到他们这一代就是则。

我们小时候郑家巷道子口竖着木实牌子，大概有个 1 米 5 高、1 米宽，高头竖着写的"刘大兴"，1959 年的时候牌子还在。听我爷爷说，这个字号是他爷爷刘学富创下的。

我们屋里过去是开猪行的，人们都喊这郑家巷叫"猪行道子"。猪行不光是开汤锅请人杀猪，还贩猪，有市场管理。外地的猪总要牵到一个地方卖，要收管理费。有时候请人从别处赶一批猪过来，有人还贩猪到别处去。包括"文化大革命"的时候，还有很多陕西、河南贩猪的来我屋里。

听我爷爷说，我们那时候钱也不是太多，现在的花红园火巷口，明朝的时候还是沙滩，就那时候开始搞猪行。在这儿栓牛栓猪子，跟现在交易行一样，你在这卖猪，我帮你称帮你搞，你给我好些钱。这以后，鹿角门后头食品公司那一片儿，那院子都是栓牛栓猪栓羊，是全襄樊市的交易大市场，周边的都到这儿来，这样才做起来的。记得爷爷说过的，当时是弟兄两个把摊子给支起来的，襄樊那个时候还不是县，叫樊城镇，3 万人左右。猪行到了刘学富这一代，有 5 个儿子的时候是最发达的时候，5 个大摊子，一家都是大几十百把间房子，你说它有好大。

到了爷爷这辈就开始衰落了，那时候推翻清朝，民国才开始。那几家没得儿子，爷爷两个儿子开始都没经营猪行，就他一个人在经营。

我们这个猪行实际上猪牛羊啥都卖，我们自己赶猪回来卖，赚的钱多些。听我父亲说过一回猪行收购的事。他的三爷经常跟他们到河南，过去叫刘堰驿，挨到河南跟湖北交界的地方，就几十里路。赶猪在附近一转儿，南漳、谷城、光化、宜城这一带，一群群赶过来。南漳山区去得少。在宜城这一带，连夜慢慢朝回赶，一天的路程。赶牛要跑远一点，附近哪有啊，要到保康山里头，一去一二个月，还要住车马店，牛到那儿要喂草。一次赶几头猪，看你需要好多，淡季的时候不搞这多，过年的时候多哆，天天都有人赶。赶猪他们有经验得很，赶丢了要赔钱。

杀猪的我们这后面有一个吴家的，一个涂家的。他们猪行都小，都是两三间房子，开一两个汤锅。我爷开了不少啊，光这间屋里都搁了6个，那边房子几个，反正有十几个汤锅。他们弟兄就有5个，还有别人来，归我爷一个人管。各个菜场卖猪的不宰哆，天天早上杀得好好的，你看中了，我给你称好，你给我好多钱，他提肉挂架子上卖，都在各大街口菜场搁十几个架子，卖白肉猪也是固定几个。我们也对外加工，你赶个猪来给你杀，给个加工费，不给加工费就给猪大肠，跟现在的经营方法是一样的。总之，我们赚的整钱，他赚的零钱，搁现在叫食品公司，那时候就叫刘大兴猪行。十几口汤锅淡季杀三四十头，过年那杀得多了，一二百头。估计这个数字还有点保守，你看这大个襄樊市，那时候3万人要吃好多，一个大户过年不只两头猪三头猪，还有赶猪来杀的呢。

肉价是自己定的，随行就市，牙行不参与。过去这个猪啊就跟盐一样，国家控制得紧，必须经过牙行盖章子才能到街上卖。牙行说是管理市场，实际上就是收税，国家不都靠税收维持吧。

我们猪行把张飞当祖师爷。张飞是屠户出身，前沟三义庙里头供得有，现在的交通路37号，刘学富名字在三义庙那碑上刻得有。行业也供奉关老爷。过年前基本上猪都杀完了，大年三十都来给老爷敬个贡，堂屋正中有个供桌，先给关老爷上香。我们屋里啥子都不信，不信神不信鬼，只祭刀。

我爷爷是正月初五过生，他接好多人，亲戚朋友、街坊邻居，其他行当生意上的人，还有打工的全部都请，一个桌子坐8个人，起码得个四五十桌，场面大得很。你看在这儿我们有4个大院，整个郑家巷从头到尾全是我家的，花红园那一片是我们的。

爷爷他们每年救济好多人，来要饭的都给，灾年开粥棚，用杀猪的大锅煮几锅稀饭。当时几个做小生意的没地方住，我们这后头院3间矮房子供他们住，不找他们要钱，有时候饭好了都跟到一块吃。他们来了对我们也有好处，给我们看门哆。有一个姓汤的四川老爷子，一直到六几年还在我们这儿住。

那时候屋里人口多，我们这一家7个，大伯他们一家子8个，小姑没出嫁还在屋里，还有爷爷奶奶，爷爷的三爹，还有请的几个人，20多口人光靠爷爷一个人经商。大伯读了书以后都出去啦，在南京做国术教官，新中国成立以后才回来。父亲先在邮局做事，邮局给他发杆枪发匹马，沿襄阳县一转儿送信。那时候不是给月薪，而是一年以后给你好多粮食，不能养活这一家子，就没到邮局干了，才回到屋里干猪行。

解放了，国家叫老爹到襄樊市办的牲畜交易所上班。他是带产参加工作，6块钱一个月算多的，这么大一家人生活好困难。说起来我们跟猪有缘，生活还是靠的猪。当时老爹在猪行上，老娘逮了个别人卖不出去刚满月的快猪子，跑到后面找食，突然就怀孕了，按说过去猪都给劁了，你看怪事吧，这母猪下了七八个小猪仔。那时候猪好贵啊，大概是二三毛一斤，相当于现在一两百块啊，搞发了。三年自然灾害好多人多穷，我们家就是喂猪，没受到穷没受到罪。

1966 年起办了个农民服务部，卖撮箕、簸箕、挑子、模板这些东西，因为宰猪子老爹他会搞吵，他就找了一班子人来干这个事。到了"文化大革命"以后，这个农民服务部都撤销了，归到日杂公司，他到日杂公司上班。他当过襄樊市的劳模，最后到湖北省当劳动模范，还是襄樊市的十佳，那个大红榜照片贴到每个大街口。他 1978 年就应该退休了，因为是劳动模范 1983 年才叫他退休。

乡村发现

冯家湾：人杰地灵的荆山古村

李秀桦 / 文图

　　荆山山脉重峦叠嶂，沟壑纵横，地势起伏多变，素有"八山半水分半田"之称。荆山是楚文化的发祥地，《史记·楚世家》记载："昔我先王熊绎辟在荆山，筚路蓝缕，以处草莽，跋涉山林以事天子。"荆山特殊的自然环境孕育了独特的山地文化。

　　板桥镇位于南漳县西南部，地处高寒山区，境内青山绵绵，山川秀美。人们形象描绘为："上山云里钻，下山到深涧，对面叫得应，靠拢要半天。"板桥镇是一块风水宝地，其地势东高西低，发源于九龙观山麓的周家河。周家河西水倒流十华里，汇入潮水河，注入漳河，是久负盛名的板桥"西流水"。就山形而言，东西两面群山巍峨，南北两面青山连绵，构成"船帮"，中间镶嵌着48座起伏的小山峦，就像一块块"元宝"，有"旱船驮宝"的美称。正是这样的一个风水宝地，孕育出了有"民居之乡"、"文化之乡"美誉的冯家湾村。

　　2015年8月、2016年7月，笔者借由中国传统村落申报和立档调查工作的机会，走进冯家湾村开展了全面系统的田野调查工作。

藏风聚气的传统村落

　　冯家湾村是深藏于鄂西北荆山山脉的崇山峻岭之中的小山村，隶属南漳县板桥镇所辖。村落最迟在明代就已形成，以山区沟壑河流为发展路径，主要由冯氏家族营建，以传统民居、宗祠、墓园、古山寨、农耕系统、手工作坊组成，是具有典型散点式布局特征的荆山山地传统村落。因其历史悠久，尤其是传统民居类型丰富、数量众多，且建造工艺精良。冯家湾村山清水秀，风土人情极具山区特色，文物古迹资源富集，历史文化底蕴极其深厚。特别是以冯氏家族为中心的家

冯哲夫旧居

冯家湾冯氏老宅

族历史，同时也构成一部从明代以来的村落发展史。

　　冯家湾村东与本镇新集、九龙观村山山相连，南与晏山村、木桥村相接，西与保康县山水相依，北与本县薛坪镇接壤。2002 年，原冯家湾村和潮水河村合并为一村。

　　冯家湾村山峦起伏，村域共有大小 40 多座山峰，可谓群峰连绵，峡谷纵横。山岭植被良好，河谷农田肥沃。村庄沿河谷地带蜿蜒、散点分布。村里的潮水河是漳河支流，是漳河源头之一，为曾经在清代至民国时期繁荣一时的造纸业提供了得天独厚的自然条件，也为冯氏家族积累了大量财富。县道薛（坪）板（桥）公路和村内通组公路散点分布的居民点（村庄）连为一个整体。河流、群山孕育了冯家湾村这座历史悠久，自然风光优美，人文底蕴深厚的古村落。

冯家湾古村落选址独特、充分体现风水学理论。村庄就坐落于藏风聚气的群山谷间。以冯哲夫民居为例。该建筑周围背后的坐山高大端方，龙真势大，行家称之读书岭，面朝由多个金元宝组成的笔架山，寓意砚前笔架，文运昌盛，左青龙崔巍润秀，右白虎灵动浑圆，成龙高抱虎之势，润泽阳明；前面为开阔的长冲，紫气东来，在房前的坡脚用块石垒砌高大的挡土墙，平整出宽畅的场院，局面开阔，几十米外原开有宽大的堰塘，宅穴乘着地之吉气，天之旺气，兆示人财两旺。

精美绝伦的乡土建筑

冯家湾主要是由冯氏家族聚族而居，形成的家族式传统农耕村落。在纵深约6千米，宽约1.5千米的村庄范围内的坪地，散点分布冯氏一族的天井院式古民居十余组（其中省文保单位2处）、宗祠1处、造纸作坊3处、防御用古山寨3处、古墓群3处。可见，冯家湾现存民居类型丰富、数量众多、规模宏大、选址设计独特且工艺精湛，既融合了南方传统建筑的秀丽和北方民居的厚重，又带有浓郁的乡土气息，形成了特色鲜明的荆山地区民居风格，其中尤以鞠家湾（自然村）的冯氏民居最为典型。

据资料记载，鞠家湾冯氏民居始建于明崇祯元年（1682），原为鞠氏家族住地。民居坐北朝南，背靠南北两侧高山绵延，山势陡峭，山上树木茂盛。据传，此地乃风水宝地，必出达官贵人，所以顺治四年（1647），被冯姓看中其位置并将其购得，遂成为冯氏家族居所之一，在其原有建筑的两侧进行了相互对称的扩建，并对部分主体建筑进行了改建。著名乡贤冯哲夫即生于此长于此，因此也称其故居。

冯氏民居建筑极具特色。建筑选址独特、布局合理。整栋建筑坐北朝南，依山傍水。背依高峻的读书岭，面朝笔架山，门前场院宽敞，水塘开阔，环境清幽，可谓风水宝地，民居正对的山峰形似笔架，后山命名为读书岭，说明主人选址时就透露出重视读书教育的心理需求。房屋高二层，呈中轴对称的天井院布局，五栋126间房屋分为三路三进，9个天井院各自独立，院与院、房与房之间行走出入十分方便。建筑设计独特，用材合理。整栋建筑分为5个宅院（明三暗五），院与院之间均由封火山墙分割，具备防火、防盗、防潮等功能，建筑材料皆就地取材。基脚均用石条砌筑。石条之间咬合紧密，以桐油和石灰勾缝。四周墙体部分用石条垒砌而成，再以较小尺寸青石砖续筑墙体至3米，其上用青砖砌斗墙。内室采用抬梁式、穿斗式木架结构。屋面铺设布瓦，地面青砖或青石铺就，并用桐油石灰清缝，防潮。建筑艺术独特，造型丰富。民居外观朴实低调，内在别有

159

洞天，精致细巧。雕檐刻壁，画龙描凤。屋脊为行龙飞舞，丹凤朝阳，瓦头为龙头凤尾，檐头分别装饰有红大理石灯笼，玉雕双狮、石雕蝙蝠等。大门上有火焰山，正中有福禄寿禧四仙肖像木雕。山间和檐口均有淡墨彩画、门柱门槛均用青石打磨而成，并饰以各种瑞鸟祥兽，至今光彩照人。室内门窗隔扇和板壁均雕刻人物肖像及花鸟图案，是一组艺术价值较高、风格独特的民居建筑。

冯家湾冯氏民居的冯公干民居西座坐北朝南，一字排开两栋，中间间隔 3 米，西边为冯氏第十二代孙冯公干老屋。民居背后的坐山如一锭银元宝，又极像一顶官帽，朝案之山如一碇金元宝耸恃前川，左青龙护砂是一条矫健飞腾的巨龙，长达上十余里，龙脊上有无数个金元宝似的山峰，且一峰更比一峰高，右白虎护砂山则缓和圆润低矮的多，形成左怀右抱，符合"宁可青龙高万丈，不许白虎抬起头"的风水原则。门前一条宽阔的长冲至此平缓悠回，屈曲北去，明堂山影四合，竹树环绕，可以藏风聚气。风水佳则佳矣。

民居为二进三路四合院落式建筑，三个院落既独立又互通，三个大门各有不同，最右边为该组建筑的核心，登五踏石梯方可入门，大门"凹"进，留出一片海阔天空，青石门框精致细腻，抱鼓石雕刻花哨，经百年抚摸已光亮如镜，煞是好看。该民居台基青石砌筑，白灰勾缝，规矩整齐，墙体青砖卧砌，上部斗砖泥灰夹砌，墙头墀头装饰，檐口灰塑仿木卷棚，其下博风板上水墨淡彩卷草花饰，清淡素雅。该民居为三开间七架抬梁式硬山建筑，分上下两层，明间楼板高于两次间 0.6 米，立显过厅高深，两侧虎皮板壁隔断。

冯公干民居东座与西座冯公干民居相距仅 4 米，选址、格局和建筑形式、建筑风格等，与东座民居相似，规模较大，装饰精美，工艺考究，同样堪称冯家湾村民居典范。

冯氏宗祠位于冯家湾村潮水河祠堂坡上，为一组一进四合院落建筑，坐西朝东。建筑平面呈品字形，由前厅、厢房、后堂组成，依山就势，前低后高。前厅及厢房为二层阁楼，檐廊相通。天井檐口相交平齐，雨落天井，四水归堂。堂屋台基高大，室内木构架制作讲究，局部装饰构件雕刻花饰非常精美。

村支书李文训给我说，板桥除了冯家湾村冯氏建筑外，还有新集村冲口子冯举伙民居、民国乡公所、新集三组冯德志民居，而且都与冯氏家族有关。冯氏系列建筑具有鲜明的荆山山区建筑特色，保存较好，大部分列入湖北省重点文物保护单位。

据险自保的古山寨

"有村落必有山寨"是荆山地区传统村落的重要特点之一。明清时期，荆山地区流民较多，爆发过多次流民起义。清嘉庆年间爆发的白莲教农民起义，义军曾到达过地处荆山深处的南漳、谷城、保康等地，是朝廷重点"进剿"地区，于是荆山山民营建山寨，坚壁清野，防御匪患，成为明清时期普遍采用的御敌自保的重要军事防御体系。

由于冯氏家族壮大，冯家湾村遗存的古山寨数量较多。冯氏先民在村落四周山体险要之处，建有3处古山寨，在鸡冠石建有夹马寨、在官湳东北的阴坡山上建有秤钩子寨、在村西建有嘉庆年间的靳家寨。和平时期，村民在村庄内安居乐业，耕读传家；如遇匪患，则家族人等携粮食、衣物、牲畜等避乱于易守难攻的险峻山寨之中。

其中夹马寨位于冯家湾村鸡冠石的山脊之上。山寨之下为清澈的夹马寨河。山寨依山顺势而建，房屋呈南北走向，带状分布，寨门设于北端，中段多处垒砌有护坡石，南部有两处掩体。据78岁的冯祖训老人介绍，寨内原有石碑记载该

板桥乡公所为冯达夫所建，现为湖北省文物保护单位

山寨为冯家进山祖修建，作避难之所。后石碑被毁。夹马寨等遗址的发现为研究南漳山寨群的形成和分布提供了资料。山寨之下，建有"青箱世业"之称的王家民居和造纸作坊。现在，王家民居为王功安所有，和造纸作坊一起列为省文物保护单位。

1968年和1971年，夹马寨河上游分别建起两座小型水电站。其中之一引水渠是开凿山体穿过，以形成高差。我们去的时间正是盛夏，走在山洞中，凉风习习，甚是惬意。第三次全国文物普查时该电站作为现代农业生产遗址收入到普查资料中。

由上可见，古山寨是冯家湾古村落重要的防御体系，是荆山传统村落特定时期产物，也是荆山传统村落的重要组成部分，其文化内涵丰富，承载着明清时期荆山地区社会政治、经济发展历史，有着重要的历史、文化价值。

一代乡贤冯哲夫

冯家湾村历史悠久，发展脉络清晰。据冯氏族谱、冯氏家族墓碑及冯哲夫所著《素园文集》明确记载，冯氏家族最早于明成化年间从陕西凤翔迁徙定居于冯家湾潮水河，聚族而居。他们发扬楚人祖先"筚路蓝缕"的艰苦创业精神，风餐露宿，开疆拓土，艰难生存；后在潮水河一带开设造纸作坊，积累财富，逐步摆脱贫困；同时秉持"耕读传家，诗书济世"之传统，最终使得冯氏家族成为一方乡绅，走上富裕生活之路，创造并改写了冯氏家族乃至板桥的历史和文化。与南部的陶氏家族并起称雄，在板桥素有"南陶北冯"之说。

冯氏家族聚族而居，历史悠久，耕读传家，泽被后人。在艰苦创业、重整家园的过程中，常常意识到，要彻底改变贫穷面貌，走出大山，走向世界，仅靠劳苦耕作，难有大的作为，唯一的出路在于"耕读为本，诗书济世"。冯哲夫《素园文集》中记载："吾家自高王父以孝友起家，历民相承；泽以诗书，盖光大之……"于是冯氏家族热心办私塾，设专馆，冯氏子弟皆入私学。后出现官学等多层次、多格局培养人才的新气象。这种耕读传家的传统，使得冯氏一族成为世代书香门第，一方名门望族。

冯哲夫曾祖冯曰持为太学生（清最高学府国子监就读的学生），膝下有二子均为清秀才，其孙冯宗良、冯宗俭兄弟皆为清贡生。另在《素园文集》记有姓名的冯氏后人中，在清科举时代有5人为县学生员，4人为贡生，5人为文科举人或林科举人，并游学日本。至于文中没有记载的人物也多从幼年在私塾攻读，尚

进步民主人士冯哲夫画像

有多人。正是冯氏家族注重文化素养的培养，不少人走上了"学而优则仕"的道路。就南漳范围而言，冯氏后人或为地方士绅，或为一方贤达，或为一域名流，或为政府工作的官员，因而南漳素有"冯半县"之美谈。其中最为有名的是爱国人士、开明士绅冯哲夫。

冯开浚（1870－1952），字哲夫，1878年入私塾，1890年求学于南漳县学宫，1893年赴襄阳东乡八条里从李熙园先生读书。1895年入武昌"经心书院"。1903年在日本留学，毕业后回国任武昌幼稚园附设女子保育科堂长。后分别调江苏、南京办学，曾任省视学员和武昌模范小学校长。1911年辛亥革命武昌首义成功，任军政府内务部部长。1912年任南京临时政府副总统顾问官。后致力于"实业救国"，与人合开铜绿山铜矿、南漳羊角山瓷矿、大冶煤矿。1921年被聘为湖北省立襄阳第二师范学校校长。同年9月任武昌模范小学校长。1927年3月因病返回故里鞠家湾老屋。1931年迁居冯家湾果木冲，亲辟荒地为"素园"，种花栽竹，著有《素园文集》五卷。

耕读传家的传统不仅对冯氏一族影响深远，重视文化教育被发扬光大，成为板桥人的共识，新中国成立后，出现过张怀念、伍荣显等省市级重要领导，在他们回忆录里，无不提起成长路上受益于板桥人重视教育的传统。

在镇文化站站长陈中诚的引领下，田野调查的一行人顶着酷暑，披荆斩棘，

冯家湾：人杰地灵的荆山古村

我们来到冯哲夫墓。墓地位于青龙山上，一座土塚，坐北朝南，碑立塚南。其东面果木冲，西临潮水河，南望七龙山。墓碑乃其子冯应桂于 1962 年立，碑首书"民主高士冯府君墓志"。墓联为哲夫生前撰写嘱子刻于其上，上联："天上亦昏昏那异人间休乘黄鹤升仙去"，下联："生前犹寂寂，宁论死后孰遣青蝇作吊来"，横额为"永锡尔类"。

在山下的一户农家，我们采访了 80 岁的冯举珏。老人家回忆道："哲夫是在新集胡家冲走的，1952 年的正月初二，和平乡农会主席刘孝月第二天送到果木冲。那个时候我才 15 岁，我为哲夫穿寿衣，入材收殓，棺材就停在我老二家。这个墓地也有说法，两山一般厚，点灯风刮不过，山上插个青树苗都能活。当时请的四川阴阳先生看的，看了三年才选中。李先念后来送来 5000 元修墓地。"

"哲夫身材高大，一米八是有的，满腮白胡子，早上起床爱运动。生前教导儿子不能克扣下人。我父母曾在冯家帮工，每天给一升苞谷，一个苞谷馍馍。"原板桥土地所所长王正伦老人家后来对我补充他记忆中的冯哲夫。

青山连绵，河水潺潺，山路弯弯，古树葱郁，民宅古雅，山寨险峻，构成了一幅原始、古朴的美丽画卷，冯家湾百姓就是在这里世代繁衍生息，过着自给自足、耕读传家的农耕生活。

雷坪：遗落在时光边缘的荆山古村

艾子／文　敖少华　李秀桦／图

　　连绵荆山，群峰叠嶂。在西南离荆山主峰聚龙山约 50 千米、离南漳县板桥镇政府所在地约 25 千米的峻岭中，隐藏着一个面积约 6 平方千米的山间小盆地——雷坪。由于地势相对平坦，人户集中，历代政府便以它为中心设基层政权进行治理：民国元年至民国二十二年（1912—1933），这里叫"清节村"（属南漳县恒裕乡管辖）；民国二十三年至民国三十年（1934—1941），这里叫"下八保"（属南漳县第七区）；1931 年 4 月，贺龙率红三军经过这里时建立了雷坪苏维埃政府；民国三十一年（1942）以后的岁月里，这里基本上都叫"雷坪村"。所以，雷坪既是这块盆地的芳名，也是一个自然村的大名，现在管辖着 4 个村民小组，178 户，486 人。从空中鸟瞰，青山环抱中，修竹掩映，绿林如云，一栋栋灰墙黑瓦的房屋如水墨画卷，静静地停驻在时间深处，遗忘而独立，大有陶渊明笔下"土地平旷，屋舍俨然，有良田美池桑竹之属。阡陌交通，鸡犬相闻……"的意境。在现代化进程已致"千村一面"的当下，简直就是一片残存的山水田园。

形成于明代的移民村

　　用现代词汇表达，雷坪其实是一个"移民村"。移民的历史可以上溯到明初，后期则是清朝。如村子里人数较多、自称是东晋大书法家王羲之第二十世孙王祐后裔的王家，是明代从河南"三槐堂"迁移而来；刘家，系明代从河南鲁山移来。再如陶家，奉陶渊明为祖先，郡望堂号为"浔阳郡五柳堂"，是明成化元年由河南确山县移居板桥，陶氏祠堂碑上说"住雷竹湾"，即现雷坪及周边。

　　为什么是明代？查历史记载，元末农民战争时，荆襄地区曾是陈友谅的势力范围。朱元璋荡平天下后，"命邓愈以大兵剿除之，空其地，禁流民不得入"，使

雷坪村上坪自然村建筑群

这里成为一块禁封之地。但"荆襄地连数省，川陵延蔓，环数千里。山深地广，易为屯聚"，气候又界于南北方之间，比较温和，雨量不少，可以种水田，也可以种旱地，又与外界不相连，是一个基本封闭的环境。这样的自然条件，南北各方移民都可以发挥自己的特长，保持原来的生活习惯，所以吸引了大批无家可归的人。这从当地人的族谱中也可以得到印证——

板桥陶家新编的《南漳陶氏族谱》记载：陶氏原籍为"河南—玉石碑—大柳树—笆箕洼"。笆箕洼即黄河溃堤、洪水泛滥后形成的黄泛区。透过"笆箕洼"三个字，仿佛可以看见在黄河洪水过后激增的灾民。他们蓬头垢面，衣衫褴褛，无以为食，无家可归，只有扶老携幼，沿途哀号，"恻恻背乡井，迟迟行道侧"，去寻一块可以过活的土地。陶、刘、王等今天雷坪乡民的祖上，就是在这种背景下，随着浩浩荡荡的流民大军流落到此的。

禁封之地，自然是山大人稀（我们可以猜想这里可能还有少量的土著，但应该是少之又少）。流民来到这里，或挽草为记，然后开荒垦殖，向土地要粮食。随着时间的流逝，人口不断繁衍，加上又有新的"流民"加入，这里的土地、山林资源便紧张起来，于是有了"界碑"这种确定村落界限的乡村文献。立于清光绪二十一年（1895）的《雷家坪本境界碑》赫然镌刻："东至大路垭凤翔坪，西至柏家湾鸳驾山，北至焦家湾赵家垭，南至张家湾柏果垭。"可见经过从明朝到清末

166

400 年的努力，虽然地处偏远，但这里作为帝国的一个最基础细胞，已臻发育成熟。

"米粮仓"的美丽景致

古代人对村落的选址，十分谨慎，特别是拥有了一定的物质基础后，更是要请上堪舆师，遍踏山水，求得一方宝地。它的基本条件，除了有能充分满足农业生产的土地、水源和山林外，最好还要有能满足精神需求的各种山水暗喻。

雷坪人一直骄傲这里的风水。他们说，村子坐北朝南，背靠高大巍峨的洞岗坡，有靠山；南有从盆地中央突兀而起人称"庵包"的毛户坡，是案山；左依象鼻山，右偎李家山，两山层层叠叠，左辅右弼；大小连绵的高山将村落围成一个封闭的环境，藏风聚气；洞岗、西岗、乔子坡、中岗、庙岗五条俊秀的岗岭从不同方向遥遥朝向"庵包"，全呈匍匐之态，叫"五龙捧圣"；庵包四周，围满大片的良田，一条潺潺的清泉从村子的背后由北向南，顺着弯弯的地势汩汩前行，犹如好看的腰带水……如此种种，在高海拔的山区，确实是一块难得的风水宝地。

在不懂风水的人的眼里，是茂密的植物随着变幻的四季，装扮出了雷坪的美丽。春暖花开时节，这里就是花的海洋，数以千计的植物争先恐后地展示自己的风姿。山上山下盛开的梨花犹如皑皑瑞雪普降，在粉红色桃花的映衬下，大地就像盖上了一床巨大的绣花白绸单；拔节吐穗的麦苗，在微风的吹拂下，轻轻荡漾，仿佛仙女舞蹈时摆动的巨大缎带；成片成片的油菜花，在阳光照耀下，吐出阵阵清香，引得蜜蜂嘤嘤地飞来飞去，也陶醉了上学的孩子……

独特的地理环境，还孕育了这里独特的气象条件，连绵的高山挡住了冬天的寒风侵袭，由于常年风调雨顺，雷坪有南漳西周山区有"小粮仓"的美称，盛产小麦、苞谷、豆类、薯类等。除此之外，这里还有品种繁多的水果：春天里的白樱桃、红樱桃，一颗颗玛瑙般诱人；盛夏时节的杏子、桃子、石榴，多得吃不完；秋天到了，树上挂满金黄的柿子，红灯笼一般，山上的板栗、核桃更是扑簌簌直往下跳……外村的姑娘们眼热这里，都愿意嫁进来。当地文人写诗夸赞这儿是"阴雨连连地不渍，炎热浓雾胜抗旱；他乡受灾我依然，自古这里无贫寒"，透着自豪和骄傲。

深山里的恢宏建筑

从北到南，雷坪可分为上坪、中坪、下坪。上坪由于地势平坦开阔，所以先民首先选择在这里定居。他们艰苦劳作，繁衍生息，遂建成一座座规模宏大，装饰精美，营建技术高超，特色鲜明的古民居。最具代表性的就是从东到西的四处"湖北省重点文物保护单位"——陶筑伦民居、陶绍初民居、陶述照民居、陶匡伦民居。这是一组"陶氏系列建筑"，如果按照辈分论，他们分属家族"绍—述—伦"三代人。

这四栋民居从建筑风格上来看，都呈现出典型的徽派特征：马头墙高高耸起，起着隔断火灾时火源的作用，警示着人们"秋干物燥，注意防火"；围合式的院落保证了人们的私密空间，让人感受到安全感和归属感；天井两边镂空的门、窗除了装饰美化的作用，还具有采光通风、防尘、分割空间的功能；各种石雕、木雕、砖雕取材于自然，恰到好处地融入建筑物整体，造型优美，清新自然，为古色古香的建筑锦上添花；屋顶飞檐的设计，构图巧妙，生动活泼，似随时会振翅高飞，给人们以赏心悦目的艺术享受。

四栋民居中，建筑面积最大、气势最恢宏的当数"陶筑伦民居"。整体建筑最高点达 15 米以上，原总建筑面积不下于 2700 平方米，内有一大五小六套四合院，共有各类大小房屋 70 余间。它的外墙基脚均由大青石砌成，门框也由打磨光滑的大青石构造，结构牢实，气势不凡，令人赞叹不绝。屋檐口的四个兽头、望楼的拱形天花板，虽然经受了百年风雨的考验，依然光彩照人。门框上的菱形格子图案，深浅适宜有度，分布规则整齐，明暗恰到好处，男耕女织、主仆书童、渔翁樵夫的人物浮雕，内容丰富，画面生动，似在表达主人的志趣。门楣花草丛中分布的福、禄、寿、喜四字及万字符图案雕刻，清晰明亮，门口石墩石鼓同体，分别雕刻的是竹、花、梅、菊、鸟、虫图案，石质高档，雕刻精美，显示主人的内心追求。大门框两上角突出的"挑"（俗称"出斜"）上，雕刻的是生龙活虎的石狮，左侧是慈祥和顽皮的母子狮，右侧是一匹威风凛凛的大雄狮，口中均含着一颗可以转动自如的石珠，不拘旧制，率性而为，可见工匠精湛的工艺……整个建筑规模宏大、结构复杂、工艺纷繁、品质高贵，纵观就像一座坚固的城堡，令人赞叹不已，流连忘返。

其余三栋陶氏建筑，同样雕梁画栋，卓尔不凡。其中陶绍初故居的石窗户竟然整体镂空雕刻而成，中有"知止"二字，寓意知足常乐。院内八扇格子窗户，远望似乎一样，近观却各有奥妙。窗户中间雕刻了暗八仙，令人叫绝。

如此气派的院落，究竟是陶氏家族在哪一年建造成？据传，上坪的古民居原本是王氏家族的王氏家族的宅院在明弘治年间（1488—1505）已有较大规模，后

老宅天井

因晚辈不守祖业，有的游手好闲，有的赌博成性，致使家境逐渐衰败，而陶氏家族渐兴起，成为这里的后起之"秀"。到清朝初期，王氏破落，被陶氏家族取而代之，陶氏遂成为这里的"主角"。

洞寨折射一段抗匪历史

从上坪陶匡伦民居的屋后向北走千余步，便到了洞岗坡的脚下。抬头仰望，只见洞岗的半壁上，凹进五个大小不等的洞口，犹如巨兽扮鬼脸后错位的五官。其中最大的一个，就是远近闻名的黄龙洞。

洞悬在山腰，进洞先得爬山。顺着巨石砌成的台阶，赫然可见一段青石砌筑的墙，当地人称为"寨墙"。原来，人们利用洞口外的一处平地，巧妙地向左右延伸围筑，直至两边山体，闭合成一个三角形的安全地带。

站在第一道寨门口细细打量，完整的石门框牢固依旧，清晰可见凿在石头上，用来安寨门的门轴窝、门闩孔。寨墙内，乱石铺地，野草疯长，夹杂着一朵朵奋力仰起脸打探访客的野菊花。依旧折枝攀登十余步，便抵达原来的第二道寨墙处，无门无墙，但依稀可辨昔日的筑痕。两道寨墙均由大小不同的青石垒成，至今尚存大量重千余斤的，朴拙安然，坚固如初。

一入洞口，就是一个高约 10 米、宽约 6 米、深约 60 米的大厅。村支书陶俊典说最深处谁也没到过，老人们说可通凉泉街，估计也得两公里多。千万年时间

169

黄龙洞

形成的钟乳石，千姿百态，挂满了洞顶，覆盖着洞壁，有的像玉树琼枝，水晶宫灯；有的如珊瑚簇拥，笋竹林立，还有的好似仙人指路，侍者云集。巨型的河蚌，长杆的毛笔，大号的乌龟……皆惟妙惟肖。两根下垂的钟乳石，伸手敲击，发出的声音竟然不一样，一个像铜锣一个像木鼓，好似为人们准备的演奏乐器。两个突兀鼓起的钟乳石土包，被人们依形取名为张果老坟、李果老坟。另一个螃蟹形状的石包前，长着一个圆形光滑的小乳石，人们形象地取名"螃蟹夹鸡蛋"。从洞顶滴下的泉水，终日不涸，冲出七块"袖珍梯田"，形似人工开凿，鳞次栉比，错落有致；最下面一块梯田的外侧，饱满的形状，犹如巨大的金瓜，让人叹服大自然的鬼斧神工；金瓜右侧，一座泉水漫流的"小山"，覆满矿物质的沙粒，在黑暗中银光闪闪。从梯田层层跌落的泉水，汇成小溪后，顺着洞内右侧的一条小渠沟潺潺流淌，向洞外逶迤而出。在水田的高处，赫然一块方桌大小的平台，名"仙人台"，传说是仙人的点将台。在平台的右边，一道光线斜射进来的地方，别有洞天——顺着狭窄的斜坡道，慢慢爬行，里面赫然一个能容纳两个人的洞中洞，名为"仙人洞"，干爽清凉。溶洞流水虽然清冽见底，但并不养鱼虾，只有螃蟹急急地爬行；洞壁的钟乳石虽累百数千，却不妨碍蝙蝠自由飞行；面积虽然不大，却支洞丛生，尚有许多人迹未至处，让人感慨洞中的气象万千。

山寨是与抗匪保安相关联的产物，有的建于山顶，旧称山砦；有的建在洞穴，就叫洞寨。南漳西南山区是清末白莲教活动的主要场所，数以千计的山寨布满南漳西南山乡，雷坪也不例外。清朝末年，本村廪生、陶氏族人陶勰伦在他的抒情散文《石洞记》写道："由宅西小涧行里许，有洞焉。广隐数百人，昔为居人避难之所……有楼有堞，有火药石室"，证实了黄龙洞是为躲避教匪或流寇修建的洞寨。洞的右上方还有一个小洞，叫"月子洞"，是专给临产的妇女准备的。兵荒马乱中的关怀，虽然简陋，却也让人倍感温暖。村子里还有摩云观寨和鹰子岩寨，均建在山顶险要处，保存完好。

漫长岁月里，喧哗与骚乱只是偶尔，更多的是悠闲和静谧。雷坪乡民充分享受着这种恬淡。陶勰伦说"当年大父（祖父）曾在此读书"，又说"客至辄相与游，携茶具，拾薪煮之，味甘洌，沁人心脾。坐盘石上，纵言古今，庄谐杂出不厌。或偶成小诗，朗吟声与泉石声相乱，游者乐甚"。可见早在清末，人们就已把黄龙洞当做修身养性的好地方。他们在这里读书交友，思考人生，提笔成文，给雷坪留下了宝贵的文化遗产。

经久不衰的文教之风

在漫长的封建社会里，"朝为田舍郎，暮登天子堂"的阶层转变曾激励着一代代的农家子弟。"耕以致富，读以荣身"是乡村社会的主流价值。清人王永彬在《围炉夜话》里说："耕所以养生，读所以明道，此耕读之本原也。"耕田可以事稼穑，丰五谷，养家糊口，以立性命。读书可以知诗书，达礼义，修身养性，以立高德。所以，"耕读传家"实际上是既学做人，又学谋生。清同治《南漳县志·风俗》载："其俗朴陋，被化已久，田舍小子亦颇知书"，可见文教之风在雷坪颇为盛行。

山川秀丽，必有俊彦。在过往的岁月里，雷坪村的年轻人牛角挂书，亦耕亦读，科举之路一度颇为通畅。《新建陕西桥碑记》记载有陶勘伦，是同治十二年（1873）拔贡；民国《南漳县志》记载有陶述诵（字春臣），是光绪十七年（1891）恩贡；陶勃伦，又名价人，留日学生，清附生。当地人还说，"东屋头"的陶述谭，是朝廷恩准的进士，和襄阳人单懋谦是结拜兄弟。单懋谦在当宰相后，还为其题匾一幅。

但是，"读圣贤书，所学何事"，无非是"孔曰成仁，孟曰取义"。有了知识，或当了官，就承担了庄严的社会责任，造福乡里。他们或修桥铺路，方便出行，或积极操办团练，御匪抗贼。清同治《南漳县志》记载，陶志经在嘉庆元年（1796）因御匪贼有功，县官李经耘授给了他一块"好义可风"的匾额。

171

乡村文人是山乡里的另一道风景。他们是政府和黎民之间的一道桥梁，一方面，政府的教化借由他们传递到每一个乡民，另一方面，他们又帮助子弟的科举入仕。他们是农人，但他们身上有一般农民所缺乏的气质，这种气质表现为山水情怀和环境意识，其审美又打造并影响了山乡的精神、文化生活。清同治《南漳县志》说陶述诵为恩贡生，是私塾先生，所教的学生中有 4 个考中进士，几个儿子都是秀才。县志上还说他"工诗善饮，醉后拈毫，为文不规。题咏时有唐音，终生未尝废书不观"，一个可爱的老夫子的形象；说他的儿子、著有《和甫文稿》四卷（手抄本存世）的陶勰论，"守孝遵古礼，博极群书，能为诗古文，干禄之作非所好也"，他的孝行净化了乡村的人心，他的好学和散淡也一定激励和感召了下一代。

在庵包南面，曾经有一座院落式的庙宇，是旧时的私塾。当地文史学者陶书云说，在更远一点的，一个叫"刷书头"的地方，过去有印书的作坊，老人们讲当年这里印刷四书五经，还印刷《康熙字典》，说《康熙字典》用蓝帆布骨针包装，重二十五斤，每部价格一石苞谷。中华人民共和国成立后，木版印刷遭到淘汰，昔日的木版遗弃在路边任其腐烂，现年 84 岁的老艺人陶怡典曾在那里捡过一块《中庸》的雕版。透过这些信息，你仿佛可以嗅到弥漫在乡间的缕缕墨香，听到回荡在山野的琅琅书声，看到这里几乎每一个家族都把亦耕亦读的生活理想写进了家训或族规。已故前湖北省政协主席张怀念曾回忆说："在我的家乡南漳县板桥镇，是有名的文化之乡，不管家庭再穷，男孩都要读三年私塾。"

文风之盛直接导致这里的文化程度普遍偏高，笔者曾亲见 80 多岁的老农，津津有味地读着繁体竖排的《世说新语》和清代博陵人崔象川的《白圭志》。在年轻人读书已呈现碎片的时代，这种渐已湮灭的传统，一种我们以为已经不复存在的古朴，在雷坪这个古老的村落中，仍兀自星星点点地闪动着它的光芒。

雷坪村藏匿于荆山腹地，是一个典型的以陶氏家族为主体的血缘性村落。先民自明代进山，清代中晚期达到鼎盛，直到民国仍然文风盛炽，名人辈出。特别值得注意的是传统建筑保存较好，建筑装饰极其精美，可谓荆山民居的代表、耕读传家的典范、"荆山流民"史的见证。

观音岩：孤悬漳河崖壁的山村

李秀桦 / 文　王晓强 / 图

这是一个孤悬漳河崖壁的山村，一个明清移民形成的古村，一个拥有峡谷和喀斯特地貌的景观村落——南漳县肖堰镇观音岩村。

观音岩村位于肖堰镇西北部，北与薛坪镇接壤，西与板桥镇交界，东与本镇青龙湾村毗连，南与幸家坪村相邻，距肖堰镇约 30 千米。村内按王、赵、任、敖等血缘移民分别形成小聚落，由王家庄、赵家湾、柳树湾、任家山、敖家坑等较大自然村组成。2018 年，观音岩村列入第五批"中国传统村落"名录。

五大姓氏　聚族而居

观音岩史称观音崖，其村落的历史可以追溯到明末清初。清同治之前称任家堡，在民国时更名为观音岩。根据现村内多通墓碑考察和村内耆旧口传，该村是一个由来自河南移民王家、赵家、敖家、任家家族所组成的移民性村落。他们都说自己是"赶村"来的后代，所谓"赶村"就是成建制的政府移民行为。他们扶老携幼，"挽草为记"进入荆山山区进行垦殖的场面只有对照文献史料中可以想见。

我们在村中心所在的王家庄发现最早有康熙五十一年（1712）王相远的墓碑，直至光绪二十九年（1903）王靖夫妇墓碑。移民史专家张建民著《湖北通史》（明清卷）记载："明清时期是湖北人口急剧变动的时代，特别是人口流动方面，变动的内容非常丰富。作为四方流民、移民集聚的中心地区之一，湖北接受了大量的外省人口落居。""邻近之陕西，山东、四川、湖南以及江西各得地理之便，构成鄂西北山区流、移民的主要来源。"具体到观音岩，几大家族都称自己是从河南来的移民，甚至柳树湾的敖姓后裔说村中有大柳树也是从家乡带来的树苗。

"雍正、乾隆是各地流、移民落居鄂西北山区的高峰时期，流、移民的来源

观音岩村落中心王家庄自然村俯瞰

较明代更为广泛。……襄(阳)各属州县锄山稞地者,接踵而至。"张建民又称,"明清时期落居的外来流民、移民在人口总数中占主导地位,是鄂西北山区社会的一大特点"。

由此可见观音岩村落形成史最晚不低于清朝康熙或更早,后经200多年的不断开拓垦殖,人丁繁衍生息,村落规模越来越大。现村内人口仍然保持王、赵、任、都、敖五大姓为多数的局面,且每个自然村大姓家族相对稳定。

由于荆山山区平地稀少,村落不能集中大规模建设,因此观音岩村以王家庄为中心,周边散落赵家湾、柳树湾、任家山、敖家坑等大的自然村,皆位于山间谷地或山腰,背后依靠大山,门前为耕地;村民信仰崇拜的庙宇多建于山顶,兼备信仰和防御功能的山寨多位于地形高峻险要的断崖处,家族墓地在村落背后依靠的山上。

因山区土地稀少,先民多依山坡建房,即节约土地,依山也便于获得木材、薪炭、林产等山林资源。东部有县道从贺家坡通往肖堰、薛坪等地。西南部有一条古道通往漳河,历史上有造纸厂,至今残存纸坊。

传统建筑　因地制宜

观音岩村委会所在地王家庄是村内的最大聚落，也是村落中心。由王姓修建的三排住宅，坐北朝南，砖木结构，有五栋天井院民居，行列式整齐排列，纵横两向皆有巷道连接，从南到北、由低到高，依山就势、层层升高递进，井然有序。

在王家庄，民居建筑较完好的是王立焕、王国珍老宅。王立焕老宅依山而建，是村内现存最早的民居，是王氏家族兴盛时建造。民居坐北朝南，负阴抱阳；四周山峦环抱，藏风聚气。民居位于村中北面较高位置，是二层的土木结构建筑，外墙为夯筑土墙，屋顶铺以青瓦，硬山形式，外观厚重沉稳，风格质朴，与山体和农田环境融为一体，仿佛从山中生长出来。民居开间三间，一进天井院，中轴对称的布局。中轴线上布置有大门、堂屋，厢房分列于中轴线两旁，烘托陪衬厅堂。从大门到堂屋，随山就势，层层递进升高，堂屋层高一层，尺度高敞，位于整个民居建筑的最后最高处，是家族议事、婚丧嫁娶、祭祖等的最重要的精神信仰空间。建筑外观封闭，但天井院内则成开放空间。进入民居内部，天井院空间别有洞天，如门枕石、门槛石上皆有雕有祥云瑞兽或吉祥图案，寄托主人对生活的美好愿望。

主人王立焕的故事在观音岩可谓无人不晓。传说王身高八尺，脚有尺长，会飞檐走壁，豪侠仗义，劫富济贫。当地称他为草寇，官府称之为土匪，常派员捉拿他，但是每次都因他武艺高强而无法归案。有一次，官府派出差役数名，夜间设下三道埋伏，才将他擒住。为防他逃脱，就地打一百大板。差役用刑时，他将两个手指从腿空里伸过去晃动了两下，行刑的人以为默许他出二十两银子别把人打伤了，所以每次打下去都是前端着地，只听响声，但他没受到皮肉之苦。刑毕，差役向他索要默许的二十两银子，他却说：我说的哪是银子啊？！我是教你们过点细，别把我那两个蛋打坏了啊。

王国珍老宅依山而建，坐北朝南，是一座砖木结构二层天井院式的建筑。外墙为青砖墙提，青瓦屋面，硬山形式，外观厚重沉稳，色彩朴实淡雅，民居开间三间，两进天井院，前小后大，是典型的中轴对称的天井院式布局。中轴线上布置有大门、厅屋和堂屋，厢房分列于中轴线两旁，烘托陪衬厅堂。从大门到堂屋，呈势层层升高之势。建筑外观封闭，东西厢房的硬山屋面与厅屋屋顶方向垂直，使得立面造型高低起伏，颇为活泼秀丽。正立面檐口下以砖砌仿木结构的斗拱作为装饰，檐下还绘有"暗八仙"的彩绘。正立面二层的开有小圆窗，窗套上亦有云纹彩绘装饰。

王国珍,清代晚期人,曾组织修建村内高峰寺(锅盖洞侧),同治五年(1866)《重修高峰寺碑记》记载:"邑士人王国珍,目睹神伤,倡首公议。邀同众姓各捐赀财,买办砖瓦,复修宫殿,重装金像,革故鼎新,功成告竣。"从中可以看到这位王国珍还是昔日乡村贤达。

庙与山寨 铭记村史

村支书赵明永带领我们走遍全村,发现村内清代石刻、庙宇、山寨文物古迹资源甚是丰富,如此多的文物古迹集中偏远山乡实为罕见。

锅盖洞、观音寨、观音庙、童关庙、高峰寺、佛爷洞、洞水河造纸作坊,与村落形成史息息相关,也与村落百姓信仰相关。老百姓在生产力欠发达的农耕时代,希望通过宗教崇拜获得心理安慰。同时高峰寺、佛爷洞也在乱世作过山寨,是百姓的避难所。

锅盖洞又名国公洞,西200米有高峰寺遗址。据民国版《南漳县志》记载:"锅盖洞以洞口形似锅盖得名,洞口有石墙,洞内可容千人。"锅盖洞位于漳河峡谷的崖壁之上,十分险要,进洞要四肢并用翻身而入。此洞坐东向西,洞高约30米,宽约10米,深约60米。洞口呈半圆形,洞内平整,石块垒砌成阶,密密匝匝。洞内原有一关帝庙,供奉神像的基座为四级阶梯状,其上仅存一尊方形石香炉,莲花座而勾线卷纹。据记载,此香炉由都玉然等5户都姓人家共同出资捐建,时存"神像、庙宇、宝殿,神鼓二面",原为"文革"中被毁的"高峰寺"。洞内存石刻十余通。其中嘉庆十七年(1812)石刻,记述了百姓祈求生活安宁的心愿。"各家人等启发处心,修建祖师老爷位前香炉一所,永远供奉,内保合家人口清泰,外保十方众姓平安。"另有一通嘉庆十五年(1810)石碑,记述一王姓与敖氏婚后"因中年无子,诚心立许国公洞祖师位前,化一炉一所",后前来还愿并"祈保子孙发达"。可见昔日人们对高峰寺十分虔诚。1947年,锅盖洞中曾有新四军在洞内被当地反动势力枪杀。

锅盖洞寨庙合一,村民先建关帝庙、玄武庙,后改作山寨,具有宗教信仰和动荡时期防御和避难所功能,具有革命传统教育价值。

观音庙位于村北海拔961米的观音垭上,现存2通清代石刻,记述修庙始末和捐款善信芳名。此庙始建于清代早期,2007年重修,现香火兴旺。观音庙是各地常见寺庙之一,观音岩因此得名。

童关庙位于王家庄西1千米的漳河边,与板桥的九龙观隔漳河相望,离王家庄的观音庙 2 千米，庙前为通往漳河的取水古道。此庙始建年代不详，为石块砌筑，无屋顶。开间 5.5 米，进深 6.2 米，两侧山墙残高 2.5 米，建筑面积 34 平方米。另西侧有一小间石屋，作用不详。肖堰镇文化站长都启荣说，因过去山区缺医少药，初生幼儿成活率低，为了求菩萨佑护儿童能顺利度过童关，当地山民都、敖、王、陈氏家族捐资修庙，供奉观音、关公等神，因此称为童关庙。为保佑幼儿成长而祈求神明保佑建庙，反映了科技不发达年代人们对子孙平安、身体健康的美好愿望。

小庙虽然仅存遗址，但庙门所立道光六年（1826）《严禁匪内》碑 1 通，却是记载保护当地毛竹山林资源、禁止赌博，维护乡村风气的乡规民约类碑刻，具有研究价值。乡规民约碑《严禁匪内》立于童关庙遗址，碑通高 95 厘米，宽 57厘米，厚 13 厘米，青石打制，字迹清晰，保存良好。碑阳为禁止不良风气的村规民约，碑阴为倡议首人姓名和捐款数。碑文中有"不法之徒在于该处招留外来流匪开场局赌，窃伐竹树，窃搬竹笋，窃捡木耳、柞杆，强赶耕牛，并强讨恶要，或藉隙闻害唆讼，或纵合妇女摘谷撩穗，许尔等立即扭送赴县"云云，说明古代乡村基层社会治理以及弘扬公序良俗的必要性。

岩溶地貌　峡谷奇观

观音岩村不仅保存有处于"时光边缘"的传统建筑，还拥有峡谷和发育较好的喀斯特地貌。

漳河是南漳第二大河流，发源于薛坪镇三景，纵贯西南山区。流经板桥、巡检、肖堰、东巩诸镇。流经观音岩段的漳河上游两岸群山夹峙，为典型峡谷型河流。河流呈九曲回肠之势，河谷深切，高差极大，沿途收纳若干溪流。站在崖壁之上，俯瞰漳河左岸的悬崖峭壁，令人胆战心惊；远眺对岸荆山群峰，大山如同绿色的巨浪，绵绵不绝。如遇晴好天气，可看到号称"中武当"的板桥九龙观，顿时让人心旷神怡。

看完大峡谷，又去奇石海。赵明永支书说，喀斯特地貌在观音岩村总面积超过千亩，资源非常丰富，拥有石林、溶沟、落水洞等丰富多彩的地质景观，极具景观开发利用价值。

在一个名叫高家岩的地方，有一片鲜为人知的"奇石海"。从远处看去，一个一个形如宝塔的巨石"栽"在山坡上形成一片片石头波浪，这一片片石头波浪连成了一个巨大的倾斜的"奇石海"，层层叠叠，浩瀚无边，恍若仙境。这些半

漳河大峡谷俯瞰

人高的石头多数成浅灰色，少量的呈青灰色和紫红色。有的石头紧挨在一起，有的独自挺立着；大部分石头像层层叠叠的宝塔，也有很多石头生得奇形怪状，像乌龟等各种动物。有的石头和石头顶部相连，如同自生桥。石头之间有一道道深浅、宽窄不一的空间，长约丈余，窄仅容一人通行。"奇石海"从西往东倾斜分布，一步一景，像浩瀚的海面上掀起了一层层灰白色的浪花。

麻城河：如歌如画的荆山原乡

李秀桦／文　魏冬玲　叶经房／图

麻城河是一条自然河流的名字，作为一个自然村，行政区域属南漳县东巩镇太坪村管辖。村子不大却历史要素俱全，主要由百年老宅、农田水渠、古树名木、清代山寨、宗祠庙宇遗址组成。特别是传统民居依山势、沿河流为线型带状分布，是具有典型荆山山地散点式布局特征的传统村落。2015年麻城河村入选"中国景观村落"名录，2018年列入第五批"中国传统村落"名录。

村落：山环水绕的自然村落

麻城河两岸群山连绵起伏，植被良好，河谷地带农田肥沃；人依河而居，村庄依山傍水而建。为村里遗留的大量碑石可考，村子至少在明代就已建成，清代中晚期至民国达到鼎盛，以从江西移民的秦、李、曾、王、敖姓五大家族所营建。

村内有一条穿村而过的河流，发源于肖堰镇西泉庙和苗家沟、龙王河，经石羊子河在青龙嘴进入麻城河至五泉山入茅坪河，在龙王滩汇入漳河，全长86千米。流经村落的一段属于茅坪河的中段，被称为"麻城河"。麻城河史称马跳河，后亦称麻冲河。作为村名的麻城河，1949年后隶属大包乡，后隶属关系多次发生变更，至1987年9月设立"转弯头乡人民政府"时，重新定名为"麻城河村"，21世纪初与太坪村合并。

登上河流右岸的凤凰寨，但见村落坐落于藏风聚气的群山谷底，清澈的河水穿村而过，从山顶俯瞰，河谷盆地随着河水的走向呈S形展开。村庄的五大家族聚居地自然散落于河流两岸，曾家、敖家、王家位于左岸，李家、秦家位于河流右岸。小聚落之间是连片梯田，田畴地形起伏多变，层次丰富。而凤凰寨等古山寨位于山顶守护村落的一方平安。沿麻城河河岸的一条沙石铺就的道路，将民居、稻田等串联成一体,是村民主要交通道路。这条道路过去是一条历史悠久的商道,东联山外平原,西通荆山腹地,食盐、日用品、山货等皆通过古道与外界交易。俊秀挺拔的青山,潺潺东逝的河水,成片连线的毛竹,遮天蔽日的古树,古朴典雅的民宅,险峻的古山寨,蜿蜒逶迤的古道,构成了一幅原始、古朴、优美的自然生态画卷。栖居在这里的历代百姓,开门见山,出门傍水,与美丽的大自然融为一体,过着天人合一、自给自足的世外桃源般的生活。

老屋:秦李两族的深宅大院

古村落大都是若干血缘性聚落组合形成,麻城河也不例外。《秦氏族谱》和村内遗留下来的两通秦氏家族记事碑,皆明确记载先民在元代既到荆山垦殖,村内的秦姓家族从"江右"即江西迁徙于此,经过数百年顽强地繁衍生息和发展壮大而形成。麻城河的曾氏家族由山东武城迁至江西(江右),而后曾氏在明朝洪武年间由江西被迁至湖北安陆府钟祥县逍遥境(东巩),分布在麻城河、凤凰岭一带居住。到明清之际,曾姓"传"字辈又溯漳河而上繁衍发展至今。老支书曾宪玉珍藏的《曾氏族谱》记载了祖上的迁徙历史。

村里较为完整的古宅大院是分布在秦家湾的秦家民居和李家湾的李家老屋,均为南漳县第五批文物保护单位。

秦家民居位于秦家湾,背靠凤凰山,由秦相耀清光绪十七年(1891)出资修建,后为民国时期巡检乡长秦心科私宅。该建筑为砖木结构,坐南朝北,两进院

麻城河俯瞰

落，中轴对称布局，由前至后中轴线上分别是前厅、过厅和堂屋。建筑面阔 33 米，进深 26.8 米，大小房屋约 22 间。东墙面砖上刻有"清光绪十七年辛卯造"，西墙面上刻有木匠"赵兴葵、黄传富"名字，在秦家老屋的西面外墙上砖刻有"瓦匠江登才造"。这是工匠在显耀自己的高超手艺还是主人家的责任追究制度？

秦家老屋建筑装饰别具特色。正面檐口绘有工笔彩画，主题是"渔樵耕读"，惟妙惟肖，既是劝人励志又是主人生活的写照。大门门额原书有"万石家风"四字，寓意继承祖先乐善好施的祖训，由此可见房屋主人不只是家境富有，还知书达理从严治家，可惜这门额和厅堂木匾"松岭柏节"一起在"文革"中被铲除。秦家后人兴旺发达。据说秦相耀的儿子秦正清曾出国留洋，嫡孙秦心科讼师起家，出任过肖堰、巡检乡长，其家族经营有土地、绸庄等，俨然一方豪门。

李家老屋位于北庙湾，原为李姓大地主所建，解放初土改后又分给李姓长工居住。该建筑是典型的荆山天井院式民居。民居正面青砖上顶，一字排开四个大门，颇有气势。建筑面阔 40.3 米，进深 18.6 米，砖木结构，坐北朝南，中轴对称格局，一进院落，有大小房间 30 多间。根据建筑的整体形制，应为清代修建而成。

李家老屋所在村东北口也是重要商道的必经之地，曾作过麻城河驿站；小河边青檀古树下，遗留有三个巨大石磨。现任太坪村支书胡光龙说这是因为原来这条古道之上商客众多，树下备有巨大磨盘一副，用于碾磨加工粮食和饲料，供给过往商客和商队马帮。

山寨：护佑村落的清代山寨

荆山山区无村不建寨，连麻城河小小自然村也有两座清代山寨，居于山巅，曾在兵荒马乱年月护佑着山下的黎民苍生。

凤凰寨筑于麻城河西九里岗凤凰岭上，寨所在的凤凰岭因形似一只展翅飞翔的凤凰，又名凤凰寨。以石块垒就的城堡，呈东西走向，绵延 200 多米，石墙西高东低，依山就势，蜿蜒曲折。寨门险峻，而寨房则选择建在较为平坦之处。山寨呈不规则长条形分布，中间低，两端高，寨东南有一瞭望平台，现有东门、西门，寨墙残高 2 ~ 5 米，宽 0.8 ~ 1.2 米，寨内有 15 间石屋。寨西北的一间石屋墙壁上嵌有一通石碑，碑文记载了嘉庆二年（1797）重建关帝庙的历史："尝闻建国以来，沼际生乱世之有也，今逢圣天子嘉庆二年，岁在丁巳，偶遇邪贼生端，至于人民惊恐，老幼惶惧，愚民未醒，怎奈自作恶愆，不考不弟，有获罪于穹仓，从降世再而至，众姓各发处心，重修关圣伏魔大帝祖师神殿……"碑文中还明确

麻城河村的古树名木有五十多棵

拾穗者成员寻访凤凰寨

记载，关圣殿由秦、曾、易、李、敖等众姓 130 余人同力领修筑成，并在碑刻中对山寨规定了明确的保护措施。这说明该寨由当地秦氏族人领修，是为抵御外敌和躲避土匪而建。

黄家寨位于村西南黄家山，东望六台山，东南为赤家观，北眺赵家湾，山因有寨而又名寨坡。山寨坐西朝东，东、南、西三面均为陡峭的山崖，唯北侧山势较缓，山寨依山就势建于山顶略平坦处，平面呈不规则椭圆形。寨的东西两端设寨门，东门为进寨的主门，保存较好，门侧有通道，由此登上寨墙巡道。寨墙大多保存较好，北墙上有瞭望孔，下部有掩体。

古山寨是麻城河村落重要的防御体系，是特定时期的荆山古村落不可或缺的重要组成部分，其文化内涵丰富，承载着明清时期荆山地区社会政治、经济、家族文化的发展史，有着重要的历史文化和科学价值。

乡愁：根深叶茂的古树名木

对于一个游子来说，乡愁的寓意就是村口的那棵大树。无论是离乡还是回家，麻城河的大树总让村人魂牵梦萦。

也许因为历史上村内庙宇祠堂众多，出于风水或其他需要，先人种下各种树木，加上村民爱树护树蔚然成风，村内现存古树名木 53 棵，其中已挂牌保护的就有 28 棵，包括 500 年以上的古树 1 棵，300 年以上古树 10 棵，100 年以上的古树 17 棵。村西北有 2 亩竹林一片，使麻城河的自然景观平添一分秀色。

距秦家湾以西约 200 米的北庙湾青檀树树龄 500 年以上，最大的一棵主干直径约 2.5 米，树冠直径 20 余米，树高约 15 米，被村民和游客视为神树。访客行经于此总要在大树下祭拜一番，以求得保佑。青檀树为榆科，其材质细密而坚硬，纹理顺直，是制作家具、车轴、农具的良材，属国家二级保护树种，有华夏宝树之美誉。原大树后面的一座土地庙（泰山庙）作为村民的公共精神空间，虽然早年被毁，但遮天蔽日的三棵青檀古树却形成了一处约近 100 平方米的开阔空间。

葱绿茂盛植被掩映下的树木，形态秀丽奇特，棵棵都有传奇的故事。关于这棵青檀树还有一个美丽的传说。

从前，一只火红的大鸟从荆山主峰聚龙山沿着荆山山脉向东南方向飞来，发现在荆山余脉的一个小湾子里，有两条山脉似龙蛇对舞，中间有一块非常肥美的土地。于是大鸟吐出嘴中衔着的三颗树籽，用锋利的爪子掩好树籽后，振翅向聚龙山方向飞去。第二年的春天，这只火红的大鸟又从西北方向飞来，看见去年放进去的三颗树籽还没发芽，只好重新掩埋飞回聚龙山。第三年的时候，这只火红的大鸟又从西北方向飞来，发现掩埋的三棵树籽还是没有发芽。这回，这只火红的大鸟没有返回，而是在旁边的一座高山上停了下来，在一个大石头上面守望着自己播种树籽的地方。多少年过去了，终于在火红的大鸟种下树籽的地方长出了三棵茁壮的小树苗。人们想起去寻找那只火红的大鸟，可怎么也找不到那只火红的大鸟了，人们只看到火红的大鸟蹲守的大石头变成了一个很大很大的像凤凰一样的山岭。从此以后，人们为了表示对这只大鸟的敬重，便把这座山称为凤凰山。

几年后，这三棵小树苗已经长得很粗壮了，于是人们便移栽到村子里的土地庙前。老人们看到这几棵树柔性特好，木质细腻，树皮发青，于是起名青檀树。随着青檀树一年一年的长大，人们开始发现，可以采摘青檀树叶来做成各种面食充饥度过荒年。在本地用竹麻造纸的工匠发现这种树的树皮纤维细腻绵长，用它还造出了写字画画的纸张。

从此以后，这棵青檀树就受到人们的崇敬祭拜。

民艺：流传至今的高跷花鼓

一方水土养活一方人，一方人创造一方文化。东巩高跷也称"高跷花鼓"，是流传在南漳县西南地区集说唱、舞蹈、游艺、杂技于一体的传统文艺形式，麻城河是主要流传地之一。2009 年，高跷花鼓列入湖北省第二批非物质文化遗产项目。2008 年 10 月，东巩镇被国家文化部命名为全国"高跷之乡"。其中麻城河是重要的传承地区之一。

高跷分"文跷"和"武跷"，每班 8 至 15 人。文跷注重扭、摆、说、唱，武跷则重特技造型表演。东巩高跷属武跷子，翻滚劈叉，动作难度大，以惊险著称，表演以丑行为主，表演形式为边唱边舞。表演中用锣鼓或唢呐进行全程伴奏，有的与旱船等形式在一起表演。武跷能表演二十多种特技造型，有仙人过门、五子登科、二龙戏珠、黄龙盘柱、五龙捧圣、单兵救主等，尤其以大劈叉、后滚翻、单腿跳、嘴叼一桶水等绝活，让人啧啧称奇。

麻城河高跷的主要道具有高跷、九彩鞭、纸扎小毛驴、旱船，乐器有锣鼓、大镲、勾锣、小锣、唢呐、笙等。作品有《十月忙》《倒采茶》《十层门楼》《骂丑角》《十字灯》《日白》《主人家生了一个小娃娃》《一脚踩了多大一个鳖》等。

高跷在麻城河能演善唱者众多，群众性参与性很强，其传承关系都是以村组为依托的师徒传承。麻城河高跷传承人清代有邹幺，民国时期有邹顺行、邓之计、王朝孝，新中国成立后有尚明教、李连文、周风谟、邓以界等。20 世纪 50 年代至 70 年代群众性自发学习，有了一大批从艺者；20 世纪 90 年代后，文化部门培养新人，使得持续稳定地传承下来。

高跷有较高的技艺性和程式化，集特技、舞蹈、说唱为一体，对荆山民艺研究有着十分重要的价值，是研究非物质文化遗产传承的活化石。

年近八十的村民间艺人秦心满，12 岁时拜秦心德学习划旱船技艺，后又拜王长孝学习高跷表演技艺，20 岁时拜李连宗为师学习舞龙灯技巧。他天资聪颖，记忆力特强，能唱能说能表演很多民间文艺形式，主要擅长薅草锣鼓、高跷、舞龙灯表演。此外还有能文能武的刘邦德，擅长旱船、高跷、薅草锣鼓的王国常，擅长高跷表演和采莲船及花鼓戏演唱行当的熊正秀。逢年过节，在麻城河的土地上，还顽强流传着高跷花鼓的欢快乐音和节律。

麻城河既有荆山山区的山地风情，也有河谷地区的富足丰饶。当我们对城市的喧嚣心生烦恼想要逃离时，不妨去这个山村小住一段时间。这个时候的麻城河让我想起土耳其作家帕慕克的一句话："在我们遥远的故乡，在世界的阴影部分，还充满着生活的细节。"

口泉：一蔡一田一古村

艾子 李秀桦 / 文 褚连生 阳光 / 图

口泉村地处南漳西南，漳河（沮漳河一级支流）下游，距东巩 17 千米。村子东与东巩镇龙王滩村相连，西南与远安县长荣村隔漳河相望，北与东巩镇雨淋台村、盘龙村交界。250 省道穿境而过，口泉村是南漳县城通往远安的必经之地，是口子镇的口子村。

关公饮马得名口泉

"现今口泉村田家湾民居门前的溪流边，有一泉眼形似一个碗，水量细小，仅容一人饮用，村子因而故名。又有传说为三国时期关羽途经此处，其坐骑的马蹄在此地刨了一下，出来了许多泉水，关公的战马饮水之后又继续前行。后来人们便把关公饮马的地方，称为口泉。流经口泉的小河叫铺子河，两三里就汇入漳河。"村文书蔡从灿酷爱地方历史，对口泉的得名他如数家珍。

对于关公还有一个传说。三国时期关公扎寨于春秋寨，看望弟子赵子龙，路过现在的远安县茅坪镇一小地方，命令随从休息造饭。突然有一大扑蛾从此地飞过，他骑马追赶，一直追着跑过了一座山岗，大扑蛾却飞上了天（后人为纪念此事，将此地改名为"扑蛾钻天"）。回来的路上他很生气便使劲抽打坐骑，马匹不敢有所反抗，只能用力在地上跺了两下，踩出了两个脚印（后人将此地取名"马脚窝"）。关公骑着马白白跑了一趟，后人将此地取名叫"白撵岗"。下山后，马非常口渴，就地用马蹄刨了一个坑，地上冒出了泉水，马一口把水喝干，后人便将此地取名叫"口泉"。

传说来自民间，正史当然无从稽考。1990 版《南漳县志》记载，口泉村清代为豫顺都管辖。民国时期为咸定乡管辖。20 世纪 50 年代初期，口泉所在的东巩公社属于南远县，以后改为南漳县第五区合并为肖堰区。1958年取名火箭人民公社，1960年改为肖堰区。1975年撤区并社，另置东巩公社。1984年口泉村为东巩镇管辖。村落行政建制史大致如此。

楝树坪遗址和山寨

漳河穿村而过，历来为两岸人民用于水运，河道在20世纪丰水期可通航。船棚渡口位于口泉村一组，建于20世纪60年代初，连接远安长荣村与口泉村，为水运时代方便百姓出行的交通设施。

口泉村位于漳河河谷地区，如上溯历史也颇为久远。早在春秋战国时期，就有人类在村内漳河东岸的楝树坪繁衍生息。楝树坪遗址位于漳河东岸，东至陈家棚约100米，北距口泉水文站约1千米，西约100米处为漳河。遗址南北长约300米，东西宽约100米。标本为残陶片，以泥质灰陶为主。此遗址是春秋战国时期人类在漳河沿岸和口泉开始生产和生活活动的证明。叶植编《襄樊市文物古迹普查实录》载，该遗址采集到大量陶器残片。从标本形制特征分析，此遗址上限为战国，下限为汉代。1989年，第二次全国文物普查时发现此遗址，刷新了我们对这个山村的历史记忆。

南漳为"中国古山寨之乡"，西南地区山寨尤多。东巩有山寨75座，口泉村就有缸盖寨、插旗寨两处在第三次全国文物普查时发现的清代山寨。

缸盖寨位于村中部营盘自然村山顶，海拔875米，四周群山环绕，北与藏龙山相距约300米，南依营盘自然村，西约300米与大宝寨相望。该寨呈圆角长条形，设东、西二寨门，山寨通长约46米，最宽处约13米。寨墙建在陡峭岩壁上，保存较差，残墙最高处仅存2米，部分寨墙依巨石作为屏障。在山寨中部突起部位建有山神庙，早年湮灭，仅存石碑一块，字迹不清，可辨年号为清光绪四年（1878）。山寨墙体为石头砌筑，大门等构件为手工打制。

插旗寨位于口泉村磨盘沟西部的山顶上，海拔329米。山寨依山势而建呈条形布局，除北边与寨湾山梁相连，其他三面均为悬崖绝壁。东、西两端有寨墙，东门寨墙南侧有两个掩体和两米长的壕沟，寨内的房屋14间依地势在逐级抬高的平地而建，制高点有瞭望哨，寨中心位置有一葫芦形的石构件，上刻"首人蔡之任　刘世江"等楷书字样。推测此寨为清晚期躲避匪乱而修建。据村民介绍寨内原有一庙，于民国二年（1913）重修。

蔡从灿给我们讲了一个插旗寨的故事。在蔡家棚民居旁，高高的山上有一座

187

蔡家棚民居航拍

山寨叫插旗寨。相传土匪王猴子手下的一名爱将为人心地善良,每逢反兵来袭时,就在寨上插上一面旗子,给村子的老乡通风报信。当老百姓见旗子升起时就四处躲避,所以此寨取名叫"插旗寨"。

山寨是清代百姓为防御流民起义而修筑的临时性避难所,对研究本地区清代流民活动具有重要意义。

蔡田联手建村落

口泉村是蔡、田两大家族于清代兴建的以家族为聚落的传统农耕村落。其中蔡姓先后建造蔡家老屋、蔡家棚民居,田姓也于口泉溪流右岸建造祖屋。他们各自聚族而聚,以家族为单元的血缘性村落选址讲究风水,宜居宜业。这里土壤肥沃,先民遵循依山面水、负阴抱阳的风水原理。以蔡家棚老屋为例,该建筑群坐北朝南,在水石山下有一块平地面对漳河,河中有一块特大的沙洲,看起来像是一艘巨轮停泊沮河中央。而蔡家棚民居的选址遵循风水学的理论,蔡家老屋、田家湾老屋选址也莫不如此。面水靠山,前有漳河交通之便,后有耕种生活之利,体现了先民的建村智慧。

据蔡姓耆旧考证,蔡姓开山始祖系明朝洪武年间大移民时,由江西鄱阳瓦屑坝经水路迁至湖北远安蔡家湾,之后分支迁至现址东约 3 千米的蔡家老屋垦荒种

湖北省文物保护单位田家民居航拍

地。蔡氏家族发展很快，并开始从事商业贸易，且很快成为富甲一方的大户人家，随之建起了一栋豪华的二进院，名为蔡家老屋。与此同时，家族中涌现了一批经商、私塾先生和泥、石、木匠等优秀的文化人与匠人。尤其是蔡氏先辈蔡世家榜中前清举人后，家族在当地的名望甚高。随着蔡姓家族的繁衍与发展，到清代晚期家族分支，蔡仕早、蔡仕亮兄弟二人于蔡家棚，大兴土木分别建起了两栋高规格砖木结构的民居建筑，同时在民居的东侧修建了蔡氏宗祠。

田姓开基始祖系明朝洪武年间大移民时，由山西洪洞大槐树迁至湖北蒲圻县吉阳乡，其后分支于当阳，经数代人努力，家族中涌现出了一些经营木行、商铺和手工业者，成为闻名地方的大户。据田氏族碑记载，清康熙年间田氏"世"字派再次分支，田世仁、田世荣兄弟移居于东巩镇昌集田家老屋。到清代晚期又分支出田友胜迁至东巩口泉现址，由于家庭殷实富裕，垦荒种地之余广置田产。现田家湾民居厅堂墙上嵌有《田氏规戒奕世碑》，记有其子田思舜在祖屋的基础上大兴土木的事迹。

背山面水古民居

口泉村蔡家老屋、蔡家棚和田家老屋，均为 2008 年湖北省公布的第五批重点文物保护单位。

蔡家老屋坐落在口泉村的铺子河东，坐北朝南，为三开间的两进院落建筑，外墙皆是青砖围护，建筑形式为硬山式，整组建筑由前厅、过厅及后堂组成。前厅面阔三间，正面青砖封檐，明间大门前做有披檐，正中对开板门，门向偏东。后堂台基较高，五级登上，堂屋土墙分割，屋面搁山搭檩。双步梁上的拱垫板上雕刻着团花连弧纹装饰，团花里刻草书"福"字，整个檐廊很高，使光线尽可能的照射到屋内，让更多的风穿过堂屋。该处民居对研究当地古建筑形式、结构及工艺特点提供了重要的依据。檐口下、山花装饰繁复，有暗八仙彩画和灰塑人物故事等。

随着蔡姓家族的繁衍与发展，到清晚期家族分支，蔡仕早、蔡仕亮兄弟于蔡家棚大兴土木，分别建起两栋高规格的砖木结构民居。同时，在民居的东侧修建了蔡氏宗祠。

蔡家棚建筑群地处漳河北岸的平畈台地。村庄顺山而建，依山傍水。漳河由西向东顺河冲缓缓而下，绕经村庄之前。

蔡家棚民居建筑分为西栋和东栋，二栋建筑并向排列，间隔3米，均为中轴对称砖木结构的三进院落，坐北朝南，格局有较大的变化。建筑面积6000平方米，大小房屋约80间。2栋建筑形式基本相同，风格也较接近，只是布局有所调整、装饰题材上略有不同，特别是装饰非常讲究，使整个建筑富贵大气。整栋建筑的外墙以条石作基，青砖空斗硬山墙，人字坡片瓦顶，檐口装置勾头滴水。大门、屋脊与房檐是建筑造型和装饰的重点部位。正檐面起菱凸边辅以彩绘，屋顶在正脊上安装兽吻，分间作马头墙，两山作封火山墙。

西栋民居为三开间，沿轴线自前而后依次布设大门楼及过厅和左右两侧屋、前院与两边厢、二进门与前厅及次间、内院及厢房、厅堂及次屋五部分。遵循传统建筑法式，西栋民居建筑严整，功能齐全。特别值得一提的是二进大门附于前厅面墙做单坡檐式门罩，为五组砖雕一斗三升五朵式斗拱撑起披檐，拱下以堆塑技法装饰有蝙蝠和垂帘式图案，正中对开板门，石门框，镶嵌一石门匾，阳刻"德星恒照"。

东栋民居为五开间，沿轴线自前至后依次为大门楼及围墙，二进大门与前厅和左右次、稍间，内院与两边厢，厅堂及次、稍间四部分。大门楼与西栋形制基本相同，只是两边不设侧屋，沿门楼拦出围墙分出中院和东西两个偏院。门内过厅敞开，直通中院。二进大门附于前厅面墙做出披檐式门罩，为15组砖雕，一斗二升二瓣错置式斗拱撑起披檐，拱下以堆塑技法做出垂柱花枋并施以彩绘图案，正中对开板门，石门框，镶嵌一石门匾，阳刻"世家门第"。由前院进入前厅，前厅系由木质梁架结构分隔出次、稍间，用木方镶拼板壁；砖墙分间。前厅的结构最为复杂（现局部已经损坏），正面进院部位，安装有隔扇门屏，分为六抹，中间四扇为封闭状态，除婚丧大事及特殊情况下才会开启，通常都由两侧边门通行。

蔡家棚民居建筑装饰艺术特色鲜明。外观上除了在山墙、房檐、屋脊做出丰富的造型，并施以彩绘，以卷草花果、传统故事为题材；石雕多在主要构件上作装饰，如石鼓、柱础、门、窗等，题材多为龙凤、人物、方格纹、卷云纹、花鸟图案等。木雕多装饰于门、窗、梁架撑角、柱头、廊板等部位。题材最为丰富，有鲤鱼跳龙门、福禄寿喜、花草纹等。特别是石雕工艺上阳刻和浮雕运用较多、砖雕技术发挥得更是淋漓尽致。

田家老屋位于漳河左岸与陈家河沟交汇处的田家湾自然村，距漳河300米。村庄顺山而建，依山傍水。村庄前陈家河沟渠顺河冲缓缓而下。顺田家老屋前的河流往上依次是缸盖寨和蔡家民居。田氏民居坐西朝东，为三路两进院落建筑，正面青砖墙体封檐，三路院落各开一门，正门单间独户超出正墙1.5米。北门退进1.4米，呈凹字形，对开板门石门框。大门与正墙平齐，上有贴墙门楼，可惜被破坏，仅剩悬柱及穿枋。中间院落大而规整，面阔五开间，正中单体的硬山大门，屋顶搁山搭檩，两山墙头前后做有墀头，现只剩下面的挑头，大门墙身与正面墙在一条线上，木制门框下压着门墩石，整个大门就向南偏，形成歪门，民间讲究门不正向，偏而辟邪。前院细长，两侧对称布局有院落、厢房，据在此居住的村民讲，这两边的院落原是该大户人家的前花园，仅花园的围墙就做工花哨，围墙墙帽下出跳的混线上，用水墨淡彩画着连续的花草纹饰，的确有几分花园的感觉，可惜现在已基本损坏。北院落面阔三间，是以中轴线为对称的院落，前后改动较大，只是格局还保存原样；南边的院落面阔只有两间，改动也较大。该处民居对研究当地古建筑形式、结构及工艺特点提供了重要的依据。

田氏族人于光绪八年（1882）立下一碑。碑文回忆先祖"胜公移居口泉，鼎新创置屋宇田地。男思舜、承绪重新屋宇一棚，俱系汗血集成也"，长子产璧、次子产璠、三子产琨、四子产琛，将"门前近地田亩拾贰丘，计种两石，虽曰各承各种不得争论，但永作祭田为征当之资"。而且规定"若有不法子孙，淫荡败坏，强擅当卖，召异姓入宅，亡宗没祖，以乱家规，及谋反祭田者准其全之。大则医以官法，小则处以家法，阴灵有感，神目若电，法不宽贷"。最后还规定"屋

蔡从灿和田家老屋的家训石刻

后两旁之土不能乱挖"。

此碑至今镶嵌在田家湾民居堂屋内，让田氏后人永远铭记，于当代乡风建设也有借鉴意义。

昌集：漳河河谷的鸳鸯之乡

李秀桦/文　褚连生　阳光/图

　　昌集村位于南漳县东巩镇西南，东接东巩镇雨淋台村，西临本镇祝家湾村，南与宜昌市河口乡巩裕村隔河相望，北与东巩镇雨淋台村为界，是漳河左岸著名的鸳鸯之乡、观鸟圣地。这个山水相依的荆山山地传统村落，2017 年入选"中国景观村落"，2018 年列入第五批"中国传统村落"名录。

一衣带水襄荆宜

　　昌集地处于襄阳、荆门和宜昌三地交汇之处，扼守漳河之源头，是著名的漳河水库上游，作为荆山山区的交通枢纽和经济中心，集市贸易繁荣，热闹非凡。许多商户并在这里建房定居下来，在昌集自然村还可以清晰地看到半条街临河而建。

　　昌集村主要由曾、王、田姓三大家族组成。由于昌集村地处荆山山地，"八山半水分半田"，山多平地少，村落难以集中建设，因而呈散点式布局，分布于昌集、冯家洲、王家洼（王家窝子）、田家湾四个自然村。其中昌集、冯家洲是曾姓家族聚居地，王家洼是王氏家族聚居地，田家湾是田氏家族聚居地，四个自然村隐匿在山谷之间。村落选址综合考虑生产生活的需要，其中昌集、冯家洲自然村是依山傍水，坐北朝南，占据较为平整肥沃的沙洲而建；王、田两家虽然没有占据漳河最有利的地形，他们也在山中找寻到水源充沛，且有较大坡地和山场的王家洼、田家湾，移民至此的先民构筑了梯田，在这里落籍并繁衍生息，发展成较大的家族聚落。

　　漳河流经昌集的河谷地区皆为稻作区，半山以上为旱作。从村中贯穿的漳河逾 6 千米，另有山中隧道，类似于"红旗渠"，其间有溪流蜿蜒贯穿而过，长度

193

漳河流经生态环境优美的昌集

达7千米，为稻田提供灌溉水源同时发电。独特的河谷地貌也为村民提供了丰富的物产，稻米和玉米、土豆和大虾，在这样一个山村汇集，成就了访客的口中美食。

河谷隐居曾田王

昌集传统建筑多为砖、石、木、土混构，依山就势，多坐南朝北，遵循就地取材、古法营建的原则，形成了具有鲜明地域特色的建筑技术。

在村委会所在的昌集自然村，整体建筑整齐划一，可以看到当年商业集市的街道形态。单体建筑面阔三间，上下两层，多为二进厅院，墙体底层为青砖砌筑，上面为土坯砖，人字坡灰瓦顶。前后进房屋的地势逐渐升高，内有天井，光照充足，通风良好，排水通畅。中轴对称的天井式布局。从门楼、过厅、左右厢房到堂屋，房屋纵深递进、变化有序、内外有别，反映出封建社会等级制度以及宗法礼制观念等儒家文化在建筑上的影响。建筑空间封闭内向，屋前有较开阔场院；外观封闭，除了入户大门外，只开有极少的小窗，具有较强的防御性。这也是荆山地区民居的特征之一。

昌集曾姓为大姓。明洪武年间由江西迁至湖北远安河口乡漳木村曾家湾，到明清之际，曾姓"传"字辈又于远安沿漳河而上迁居于此，曾氏看到昌集地处漳河口，在此建起码头，各地商贩蜂拥而至，门面商铺越建越多，生意越做越红火，许多商户并在这里建房定居下来，漳河口逐步变成了一个交通枢纽和经济中心，集市贸易繁荣，热闹非凡。许多商户并在这里建房定居下来，在昌集古民居可以清晰地看到古集镇规模。后因昌集贸易的衰退，外埠商人逐渐外迁，曾氏从此垦荒种地，捕鱼狩猎。

因昌集曾氏家族日益繁荣，人口增多，在离昌集二千米的地方将冯姓民居买下，建立曾氏聚居地，开垦河洲，变荒滩为良田，与河对面曾家湾、漳河下游的昌集、漳河上游的曾家院子遥相呼应。

田姓开山始祖系明朝洪武年间大移民时，由山西洪洞大槐树迁至湖北蒲圻县吉阳乡，其后分支于当阳，家族中涌现出了一些经营木行、商铺和手工业者，成为闻名地方的大户。据田氏族碑记载，清康熙年间田氏"世"字派再次分支，田世仁、田世荣兄弟移居于东巩昌集田家老屋。到清代晚期又分支出田友胜迁至东巩口泉现址，由于家庭殷实富裕，垦荒种地之余广置田产。

王家洼民居建于清代中晚期，据王氏后人现年63岁的王宗良讲述，民国之前王家洼无异姓，全是家族同宗，王家洼一名也由此而来。王姓现为中国大姓，分支庞杂，始祖郡望堂号已无从查考。王氏系明朝永乐年间由江西移民迁至河南繁衍生息十代之久，到清代早中期，王姓"邦"字辈兄弟三人携家眷由河南三槐树迁至湖北远安，其中一支落籍南漳巡检，一支沿漳河逆水而上迁居于此垦荒种地，传承至今又已历时十余代之久。

鸳鸯成双戏漳河

群山连绵环绕、漳河蜿蜒而过、生态优良，昌集村成了珍稀动植物栖息地。

整个村子地处东巩镇西南边陲，漳河中游，与远安县巩峪村隔河相望，林特资源丰富。漳河为南漳县第一大河流，流经昌集河面宽阔，水流平缓，河水清澈，是野生鸳鸯的重要栖息地。山上树木种类繁多，属松、杉、栗、柏、檀混交林，植被良好。红豆杉、三峡黄杨、五角枫、金弹子等珍贵物种蕴藏其间。河谷地带农田肥沃，盛产水稻、莲藕。动物种类繁多，鸟类资源丰富，尤其以野生鸳鸯著名。

年轻有为的村支书曾祥波给我介绍：村里以扶莲塔水库形成的鸳鸯湖是华中地区唯一的野生鸳鸯栖息地，观鸟胜地。鸳鸯湖与远安县隔河相望，也是襄阳市和宜昌市的界河。因为昌集电站引水坝所形成的水库区域内有成群的鸳鸯而被称为"鸳鸯湖"。鸳鸯湖碧水荡漾，瀑布飞泻，夕阳西下之时整个湖面一片金色。每年十月至次年四月千鸟腾飞，极为壮观。其规模已经形成了我国三大自然的鸳

昌集村村民正在收割水稻

鸯生态旅游区（福建、江西、湖北）。由上千对鸳鸯情侣戏水的宏大景观，让人动容。

2014年昌集被中国野生动物保护协会授予南漳县"中国鸳鸯之乡"称号。

村支书曾祥波为保护鸳鸯付出了许多心血，因而评为全国农村科普带头人、湖北省优秀爱鸟护鸟模范。在他的积极推动下，村里成立了"昌集村野生动物保护协会"。以前，农民认为鸳鸯没有什么了不起，甚至还有人猎杀它，做成"鸳鸯火锅"出售。村里要发展，保护是第一位的。村委会要求村民做到"四个禁止"：禁止捕杀鸳鸯，禁止在河边、堰塘边砍树，禁止向河里倾倒垃圾，禁止投毒、捕鱼等。每个村干部认真履行职责，全天候巡查监管，制止不良行为，爱鸟护鸟蔚然成风。

"昌集是鸟儿的故乡，是一个圆梦的地方。"曾祥波骄傲地对我说，"现在我们又在全力打造森林康养产业，我相信昌集的明天会更加美好。"

苍坪村：官米之乡　长寿村庄

叶经房　敖光东／文　李仕国／图

　　南漳县东巩镇南面十千米处有一个名叫苍坪的村庄，它位于漳河水库尾部，漳河与茅坪河在此交汇。这里不仅是官米之乡，更是长寿之乡。

　　苍坪村有居民 45 户，总人口 180 人，其中 85 岁以上寿星 10 人，超过总人口的百分之五；80 岁以上寿星 19 人，超过总人口的百分之十，且有 7 对耄耋夫妻；9 个家庭四世同堂。

　　苍坪村为什么会成为长寿村庄？

　　这得从官米之乡说起，清朝时期，人们发现这里的大米煮出来的饭比别的地方的米香，因此，这里被朝廷封为仓库坪，所产大米被定名为"官米"。从此，这里产的大米专供官方食用，这就是官米之乡的由来。

　　20 世纪 90 年代，东巩镇为开发苍坪官米产业项目，将这个地方的土壤送交省城化验分析，得知该村庄土壤中含有 17 种微量元素，且该地土壤中富含抗癌元素——硒。因此，苍坪村出产的官米、精米一直为世人青睐。

　　苍坪米的脱谷办法也保留了传统的加工方式——将割下的稻子在田里晾晒 3 至 5 个小时，然后将稻子举过肩头，往下砸在墙板上。晾晒时，农户将稻谷置在大竹席上晒干。谷物晾晒好后，搬来风车，将谷物里面的秕壳和杂物吹去。这种传统的加工方法为官米赢得了口碑。2003 年，苍坪米被授予国家 A 级绿色食品称号。

　　苍坪村地处荆门、当阳、远安两地三县交界之处，这里日照充足，雨量丰沛。清澈的茅坪河水，是官米之乡旱涝保收的灌溉水源，同时还为人们提供了珍贵的美味——鳜鱼。

　　苍坪村不仅出产官米、鳜鱼，而且民风淳朴——村民们日出而作，日落而归，

南漳县东巩镇苍坪是有名的官米之乡

极少有打架闹事、搬弄是非的事情发生。提起苍坪村，七里八乡的人都竖大拇指——礼貌谦让、邻里和睦。

正因此，苍坪村寿星多。快进入期颐之年的王德英老人，今年96岁，耳聪目明，终日忙于家务，有时还与两位重孙逗趣寻乐。谈到长寿之道，老人说："我的经验是早睡早起多劳动。" 87岁的退休村干部彭新才、李有英夫妇，现在还常为当地修路架桥、水利建设的事情出谋划策、操心劳神。有人问他俩为什么管这种闲事，他们说："做事情虽然辛劳，却能从中得到幸福感和成就感。" 87岁的张德英老人，虽然体重仅70斤，但依然上山砍柴，下地干活，终日忙得不亦乐乎。82岁的援朝老兵彭天才，做军操是他多年来每天清晨和傍晚的必修课。

热爱生活、自尊自爱、乐于助人、勤劳朴实，是这些老寿星们的共同特点。当地退休教师刘继成说：这些老人用行动诠释了忠孝礼仪、勤劳善良。

二百亩良田依青山伴绿水，春荡碧浪，秋泛金波。苍坪村，果然是福地。

与"山楂树"擦肩而过的东巩美景

叶经房 / 文　李仕国 / 图

张艺谋的电影《山楂树之恋》讲述的纯真的爱情故事打动了许多人,电影的拍摄地宜昌远安也因此引起了人们的关注。记者在南漳县采访时获悉,2009 年 11 月《山楂树之恋》剧组制片主任黄新民、美工李大鹏等曾到东巩取景。

据了解,《山楂树之恋》剧组为了拍摄出当年西坪村的原貌,找了许多地方。最后,剧组确定了两个地方:一个是南漳县东巩镇,一个是宜昌远安。"可惜的是,因为我们接待能力不够,东巩镇住不了 200 多人的剧组,而拍摄地与居住地又不能太远,最终《山楂树之恋》选择在远安拍摄。"东巩镇工作人员提起这段往事依然满是遗憾。

虽然东巩的美景与《山楂树之恋》擦肩而过,但它秀美的山水、淳朴的民风、悠久的历史渐为人知,吸引了众多的驴友、摄影发烧友。

如今,高速公路、国道、省道四通八达,去东巩镇比过去已便捷许多。

沧桑古民居

青砖黛瓦四合院,翘角飞檐封火墙。东巩古民居多为明清时期所建。目前,保存相对完好的古民居有 8 处,其中蔡家民居、蔡家棚民居、田家民居被省人民政府公布为第五批重点文物保护单位。

在昌集的一座两进老宅子里,记者看到徽派风格的老建筑基本保存良好。老宅子中的天井采用的是将屋顶积水引入地面的"四水归堂"样式,取天降雨露与财气聚拢之意。

大山中的东巩镇为何会有如此多建筑考究的老宅子?

据介绍,东巩地处襄阳、荆门、宜昌三市交界之地,是南漳县西南的交通枢纽,

东巩高跷花鼓是湖北省非物质文化遗产代表性项目

同时木材、煤炭、官米、桂花鱼、香菇、木耳等物产丰富。漳河在 1935 年发大水之前，河势平缓，大型船只可以从此通达长江沿线的城市。东巩的土特产，通过河流运送到外地。一些经营户因此积累了一些财富，给后人留下了许多老宅子。

千年如珠寺

在 251 省道哑铃山下 300 米处，曾有一座千年古刹如珠寺。如今，在上泉坪村二组还能看见如珠寺遗迹。

据《襄阳府志》记载："如珠寺古名如珠山观音寺，县南一百二十里。晋孝武帝时，远公禅师创建，奉大士像于内，其像甚古。明时屡次重修，天启癸亥，主事罗宰撰碑记，按：是寺及如珠山，旧志皆失载……"由此看来，如珠寺距今"一千七百余载"，是中国最早的寺庙之一，为中国净土宗第一代宗师慧远大师的成道地。

据嘉庆二十一年碑文记载："诸峰林壑尤美，释氏多建于梵宇，讬为坵圆，为望之蔚然而深秀者如珠也。"如珠寺就是因为这里风光好，像一颗宝珠一样而得名。

如珠寺"自晋创禅林"，寺庙为四层大殿，前殿为四官殿，二层为花殿，三层为祖师殿，四层为三佛殿。全部为砖木结构，青砖蓝瓦。庙门正前方山坡上有塔湾，按东西南北环绕如珠寺建有石塔、砖塔、钟塔和基塔四个高塔，四层、五层不等，方形和六边形错落，且塔角均安装有风铃。钟塔里的钟足有一丈三尺高，得三个人才能把它撞响。

1940年5月，侵华日军放火烧毁如珠寺前殿，1958年大办钢铁时将大钟损毁，现仅存原正殿后墙及山墙墙体，部分残碑和少量文物。

高跷花鼓是国宝

东巩民间传统文化十分丰富，有高跷、旱船、龙灯、麒麟、花鼓戏、剪纸、薅草锣鼓等20多种艺术形式，尤其是高跷深受群众喜爱。

东巩高跷也称"高跷花鼓"。据老艺人说，在宋朝时东巩就有了高跷，清朝至20世纪70年代最盛。那时东巩群众白天踩高跷，晚上唱花鼓戏，从春节一直唱到正月十六。现在花鼓戏唱得少了，高跷在群众中尤为隆盛，而且踩高跷时要用花鼓戏调来说唱。

东巩高跷分"文跷"和"武跷"。文跷注重扭、摆、说、唱，武跷侧重特技造型表演。除伴奏、打杂的外，踩高跷艺人由单数组成，分旦、丑两个行当。东巩武跷子能表演20多种特技造型，有仙人过门、五子登科、二龙戏珠、黄龙盘柱、五龙捧圣、单兵救主等。此外，还可以表演一些绝活，如大劈叉、后滚翻、单腿跳、用嘴叼起一桶水等。

2006年，"东巩高跷"被列入全国非物质文化遗产保护名录。2007年6月，东巩镇被湖北省政府确认为"高跷之乡"。2008年10月，东巩镇被文化部命名为全国"高跷之乡"。

目前，东巩镇有24支高跷队伍，能参加高跷表演的群众达3000多人。

与「山楂树」擦肩而过的东巩美景

峡口：沮水河畔的一颗明珠

艾子 / 文　张玉涛　李秀桦 / 图

　　峡口村隶属南漳县西南的巡检镇管辖，位于南漳、保康、远安三县交界处。这个村因坐拥有河谷平地，其景观也与西南山区所见景象大为不同，除了水旱兼备的耕作制度外，那山岗上的大片柑橘园让人恍若到了江南。一条沮河穿村而过，四周青山环绕，河流两岸是大片良田，具有典型的河谷地貌，风光旖旎，物产丰饶，难怪人称"小江南"。2017 年，峡口村入选第八届"中国景观村落"名录。

高颜值的河谷村落

　　《左传》载："江汉沮漳，楚之望也。"流经峡口的沮河哺育了幼年时期的楚国，像一条婀娜多情的绿丝带流淌在荆山山脉的最深处。

　　古称沮水的沮河为沮漳河的一级支流，全长 226 千米，其中南漳境内长 98 千米。沮河正源发源于保康县响铃沟，向东南依次吸纳杨家河、歇马河、深溪河、鸡冠河、重溪、白腊河、峡峪河等保康县境内山间溪流，到南漳又有赵家河注入，于百福头入远安县境。沮河流域内多高山峡谷，地势西北高，东南低。当它汇入众多小支流后来到峡口时已成浩荡大河。峡口也因河岸对峙形如关口而得名。

　　峡口村地处沮河河谷，河流造就的小型冲积平原赐予这个村子世代耕种的农业资源。白墙红瓦的民居沿沮河两岸布局，每当夏秋季，雨过天晴的早晨，沮河的水气蒸腾，把整个峡口村以及附近的汉三等村落笼罩在云雾之中。远山和阡陌田野云遮雾障，村舍时隐时现。那雾有时像烟云滚滚，气势咄人；有时像轻纱飘逸，柔情绵绵；有时像瀑布飞渡，惊心动魄；还有时像青黛环绕，缠绵不断。当太阳初升，云雾渐渐隐退，天空一片殷红，又把峡口沐浴在霞光之中，置身恬静怡情的乡村田园，吸纳大地的清新空气，体悟和感受大自然的无穷变幻是一种惬

山环水绕峡口村的一角

意的体验。

在观景台上，河流、村庄和田野尽收眼底。远处的群山绵延起伏蜿蜒，油绿的橘园布满山岗，新建的高速公路历历在目。近处的岗峦绿树吐翠，田野中的阡陌纵横交错。山川、河流、田园、村舍、绿树、繁花，好一幅自然而然不事雕饰的美丽画卷。

特别是在春季的油菜花季，峡口坪成了一片金灿灿的海洋，无论是从巡检方向沿盘山公路或者是从保宜高速公路进入，都能在路上发现俯瞰角度极佳的观景台，让你不时停下匆匆的步履。正是因为如此，每年春季峡口都吸引了许多远道而来的摄影发烧友，拎着长枪短炮，流连忘返。

当然，还有村西气势磅礴的峡门口水利工程，可以沿库区河流荡舟探访的谷中洞寨，可资考证的老街会馆以及航运历史，秋天柑橘的丰收景象，都是可以让观光客脚步慢下来的一个理由。

商贸繁盛的"小汉口"

刘孝俊是原峡口镇小学校长，热爱峡口的历史文化，在职时就做了大量的乡土资料积累工作。于是退休后被村里聘请编纂《峡口村志》。刘老师说起峡口的政治经济、历史文化，如数家珍。听了我们的探访计划，刘老师欣然做了我们的向导。

"峡口村始建于清朝康熙年间，距今已350年，建村移民来自河南和江西。"刘老师说。这和我们在南漳西南地区调查的移民流入来源一致。

穿过油菜花田，刘老师先带领我们去了在峡口村南岸距沮河200米处的千佛寺遗址。相传该寺始建于清朝乾隆年间，寺院占地3000多平方米，坐西朝东，墙体全部用大青砖砌就，墙头飞檐高挑，屋檐木构用各种花纹雕饰而成。整个寺院布局分两部分，前是四合院，后是正殿；院内有两棵参天大柏树，正殿有多尊塑像供奉。其中大佛像莲花宝座和衣袂上铸造了999个小佛像，加上大佛为整数一千，千佛寺由此得名。至清朝光绪年间，这里香火旺盛达到极点，至民国时期一直有信众烧香拜佛。民国后期，寺院被改作"南漳县乙种蚕业学校"。中华人民共和国成立后，以该寺院的房舍为依托建了峡口中学。千佛寺虽然消亡于历史的尘埃中，但其名声却远播当阳、远安、保康等地。

南漳西南山区历史上植桑养蚕历史悠久。创办于千佛寺的"南漳县乙种蚕业学校"也是一个大变革时代的产物。《板桥镇志》记载，学校创始人陶勃伦（1867—1943），字汝安，别名价人，板桥灵观垭人。早年留学日本。曾任襄阳府视察。后赴郧阳办石棉矿，因集资困难未果。1910年，与冯应田合作，编著了具有反封建思想的《最新教育界指南》一书。1912年与友人冯哲夫（板桥冯家湾人）合作，在南漳铜绿山（今巡检五道垭至庙儿岗处）开办铜矿。民国四年（1915），因运输矿石在长江沉船、资金缺乏停办。1913年12月，陶为了振兴家乡蚕业，在萃文乡峡口千佛寺（今巡检峡口村八组）创办"南漳县乙种蚕业学校"，陶任校长，聘请教师5人，招收学生37人，开设修身（品德）、国语（语文）、算术、历史、地理、体操、美术、养蚕等课程，学制四年。1918年报教育部备案，前后办学12年，共招收新生240人。由于办学经费不足，1925年被迫停办。陶价人创立乙种蚕业学校实行师生勤工俭学，植桑养蚕，传授养蚕新技术，培养技术人员150多人，促进了南漳西南山区养蚕事业的发展。

我们在偌大空寂的场院中徜徉，彼时的新式学校现在变成了一个橘子打蜡厂，历史遗迹荡然无存。但南漳西南地区的板桥、巡检、峡口等地成为养蚕大镇，与历史上的国民教育却是密不可分的。

峡口的兴盛也仰赖于沮河的航运和航运带来商业的兴盛。货船可上航到保康马良镇，下可通达远安、宜昌、沙市，山区的粮食、药材、土产以及下游上行的洋货和生产资料源源不断通过沮河运输交换。清咸丰年间,峡口新建了一条街道,位于沮水与小河交汇处的"九龙捧珠"之地,整个街道坐北向南布局,街口有青砖砌成的城门。街道两边是徽派建筑风格的商铺,青砖布瓦,飞檐翘角。街道长700余米,时有商户130余家,经过数十年发展,成为航运、造船、商业、副食加工、纺织、小手工等各类行当集中的商业街。江西人修建的江西会馆现旧址仍在。峡口以当时的繁华一度被称为"小汉口"。

20世纪70年代,随着沮河中下游水利工程兴建和公路运输的发展,沮河航运衰微,但没有影响到峡口的繁荣,这里一度作为基层政权、南漳西南山区的区域性经济中心而存在,直到2000年峡口镇与巡检镇合并,峡口街道成为一个社区,实行村社合一管理模式。

峡口在战争年代也曾是虎踞龙盘之地。1927年3月,南漳县正式公开成立了以共产党员为核心的"中国国民党南漳县党部",相继发展国民党员500多人,下设6个区党部,巡检地区为第六区党部,地址设甘溪(今巡检镇辖)。继而在峡口千佛寺成立农会开展国内革命战争,后因蒋介石在上海发动"四·一二"反革命政变,地方反动势力嚣张,农会遭到破坏而夭折。1931年4月,贺龙率领红三军在连克秭归、兴山后,经保康进入南漳巡检,在峡口驻扎期间,帮助建立了峡口苏维埃政府,政府设在王家湾王家祠堂。

1946年8月27日,王树声部与罗厚福、文敏生部会师房县西狮子岩,成立鄂西北军区,下属四个分区,当时峡口属第四分区。1946年9月,江汉军区洪山支队带领一个便衣队,筹备在峡口成立南保宜兴自卫大队,正式名称为"峡口游击队"。1948年1月,江汉军区之襄西支队摧毁峡口国民党乡公所,自此峡口获得解放。

壮丽神奇的"小三峡"

驱车出村沿沮河驶向上游,只见一座雄伟壮观的曲面水利大坝赫然出现眼前。这就是峡门口水电站。

站在高差近百米的大坝上可以看到沮河创造的冲积平原和宽阔的河床。远方的山崖为指山岩,悬崖绝壁,斧劈刀削一般,近在眼前,犹如一道遗世独立的天然屏风。身后的水面一片深蓝,两山夹峙,苍翠欲滴。

刘孝俊给我们介绍说:现在峡口水库蓄水发电后,不但可以坐船浏览峡谷风光,还可以探访清代的两个寨子,当地老百姓叫张家洞和简家洞,没修大坝前,

位于沮河边的南漳县巡检镇峡口村的张家洞寨

得从山后翻山走小路才能进去,现在水库水位提高80米以后,坐船去要方便得多。张家洞位于沮河左岩的峡口村,简家洞则属于沮河右岸的甘河村。

离开大坝约200米,几分钟就到了张家洞。水库的水平面刚好和洞口平齐,人下了船就到了洞口。张家洞为穹隆状的溶洞,外大内小,呈喇叭形状,洞前石块垒筑寨墙,洞内呈拱形,西南角残存房屋墙基,两侧洞壁上有人工开凿的榫眼,南、北寨门各1处,在洞北部约150米设一哨卡,洞长38米,最宽29米,最窄处不到4米。洞口有一段约10米长用打制石条垒起的寨墙,其中一个寨门已被水淹没,通向另一个寨门的绝壁小路也被水所没。因为现在水库蓄水水位已达80米,原来张家洞地处悬崖绝壁之上,山民只可以通过山间秘密小径才可出入。据当地群众讲,洞寨始建于清代,由张姓人家领首修建,洞名由此而来。因对荆山地区流民和战争史的研究价值,张家洞列入第三次全国文物普查收录文物点。

作家黄洪斌在散文《船过无名峡》中对沮水峡门口有极美的描述:"船进峡门,扑面而来的是一个壮丽神奇的世界!夹岸高山苍郁,如削如斫,群峰竞奇,互相轩邈。从谷底向上望,一座座峰峦直抵青穹,雄伟绝伦。有的一座山光溜溜的,没有一株草木,看不到一条缝隙,活像个不惹尘埃的胖弥勒;有的一面崖瘦骨嶙峋,寒树斜生,藤蔓倒悬,恰似焦墨勾勒的水墨画。置身空谷,四面苍岩,河水曲折蜿蜒,不知来自何处,也不知去向何处,只觉得一种不可捉摸的深邃。"

水位上升后的峡谷仍然不失雄奇清幽,但对比蓄水前的自然河流,更多的美

盈宁堰清代石刻

好想像只存在一些文人的记述中。"幽幽峡谷，层层叠叠，似乎原是一道道紧闭的山门，被一个力大无比的力士扳开了一丝缝隙，船透过缝隙顺流而下，向峡谷深处。峡谷里的山川以雄浑见长，却不失清丽。船至深峡，一座纤巧别致的孤峰傍河独立，宛如浣纱西子，楚楚动人。"

体系完整的农耕系统

在农耕时代，除了肥沃的土地，完善的农耕系统是保障峡口粮食丰收的关键。清代《南漳县志》载南漳素有"四十八大泉，七十二河堰"之称。河堰就是灌溉农田的引水工程，当地村民所说的大渠。许多古堰至今发挥着不可忽视的灌溉作用。峡口村就有三大古堰，分别是乾隆三十七年（1772）建成的长乐堰、乾隆四十年（1775）建成的恒丰堰、清乾隆四十七年（1782）开凿的盈宁堰，两百多年过去了，这些河堰至今仍部分灌溉着其下游的数百亩良田，泽被苍生。

1940年，国民党三十三集团军第七十七军军长何基沣（中共秘密党员）奉命驻扎峡口，率三十七师、一三二师、一七九师防守南漳西南，军部驻扎在峡口。在此驻扎期间，何军长一方面坚守抗日防线，一方面为民办实事。他率领官兵，将几近毁损的恒丰堰重新修复，又开拓了长乐堰和盈宁堰，三条堰和排水沟渠总长30华里，较好地解决了峡口一带生产生活用水问题。

到了上世纪80年代，盈宁堰部分渠段被提水泵站替代，90年代又因集镇改造被填埋而消失。虽然盈宁堰作用不复存在，但矗立在汉三大桥和尚崖下刘家台的两通盈宁堰清代石碑，仍然完好无损，默默陪伴着沮水河畔的一方良田。

长乐堰部分渠段仍然发挥作用，发挥作用最好的当数恒丰堰。恒丰堰取永恒丰收之意，起自峡门口，经过高家大坪、新农村、徐家湾，过鼓擂岩到雁落坪、坞坪，再经百福头至南襄城（远安辖），全长约 10 千米，灌溉面积 2000 余亩。鼓擂岗山脚下河滩处的恒丰堰石刻，记载了这个水利工程的辉煌历史，让我们无比感慨古人在农耕时代创造的用水智慧。

致富一方的柑橘之乡

如果说非要在襄阳找一个所谓的"桔乡"，那么非峡口莫属。这里土地肥沃，气候宜人，盛产有机蜜橘，享有"襄阳柑橘之乡"的美誉。

峡口村现在的柑橘产业是 2000 年以后发展起来的。村支书张道刚介绍说，村里现有橘园面积 3200 亩，年产量达 1800 万斤，产值 1800 万元。

沮河峡口谷地终年气候湿润，四季温差适中，日照充足，生态环境优越，土壤呈弱酸性，是发展柑橘产业的理想地带。柑橘产业自 20 世纪 60 年代开始发展，现有柑橘面积 4 万亩，主要集中在峡口、汉三、甘河、百福、雁落等 10 个村，带动农户 3600 多户，1 万多人从事柑橘种植及加工，年产柑橘 1.4 亿斤，橘农人均年收入达到 15000 元。先后从湖南等地引进"南丰蜜橘""太甜椪柑"等优质品种，对现有橘树进行嫁接和改良，产品也由单一的柑橘发展为橘、橙、柑、柚四大类十多个品种。峡口柑橘因橙黄亮丽，色泽鲜艳，皮薄瓣硕，肉质爽口，酸甜适度，深受广大消费者的青睐。现在的峡口已建成了 6 个柑橘打蜡厂、8 条分级自动化生产线。"峡口"柑橘被评为"湖北省优质产品"，远销内蒙古、北京、山东、吉林等 11 个省、市，并已成功打入蒙古和俄罗斯等国际市场。

一方水土养一方人。柑橘产业是村民致富的主导产业。每到秋天，万亩橘树挂满了丰收的果实。家家户户，老老少少，拿着剪子，提着篮子，上山采橘。沟洼里山道旁，甚至房前屋后都堆满了待销外运的鲜橘。村里的打蜡厂，彻夜灯火通明，人们忙着选果、打蜡、包装、装运，人来车往，呈现出一片丰收忙碌的景象。

如今的峡口村依托柑橘产业和优美的自然风光，大力发展乡村旅游，开办了25 个农家乐，新建了 12 个宾馆旅社，多方为喜欢摄影和自驾的游客提供优质服务。柑橘和旅游产业的蓬勃兴起使群众迅速脱贫致富，成为远近闻名的富裕村。

峡峪河：与世无争的隐逸之地

李秀桦　张道虎/文　李秀林　胡春东/图

保康县马良镇峡峪河村位于荆山南麓，与南漳县西北接壤，东接南漳县板桥镇，南临南漳县巡检镇，背靠保康县两峪乡，是一个以灵山秀水、深峡幽洞、古树名木等自然景观与乡土建筑、清代山寨、墓葬石刻等人文景观交相辉映，以及民风民俗、民间文艺传承较好的古村落。

小山村：遗世独立的桃源胜地

峡峪河村以河命名，此河两岸山高壁峭、峡深谷狭，史称嘉峪河，又作嘉鱼河。清同治六年版《南漳县志》中共有6处均记为"嘉峪河"。在竹杖坡发现清咸丰年间护林石刻中有"立硖峪河"碑文。另外在坎上发现光绪年间重修府君庙的残碑上也有"峡浴河"的刻文。道光年编《吕氏族谱》亦有记"葬于嘉鱼河旺泉咀"云云。

村内以吕氏、齐氏家族为大姓，其家族墓地均立有清代墓碑。齐家老屋的一处墓葬，墓碑立石时间为康熙五十七年（1718），距今已整整300年。对村史颇有研究的乡土学者张道虎说这是他在村里发现时间最早一通墓碑。由此可见峡峪河村建村历史与荆山山区移民时间大致相同，一般认为是明末清初。

峡峪河村1949年前属南漳县管辖，1949年后隶属保康县马良区，曾被重阳乡管辖，后合并归马良镇管辖。现村子为原峡峪河村与刘家坪村合并而成。

村子虽不大，却水系发达。1991年版《保康县志》载：沮河支流之一峡峪河又名嘉峪河，位于保康县与南漳县交界处附近。其源有三：一为范家河（源属南漳）；一为黄家河（源属南漳）；一为薛家河。三水于马良的双庙湾汇合为峡峪河，流向由东北往西南，于两叉河注入沮水，全长8公里，河床平均宽20米，

峡峪河村朴素的民居

流域面积 60 平方公里，灌溉面积 21.8 公顷，河水清澈终流不竭。

村中的峡峪河蜿蜒群山之中，跌宕起伏，风光旖旎。河里产大鲵、柳叶鲴等稀有鱼种；两面有马头岩、枪旗岩（又作羌岐岩）、青龙山、天马岩等群峰夹峙耸立；兵马峡、两河口、石门河等峡谷，刀劈斧削一般的绝壁挺拔险峻；更有打扮洞、仙女洞等形态各异的洞穴深邃曲折；河中深潭碧波荡漾，怪石嶙峋兀立，珠瀑晶莹溅落。由于地处偏远山乡，原生态乡土风貌、纯自然景观得以保存良好。

除了自然风貌外，峡峪河尚有许多庙宇、山寨和石刻遗存，是村民信仰和防御性的公共空间。庙宇有府君庙、黄龙庙、龙凤观等遗址；山寨有孟家寨、仙女洞、黄龙寨、王家寨等遗址；石刻有府君庙重修公德碑、郭氏始祖碑、龙王洞祈雨碑、竹杖坡保护耳山禁革碑等，从清乾隆到光绪年间末，历时百余载，是记载村史的历史见证。

村内民居沿河而建，背山面水，随形就势。农户门前有耕地耕种，屋后山林供柴薪和特产，有村道贯穿全村，两条道路通往村外马良镇和南漳巡检镇。

大峡谷：穿村而过的美丽伤疤

峡峪河河流穿村而过，发源于南漳县板桥镇火石垭，后聚薛家河而成，流经十余千米，在两河口处汇入沮水。

最为令人震撼的是溪流经过村内的一段峡谷——兵马峡。从村委会向溪流上游走约一千米就是兵马峡。兵马峡长约千米，峡的两侧是万丈绝壁，人行其中，只觉得呼吸急促。两道绝壁之间，最宽处不过8米，最窄处只有3米，仅容一车通过，站在峡底向上望去，仅见一线天空，人行其中，顿时感到一股凉气来袭。至于这道峡谷为什么叫兵马峡，是否如传说中所说的穆桂英曾经在这里领兵作战，伏击辽兵云云，显然出自村夫野老之口，当然无从考证。

从兵马峡向下走，沿线村舍建于山坡，这黄土夯筑的老屋让人有回乡的感觉。离村委会三百多米的上游是峡峪河与薛家河交会处，村民称这个小地方为桥子上。一个有六七户人家的自然村位于河流交叉处的左岸，河对岸是一大片水田，这在山区是非常难得的资源。山里的季节要晚一些，农民在地里扶犁耕田。河口有村民利用河水高差水车打碓的纸作坊，21世纪初还有人采用古法造纸，现在只见一地颓败了。在张道虎的向导下我们沿河上行，只见两岸悬崖高耸，河心险潭遍布，古藤悬垂。河里巨石嶙峋，或如鬼怪，或如猛兽，纵横拱立，经年累月的河水冲刷，上面苔藓成斑，也偶尔有几簇从石隙里顽强地冒出的菖蒲。河水在这些巨石清潭中穿流奔腾，泛起阵阵白浪，如雪似珠，并发出阵阵巨响。

峡峪河兵马峡

峡峪河：与世无争的隐逸之地

211

行走不远，张道虎指着前面河中心一块巨石说，这就是当地我们村民称奇的"雷打石"。放眼望去，这块褐色巨石，足有两三层楼高，兀自屹立在巨石和深潭之中，如同横卧在河中的怪兽。"从小就听老人们讲，这块石头下面，有个足有一间堂屋大的深潭，深潭边有两个小石墩，支撑着雷打石。每年春天打一次雷时，潭下面有个碗大的洞，总会翻出白花花的鲩鱼。只是这块石头在 20 世纪 90 年代被雷击后一分为二，留下一条可容一人的裂缝。"张道虎对家乡风物如数家珍。

至于此石在如此的峡谷中，为何频频遭雷击？老人们口中总是与那些有"成精""妖魔"之类的东西有关。直到后来石头被雷击破裂后，再也没有听说过雷打石被雷击的传闻了。到村考察峡峪河村"中国景观村落"申报工作的朱鹏飞教授说，这块巨石可能含铁量较大，容易过电流，所以才频频招致雷击。

古山寨：构筑工整的清代洞寨

由于历史上荆山山区流民较多，村内也多利用天然溶洞以作山寨防御。沿薛家河行走约一里路继续前进，有一深潭，在潭左侧有一石沟，在山洪多年冲刷和落石撞击之下，现在变得又陡又滑。几个人用手指紧扣岩缝，脚尖踩在一岩石凸出处，反复调整试探。攀过约一百多米高的石槽沟，虽然峡谷凉爽，但我们还是都出了一身大汗。

又行约一里路，就是打扮洞洞寨。抬头仰望，如同置身于天坑之中，四周俱是高耸的峭壁，显得特别的幽静，只能听见流水的声响。边走边留意四周环境，没走多远，看见左侧树林和藤蔓中，隐藏一条十几米长，高六七米的石墙，从石墙垒砌面看，比较平整，砌工十分讲究，绝不是仓促修建而成。山脚下，一座依山势而建的石寨，展现眼前，寨墙大多已经倒塌，到处都散堆着烂石。让我们惊奇无比，真没想到此深山之处，竟有如此的古寨遗址，也不禁想到先民在乱世为了避祸是多么艰难。

进入寨内，可见寨整体依岩洞地势而建，西高东低呈斜坡状，大概有一百多米长，建在岩壁下面，上面的凸出崖壁，刚好为下面日常生活起挡风避雨的作用，所以寨内比较干燥。寨内有许多土墙隔成的小房间，房间的墙壁上，尚遗留有烟熏的痕迹。墙顶上长满了绿油油的壁虎藤叶，扒开脚下的枯枝残叶，用黄土夯实的地面很平整，用指甲一抠，唯留下一条白色的划痕。

张道虎说在寨沟还有一个"王家寨"也很值得注意。

人过兵马峡一直前行，水落石出，沟成了一条干沟。行至一垭口处，一块巨石兀然而立。回望来时路，一沟乱石犬牙交错，垭口处也堪称"一夫当关，万夫莫开"。右前方陡直崖壁下，一处人工石砌建筑赫然出现我们眼前。两门完整无缺，寨东西长约30米，最宽处约7米，寨墙高约4米。寨子一端有一个内大外小的瞭望孔，深约2米。寨墙上有箭道，以便巡逻防御。寨内夯土墙房屋格局基本完好，房前平地上留下一个石磙。张道虎说这个寨子中华人民共和国成立后还住过村民。寨当年是由王刘等四姓村民联手修建而成，我们不妨称之为王家寨吧。

古渔法：隐逸深山的传统劳作

峡峪河是一条自然河流，优良的生态环境，各种野生鱼类品种丰富。村民至今采用一代又一代流传下来捕鱼的方法，不管是无钩法还是赶网子、"捡方"，其方法的独特不得不让人惊叹这里勤劳先辈们的智慧。

峡峪河村一直流传有一种钓鱼不用钩的钓鱼方法。

每年的夏季暴雨洪水过后一两天，河水稍退，河岸边的柳树下，石头上总有人一手提竹筐，一手握鱼竿，卷着裤管，或蹲或站在河水边。他们是在钓鱼，使用的就是峡峪河一直流传的无钩钓鱼法。村人选择在洪水还浑浊不清的时候，在竹园里砍一根一米左右的细竹棍或者黄荆条，再用手搓一条麻绳，麻绳一头系竹棍或者木条末端，另一头留四五个麻绳须，长约三四寸，在麻绳尾部系如小石块之类重物当做"坠子"。再在房前屋后挖十来条蚯蚓（本地叫曲蟮），摘几根路边的狗尾巴草梗，把狗尾巴草梗从中对折，折的部位连着麻绳其中的一条须，用食指和拇指捏着蚯蚓一头，用狗尾巴草梗另一头穿进蚯蚓体内，从另一头拉出，取掉对折的狗尾巴草梗，麻绳须打结，防止蚯蚓滑落，如此方法做好穿有蚯蚓的麻绳须，整个无钩的鱼竿制作完毕了。

到河边选择水势平缓或者杂草丛生的河边，抛下蚯蚓须，手握鱼竿，等待鱼儿上钩，可以抽烟，也可以谈笑，因为河水浑浊和流水响声，鱼儿都觉察不到，当感觉麻绳下面鱼儿扯动麻绳时，稍等数秒，猛提鱼竿，数条活蹦乱跳的鱼儿正挂在蚯蚓须上……

除了无钩钓鱼，许多村民家里还有一种下河撮鱼的工具——赶网子。

赶网子用竹篾编制而成，四根粗竹片为肋骨，前面是用木条弯成拱形的把手，再由百余条（也有老人说是108根）细篾经过起底、编织、锁口等工序完工，最后将细篾尾收扎一起，使其向上翘起，整个赶网子就像一条张开大嘴的大鲨鱼。

用赶网子捕鱼也要在暴雨洪水过后的一两天，一般有两三人操作，选择水渠

升号匾民俗的送匾

或者河道水流湍急处，一人把赶网逆向放在浑水中立稳，一人在三四米处，手拿木棍或者耙子等工具拨弄水流，旮旮旯旯儿都不放过，受惊的鱼儿仓皇从石头缝里、水草丛里逃出，慢慢将鱼儿赶到赶网子处，扶赶网子者以迅雷不及掩耳之势提起赶网子，旁边拎鱼篓的人，立马上前收装鱼获，小的放生，大的鱼获就成为餐桌上的美味。

　　每逢农闲时候，峡峪河的村民会垒石围鱼，村民称这种传统捕鱼方法为"捡方"。选择一块河边平缓之处，捡拾河里的卵石，顺水流垒成一个长五六米的一个 V 形河槽，垒石高于河水，清理河槽里的卵石杂草，不给鱼留栖息藏身之处。在 V 形河槽末端预留一缺口，铺一块石板，使水位构成一个水流湍急的落差。选择在太阳落山前，在水流落差处放置口大颈窄的鱼篓或竹筐等其他的捕鱼工具，使水流落入其内，底部放石头压稳，以免被水流冲走。第二天早上就可以来查看收获了。

　　峡峪河流传的古渔法，无论是哪一种都遵循了人与自然和谐生存的法则。

升号匾：薪火相传的民间非遗

　　峡峪河村地处荆山腹地，民风淳朴，礼数周到，至今在民间仍然保留着醇厚的风土人情和原生态的民间文化。其中升匾就是具有代表性的之一。每逢村民家有喜事、婚嫁、迎娶、乔迁、寿诞等，亲友中的至亲之人，精心制作匾额前来祝贺，以显示对其尊贵地位或与东家的特殊关系。匾额须预先定制，请名笔题写，然后精雕细刻、上漆描金，择吉日请乐队专门护送，后请当地德高望重的知客先生，说吉庆，鸣炮奏乐，举行升匾仪式，以显庄重。因为升匾之时，同时有长号伴奏，故也叫"号匾""号榜"。一般由送匾、接匾、暖匾、赞匾、升匾等几个步骤组成。

送匾：乐音师演奏乐曲，双号齐鸣，由客方持匾上前，与东家知客先生，相互行拱手礼，以示互相尊重，然后开始说吉庆（押韵的吉祥话）。比如"愚某上前把手顿，未曾开口乐音请，高拱手，低作揖，麻烦你们吹几声。"

接匾：在送、接号匾过程中两人可以相互逗趣调侃，说古斗诗，亦可谈荤取笑，以活跃现场气氛。

暖匾：由东家知客先生将号匾放于铺有红布的合席上，乐音师吹奏乐曲，鱼贯而行，分别按顺、逆时针方向绕号匾两周。

赞匾：由东家知客先生，以说吉庆的形式，讲解号匾的来源传说。比如："一块金匾四角方，花好月圆在中央。若是诸位问根由，细听我来话端详。要问此树生在何处？此木长在何方？生在天山之上，长在灵山之旁，借天地之灵气，受日月之精光。"

升匾：乐音齐鸣，知客先生说吉庆，两人抬匾做后退状。"左手高着衣，右手提发锤，提着金子匾，转身上云梯。""上一步，荣华富贵……"、"上二步，金玉满堂……"、"上三步，三元及第……"、"上四步，四海云扬……"、"上五步，五子登科……"、"上六步，六合同春……"、"上七步，安七星……"、"上八步，八路神仙……"、"上九步，地久天长……""十步云梯登到头，子子孙孙做诸侯。光于前，裕于后，富贵双全乐悠悠"。

最后知客朗声高赞："发锤一举，煌其千里，发锤一响，黄金万两。上打一锤，鸳鸯成对，下打一锤，凤凰成双。号匾定毕，永远大吉。"众人将匾额挂上才算大功告成。

50岁的村民王建荣是村里有名的知客先生，举凡村里办红白喜事、玩龙舞狮，样样在行。今年正月十五，在民间文艺爱好者胡春东的支持下，村里将升号匾民俗搬到县城的拜年联欢舞台上，让更多人领略了荆山民俗浓厚的乡情乡韵。

宜城马头山寨记游

西风瘦马 / 文图

一

宜城有山，叫马头山，山下有村，名马头村，山上有石头古寨，号马头寨。

马头寨在流水镇。流水的西瓜最有名，马头寨却声名不彰，三年前才被考古部门发现推出，在网络和媒体上很热闹了一阵。

八月二十六日，暑气尚蒸，拾穗者一行十余人，受宜城同好的邀请，驱车往宜城寻觅地方文化遗珍，首站就是马头寨。

车行乡野，四围皆绿。一山突兀，横在前方，左高右低，高处一峰微隆，低处渐隐于村荫。陪同我们的宜城地方文化研究者顾家龙指道，那就是马头山了。沿山脚农家边的小路上山。山不高，路亦不太陡。上到山脊，约莫是马鞍的部位，左拐往马头的方向，劈面一堵石墙把马腰几欲拦断。墙头平整，墙后连着数间石屋的墙基。我在石墙上走个来回，纵目远眺，马头山和远山之间平芜一片，田畴、村舍、水塘夹杂铺陈，弯曲的道路缠绕其间，真是好看。

沿山脊再往前走，奇怪，不见寨墙，却是羊肠小路，刚才所见，竟然是马头寨的前哨防线。山的鞍部低缓，最易上山。所以山寨前哨设于此处，以我十来年间所见山寨，莫不是刚见寨墙，便是寨墙寨屋连绵，鳞次栉比。这种独立的前哨式的山寨布局，还是第一次见。小路由杂树拱卫着，虽在山顶，却幽趣盎然，行走其间，殊不寂寞。其间见路边一个孤零零的圆形石筑墙基，直径三米多，一边留有门，跟门相对的墙脚有洞。猜了好一会，不晓得这东西做什么用。

幽径忽然开朗，阳光下一堵白花花高大的石墙突然顶住了小路。沿墙转到山侧，但见寨墙留一缺口，缺口间有一石门槛，门槛内靠着一个石构件，圆头有孔又稍长。

——到马头寨了。

二

山寨长约二百余米，以山脊小道中分，两边寨屋。屋墙都是大小不一的原石垒砌，不事雕凿，显得粗糙。寨墙一部分全坍塌了，一部分兀立，杂草杂树就在颓圮的石罅间勃勃生长。寨屋的排列也很随意，依山就形，地窄处紧凑，地宽处松散。一侧的山坡稍缓，一些屋子高高低低错落其上，并不连缀为一体。这又与我曾见过的山寨不同。

沿山寨左右来回看一圈后，觉得马头寨在设计时似是缺乏整体的规划，各家自行搭建，屋与屋之间的错落勾连非常简单，若是屋子并列，共用山墙而已，山墙都是最普通的人字硬山。那些凿刻得稍微方正规整的石料，多用在门框和窗的部位。寨子中部有两堵石墙灰浆抹面，很是特别，让人奇怪。

山寨中部的十几米间，散落着几通石碑，石质不一，内容都是有关马头山上的古云台观的记事碑。碑文所述为佛寺，却以观称名。这大约是释道合一吧。我和刘浪、艾子随意选了一通碑来辨录文字。碑文所记为咸丰元年修缮云台观账目公示的公告，其中有"马头寨"三字。碑文中又有"内外粉画其新"字句，刚才看到的灰浆墙壁或是云台观旧貌。此碑有点奇怪，横款，碑面左右两边各镌刻一段完整的碑文，中间占碑石近一半的面积空着，这空白作什么用呢？想不明白。其他石碑都是历代民众为马头山庙观捐地捐银的功德碑，款识年号在清乾隆以后。以碑的数量和内容可以断定，云台观历代对周边影响不小，香火旺盛，但神主并不是常见的神仙，而是曹王（有曹王神像碑文），曹王出处，不甚了了，若祀主是曹王，那云台观大约为岳王庙、诸葛庙一类。因下午还要去看松林寺和讴乐寨两个遗址，没能细看那些碑，真是遗憾。

三

我没有在石碑上找到始建马头寨的明确记录，功德碑所记年代都在乾隆、嘉庆、咸丰、同治四朝。我以为，马头山上应该先有庙观，后有石寨，山寨兴建后，寺庙亦不废。"重修云台观碑文"中有"寺观之设,始之汉明"内容的铭文。"汉明"二字或者指汉明帝也未可知，佛教传入中国，正是汉明帝时期，但是以此地之偏僻，初入中国的佛教断不会在此立寺。该碑文中，还有"皇清乾隆四十五年"和"皇清乾隆伍拾伍年"记年。一块残碑上有"岁在乾隆"和"住持僧慧禅"字样。那块寨门内有孔洞的石件，进寨时我以为就是一个普通石件，出寨时细看，这个孔径达 13 厘米的或是门闩石的石件竟然是用旧石碑改制而成，依然留有原碑石上的"从来名山大川系立碑志前者倾颓整造可"和"皇上乾隆二十二年孟冬吉旦"等文字。由此而知，马头山云台观始建于明代或清初。绝不会入碑文所说"始于汉明"。云台观在乾隆年间分别有几次较大的维修，捐银者众，值得立碑表其事功。不过，寺庙在善男信女中是非常尊崇所在，这里以庙观的碑碣改制寨门构件的现象，在最不缺石头的马头山上，尤其是在中国人神祇佑护的宗教文化背景下，殊难理解。

咸丰元年的碑文中有"马头寨"三个字，这是我所见山上石碑对马头寨最早的记录，而且是现阶段发现的唯一的记录。同治《宜城县志》和同治《钟祥县志》均有马头山的记载，对马头寨却一致阙如。网上有文言之凿凿说马头寨中有碑记载："山寨始建于清朝乾隆年间，前后经过 11 年修建而成"，我在山上未见，写此文时又委托顾家龙先生从宜城博物馆拍了马头寨碑石拓片的照片，细细察看，仍不见这两句文字。不过，同治《钟祥县志》的记载，为马头寨建造起因和年代给出了可供参考的答案："国朝既定……二百年中晏然无鸣吠之警。咸丰以后，寇氛俶扰是邦，实与安襄诸郡相为辅车，唇齿以扼南北之冲，练覈军政、究悉利病在今日，盖尤先务之急矣"（卷之六《兵防》）。以此推断，山寨应在咸丰年间建造。不过，我们刚才看到的咸丰元年的碑文中就已经有"马头寨"字样，那么，钟祥县志这段文字的记录或许有误，起码钟祥出现"寇氛"的时间应早于咸丰年间。考同治《谷城县志》："嘉庆初，教匪之乱，窟穴南山老林，川陕湖三省备受荼毒，而堡寨兴矣"。再考民国《枣阳县志》："咸丰二年，即奉上谕，令全省仿照嘉庆年间坚壁清野之法，办理团练，以资保卫，捍患之方，无逾于此。查枣邑惟石虎山寨系嘉庆六年所筑，至尽尚存，其余堡寨率皆颓废"（卷二十《武备志兵事附》）。进一步考《清史稿》："嘉庆元年二月，白莲教谋反，姚之富、齐王氏起襄阳，曹海扬、祁中耀起房竹，王兰、曾世兴起保康，众各数万，四出侵暴，屠戮不辜"（卷四百八十九列传二百七十六 忠义三）。《中国古代史》对此有详细阐述："嘉庆元年（1796 年），王聪儿和姚之富在襄阳揭竿而起，他们攻取襄阳、樊城，又转战钟祥，并派遣一支部队进逼孝感，直指汉阳，迫使武昌戒严。清军云集湖北地区，对起义军加紧围剿，王聪儿和姚之富回师北上，嘉庆二年（1797）初，进入河南，又转战陕西，进入四川"（朱绍侯主编，福建人民出版社）。这些史料一致说明，早在嘉庆时，"教匪"就已经"起襄阳"而后"四出侵暴"，与襄阳相邻的宜城钟祥两县必不能独善其境。《钟祥县志》"咸丰以后寇氛俶扰是邦"的记载在年代上

马头寨废弃的房屋

必定有误，马头寨或筑于嘉庆年间，未为可知。

不仅山区多筑山寨，没有山的区域如襄北平原的村庄，也多有深挖壕沟广筑寨围的。襄州区东津镇的张嘴村，目前土筑的寨墙尚有大部分留存，我 2008 年去寻访，但见寨墙壁立，上可走人，挖土筑寨而形成的护寨壕沟像小河一般，一些河段，依旧波光粼粼。

《民国枣阳县志》中"即奉上谕"的记载还说明，山寨，并不全是百姓的自发建造行为，而是朝廷有组织地驱使民众建寨筑堡，坚壁清野，孤立起义教众。马头寨或者也是。

四

嘉庆间白莲教起义，咸丰间粤匪捻军起义。匪患年年不断，山寨代代续修。寨中"琅琊别墅"建造年号的记载为我们提供了马头寨历年续建方面的一点信息。

"琅琊别墅"在山寨的中部北侧，自前年发现马头寨后，媒体和网友的图文中，"琅琊别墅"的文字石刻已成为了马头寨最具标识性的符号。所谓"别墅"，其实也就是一间石屋，前院后室，后室门的上下左右四个边门框牢固完整，凿刻厚实精细，这在马头寨的百余间石屋中仅见（大部分石屋的门只有上楣下槛，没有竖框，只在门楣和门槛的两端对应部位开十余厘米的槽，或插木板以为门边框）。

宜城马头山寨记游

219

马头寨寨门

石门楣上自右至左镌刻"琅琊别墅"四字，拳头大小，楷书，阳刻，笔致出二王，清秀俊朗，非常工整。右侧上款竖刻"同治六年"，左侧下款竖刻"兰（谷）氏"，均单线阴刻。下款只属姓，而无名，罕见得很。重要的是，"同治六年"的上款，传达了马头寨续建的信息——这也是到目前为止发现的唯一信息。若山寨建于嘉庆或咸丰年间，则至同治年间，山寨一直在不断地进行扩建和修缮，换言之，山寨的防御功能一直在持续，亦即是说，匪寇百余年间，对百姓的侵扰代代不止。据老百姓说，1945 年日军占领钟祥和宜城后，百姓常到寨里躲避日军。

以"琅琊"题门额，这间屋子的主人，有很大的可能是王姓。琅琊，乃指魏晋时，一直居住在琅琊皋虞和临沂之间的最繁盛的王氏家族的郡望。刘禹锡"旧时王谢堂前燕，飞入寻常百姓家"的"王"字，其本事亦指琅琊王氏。石屋题"琅琊别墅"，既追怀先祖，更自矜家族。马头村处宜城钟祥之间。宜城王姓发迹亦早，东汉时王逸、王延寿父子，治楚辞，所著《楚辞章句》乃注楚辞之祖本，后世治楚辞者莫不以其为宗。此题"琅琊"，或者马头村之王姓乃至宜城之王姓与琅琊王氏亦有牵连。本族之家风、家学，向来为人所重，也是古人自我标榜矜美的重要资本。我由此想起九年前驴行南漳板桥镇，在夹马寨下的一个古屋夜宿，古屋内堂门额

拾穗者成员在马头寨开展田野调查

正书"青箱世家",此亦是以琅琊王氏自矜。只不过,"琅琊别墅"矜夸显贵,"青箱世家"矜夸典文,都风雅得很。不过,在这偏僻粗陋的山寨间,乍见这种风雅,想想他们为躲避寇匪的侵扰而惶惶然局促山寨的样子,虽觉幽默,亦感悲怆。世乱时危,民不聊生,这山寨里的"琅琊别墅",与大诗人王维的"辋川别墅",虽同为王氏"别墅",却别如霄壤。有才追慕风雅,亦有财建造"豪宅",此王姓寨屋的主人,当是寨下的土豪乡绅无疑了。

五

马头寨中见到一些脚手架等建筑工具,寨墙上也不时有拉紧的水平线绳。大概是镇和村正对马头寨进行修复。学者、拾穗者成员刘浪建议向镇上陪同人员建议道:修复最好不要动山寨寨体,即使是对坍塌的寨屋,也要尽量保持原状,只把寨子里的道路清理出来,便于游客参观即可。

欲出寨门时,王晓强在临寨门口的一个大的石屋门楣上发现有"爱书堂"三个字。这让我心头升起一股温暖。惶惶乱世之野民,避匪山头之陋室,不弃文化,此较"琅琊别墅",又更上一个境界了。我似乎看到山下旌旗猎猎,而山上石寨

拾穗者成员在马头寨考察

中书声琅琅的荡人心魄的奇异场景。仅此"爱书堂"三字,马头寨便可于荆山诸山寨中卓然傲立,更值得我辈在寨中流连徜徉,低回不已。

同治《钟祥县志》记载:"马头山,县东北百里,以形似名",而同治《宜城县志》亦有记载:"马头山形似马首,在县城东南三十五里,为县东南路诸山出口"。《宜城县志》所载马头山,并非此行所探究的马头山。《钟祥县志》所载马头山,过去属钟祥,今属宜城,这也是本文标题言"宜城马头寨",而引文只据《钟祥县志》的缘由。

归来作七律一首,聊记兹游。

马头山上正新秋,
残垒空林共僻幽。
寇雾曾围千寨暗,
僧呗不解满山愁。
寒虫荒草悲晞露,
生命衰年叹墓丘。
归去难消寥落意,
却看籼稻已繁稠。

2017年9月9日初稿,18日改毕

读山访古探楚源

——南漳县长坪镇楚文化探访之旅掠影

魏遵明 / 文   南漳县博物馆 / 图

"从现存地名透露的信息，以及文史研究者的著述资料上看，长坪应当是先楚时期一个重要的区域……"

4月24日，祖籍南漳县长坪镇的胡中才，带着他的研究成果，邀约李文学、张宜远等10余位对家乡文化旅游事业充满热情的老乡，踏上故土，寻访楚文化信息，为家乡发展建言献策。

探访专班一行首先登上该镇陡山村河阳坡，参访被文化工作者称为"中部地区莫高窟"的金山峒石窟寺。这是一处石窟群遗址，在绝壁之上凿有两道石阶和8处人工洞窟。据碑文显示，石窟建于明代嘉靖初年，由龙洞、佛洞、财神洞、灵官洞、药王真人洞、齐天大圣洞等组成，供奉有铜铁木石各类神像50余尊。2008年第三次文物普查时，已严重损毁。此后，镇村干部和村民对这一宗教文化遗址实施了有效保护，并随着"文化旅游热"逐步引起了人们的关注。"建在山谷之中的石窟寺，堪称奇观，极具旅游开发价值。"活动组织者王光明感慨道。

下午，大家又先后踏访了长坪镇附近的钟鼓坪、二城等地。每到一地，胡中才老先生都要问乡民、看地形，并结合楚史和他个人的思考进行一番讲解。

"除了二城、钟鼓坪，还有讹传为'中岭'的周公岭，以及司空山、庄司河、骠马河、五官山……"退休十余年来，一直痴迷于文史研究的胡中才说，这些地名自古存在，多与古机构名、古官名相关，不能不让人联想到其中的文化内涵。

当天，由于时间太紧，很多地方没有去看，很多史料也未能展开研讨。但胡中才坚信，长坪与楚人最初的建国地有关。他说，楚史专家张正明在《楚文化史》著述中称，"初楚之都丹阳，在睢山与荆山之间，今蛮河中游近上游之处。"2009

南漳长坪陡山金山洞外部环境

金山洞石窟及碑刻

年，张正明先生在实地考察后，又称"在南漳西八十余里的地方"。

"史料，地名，还有地形地貌，都让我对先楚熊丽建都于南漳长坪这个课题无法释怀。"胡中才说，他将一直专注地研究下去，也希望更多的有志之士参与其中，提供史料和物证。

从做土纸到"做文化"

——南漳县漳河源古法造纸传承人秦明炎转型记

魏遵明 / 文　张玉涛 / 图

　　4 月 23 日,家住南漳县薛坪镇龙王冲村深山峡谷漳河源的秦明炎,迎来由"拾穗者"组织的"漳纸工坊第八期手工纸研习营"的 20 多名志愿者,并从他们手中接过"漳纸工坊手工纸传习所"的铭牌,同时被委任为传习所负责人。

　　"这是我得了'民间工艺技能传承人'称号后,又添的一个最有文化的头衔。"秦明炎一边将铭牌挂在老宅门口,一边笑呵呵地说:"虽然现在责任越来越大,但信心越来越足。"

　　龙王冲村漳河峡谷是漳河的源头,保留着襄阳市唯一一处尚可生产的古法造纸作坊,陈氏纸民在这里造纸已有 200 年历史。今年 56 岁的秦明炎自幼在这里当造纸学徒,后入赘陈家,成为陈家造纸工艺的第八代传人。

　　"过去,造好的纸用人背出山,运到'小汉口'武安镇装船,卖得很好。"秦明炎说,新中国成立前,岳父家在南漳县武安镇有两个商号,后来商号和造纸作坊都收归集体入了合作社。"就是农村实行'大包干'后,岳父家弟兄几个,几十口人,没有半分耕地,造纸、卖纸也能养家糊口。"

　　大约在 15 年前,秦明炎及同行用心血汗水造的纸品只有本地少量需求,靠卖土纸已无法维持生计。纸民纷纷外迁出山,沿河上下的十几家作坊陆续停产、歇业。因岳父母年事已高难舍故土,只有他们一家留在漳河峡谷,而秦明炎却不得不和妻子外出打工。

　　"记得那是 2004 年,山外来探险的人发现了我们的老房子。第二年,'拾穗者'来了,几个人把这儿当成'西洋景',对作坊和屋子里里外外照了个遍。"秦明炎回忆说,从那以后,拾穗者每年都要带几拨人进来,给他家出主意、谋生活。

225

从做土纸到『做文化』

当天带志愿者在"漳纸工坊"做活动的李秀桦告诉记者，他正是第一批走进漳河源的"拾穗者"，后经几年的拍摄记录，陆续有漳河源古法造纸作坊的图片和文字见诸报刊。

2007年，由"拾穗者"制作的纪录片《漳源纸事》，又在东京录影节获得优秀作品奖。不懈的宣传推介，使漳河源在外界的影响越来越大，而到山里寻芳猎奇的人也多了起来。

"其间，我们做工作把在外打工的秦明炎拉回来，让他在家里开农家乐、展示老手艺挣钱。"李秀桦说，就是这样艰难地留住了漳河源也是全市最后一家古法造纸作坊。

为保护和传承手工造纸，拾穗者民间文化工作群做了很多工作。先后在襄阳做纸艺展，请秦明炎现场表演；联系民间组织捐款捐物，修路架桥……2011年10月，又启动"漳纸工坊"自然生态与文化遗产保护项目。项目依托陈氏民居和造纸作坊建了手工纸博物馆，亦名"漳纸工坊"，承担着展示、保护、研究、发展当地古法造纸工艺的功能。

同时，"拾穗者"又通过民间文化保护的同行，联系浙江富阳、安徽宣城等地的古法造纸作坊，将秦明炎送出去学习交流造纸技艺，并直接参与纸品创新。2012年10月和2013年4月，改良后的手工书画纸问世，经书画家试用证明可

以用于书画创作。2014年，秦明炎被湖北省人社厅授予"民间工艺技能传承人"称号。

在"拾穗者"的帮助下，秦明炎逐渐开始从卖土纸向"卖文化"转型。如今，在他的带动下，全家老少越来越关心身边的一砖一瓦、一草一木。来了游客，他会从家史、家风讲到造纸工艺，也会应邀表演造纸技艺，带着人们参观老宅子和古山寨。没有游客的时候，他就潜心打理"手工纸博物馆"，研究造纸新工艺，制作竹纸贴画、纸浆版画等旅游纪念品。

这次专程从北京赶来参加"漳纸工坊第八期手工纸研习营"的中国文化遗产研究院文物研究所所长于冰，目睹此情此景感慨道："以漳纸工坊的形式整合资源，学习外地活化传承的成功经验，将文物古迹保护和非遗传承结合在一起，让纸民变成了文化人，'拾穗者'的探索很有意义。"

位于南漳县薛坪镇龙王冲村漳河源头地区的漳纸工坊

荆山深处的文化传承

魏遵明 / 文　张玉涛 / 图

　　4 月 23 日，荣获"2016 年度感动襄阳人物特别奖"的拾穗者团队，在"中国最美手工私游地"南漳县薛坪镇龙王冲村漳河源，与南漳县文联一起举行了简短的"漳纸工坊手工纸传习所"挂牌仪式。这是拾穗者为保护和传承荆山深处古法造纸工艺，连续 7 年来组织的第八次专题活动。

　　为扩大文化传承活动的影响力，吸引民众参与到保护和传承优秀传统文化的

静静的漳河源

行动中来,每次活动除了拾穗者成员,他们都会面向社会召集志愿者。这次是"漳纸工坊第八期手工纸研习营",召集令一出,百余人报名。后因接待能力所限,最终确定来自北京的文化遗产研究机构人员、媒体记者、景观设计师、工程师、南漳文联文艺工作者、草草义工协会以及当地镇、村志愿者共23人参加。

22日一大早,拾穗者从襄阳出发,一路与志愿者会合。中午时分,汽车行至龙王冲村的公路尽头。大家弃车步行,每个人都背着活动所需的文化用品和生活物资,从海拔1200米向600米的峡谷深处艰难行进,个个小心翼翼,挥汗如雨。经过一个小时崎岖陡峭的山路,抵达目的地。

龙王冲村漳河峡谷保留着襄阳市唯一一处尚可生产的古法造纸作坊,陈氏纸民在这里造纸已有200年历史。这里风景优美,被许多户外爱好者称为"世外桃源"。近年由于市场原因,古法造纸传承面临困境,拾穗者与纸民合作,于2011年10月启动了"漳纸工坊"自然生态与文化遗产保护项目,希望通过纸品改良创新使这一古老的手工工艺恢复生机,传递人与自然和谐相处的生态智慧。项目依托陈氏民居和造纸作坊建立了手工纸博物馆,亦名"漳纸工坊",承担着展示、保护、研究、发展当地古法造纸工艺的功能。

漳纸工坊的百年造纸作坊

荆山深处的文化传承

漳纸工坊项目启动之初，得到南开大学校友的众筹资助。项目组从改善民生入手，修建了应急索桥"漳河源南开桥"并改善了部分生活设施，历史学家来新夏为索桥题写了桥名。为改良纸品，项目组安排纸民到安徽、浙江学习交流造纸技艺。2012 年 10 月和 2013 年 4 月，改良后的手工纸"漳纸一号""漳纸二号"问世，经书画家试用证明可以用于书画创作。著名作家、中国民间文艺家协会主席冯骥才试笔漳纸并题诗："天然漳纸好，下笔有精神。古事今不去，拾穗乃功臣。"为了让市民体验古法造纸流程，拾穗者每年组织手工纸研习营，并邀请各方面专家就工坊建设、造纸技艺保护和文化传承寻找方向。

由于 2011 年项目开始时布置的陈列品大多已受潮霉变，残缺不全。拾穗者这次行前在南漳文联的帮助下，重新设计制作了精美的展板，系统介绍了手工造纸流程、漳纸工坊项目内涵、漳河源地区自然人文资源及"天下第一家"义门陈氏家族史等。志愿者们一到目的地，顾不上吃饭就立即动手布置手工纸陈列室、整治工坊周边环境。漳纸工坊项目负责人李秀桦介绍，漳河源古法造纸技艺是具有"活化石"意义的非物质文化遗产，漳河源"天人合一"的文化系统也是传统生态文明智慧一个不可多得的样本。项目组以后将继续努力推进项目建设，实践"活化传承，生活美学，环境保育"的文化公益理念。之所以赶在五一节前周末开展这次公益活动，是为了让工坊迎接旅游旺季的到来，给自助旅行者们一个好的体验环境。

22 日晚，参加活动的营员们顾不上劳累，点燃篝火，围炉夜话，分享各自心得，展开"头脑风暴"，共同就各自的专业对漳纸工坊保护和发展提出建设性意见。来自中国文化遗产研究院文物研究所所长于冰说："拾穗者的工作很有意义。对于漳纸工坊的保护和利用还可以学习外地活化传承的成功经验，整合更多的资源，做好文物古迹保护和非遗传承的结合工作。""头脑风暴"至深夜 11 点多钟，拾穗者们仍在录音、记录，个个兴致不减。因为他们深知，漳河源头的文化传承任重道远，唯有集民智、聚众力，方可行稳致远。

汉水流年

贞珉重光：寻找汉江湮没的记忆

李秀桦 / 文图

　　汉江又称汉水，《水经》中称沔水。越秦巴而奔郧襄，贯荆楚而吐云梦，地跨陕西、湖北、河南、四川、重庆、甘肃的 78 个县市。其干流发源于秦岭南麓，流经陕西、湖北两省，于湖北武汉龙王庙汇入长江，全长 1577 千米，流域面积159000 平方千米。汉江是长江水系中最长的支流，流域面积仅次于嘉陵江。她与黄河、长江一样，同为中华民族古老而神圣的母亲河。

一

　　与汉江流域会馆碑刻的结缘，有一个长长的铺垫——

　　秦岭雪，巴山雨，交集汇聚成汉水。作为一个生活在汉江边的人，母亲河总是让我魂牵梦萦。从 2005 年开始，我和朋友们开始对汉江的探访，不管是逆流而上还是沿江而下，在行走之后陆续就有了一些关于她的图文记录。

　　2006 年的元旦，是我的汉江第二走，在安康老城，我感受到汉江给这座城市带来的骄傲和荣光。在旬阳县城，我认识了摄影师刘贵棠。做过水手、曾经在汉江上航行过的他，待人热情周到，酷爱本土文化，为我们那年春节到蜀河古镇拍摄当地独特的民俗"烧狮子"埋下伏笔，也让我与这个古镇有了又痛又爱纠缠至今的缘分。

　　汉水三千里，曾经繁忙的黄金水道，在以船舶为重要交通工具的年代，沿河城镇都有着长时间的繁盛，蜀河就是其中的一个——明清两代发达繁忙的航运造就了她的辉煌，时至今日，这里还保留着高高低低、曲曲折折的巷道和一些颇具价值的古建筑。汉江边的杨泗庙（船帮会馆）、黄州会馆就是其中的代表。

　　杨泗庙是为船民所建的庙宇，因为水上人远行前都要烧香求神，保佑一帆风顺。黄州会馆则是当年从长江而来的湖北黄州帮商人所建。它们耸立在老街层层叠叠的屋檐之中，建筑精美，引人注目，还有一座建于明嘉靖末年的清真寺也保存完好。这些都充分说明汉江发达的航运给秦巴山区带来的经贸、文化的融合。

贞珉重光：寻找汉江湮没的记忆

我们在春节后的农历正月十四，启程赴蜀河古镇，探访古镇前世今生，寻觅她的旧日美颜。"肉身沉重，灵魂自由；秦巴寻梦，执命向西"，临行前，我豪情万丈、意气风发地给朋友发了这样一条手机短信，不料竟一语成谶，差点改写了我40岁以后的人生。

那天上午，我和张玉涛、李鹏程、姜辉等朋友通宵达旦坐火车赶到旬阳后，就在刘贵棠的安排下马不停蹄来到蜀河。因为天气不错，一进古镇我们就开始了紧张的拍摄。黄州会馆当时未对外开放，镇上只是代文物部门管理。戏楼的一角，飞檐已不知去向；大殿的屋顶豁出一个大洞，漏出天光；而曾做过镇粮食仓库的库房内，则停放了几十口棺材，其破败情形让人唏嘘不止。

我沉浸在这一百年建筑残缺之美带给自己的强烈震撼中。在戏楼中间，我拍摄了木雕凤凰雀替和戏台上造型繁复的藻井。戏楼的西侧是一间厢房，旧时应是供演员们换戏装的化妆间。我对着山墙一侧窗外的民居频频按下快门，完全忽视了潜在的危险：脚下的戏楼百年来未经修缮，楼板早已糟朽，不堪重负。果然，当我拍完最后一张照片，后退一步时，一只脚不幸地踩在朽坏的楼板上，刹那间我成了一个自由落体。当我本能伸开双臂寻求保护时，身边的楼板都纷纷坠落，在经过第二层时还撞到一截横梁上，最后重重地摔在地上。事后朋友们说一楼距离踏空的地方有4米多高。

当时我的神智还算清醒，同伴们马上过来采取了安全有效的搬运，到镇卫生院进行紧急处置后用救护车送县医院。经过检查，第一腰椎爆裂性骨折，椎骨突入椎管0.7厘米，并压迫到下肢神经。

经过朋友们的帮助，我辗转回到襄樊。经过手术后我躺在医院的床上，如卧刀锋。我反省了当时的不慎。也许是我的鲁莽践踏了会馆的自尊——这些会馆，聚集同乡，联络乡谊，敬畏神明，共襄经济，是近世社会的一个重要支撑，但甫一远去，我们就忽略了她往日的贡献，冷眼旁观她几近坍塌的命运，怎不该受到警醒和惩罚？

尽管我的脊柱上因为坠落而手术植入了价格不菲的钛金属固定器件—CD2，让我成了一个"断背"的行者，但是，我无悔，没坐轮椅，算是非常幸运了。因为对汉江人文历史的探访还远远没有结束！在这之后的日子，我又多次以平静的心情回到蜀河古镇，造访让我"断背"的会馆并竭力去探究背后的故事。这得益于各地文物部门对会馆保护力度的不断加大，蜀河黄州会馆、杨泗庙也遵循"修旧如故"原则得到修缮，并免费对访客开放，真正做到了"让文物活起来"。

拾穗者成员《清代汉江流域会馆碑刻》编著者之一任爱国在樊城山陕会馆校订碑刻

拾穗者成员施锦华在樊城三义庙旧址制作碑拓

二

会馆，本意为开会和聚会的馆舍。中国会馆兴起于明初，兴盛于清代，在近代走向衰落。早期的会馆是为了方便举子应试，"京师之有会馆，肇自有明。其始专为便于公车而设，为士子会试之用，故称会馆"；后来会馆之风由京城蔓延到全国，商人会馆反倒后来居上，成为主流。清康熙以降，拜汉水水运发达、襄阳区位优势所赐，山西、陕西、江西、安徽、河南等 11 省商人和船帮在"南船北马"的樊城陆续修建了 21 座会馆。这一座座会馆建筑，就像是沿汉江漂来的华丽乐章和灿烂明珠，蕴含着丰富多彩的历史信息，赫然辉煌，映照古今。这些会馆已然成为襄阳地区商业文明的历史见证。自 2007 年开始，我和民间组织——襄阳拾穗者民间文化工作群的同仁们开始关注樊城会馆文化，并有一些文章发表在当地媒体上。2010 年，从山陕会馆现存的 17 通碑石开始，搜集整理了樊城工商经济碑刻文献资料 20000 多字，得到弥足珍贵的第一手文献资料。2011 年，襄樊学院（2012 年更名为湖北文理学院）鄂北区域发展研究中心批准了该院张平乐副教授主持的《汉水流域城镇和会馆研究之一——樊城会馆》课题，邀我合作加入工作团队，我从此开始了对会馆文化的探索。

大江流日夜，会馆映古今。多少年过去了，汉江上如林帆樯消失，南北商人风流云散，只有幸存的数量稀少的会馆成为商业的历史见证物。于是我思考，要将会馆作为我行走汉江时关注的重点。在田野调查和研究工作中，我有幸站在前辈学人的肩上，充分吸收他们的学术成果，同时也利用本土文献史料，试图从各个维度来寻找关于襄阳会馆研究的新路径，特别是与地域历史地理的关联。

2013 年，我与合作者先后在《湖北文理学院学报》上发表了《樊城山陕会馆与关公崇拜》《樊城山陕会馆碑刻及其史料价值》《襄樊三义庙及碑刻考》《清襄阳湖南会馆考》等论文。同时在媒体上发表了会馆的部分研究成果。

我们的工作，受到襄阳市政协文史委关注。在市政协召开的关于襄阳文化发展的座谈会上，我们关于襄阳会馆的现状及如何进一步加强会馆保护和研究的观点，走进了市政协文史工作的视野。2014 年，市政协将会馆研究纳入文史资料工作年度重点，一方面，通过联合开展调查研究，并召开界别协商会的形式，呼吁社会各方面重视会馆的保护和利用；另一方面，充分搜集现有史料，编辑出版会馆方面的专著，为今后更深入地开展会馆专业研究奠定基础。文史委与我们进行了充分的沟通商讨，双方决定将原计划只有樊城会馆的内容扩展为襄阳市域内会馆的梳理以及对商业文化的延伸研究，在此基础上，出版会馆史料专辑。作者和文史委先后到谷城县的盛康、城关镇，枣阳市的新市镇，襄州区的双沟镇、古驿镇，樊城区的卧龙镇、太平店镇进行田野调查，得到了县（市）区政协文史资料委员会的支持。2015 年 1 月，《襄阳会馆》一书由中国文史出版社正式出版。

通过《襄阳会馆》的写作，增加了我对襄阳"南船北马""七省通衢"的认识，廓清了会馆文化研究的思路，可谓受益匪浅。2015 年 10 月，我也因会馆研究加入了中国文物学会会馆专业委员会，出席了在洛阳召开的中国文物学会会馆专业委员会年会暨第七届学术研讨会。会长吴加安先生在研讨会上特别指出：襄阳历史悠久，会馆众多，在汉江流域乃至全国都很有价值，特别是在"中俄万里茶道"申遗中具有节点意义。吴加安还对《襄阳会馆》一书表示赞赏，并鼓励我开展湖北境内和汉江流域会馆的田野调查和研究工作。

吴先生的话给了我极大的信心。我想应该对十年来行走汉江时关注的会馆以及碑刻资料进行系统著录工作，同时也思考将汉江流域会馆和商帮文化作为有生之年的研究课题。

三

贞珉是古人对石刻碑铭的美称。碑刻是刻在石头上的史书，是中国传统建筑的组成部分，是各种重大历史事件的记录和见证，是对史籍记载不足的补充和校正。它为解开学术疑问提供线索和钥匙，同时也揭示出不为人知的重要史实，供人们获得新的历史发现。

寻找会馆碑刻、整理碑刻文字成了我近年来田野调查的工作之一。在这个寻找过程中，既充满了艰难和失望，同时也蕴藏着希望和满足。

2016年，在汉中文史专家郭鹏先生处得到一通《白邑创修山陕会馆叙》的照片，但像素太低，阙文很多，需要重新录入。打听了许多朋友都不知这块碑的下落。2019年2月16日，我长途驾车赶到陕西白河县城，拜访原白河县地方志办公室主任、地方文史专家艾文仲。他告诉我两西会馆（山陕会馆）遗迹去年已全部拆除。碑石当时看到过，在他建议下被文化部门收藏。他还给我找到了当年的手抄碑文底稿，这让我对艾先生的乡土情怀由衷地敬佩！

2月17日下午，我和老朋友刘贵棠到蜀河中学的三义庙校订碑文，这已是第二次现场核对了。三义庙是山西、陕西、河南三省所建，带有同乡组织性质。现在已是陕西省文物保护单位的三义庙仅存拜殿。拜殿已经修缮，三通碑石尚存原处，个别字风化严重。我用面粉涂抹后发现原来的一些错录，在草稿上更正并拍照。

2月18日早上7：30，一股寒气侵袭了刚刚醒来的我。推开小旅馆的窗户一看，天已下起小雪。我一个激灵，赶紧穿衣，下楼，穿过逼仄的街道，去黄州会馆和杨泗庙校对碑文。天光尚早，街道上空无一人，我匆匆地走着，心头感慨万端。13年前的今天，在黄州会馆拍摄时不慎坠落差点要了我的命；十多年过去了，我却对会馆文化产生了如此浓厚的兴趣。祸耶福耶？缘分耶？

天太早，黄州会馆大门紧闭。我只好赶往杨泗庙，校对完三通碑文后，再急急返回黄州会馆校对另四通碑。但有几通碑风化严重，连面粉也不敢往上抹了，只好竭力辨认，订正了几处阙文。

雪越下越大，大有留客之势，我却因明天要上班，只好返回。驱车沿316国道顺汉江而下，风雪漫天飞舞，沿途风景一晃而过。想象中，客籍商人的船队从远处而来，在冷水、麻虎、夹河、白河沿线停靠，卸货，交易，补给，但很快又消逝了，只留下远去的帆影这样一个意象，只剩下白茫茫的大地上残存的会馆，见证着曾经的风华绝代。

早在2016年春节前一天，我和妻子回老家过年，一起到湖北省房县考察山陕会馆。在县城老街，几经寻问，找到了曾经做过粮食局仓库的山陕会馆。但残

贞珉重光：寻找汉江湮没的记忆

237

破的会馆大门紧闭，在外面打量，只有拜殿和正殿格局尚存。旁边的居民说殿内有一碑，无奈春节租房客早已返乡，不得究竟。但又如此让我惆怅和惦记，总想有一天能一睹这块碑的真颜。

三年后的腊月二十九，我和岳父、妻子又去了房县。走进老街，发现县里已经启动了历史文化街区的保护工程。西关正在进行棚户区改造，三间书院设计图贴在街上，等待复建。东侧的山陕会馆外面搭了脚手架，墙面已整治、梁柱已修复、木雕已清理，地坪也已铺好地砖……整个修缮现场显得秩序井然，宽敞明亮。但这一切，在我看来，都是在衬托那块让我牵挂三年的碑刻出场！

这是一通嵌进房县山陕会馆西山墙的、刻于嘉庆二十二年（1817）的石碑，被人清理后静静地矗立在那里，干净整洁，字体漂亮、字迹清晰——或许是我的执着感动了上苍，现实如此圆满，实在是大喜过望！

河南省南阳天妃庙碑刻的获得也出乎意料。过去几年，我只关注到社旗山陕会馆、淅川荆紫关的会馆群，对南阳曾有一个与福建商帮密切关系的天后宫却未在意。突然一天，南阳朋友唐新发来消息，告诉我那里保留有多通碑刻，我一听，顿生要去抄录的强烈愿望，以至于夜不能寐。于是在 2019 年 3 月 16 日，和妻子驾车前往。

襄阳、南阳比邻而居，同属南襄盆地，是上苍赐给人们的一块宝地。勤劳善良的人们在这一带稼穑劳作，贸易往来，留下了丰厚的文化遗产，天妃庙就是福建商民北往中原，并将信俗移植中原的见证。可惜随着时代的流逝，处在主城区宛城区的天妃庙已是门可罗雀，这倒也让我们安静地抄完了 6 块碑，填补了旅居南阳的福建官员和商人在异地建立庙宇的文献空白。可能是感动于我们的认真，庙里的道人中午为我们准备了斋饭。虽然只是一碗汤、一个馍，但一米一粟，皆来之供奉，思其来之不易，已胜似燕翅参鲍。

抄完天妃庙的碑后，趁着天色尚早，我们又匆匆赶到宛城区黄台岗镇禹王村。这里曾有山西会馆在抗战时期被毁。所幸是碑刻被村里的有心人从公路上的桥梁拆下，移到禹王庙里保管，和其他碑刻混杂在一起。趁着天光我们向村民做了调查并用相机对碑刻拍照存档。

南阳的会馆碑刻除了社旗山陕会馆、荆紫关山陕会馆受到学人关注外，其实民间遗存并不少。次日一早，我们又赶往汲滩校订 2013 年第一次去时所录的会馆碑文。汲滩是邓州辖下的一个镇，位于湍河边上。之前已得到了碑文内容，为慎重起见，再来最后核对。邓州文史学者常振会、侯保国两位先生专门请人开车从邓州市区赶来帮助。

这些碑集中在镇上的初级中学，分立在山陕会馆的东西山墙处，大部分碑文清晰，少部分字迹漫漶难以辨认。比较遗憾的是，大部分碑在当初时移动重立时，或许是为了牢固，都将碑石插了一部分在地下，导致每行都有一个或者两个字不见天日。

还有一块碑，将捐资题名放在正面，因无法确定是否与会馆有关，决定放弃，但不放心地把头凑伸到碑与墙的缝隙中辨认，竟然是《创建山陕关帝庙东西殿碑记》。也就是说碑重立时立反了！这又是一个新发现，几个人都很兴奋。但问题来了，碑与墙之间太窄，根本无法容人站立，连伸个脑袋的空间都不够。大家连声叹息，只怪当时立碑人蠢，现在不得不放弃。正在沮丧时，常先生竟然跑到街上买来一面镜子，然后手举镜子伸至碑后，靠着镜子，一个字一个字地辨认。就这样，妻子费力伸手向碑上抹面粉，弄得人像掉进了面缸一样。常先生和侯老师脑袋贴着脑袋，一字一字会商确定。一块不足 700 字的碑却足足抄了两个小时，待抄完最后一个字时，已经是下午两点。大家都觉得腰背酸痛、眼睛发涩、饥肠辘辘……

就这样，我四处搜罗汉江流域内会馆碑石的线索，进行田野调查，集腋成裘，终于搜集到近两百通移民、工商会馆，以及和工商业内容相关的碑文。无论是在号称"天下四聚"，并与朱仙镇、景德镇、佛山镇并称"天下四大名镇"的通商大邑汉口，还是在汉江干流上如旬阳蜀河、紫阳瓦房店之类的蕞尔市镇，甚至在汉江若干支流如南河一线的保康寺坪、神农架阳日湾这些偏僻之所，都有昔日商帮留下的足迹，吸引着我一一造访，去捡拾和破译他们留下的记忆。"石破天惊"，这些有关会馆的、移民的、信仰的碑石不仅仅是一部清代汉江流域以及秦巴山区的移民史、垦殖史，还是一部那些勇于进取、不畏险阻、开疆拓土商人们用生命书写的生命史、贸易史、社会史。

会馆碑刻资料的搜集和整理工作历时十年，对我来说，既是一个不断学习，不断认识近代汉江流域经济社会的过程，也是向那些已经走向历史深处的异乡商旅表达敬意的行走。如果说这些碑文能对当下学人的历史文化研究起到一把"钥匙"的作用，以此管中窥豹，打开尘封的历史之门进一步"逼近历史的真相"，那么我就感到无上欣慰了。

2019 年 4 月于南湖穗园

贞珉重光：寻找汉江湮没的记忆

人神共娱：汉江龙船会

李秀桦 / 文图

每年端午节，湖北十堰堵河口的汉江龙船会——一个百姓自行组织的社群娱乐活动——沿袭数百年即使是在"文革"中也不曾间断，如期举办。在村里举办龙船会的日子，远在都市谋生的游子都会千里迢迢返回老家，因为他们对这个节日比过大年还要看重。这个独具特色的原生态民俗活动在汉江流域是唯一的，至今还在顽强延续。

三岸一渚的堵河口

从郧县（今郧阳区）出发，经过柳陂，一大早赶到韩家洲的时候，就听到从汉江边传来的阵阵鞭炮声。河口西岸与汉江交叉的地方已经插上各色旗帜。堵河口已有村民围绕数条龙船在忙碌着，这预示着一场大的民间活动已经拉开序幕。

韩家洲是汉江上一个地貌极其独特的地方。

汉江的一级支流堵河有两个源头，皆发源于陕西和四川交界的大巴山。这条河流千回百转，从神农架流经竹山县城、姚坪、叶滩、叶大，到十堰的黄龙，再到出口汇入汉江。因正对汉江江心一个大洲名韩家洲，此处就得名为堵河口。堵河受到韩家洲的阻拦，致使向东奔流的河流在此拐了一个弯，向西流去，所以堵河左岸临近汉江的村子叫西流。

韩家洲上的村民都称自己是韩信的后裔，一部分早在2013年就因南水北调工程搬迁他乡。洲西留下据说是韩信母亲的一处墓地，高高隆起。村民移民之后洲上禁止耕作，植被严严实实地覆盖了这个曾经人烟繁盛的江心洲。

堵河口因了与众不同的龙船会而闻名四乡八里。每年端午节之前，堵河周边的民众以村组为单位，自发组织老年人、青壮年劳力，从农历五月初一开始整理船只，装扮船只，谓之扮船。初四时，龙川会成员们到指定的宽阔水域聚集，进行训练，晚上都要到龙王庙烧香还愿。初五早上，各龙船会举行简朴而又庄重的祭龙仪式，之后就是赛龙舟，场面激烈而又喜庆，输赢都不是目的。赛后的晚上是五个龙船会各自举办的隆重聚餐，各村的会首每年轮流坐庄，汉江汉子们的豪情在酒席间挥洒飞扬。

韩家洲村主任康华是今年的龙船会会首。他们的龙船会叫堵河口青龙会，会旗是蓝色的三角旗。地上的木制龙头、龙尾和桨，都是村民制作的，传承有年。一帮中年汉子一起把龙船安置好，女人按规矩是不能参加龙船会活动的，她们的角色是在会首家帮厨。

青龙会的四条龙船中有三条是最近几年买的，这是一条普通的渔船形制的龙舟，平时都要存放在专门的船屋，不得用于其他，而龙头则由会首在家里保管。汉江上游的西流，汉江对岸的店子河和堵河上的武家河都有各自的龙船会。

从堵河左岸向上走是崩滩村，途中见到村支书杨永昌。"我们这里传说自明代就有划龙船的，但有一次龙船沉到堵河了，成了卧龙，以后再没有人划龙船了。但是所有龙船会的船每次端午节这一天都要上到崩滩湾祭龙，因为这里潜着一条母龙。"他说，"在'破四旧，立四新'的时代，公社不允许划龙船，村民就偷着组织龙船会，搞个铁锨当桨比划。堵河口的龙船会活动算是一直没有中断过。武家河、店子河、韩家洲、粟家店都有龙船。早上七点，祭母龙时要放鞭炮、烧香表，头一天晚上也有老百姓去烧香许愿，求子求福，热闹得很。"

下午两点，在郧县文化馆摄影师陈磊的安排下，店子河村的龙船会会首龚传茂驾船接我们过江。他和妻子常年在一条船上干活，也许是经年累月露天作业的原因，两个人脸色黧色却透着健硕。这是一条渔船，他老婆说现在是休渔期，有时也渡人。龚所在的龙船会是白龙会，这个村属于青曲镇。龚传茂快人快语，是省非物质文化遗产代表性传承人，也是今年店子河白龙会会首。

走完自然码头的水泥台阶后是村委会、卫生室和一个小商店。一些妇女正在请村医陈西学在红布上写字，她们叫还愿帐。红布上敬语格式如下：

敬：店子河白龙会

二〇一六年五月五日

还愿帐后面落有村民姓名。还愿帐将被村民在晚上十二点前敬献给白龙庙的龙王爷，祈求保佑一家人的安康吉祥。

龚传茂的哥哥龚传志今天从十堰请了岳父岳母提前回来过节，开车带我们去

村民将龙船推到汉江水面上

看白龙庙。一间水泥砖砌成的龙船房在白龙庙下首，是政府拨款修建的，刚好可放一条龙船。白龙庙很小，几乎只是个神龛，摆了馒头和供果，村民上的线香正香烟缭绕，树梢上挂满了还愿帐。一个村民一脸肃然烧纸、上香、放鞭，然后挂还愿帐，神情自若，无比虔诚。我们问后方知是为两个孩子挂的，至于为什么这样做？村民说从来都是如此。龚传茂说过去庙在另外的地方，"文革"期间被打砸，后来又恢复，但是"每个月的初一、十五都有村民来烧香"。

　　店子河村的两排移民房都是 2012 年初搬迁上来的，龚传茂的家也在这里。居高临下，这里是欣赏堵河口风景绝佳的观景台。汉水浩荡，秦岭巴山逶迤苍茫，韩家洲横卧江心，远山近水，层次分明，好一幅汉江山水图！

　　晚上八点，新建的移民村家家户户灯亮起来了。不断有人开车或从山下渡口边回来。平时他们在十堰、郧阳工作，也有的搬离了店子河，只有在这个比春节还要热闹的传统节日回到熟悉的村庄。

　　龚说今天晚上有家门弟兄回来，也有酒席，让我们参加，"通常吃会是不请外人参加的"。

　　龚传茂今天晚上吃会的人主要是兄弟家门的亲戚。龚兄弟姐妹 7 个，他是老四。他说每年回来都要坐上几桌子。堂妹夫陈绪斌是郧阳柳陂镇上的老师。为龚家的女婿，每年也都要和妻子回到妻子的娘家店子河过节，这也是这里的一个传

龙船会成员

统习俗。晚饭很是丰盛，席间主客频频举杯，一幅不醉不休的架势。今天龚家摆了七桌。有一桌下午划船的年轻人喝得兴起，干脆个个光个膀子喝上了。

独具特色的龙船会

中华民族是一个对龙充满无比景仰的民族，各地端午节划龙舟的习俗颇多。但对堵河口龙船会的来历就连龚传茂们都说不清楚。

如果说龙图腾崇拜是一种精神层面的话，祭龙活动则是龙图腾崇拜的一种外在表现形式。每年龙船会过程中的祭龙活动有六次：农历五月初会首要到龙王庙祭拜，向龙王告知今年的龙船会即将拉开帷幕，请求龙王的保佑；当日或者隔日会首带领部分会员打开龙船房祭拜龙船，随即把龙船抬到江里浸泡；初四上午会首带领乐手把供奉在家里阁楼上的龙头龙尾接到江边祭拜，然后把它们安装在龙船上；初四晚上至初五凌晨全体村民都要以家庭为单位到江边或龙王庙许愿祭拜，以求得龙的保佑；初五早上会首带领龙船会成员在龙船前祭拜，求得会事的平安；初五傍晚会事结束龙船回到村前，会首要带领会员祭拜，然后下一任会首登船卸下龙头龙尾捧回家，其余会员则把龙船抬进龙船房。其中初四晚上以各户为单位的祭祀活动要闹腾一整夜，人们在夜色里插愿帐、上香、烧纸、磕头、许愿、放鞭炮、聚集在一起唠家常。各户所插的愿帐一律为红布，上面用毛笔写有类如"赠店子河白龙会"字样。愿帐的大小要根据各户所许之愿的大小来确定，许平常之愿三五尺就够了。若有祈盼得子、孩子考大学、希望婚姻幸福美满等等的，就得一丈二尺红布了。

汉江东流，堵河北汇，韩家洲正好迎着堵河。堵河口里面有武家河村，堵河口的东面、汉江的南岸是堵河口村，堵河口西面、汉江南岸是西流村，汉江中央是搬迁一空的韩家洲村，汉江北岸有店子河村、高家河村等。围绕着韩家洲的两江三岸一洲只有这五个村落自古以来每年都集聚在一起划龙船，其他村庄很难融入其中但也乐于观阵。

青龙会会首任康华给我说：今年有五个龙船会的龙船，是武家河（今龚家河村）的黄龙会、韩家洲村（原堵河口村）的青龙会、崩滩湾的黑龙会、店子河的白龙会和西流村的黄龙会，共十条龙船。崩滩的黑龙会是第一次出船，原来传说是龙船沉过，成了卧龙，所以一直是祭龙地。

堵河口的端午节时节正值当地麦收期间，但端午那一天家家户户都要放下农事全力参与到会事活动中。会事活动分赛前准备和赛事两个阶段。赛前准备要泡船、箍船、扮船和挑选赛手。选出来的赛手还要分主力赛手和替补赛手。赛事不规定船的大小，也不论赛手多少，更没有起跑线和终点线，一律凭鞭炮声去抢夺出标人手里的标的物。赛事没有裁判，更没有人宣布输赢，输与赢一切凭自我感觉和观众口碑，得到的标的物赛后交给各自的会首，再由会首奖励给赛手。

堵河口龙船会的赛程相对固定，上午的赛事在堵河口至武家河的堵河江面上开展，下午则在西流村与店子河村前的汉江江面上开展。这样的赛程是根据堵河水的流向决定的。在丹江水库修建以前，堵河江水湍急，在汇入汉江时冲撞到了韩家洲上。根据韩家洲的地形和当时汉江河岸地形，逼着堵河水在汉江上向西倒流，绕过韩家洲头才在韩家洲北侧与汉江水一起东流。堵河口龙船赛的之字形赛路，正好与堵河汇入汉江时的之字形线路重叠。

61岁的龚万国特意从十堰回来过节。他原来在生产队时就是督造龙船的。他给我讲述过去制造龙船和当会首的辉煌经历。

"传说白龙是从汉中坐船下来的，到了店子河落下脚。店子河的龙船会仪式特别隆重、香火也旺。我们这个地方的人性情温和，民风好，地势像'金州御水'。我们这里过端阳节比春节还要热闹。在外打工的人不管多远都要回来。龚姓占到百分之六十，听说祖上来自汉中。"龚万国说得津津有味，"龙船与一般木船并无二样，也不实行彩绘装扮。一般长两丈三尺，船底宽一尺九。龙头要有雕刻，比较讲究一些。船造好了要做好防水。先用白灰羼竹麻、桐油捶乱，用凿子捶进船的木板缝隙，得好几道工，不然会漏水。然后用桐油刷好几道。这事认真得很，不敢马虎。下水里要放鞭炮，敬老爷。我们那个时候，他一直是在龙船上做舵手，也就是掌握龙船的方向。一条船上除了舵手还有一个桡头，两个敲锣打鼓的，14个划船的。一共18个人。端阳节那一天，一早要划船到崩滩祭龙。然后到堵河大桥下划船，上午在堵河，下午到店子河，晚上各自回村。白龙会还要举行送龙仪式。"文革"时期也没有人投什么标，主要是热闹热闹。原来抢鸭子，现在改了抢烟，也有人把现金放到气球里当标让人抢。"

66岁的龚士前回忆："我们这划龙船，没有间断过，只有1966年在船上竖了一个龙头。船都是集体所有。五月初四抬下河，初五晚上抬上山。天再忙，麦子乱到地里不管都要玩，干部禁止都禁止不了。造船时各家各户出力，木头到外地购买。楸木最好，也用椿树。三四十个工造一条龙船。"

龚万国又给我说过这样一个故事。20世纪的"四清"和"文革"时，龙船会被列为"四旧"范畴，公社来的工作队严禁人们举行赛事。就在龙船会员打开龙船房准备抬出龙船时，有工作队员赶来制止，被几个龙船会会员强按在沙滩上，等其他龙船会会员把龙船抬下水后才把工作队员放开。这事后来并没有被认真追究。归其原因可能是堵河口一带强大的文化凝聚力起到了威慑作用。

遗憾的是原来参与龙船会的男丁因外出务工近年来越来越少，还有一些消失的仪式和送龙时所吟的《龙歌》也无人会唱了。

两位骨灰级龙船会员的讲述，更让我增加了对龙船会的好奇心。

第二天早上，村子里大雾茫茫，除了近处的房子看不到任何东西。不时有从汉江传来的船舶马达声，山坡上的鞭炮声，提醒我们这是在汉江边经历一个特殊的节日。

店子河人将韩家洲右岸汉江称为前河，左岸汉江称为后河。吃过早饭，我们来到河边，店子河的白龙会会员早已开始练习，三条船中有一只老式龙船，船舷上包上红布，煞是喜庆。岸上红旗猎猎，都是村民敬献给白龙会的，像一片红色的风帆。

龚传茂的船上站满了返乡去看热闹的年轻人、小孩子，亲朋好友，年轻人则忙着用苹果手机给从十堰刚刚出发的朋友发导航定位。

在堵河口下船，堵河大桥上站满了开车来看热闹的城里人。远远看到龙船早已到堵河左岸的崩滩祭龙。十几分钟后，祭祀完毕，十几条龙船离弦一般向下游齐发。龙船过了大桥，就在水面上开始各显神通抢起了老板们投的标。

吃会：舌尖上的狂欢

美食总是与传统节日相生相伴。每年端午节那天，各村的龙船会都要各自组织自己的吃会活动。所谓吃会即全体会员中午和晚上都聚集在会首家里吃酒席。上百人的两餐酒席需要提前几天准备好，要准备大量的鱼肉蔬菜和米面，还要请十几位本村厨艺好的妇女帮厨。吃会前，会首要亲自登门接村庄里 60 岁以上的老人到家里坐上席，其用意是为尊老和不忘传承人。吃会时每户要向会首家送 2 升粮食表示祝贺，但有 60 岁以上老人的家庭除外。吃会是一件很神圣的事情，任何外人不得参与和干预。每年的端午节，各家各户都要邀请一些外村的亲戚朋友到家里观赏龙船会，但都不得到会上吃会，即使再尊贵的客人也不行。会首的家里同样也会邀请一些外村客人，但不得在会员吃会前开客席，更不得与会员同席。端午节那天，一切以会员为大。

青龙会会首康华说："今年的标也是每条船红包两百块钱，烟一条。抢标中得到的标由会员们分掉。青龙会的中午在我家吃饭，有三桌子，要议定明年摆会的人家。今年我大概要花两千多块。谁摆会谁要在堵河边上接龙，把龙头抱回家。"

龙船会的会首是一个既操心又出钱的人，在龙船会期间拥有至高无上的权力，即使那些汉江边最桀骜不驯的汉子都要听会首的。"我当了五六次会首了，贴了大几千块，主要用在吃饭、喝酒上。做会时每次至少要管两顿饭，初五的中午和晚上。一次最少也得四桌子，有时要七桌子。村里十八岁的男丁都可以参加吃会了，一直到六十岁，六十岁以后不用划船了。"龚万国的话充满了骄傲的味道。

作为一个自我管理的社会组织，龙船会的会产除了龙王庙、龙船房、龙船、木雕彩绘龙头龙尾等以外，在民国以前，各龙船会都还有集体购买的土地和经济林。会产归龙船会所有，管理和土地耕种由该年的会首负责。土地和经济林上的收入全部归会首所有，用于当年的会事。龙船是经过本村龙船会全体会员议事同意后集资打造或者购买的，一旦确定为龙船就是龙船会的专用船只，不得作为其他用途。现在，每年的龙船会的支出则大多由会首操心。

端午时节的堵河口，热烈而又欢快，淳朴而又地道，没有一丝商业气息，溢满了浓浓的乡情和对龙的敬畏，是每年最为隆重的传统节日庆典，汉江因此而成为一条具有神性意味的河流。这一文化遗产在乡野还在以自己的固有方式顽强地传承着……

中国叶子漂过襄阳

——中俄万里茶道与襄阳的历史交集

李秀桦／文　张玉涛　褚连生　阳光／图

素有"南船北马""七省通衢"之称的襄阳是中俄万里茶道上的重要水陆联运节点。明清时期的襄阳"商贾连樯，列肆殷盛，客至如林"，商业贸易辐射大江南北。茶叶作为当时交易的大宗商品，晋商的茶船都需要在襄阳的码头卸货再通过陆路转运至山西、内蒙古……茶叶贸易促进了近世襄阳上百年的经济繁荣。

襄阳一直是我国南北交通要道上的重要城市，明末清初史学家、思想家顾炎武在《天下郡国利病书》中称："襄阳上流门户，北通汝洛，西带秦蜀，南遮湖广，东瞰吴越。"襄阳港是汉江沿线最大的港口，作为汉水流域一个重要的水陆交通运输的集散地，在整个南北物资相互流通的过程中，具有水陆交通条件兼备的优势，一直发挥着它相对核心的节点作用。

万里茶道是始于清雍正年间中国到俄罗斯的一条重要的茶叶出口商道。通常认为这条商道是晋商开辟的，从武夷山到俄罗斯的恰克图，全长5000多千米，纵贯南北，是与汉唐"丝绸之路"齐名的一条重要国际贸易通道。从19世纪五六十年代始到20世纪20年代止，两湖地区的大量茶叶经汉江水道，在襄阳港进行中转，再长途运销到蒙古和西伯利亚等地，全长约14000千米，成就了一条驰名中外的万里茶道。襄阳也因此成为万里茶道的水陆中枢和节点城市。

"南船北马"襄阳港

汉水曾经是中国古代内河最便捷、最畅达、最繁忙的"黄金水道"。襄阳是汉水流域最重要的水陆码头，商业文明延绵两千多年。汉代襄阳"南援三州，北集京都，上控陇坻，下接江湖，导财运货，懋迁有无"；唐代襄阳"往来行舟，

中国叶子漂过襄阳

247

俯瞰樊城官码头

夹岸停泊，千帆所聚，万商云集"；明清时期的襄阳"商贾连檐，列肆殷盛，客至如林"，建有二十多个商业会馆、三十多个码头，商业辐射到黄河上下、长江南北。

　　早在春秋战国前，汉江的航运就有一定规模。如安徽省寿县出土的 2 件青铜舟节，就是周显王四十五年（前 324）楚怀王颁给鄂君启的贩运经商出入关卡的免税凭证。舟节铭文记载的航线规定长江、汉江、唐白河等为楚国所辖航线，每片舟节准载 50 条大船或 150 小船货物。

　　东晋史学家习凿齿《襄阳耆旧记》云："襄阳，旧楚之北津，从襄阳渡江，经南阳，出方关，是周、郑、晋、卫之道；其东津，经江夏，出平皋关，是通陈、蔡、齐、宋之道。"

　　唐建中年间，淮西军阀李希烈阻断输往长安的江南贡赋，两京的粮食全赖襄阳汉江漕运接济。久居襄阳的白居易留下有"下马襄阳郭，移舟汉阴驿"的诗句。宋代设立"榷茶务"和漕司于此，南宋先后于樊城北的邓城和城东的白河口建立与金、元贸易的榷场。

　　明清时期，汉江更是运送漕粮贡赋的重要通道，清康熙三十二年（1693），关中饥荒，清政府将襄阳仓米 20 万担，由汉江经丹水至龙驹寨（今丹凤）转西安。

樊城山陕会馆钟鼓楼和拜殿

康熙五十九年（1720），又将湖广荆襄仓米 10 万担，历程 260 里水运至龙驹寨转西安。雍正九年（1731）自荆襄运仓米 10 万担至龙驹寨转西安。

由汉江航运线和襄阳港埠组成的这条最迟开辟自战国时期的南船北马水陆联运商路，是襄阳长久兴盛的根本和最显著的城市特色。

清代形成的中俄万里茶道正是利用这一传统商道进行转运贸易，虽然其转运节点不时北移至南阳赊店和西移至老河口，但襄阳始终是最大的转运中心，襄阳港是其留下的主要遗产和历史见证。

伴随着清代商贸尤其是中蒙俄茶叶转运贸易的日益兴盛，行商坐贾纷纷于江北樊城镇设立会馆，商业的繁荣让樊城迅速东向唐白河口扩展，沿江驳岸与码头更是向东大举延伸，城东的白河口迅速崛起为一个"停舟泊岸，列肆殷盛"的新兴航运重镇，其镇随着咸丰十一年（1861）白河口改道龙坑入汉而东迁至张湾（今襄阳市襄州区辖）。

襄阳港码头 31 个，码头岸线长达 5.9 千米，其中汉江南岸从西至东有建成于明清时条石垒砌的码头 9 座。江北樊城沿江从西至东有码头 22 个，清道光八年（1828）始，大部分码头改建为石砌驳岸和码头，至同治十年（1871）完成。

中国叶子漂过襄阳

途经襄阳的茶叶贸易

襄阳港在汉口与汉江中上游地区水运联系中承上启下的作用，因此成为汉江中游的中心港。

据有关史料考证，历史上的"中俄万里茶道"从汉口到襄阳段以水路为主，到达襄阳后又分两条线路北上或西进。一是大批晋商茶船在汉口入汉江达到襄阳后，一般逆唐白河而上到达河南赊店（旧称赊旗店，现为社旗县辖），或直接从樊城上岸走陆路北上。二是部分茶商途经襄阳港到达上游老河口后上岸至洛阳。但无论何条路线，襄阳都是万里茶道的转运中心，发挥着重要商路节点作用。

《襄樊港史》载：从 19 世纪五六十年代开始以，俄国商人在汉口等地购买的大量茶叶经襄阳港运销到西伯利亚和蒙古等地。

早在 16 世纪，中国的砖茶就已经运销到西伯利亚一带。鸦片战争之前，山西茶商就将汉口购买的茶叶沿汉江运输到襄阳起岸，然后走陆路北上，或沿汉江继续到达老河口起岸走陆路北上，或通过唐白河——唐河一线继续水运至赊店，再转运至目的地。英国人编《Commercial Reports》（《商务报告》）对此有详细记载："极为巨大的茶叶贸易是由山西商人经营的。大部分茶叶由汉口运往距汉口 350 英里的一个大市镇樊城，在樊城起岸后，装大车运往张家口，运往归化厅（今内蒙古自治区呼和浩特市）。供蒙古销售的茶叶是由樊城以上约 50 公里另一名为老河口的大市镇，从老河口以骡子和大车运往山西靠长城口外一个重要城市归化厅，然后由归化厅分销于蒙古全境。这种贸易大部分是一种物物交换的贸易，山西商人用茶叶交换毛皮、俄国呢绒等。"

鸦片战争以后，俄国商人开始利用襄阳港转运茶叶。清道光三十年（1850）已有俄商在汉口设庄收购茶叶。1861 年，汉口开埠通商后，从清同治二年（1863）起，俄国相继在汉口开办了顺丰、新泰、阜昌 3 个茶厂。俄商资金雄厚，开办的茶厂拥有先进的加工机器，中国茶商和茶厂无力与其竞争，汉口的砖茶市场被俄商垄断。俄商在汉口加工的茶叶除一部分通过海运回国外，相当一部分"由汉口溯汉水至樊城而陆路运往西伯利亚"。清光绪二年（1876）《Trade Reports》（《贸易报告》）中记载："……还有大量的茶叶和砖茶是直接从汉口由陆路运往俄国的。这条路线溯汉水运至樊城，再转为陆运"。显然，俄商的这条运茶路线与鸦片战争以前山西商人的运茶路线是一致的，即水运至樊城转陆路北运。

俄国商人利用襄阳港转运茶叶的主要原因在于：（1）茶叶怕潮湿，包装要求严格，与海运相比这条路线陆路多，便于茶叶防潮，还可节省包装费用。（2）根据中俄的不平等条约，外商的货物运销内地和从内地置办货物运输出口，只需加缴 2.5% 的子口税，不存在货运路线越长税额越重的问题。这条纵贯中国内陆腹地的以陆路为主的运输线，也是陆路通俄国的最近路线。（3）循此路线的茶叶不但可以远输俄国，也可以运到蒙古等北方需要茶叶的地区。此外还有一个原因是清咸丰年间长江下游的航运被太平义军阻断，而茶商不得不改由汉江运送茶叶。

俄国经襄阳港转运的茶叶数量很大。据 1892 年至 1901 年的《通商华洋贸易总册十年报告》记载，俄商通过汉江北运的茶叶"每年约有 20 万担运往俄国本部，平均约 2.5 万担运销于西伯利亚和蒙古"。从清同治十年（1871）至光绪二十年（1894），俄商经襄阳港转运的茶叶达 2684214 担，占俄国输入茶叶总量的 15.9%，最高年份占到 64.7%（资料来源于《Trade Returns》《输入贸易》，转引自湖北省贸易志编辑室：《湖北省近代经济史料辑》）。但实际过境茶叶运输量应大于此统计数字，另外此统计中将经襄阳输俄茶叶统计在俄商名下并不准确，因其中有相当一部分是由华商运销的。

俄商利用襄阳港转运茶叶达数十年之久，到 1917 年十月革命后陆续终止。大批茶叶在襄阳换载，运茶后南归的大车和骡马载回北方物产，又成为南来茶船的回程货源。南茶北运和北货南运给襄阳港带来了一批可观的货源和持续的繁荣。

另外，中国商人也利用襄阳港向蒙古、张家口等北方地区转运茶叶。据日本人水野幸吉著《中国中部事情：汉口》一书记载，自俄商垄断汉口的茶叶市场后，山西茶商分化为直接与外商贸易的"洋庄"和继续往来蒙古做生意的"口庄"两类。口庄每年运往蒙古的茶叶约 8 万箱，运往张家口的约 4 万箱。如果加上中国商人经运的这批茶叶，在襄阳换装的茶叶数量最高年份可达 30 万担以上，最低年份也有 10 万担左右。

襄阳至赊店的水路运输

襄阳港是豫南地区的水运门户，其物产外输汉口，必经襄阳，"下舟宛口（今樊城清河口）"中转，赊店的秦晋盐茶则是由襄阳输入的主要货物。盐、茶来自两湖和江淮地区，因清代以来襄阳贩运盐茶的商人多是陕西、山西商人，所以有"秦晋盐茶"之说。

民国六年（1917）的民间抄本《行商遗要》珍藏于祁县渠家大院晋商文化博物馆，是原长裕川茶庄办茶、运茶、销茶的行路指南，也是长裕川茶庄营销茶

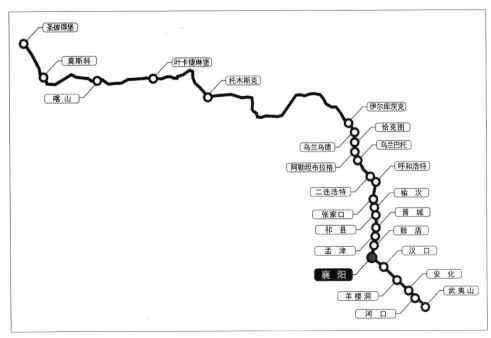

中俄万里茶道重要节点示意图

的宗旨要求和道德规范。有学者据书中"予旧号三和，齐嘉庆末年琮安办黑茶"一语，推断这是祁县大德诚茶庄的遗物，因为在祁县专办三和茶的只有大德诚茶庄一家。《行商遗要》就记载了从襄州区埠口入襄阳境内，从宜城岛口出境的全部码头。其中在《祁（县）至安化水陆路程底》中记载从河南赊店沿唐河、唐白河下行到樊城的路线：

> 如唐河小早起，三天半至樊。若河内有水，赊［旗店］十五里至埠口中，十五里至兴隆镇，十里至新集，十里至李店儿，二十里至表潭儿，二十里至唐县，二十五里至马店儿，二十里至上屯，十里至下屯，二十里至郭滩，三十里至苍苔，三十里至阎家埠口，三十里至陈家河，三十里至双沟儿，三十里至刘家集，十五里至龙儿坑，十五里至樊城（眉批：樊城火食，每人钱一百六十，酒肉行备。汉口至下馆，随便，沙市每人伙食钱一百四十，酒内［肉］自备）。
>
> 赊［旗店］至樊［城］计水路三百四十五里。

在经过"赊［旗店］至樊［城］计水路三百四十五里"的劳顿之后，商人们在樊城缴纳厘金并稍作休整后，又从樊城沿汉江向汉口进发。

樊〔城〕三十里（眉批：由樊城坐船，襄扁舟瓜船完汉契十六千，完沙洋十二千，每人火食钱三、四、五佰文，酒钱谅给）到东津湾襄河下水，十五里至石灰窑，十五里至刘家集，二十里至酉家巷，十里至小河儿，十五里至鸣金店，十五里至宜城县，十五里至关庄，十五里至茅草州，十里至牙口，三十里至流水沟，十五里至岛口，五里至冯乐河，三十里至周家咀，十里至六官滩，二十里至李河口，十里至碾盘山，二十里至屠家集，十五里至二神庙，十五里至安陆府，报船厘金（眉批：如下水在樊城报船厘金，若上水，安陆府报船厘金，每船四五百文，近来不等，看舟大小）。

　　山西茶商的行路指南如此精准，由此可见长途贩运的不易。从北方运输的货物途经襄阳运抵汉口，返回时将湖南安化等地采办的砖茶，用汉江航运的主力船型——楸子船，在襄阳换载时使用唐白河的独特船型——扁子和楸子，沿着相反的方向，逆流而上，将茶叶输送至赊店。

　　2015 年冬天，在为中俄万里茶道申报世界遗产做襄阳节点调查时，我驱车沿着古人的记载，实地考察了文中所载襄阳境内的汉江沿线码头。虽然代远代湮，码头几度兴废，但汉江航道却真实见证了一段辉煌的历史。

　　一片小小的中国叶子，溯流汉江北上，穿越大漠黄沙，历经万里商途抵达遥远的莫斯科、圣彼得堡，汉江和襄阳都是极其重要的历史关键词。

中国叶子漂过襄阳

253

紫阳茶路

李秀桦 / 文图

　　多年前，《安康日报》记者李大斌先生送我一包茶叶，极其郑重地对我说：兄弟，这是刚出的紫阳茶，你留下自己慢慢喝。笔耕之余，沏上一杯，看到茶叶在杯子上下轻柔沉浮，香气扑鼻而来，留下深刻的印象。来自茶乡的我对好茶自不陌生，但第一次品尝紫阳茶，不禁暗自赞叹：品质不凡，的确是好茶！

茶史

　　翻检史志文献资料，有关紫阳茶叶的记述颇多，我们发现紫阳是茶马古道上的重要茶叶产地。

　　紫阳境内由于北有秦岭和凤凰山两道屏障阻隔西北寒流，南有任河天然水气通道输送西南暖湿气流，降雨充沛、气温适中，夏无酷暑、冬无严寒的气候，为茶树的生长提供了优良的自然条件。

　　广义地说，按民国以来的传统习惯，紫阳及其邻县所产之茶均列为"紫阳茶"，"产区范围包括陕西的紫阳、镇巴、东乡、西乡、安康、岚皋，四川的万源、城口"。自唐代始，本地即有贡茶生产，今"紫阳毛尖"的前身当为唐代金州土贡"茶牙"的传统产品。唐代的"茶马互市"和宋、明的"茶马法"，为紫阳茶开辟了广阔的西北市场。唐宋至清，紫阳茶年年入贡，遂成天下名茶。国家档案馆珍藏的《大清征茶令》是记录紫阳贡茶的历史物证。自从大唐帝国的第一个茶马互市催生了中国第一条茶马古道之后，这条古道便在陕甘境内绵延最终汇入丝绸之路，紫阳茶便是这条古道上流通的物品。

　　茶是封建社会统治者的战略物资。在紫阳，茶不仅作为一般的生活消费品，而且被统治阶级当作对付西北少数民族的重要经济武器。以茶"制番人之死命"，

紫阳瓦房店北五省会馆

曾经是明、清统治者的策略之一。

陕甘茶马古道,是明朝政府为了安抚边疆,在陕西实行被视为基本国策的"茶马交易"政策后,将紫阳茶区的茶叶经汉中、凤翔、平凉、天水、两当、徽县贩运到甘肃、青海,在秦岭巴山的崇山峻岭中开辟了连接东西、衔接丝路的陕甘茶马古道。

南北朝时期,由于战乱,大批流民涌入大巴山区,促进了山区的开发和茶叶的发展。尤其是明清两代,以鄂、川、湘、皖为主的大量移民沿汉江迁入陕南垦荒,带来了先进的茶叶种植和制作技术。

宋代,先实行榷茶法,因未实行茶马法,官府积茶多而国库空虚。景德二年(1005)又别议新法,以解决茶叶积压问题:规定商人在京师(开封)交官府金、银、锦、帛,官府付给商人茶叶。宋王朝与辽、金、西夏等政权战争频繁,军马需求量很大,宋王朝虽采取多种措施,仍然不能满足需要,不得不转而买番马。但用金帛买马,国家库藏本虚而战事连年,难以长期持续。另一方面,茶叶积压,西北少数民族又极缺茶,以茶易马成为必然。熙宁七年(1074),大規模实行用茶买马法。

自明初至明中叶，紫阳茶产量大增，茶课也大大增强。自弘治中朝廷改革陕西茶叶贸易法、允许通商后，茶叶贸易大兴，茶商极为活跃，陕南重镇汉中成为紫阳茶的重要贸易市场和转运、加工和集散地。隆庆五年（1571）官府规定：茶商"经过汉中，专责理刑推官查照引内篦、斤，着实盘验"。

清顺治初，因为清王朝统一全国的战争正在进行，所需军马量大，故需要通过茶马法来获取。《大清会典》载："陕西茶法，给番易马。初差御史巡视，后归巡抚兼理，他省发引招商。"

《陕境汉江流域贸易稽核表》对紫阳茶叶的介绍

其后由于全国逐渐统一，疆域扩大，清廷在察哈尔等地建立了广阔的牧场；同时，西北少数民族地区也不必非通过卖马的途径换茶，茶马法慢慢失去作用。顺治末年，茶马法衰落。

茶路

紫阳茶行销大西北地区的甘宁青新诸省，茶商们开辟出县境内的水旱两条路线。陆路是出县后分别在西乡、汉中、十八里铺（今铺镇）汇合，再继续向西。任河流域自瓦房店以下，及汉江沿岸茶商多走水路。自紫阳境内溯江而上，经石泉、洋县、城固而至十八里铺及汉中；或至西乡境后改装小船转沿牧马河抵西乡县城。

茶叶自紫阳境内经水、陆两路进入西乡、汉中、十八里铺3处重要转运地后，又经西北茶商之手，经下述两路进入大西北地区。

一是沿褒斜道经留坝、凤县、两当到达天水。到天水后又分为两路：一路经清水到达庄浪等地；另一路经甘谷、武山、陇西、临洮到达临夏（古称河州）地方。二是经勉县、略阳、徽县、成县、西和、岷县到达临潭一带（临潭古称洮州）。茶叶到达临夏、临潭等地后，除大部分就地销售外，另有一部分又转销至塔里木盆地、河西走廊，乃至更远的地区。三是汉（中）白（河）公路通车后，西运货物主要为紫阳茶。黎锦熙所编《方志今议·县志拟目·交通志》云："今则公路老白段未成，汉白段亦惟紫阳茶西运入甘耳。盖紫阳茶年产约三十余万斤，什九销于甘，故茶商向以此为通道。武汉失守后，关中缺茶，则什三又由子午等道负贩以入关中矣……"

紫阳县城西南十里的瓦房店是任河和渚河的交汇之地，上通巴蜀，下接荆湘。便利的交通条件和繁忙的茶叶贸易，使之成为商旅马队的市井。明清时期这里有十余家会馆云集于此，20世纪70年代还有7个会馆，至今仅存北五省会馆、四川会馆和江西会馆。其中北五省会馆主要由财力雄厚的茶商兴建，其建筑豪华精致，见证了当时茶叶经营规模。那时的紫阳茶在这里经过采摘、制作、收购、挑拣、包装等工序后，便进入陕甘茶马古道。茶商从瓦房店出发，用马驮或人挑篓背，经关垭子进入红椿坝，翻罗家店子进入尚坝，过羁马庄进入汉中镇巴县的巴庙、碾子垭，再进入西乡县腊西坝、茶镇，最后到达南郑县十八里铺。这条线路大致十日可到。运输茶叶使沿途每三四十里形成一个集镇，"其民昼夜治茶不休"，已经达到"男废耕，女废织"的程度。尤其使十八里铺这一水陆码头成为明清陕南最大的茶盐互市市场。茶马古道促进了紫阳和外界的经济文化交流。

民国二十四年（1935）再版的光绪三十二年白河厘金局榷员仇继恒所编《陕境汉江流域贸易稽核表》之《出境货物表》"茶叶"一项中，称茶叶只产"兴安府紫阳一县"，销售到"下游湖北襄阳、安陆等处，并行上游由秦陇运行关内外，不出白河无从稽核，闻销数当四五倍于下游"。

寻访

2013年的初冬，因着寻找汉江沿线会馆的因缘，我再次从石泉沿汉江来到紫阳的汉王镇。

从汉王镇有快艇到紫阳县城，这比翻山越岭走公路经蒿坪要快得多。

武贤立，25岁，龙安村人，父亲武进财、弟弟武保成也跑汉王到紫阳这条线。"快艇是2011年买的，一次可以坐7个人，一条11万。腊月正月效益最好，在外务工的都回来了。春节十来天一天跑三个来回。客人打电话我们也随时随地去接送。汉城到紫阳一次50元，一次要烧掉两百多油钱，所以赚钱也不算多。沿汉江有8个停靠点，其中之一就是焕古，是有名的茶叶大镇。原来的船速度慢，得5个多小时，不如坐汽车翻山越岭从蒿坪下紫阳。现在有快艇，只要50分钟就到紫阳。2009年就开通快艇了。很多人为了省时间，就坐快艇。尽管速度快，但还是坐汽车的人多些，毕竟价格是贵一倍。"

焕古镇原名宦姑，因汉水中的宦姑滩而得名，离县城20千米。集镇依江而建，有水路、公路通往紫阳县城。焕古茶历史悠久，唐代焕古茶就是宫廷贡品，清朝"紫邑宦镇毛尖"被列为全国十大名茶之一，是陕南茶的驰名品牌，享誉西北。民国以前茶商外运之茶，不论何地所产，概在包装上写"紫邑宦镇"字样。外地茶商来紫购茶，亦多慕名先到宦镇，故宦镇茶叶贸易之繁盛可与瓦房店媲美，价格也优于他处。因而，本县内红椿坝、汉王城甚至麻柳坝、毛坝关等地商贩，也常常把茶叶运至这里出售。每到茶季，镇上的几家栈房都被西北客商住满，如沈记"吉昌永"茶店一次即容留外商几十人；市容也焕然一新。镇上除协盛魁、福盛长、义兴隆3家商号以经营茶叶为主外，尚有长年专事茶叶贩运的小商贩14人，其中仅协盛魁一家年成交额即达10余吨。宦姑滩的茶叶，多经水路上运至汉中、西乡两地，再转销西北。现全镇有茶园万亩，年产名优茶10万千克，已成为支撑全镇经济的骨干产业。

快艇仅用了半个小时就到了焕古，汉江南岸的小镇刚刚从初冬中苏醒。小镇高高低低，石板路曲曲折折。73岁的王天固正在自家门口刷牙，老伴儿李道兰已经打开格子木窗，张罗做裁缝的什物。

"我们焕古在旧社会就长茶叶，茶好是土质好，富硒，喝了能治病，还有桐油、生漆、苎麻、花椒、乌黄。这些山货都在江边码头上装船。茶叶从汉中走，销到甘肃。麻和花椒走民四川，用背篓背，走任河。不过从1958年起，粮食生产就下滑了，1958年之前特产相当丰富。"农夫王天固讲述茶麻耳蓓的荣耀过往，"原来安康水库没有修的时候，汉江下有一个打卦石，上有一个拦河石，都在江中心，水急，滩多，水浅的时候容易打船。"

刘必贵和王天固是一担挑。刘是 1942 年生人，祖籍湖北麻城。20 世纪 60 年代中期放过木排，驾过船，跑石泉到紫阳这条线。"三线"建设时为部队放排，队上给记工分。放排也是从石泉到紫阳，放松木、杉木，四个人放，有上十丈长，宽有 4 米，排前后有棹。水小的时候用三天时间，水大的时候用一天。晚上遇到码头就到码头，不然吃住都在排上。放排有很多禁忌，早上在排上不能说"打""洗澡""跳到水里去"等等不吉利的话，吃了早饭就可以说了。

作别小镇焕古，我坐汽车直接到了大名鼎鼎的瓦房店。

瓦房店的繁荣昌盛离不开任河航运。《陕西航运志》记载：任河"由紫阳溯流至大竹河 360 里，可行数十石小船"。上水货多为花布，下水货多为药材。"花布自襄樊，药材自川省、多由此载运"。严如熤《三省边防备览》的《艺文篇·夔行记程》说，四川城口"大竹河，商贾聚集，为太平通水程之所。自东而西可行船，山内所产药材、茶叶由此顺流而下至紫阳任河口，计程三百六十里，合汉江，直达襄樊。襄樊花布等货，溯流至此，起旱发运各处"。

瓦房店在民国年间有"小汉口"之称，资本雄厚的商号多达 28 家，其商业之繁盛程度甚至超过县城。经营茶叶之商号，唯易胜兴、易胜和两家。抗日战争中武汉沦陷以后，桐油、生漆等山货价格大跌乃至没有销路，而"茶叶之价格则日渐增高，因长江流域各省之重要产茶区多已沦陷，产品不能内销，故紫阳茶之销路乃因而扩大"。商号皆转而以经营茶叶为主，瓦房店茶叶贸易盛极一时。任河流域的高桥、高滩、毛坝关，渚河流域的红椿坝、尚家坝，乃至镇巴县境内的庙溪河、小河，四川境内的大竹河、城口等地所产的茶叶，都集中到瓦房市场。瓦房店成为紫阳茶叶的重要集散地，茶叶成为瓦房生意之正宗，年成交额约在 200 吨，超过当时全县茶叶总产。该镇所收茶叶，多用小木船装运至紫阳，改装大船上运汉中或下运河口。

在小镇上我再次遇见的亢永富先生，1933 年生人，地方文史爱好者。做裁缝的他没有固定收入，却长年义务保护会馆等文物古迹。他为我打开北五省会馆的大门。

"北五省会馆我们小时候叫老爷庙，不像现在叫北五省会馆。江西会馆我开始进来还修了下，但后来修不起，就一直这样乱七八糟的。县上准备修缮。当年瓦房店只有面对任河的半边街。镇上有德积生、意积生是最大的商号。"健谈的老人家对我说，"毛坝关历史上商业也比较发达，又是茶叶产区，和四川省接壤。红椿坝是主要产茶区，产量居全县第一。红椿坝茶叶主要是就地卖给西北茶客，

紫阳茶路

也有一部分卖给瓦房店商行，少数运到西乡、汉中一带出售。外运的茶叶都在县城码头改装大船，或上运汉中，或下运湖北老河口。每到茶季，码头上常常停泊有茶船数十艘。从任河各地下来的小船也云集码头，热闹非凡。洞河、毛坝关，也是有名的产茶区。"

出了会馆，我看到修在江西会馆后方的包茂高速公路。高架桥上的汽车分秒间通过这个昔日商贸发达的陕南重镇，川流不息，呼啸而过……

学术探索

话说襄阳璀璨文化

方莉/文　马军/图

千年古邑、文化名城。早在石器时代，人类已在襄阳繁衍生息。在近 3000年建城史中，留下了古城、古遗址、文物古迹、地下文物埋葬区、风景名胜区等大量的文化遗迹。襄阳是多元文化聚集区，不仅是楚文化发祥地、三国文化之源、汉水文化的核心区、古城文化的代表区域，还有宗教文化、战争文化、辞赋文化、书画文化等众多文化在这片广袤的土地上熠熠生辉。古老的襄阳用文化乳汁、生态玉液，滋养和孕育出诸葛亮、孟浩然、米芾等一大批杰出人物。悠久的历史和深厚的文化底蕴，使襄阳于 1986 年被国务院批准为全国历史文化名城。

一、源远流长的汉水文化

汉江是长江的最大支流，发源于陕西宁强，一路向东，穿汉中过安康，汇纳秦巴百川，到湖北入长江。在源远流长的不息奔腾中，汉江孕育出光辉灿烂的汉水文化。愈来愈多的考古发现证明，汉水流域自旧石器时代以来就有人类栖息繁衍。章太炎认为："中国又称华夏，就因华山和夏水（今汉江）得名。"汉水与汉朝、汉民族、汉文化之间具有内在的历史、文化关联。汉水经过襄阳，又与荆楚文化碰撞融合，使襄阳地区的汉水文化呈现多元丰富、瑰丽多姿的色彩。

（一）江河之间，南北之分：汉水文化的重要地位

古代文明依河流而兴，并沿着河流而扩散。中华文明是最典型的大河文明。构成中华文明的大河有两条，黄河和长江。他们分处广袤的中华大地的北方和南方，形成了异彩纷呈的两大文化板块。北方黄河文明刚健、厚重，多阳刚之气；南方长江文明浪漫、秀媚、清新，具阴柔之美。在数千年的中华文化发展过程中，南北文化既相互碰撞，又相互影响。汉水处在长江、黄河之间，两个大河文明都

在汉水流域扩散和渗透，因此，汉水担当起两个文明之间刚柔相济、阴阳互补的文化联系。

汉水是我国古代著名的河流，《山海经》曰："嶓冢之山，汉水出焉，东南流，注于江。"《尚书·禹贡》也说："嶓冢导漾，东流为汉。"汉水自西向东奔流，在襄阳附近合唐、白、滚、清等支流，横亘于我国中部，成为我国南北地理的重要分界线。孟子说："水由地中行，江淮河汉是也。"第一次将"江淮河汉"四大水系并提。江淮河汉之间是中华远古文明的核心地带，汉水正处在这一文化核心区域的中轴线上，具有重要地位，为南北文化在此交融、转换奠定了基础，是中国古代文明的重要发源地。

（二）黄金水道，转运大港：价值巨大的汉水航运

襄阳"南船北马""七省通衢"美誉，得汉水之益良多。正是通过汉水，沟通长江，东连吴会，西通巴蜀。襄阳段的航运利用汉江及其广布的支流行船运输，形成汉江流域的黄金水道。汉水又凭借南船北马的地利之便，发展了极为发达的转港运输。

航运之利，始于西周。汉江航运最早可以上溯到周昭王时期（前995—前976），他南征荆楚，丧六师于汉，这表明周天子的王师大军，已经利用汉水便利

襄阳鸟瞰

行军。汉江重要的是国家物资的流动通道，《禹贡》记载荆州贡赋"浮于江、沱、潜、汉，逾于洛，至于南河"，汉江是其中重要的一环，是中西部地区向中原运输贡赋的要道。襄阳境内有南河、唐白河、蛮河、滚河、小清河等多条支流与汉江交汇，形成了完备的汉江水系网络。唐代，这里商贾云集，全国的船只停满襄宜之间的港口码头，由此流传于全国的歌曲《大堤曲》《襄阳曲》就是明证。明清时期，借由汉水的航运便利和襄阳特殊的地理位置，樊城迅速兴起为汉江流域最大的商埠，兴建起九街十八巷，沿江形成一条长达3千米的河街，十一个省的商帮在河街上建有21座会馆。

先楚要津，立城之基。春秋时期，襄阳是日益强大的楚国北上的桥头堡。清人顾栋高说："楚横行南服，由丹阳迁郢，取荆州以立根基。武王取罗、鄀，以鄢郢之地，定襄阳以为门户，至灭申，遂北向以抗衡中夏。"襄阳优越的地理位置特别是汉水的交通便利，促使雄心勃勃的楚国在襄阳地区汉水沿岸构建军事用途的渡口。《襄阳耆旧记》记载："楚有二津：谓从襄阳渡沔，自南阳界，出方城关是也，通周、郑、晋、卫之道；其东则从汉津渡江夏，出平皋关是也，通陈、蔡、齐、宋之道。"其中"渡沔"的北津戍就是后来襄阳城的雏形。

万里茶道，重要节点。明清时期，随着汉口镇崛起为长江中游的商贸大港，

汉江变成内河最繁忙的商道之一，不仅汉江流域广大腹地的进出商品主要依赖汉江及其支流运输，也成为山西、陕西等地多种产品出入汉口的唯一道路。襄阳作为汉水流域的最大商埠，其水运地位之重要自不待言。以茶为例，举世闻名的"万里茶道"与汉水、与襄阳都有着密不可分的关系。襄阳自古出产茶叶，唐代襄州茶被列为国茶二品，明代武当山的贡茶例由襄阳输入帝都。自清中叶起，新崛起为鄂地实力强大商帮的荆襄，也经营着茶叶销售业务，"茶行数家，荆襄人多入山采办"，他们掌控着周边广大地区的茶叶产销。除自产茶叶之外，襄阳对更多输出国门的茶叶予以转运。晋商起运于汉口的运茶船舶，溯汉江至襄阳后，分三路北上西进：第一路，从樊城或从唐白河至河南社旗起岸，改陆路进入晋中再北上蒙古，东北进入张家口，从恰克图入境俄罗斯；第二路，从老河口起岸北至洛阳经晋中北上蒙古，这是汉江中游至洛阳最短的一条陆路；第三路，沿汉江西上丹水，过紫金关于龙驹寨上岸，转陆路进入关中，通过丝绸之路运往西亚和欧洲腹地，襄阳成为万里茶路最重要的中转大港。

（三）汉水两岸，神奇卓异：襄阳本土的神异传说

汉水两岸流传着不少神奇的传说，例如凡人遇仙的"神女解佩"故事、与"画龙点睛"相映成趣的"绣凤点睛"故事、"二郎神"的原型之一——邓遐斩蛟的故事、虎变美女故事，等等。

神女解佩故事见于文学名著《诗经》。有叫郑交甫的男子，相貌英俊，风流倜傥。一天，他在万山旁边的一个小渚上遇见两个漂亮女子，一见倾心，就去请求她们以玉佩相赠。郑交甫下车与二女搭话："橘子柚子泛清光，装满我的方竹筐，顺着汉水缓缓流，汉水碧波长又长，我在岸上慢慢走，口衔芝草留余香。我知道我这样做不礼貌，但我冒昧地请求你们赐我玉佩。"二位女子回答说："橘子柚子泛清光，装满我的圆竹筐，顺着汉水缓缓流，汉水碧波长又长，我在岸上慢慢走，口衔芝草留余香。"说完就解佩相赠。交甫高兴地用手接了，藏在怀中。转身刚走了几十步，再看玉佩，怀里已空，两位女郎也消失了踪影。受这个传说影响，唐宋间襄阳盛行穿天节，宋人庄绰《鸡肋编》载："襄阳正月二十一日，谓之'穿天节'，云交甫解佩之日，郡中移会汉水之滨，倾城自万山泛绿舟而下，妇女于滩中求小白石有孔可穿者，以色丝贯之，悬插于首，以为得子之祥。"这个浪漫的解佩故事，也为万山附近的沙洲留下了一个优美的名字——解佩渚。

画龙点睛的故事见于《仙传拾遗》的《蔡女仙》：岘山南边的一个小村里，有个蔡姓姑娘，聪明伶俐，心灵手巧，尤其是刺绣功夫，花儿似乎能闻到芳香，

鸟儿似乎能听到歌唱。有一天，一位仙风道骨的老者来到蔡家，找到蔡家姑娘，请她绣一幅画。蔡家姑娘绣好了，老者再次来到村里，当众打开绣品。大家一看，只见柔软的绣布上，两只五彩的凤凰栩栩如生，好像要飞下来一样，但凤凰的眼睛还是空白。老者当即指点蔡家姑娘绣上眼睛，这时，神奇的事情发生了，两只凤凰真的飞下了绣布，走到了老者与蔡家姑娘面前。乘着众人惊呆的当口，老者拉上蔡家姑娘，坐上凤凰，冲天而去。有人看到，二人乘坐的凤凰曾停在一个关隘口的树梢上。这个关就被称作凤林关了。人们为了纪念成仙而去的蔡家姑娘，还在凤林关旁修建了静贞观，塑了蔡家姑娘的像，称她为"蔡女仙"。

《襄阳耆旧记》《浙江通志》等记载，襄阳城北濒临汉水，水势浩大，年深日久，水中出现了一条蛟龙，经常为害百姓。襄阳太守邓遐凭着胆气和刚勇，不顾自身的安危，拔剑跳入水中。蛟龙把他的脚紧紧缠住，邓遐毫不慌乱，挥剑斩蛟，流血染红了汉水，从此以后再也没有蛟龙为害了。襄阳百姓感念他的恩德，盖了专门的祠庙祭祀他。邓遐曾担任过二郎将的官职，所以人们又称他为二郎神，这也是今天二郎神崇拜的源头之一。

乾隆《襄阳府志》记述了襄阳卧佛寺虎变美女的故事。唐代开元年间，有个姓崔的书生进京赶考，路过襄阳卧佛寺，因天晚，当天就在寺中借宿。夜里崔生正睡着，忽然一只老虎进入寺中，正在战战兢兢之际，却见她脱下虎皮，变成了一个妙龄女子，与崔生交谈嬉戏。崔生见她美丽非凡，就与她日渐亲近。过了几天，崔生找个机会，偷取了虎女的皮，把它丢在寺内的井里。虎女没有了虎皮，再也变不回老虎，就跟着崔生到京城去了。崔生考中进士，当了官，一起生活了六年，生了两个孩子。后来带着虎女还乡又经过卧佛寺。崔生想起前事，就把藏匿虎皮的地方告诉了夫人，结果虎女取到皮披在身上，又变成了一只大老虎，恋恋不舍地看了看两个儿子，大吼一声，入山而去。后来人们把这个井就叫作"虎皮井"。虎变美女的故事，充满了人性的光辉，与中外流传的各种动物变美女的故事交相辉映。

二、历史悠久的荆楚文化

荆楚文化因楚国和楚人而得名，是一种区域文化。楚国从周成王分封楚子到最后的灭亡，经历了八百年的发展历程。在春秋战国中强大一时，跻身春秋五霸之列，得益于其强大的国力，荆楚文化春秋中期开始得到长足发展，在与中原文化的抗衡中，文化之灿烂，个性之卓异，竟有后来居上之势。著名历史学家张正

话说襄阳璀璨文化

明在《楚文化史》导言中盛赞："从楚文化形成之时起，华夏文化就分成了北南两支……这北南两支华夏文化是上古中国灿烂文化的表率，而与时代大致相当的古希腊和古罗马的文化遥相辉映。"

（一）"筚路蓝缕，以启山林"——开拓进取的荆楚精神

说起楚国的得名，历代众说纷纭，直到清华简《楚居》才解开了历史之谜。据载，楚人始祖鬻熊的妻子妣厉，在生产熊丽时难产，剖腹产后死去，巫医给她用荆条裹住身体，"赅其胁以楚，抵今曰楚人"。楚，一名荆，这就是荆楚的由来。

楚人的活动区域，就仅仅围绕汉水。早期在汉水以北，丹水之阳；春秋初，楚文王迁都于郢，主要活动地点转到汉水以南，当时，汉水以南地区尚未得到开垦，与富庶的中原地区无法相比。楚人的生存环境有多困难？《楚居》记载了这样一个故事：楚人先祖有一次祭祀祖先，但是却穷得连祭品都没有，只好到邻近的鄀国偷了一头"犝"（无角牛，小牛），等到祭祀的时候又怕人家发现，只好乘着夜色的掩盖偷偷地祭祀。这就是楚人"夕必夜"——夜间祭祖的由来。

就是这样一个充满悲情的民族，却创造了无比辉煌的文化。在《左传》中，我们可以听到楚人自豪地宣称："昔我先王熊绎，辟在荆山，筚路蓝缕，以处草莽，跋涉山川，以事天子。"驾着简陋的柴车，穿着破烂的衣服去开辟山林道路，条件不可谓不艰苦。而这种状况，经历了熊绎至熊仪（若敖）、熊胸（蚡冒）等十余代君王。他们还把这种经验代代相传，以先王艰苦创业的事迹对臣民进行传统教育，告诫大家不要忘了艰苦奋斗、勤苦起家的优良传统，以此凝聚人心，鼓舞士气，寻求内部稳定和对外发展。因此，很快发展成为"地方五千里，带甲百万，车千乘，骑万匹，粟支十年"的春秋强国，并迅速越过黄河，问鼎中原，直接向周天子叫板。

随着楚国的发展，其都城也随之迁徙，宜城楚皇城也曾经作为楚国的都城。1980年考古发现的楚皇城位于宜城东南7.5千米处，东距汉水6千米，分大城和小城两部分。大城面积约2.2平方千米，四周现存高大的土筑城墙。据方志记载和民间传说，城址内外有烽火台、紫禁城、跑马堤、散金坡、白龙池、金银冢、捞尸湖、鞭尸台等遗址。

（二）宽容宽厚，广阔博大：大气包容的荆楚文化

楚国先后灭掉或吞并了数十个诸侯国，是春秋战国中灭国最多的国家。楚国要兼容如此众多的国家，纵横跨越今天的11个省，面临的具体情况肯定是极其复杂的，但对于这些文明程度相差很大，历史渊源各不相同的各个诸侯国，楚国

都能将之置于帝国的版图和有效统治之下，而与同时代的动则数以数十位的杀俘行为相比，楚国的手段无疑是比较温和的。张正明先生在《楚文化史》中说："对于被灭之国，楚人的惯例是迁其公室，存其宗庙，县其疆土，抚其臣民，用其贤能。"楚国总是用博大宽阔的胸怀和宽厚宽容的态度去对待降附之国，正因为如此，楚国才能够得到各民族的拥护，显示出强大的开放性和凝聚力，这是楚国由小到大，由弱到强，获得迅猛发展的一个重要的内在原因，而最终，在横跨大江南北的广大领域，建立起一个强盛的积极进取的多民族国家。这也决定了楚文化开放包容的特点。

（三）尚赤尚左，崇巫唯美：特色鲜明的荆楚习俗

楚国以祝融为始祖，而祝融是传说中的火神，所以楚人崇拜火，而或是赤色，所以又尚赤，历史记载楚庄王"鲜冠组缨，绛衣博袍，以治其国，其国治"，甚至把国家的兴旺也寄托在赤红的颜色之上。各地出土的楚国漆器，无不黑底朱彩，例如出土于襄阳的战国龙蛇座花瓣漆豆，造型奇特，纹饰细腻，色彩正是以艳丽的红色为主，是楚国漆器中的精品，也是襄阳出土的最精美、最有代表性的文物。

楚国对方位很讲究，也有不同于中原文化的特点。周礼人死后墓葬是头北脚南，但楚人却是头东脚西，因为他们认为自己是日神的远裔，死后头应该向着日出的东方。在生活中，也是东向为尊，南向为次尊，由于南向在东向的左边，所以又以左为尊。

楚人具有崇巫的传统，其精神生活散发着浓烈的神秘气息，并由此影响他们的生产生活。祭祀鬼神必有巫歌巫舞，屈原的《九歌》就是祭神的歌曲。周成王举行岐阳之会，大会诸侯，楚君熊绎担当为周天子燎祭的任务，就与巫祝仪式有关。除了重大节庆等活动，楚国的出战、征伐大事都必须举行巫祝仪式。"苞茅缩酒"也是楚人重要的祭神仪式，这一古老而神圣的仪式在至今仍流传于今湖北南漳、保康、谷城一带的民间祭祀舞蹈端公舞中依然鲜活存在，巫文化特色十分显著，被称为楚国祭祀文化的"活化石"。

在楚国，甚至有一个以巫为世官的家族——观氏，他们地位极高，甚至超过王公大臣；一些王公贵族也担任巫职。

巫文化具有神秘主义和浪漫主义的色彩，楚人的崇巫传统，带来了唯美主义的风尚。在巫文化的影响下，楚地诞生了伟大的浪漫主义诗歌形式——楚辞，楚人的浪漫主义和唯美主义，在屈原的《湘君》、《湘夫人》、《九章》、《九歌》、《离骚》等作品中体现得淋漓尽致，其中，大量美人香草的譬喻，对美好恋情的描述，

话说襄阳璀璨文化

都令人遐思。屈原之后，襄阳宜城人宋玉成为最杰出的辞赋家，他所做的《神女赋》、《九辩》等篇，同样成为文学社上不朽的杰作，尤其《九辩》，鲁迅认为："虽驰神逞想不如《离骚》，而凄怨之情，实为独绝。"同为宜城人的东汉王逸、王延寿父子，作《楚辞章句》，是楚辞研究的鼻祖。楚人在音乐上的唯美追求，到后代仍有很大的影响，南北朝时发端于襄阳的《襄阳乐》、《铜鞮曲》，唐代时的《大堤曲》等，内容活泼，辞藻华美，流传全国，经久传唱。至今仍盛行于南漳、保康一带的沮水巫音，是古楚巫音一脉相承的遗韵，依然保持着严谨规范的形式和奇丽诡奇的风格，已列入国家级非物质文化遗产。

楚人的唯美倾向，也表现在官室器物上，楚灵王修筑的章华台，就是当时的"第一台"。贵族的衣饰上，往往装饰着龙凤图案，华丽繁复。楚文化的象征之一虎座鸟架鼓造型逼真，绚丽辉煌，几乎遍及楚文化的覆盖区都有出土。历史上还流传着"楚王好细腰"的故事，这也是成语"楚楚可怜"的最早源头。

三、丰富传奇的三国文化

三国文化，对"三国文化之乡"的襄阳来说是一个重要的文化。概括地说，它有狭义和广义之分。狭义的三国文化，是指三国时期的历史文化。广义的三国文化，不仅包括三国时期的历史文化，还包括在此基础上发生、传播、变异的衍生文化。襄阳的三国历史文化，是指从初平元年（190）刘表治荆州始，到西晋咸宁六年（280）吴国归晋这一历史时期的文化；其后，以对三国历史的广泛传播、三国人物的祭祀纪念和三国精神的继承发扬为途径，形成了广义的三国历史文化资源。

（一）分也襄阳，合也襄阳：影响全国的战略支点

自刘表将荆州治所迁至襄阳后，襄阳在短短时间里从边鄙小县一跃成为区域政治、经济、文化中心，"开土遂广，南接五岭，北据汉川，地方数千里，带甲十余万"，具有了影响全国局势的政治、经济硬实力和文化软实力，襄阳成为撬动全国的战略支点。

襄阳是三分天下的战略策源地。建安十二年（207），刘备三顾茅庐，在襄阳城西的一间茅屋中，一介布衣的诸葛亮定下了震惊天下的三分谋略。诸葛亮从年轻时即在襄阳入学业堂读书，并得到地方名流庞德公、司马徽等人的指点、提携，对其战略思想和经世能力的形成起着至关重要的作用。诸葛亮在襄阳形成的三分谋略，在他辅佐蜀汉政权中得到切实贯彻，极大地影响了全国形势，是三国鼎立

的重要推动力量。

在三国归晋的历史进程中，襄阳起到了至关重要的作用。西晋扫平东吴最后一个割据政权，统一全国，是以襄阳为基地向南挺进的。西晋名将羊祜，受命伐吴，在襄阳经营十年，奠定灭吴之局。这场影响深远的大一统之战，襄阳在物质准备、战略策划以至作战指挥上，都起到了至关重要的作用。尤为难得的是，平吴之战为后世提供了一个成功范例，奠定了襄阳作为全国兵家必争之地的地位。

（二）波谲云诡，风流传奇：波澜壮阔的英雄舞台

襄阳在三国时代的特殊地位和影响，使这成为三国英雄的大舞台，留下了千年传承的佳话传奇。

书写襄阳三国历史文化，不能忽略的一个人是刘表。初平元年，刘表接到荆州刺史的任命，由京师洛阳赶往荆州。由于沿途盗贼蜂起，不能进入治所汉寿。他表现出过人的胆略，单枪匹马走入宜城，向好友蒯越、蔡瑁等求助，终于平定荆州，移治襄阳。刘表在襄阳留下了不少遗迹。刘表喜好野鹰，尤喜听鹰鸣，曾于襄阳城东建一高台，常登台作歌，郊野鹰长鸣，作《野鹰来曲》，以抒胸臆。后人称之为呼鹰台，又名景升台。

作为三国之一的蜀汉，创基之主刘备在襄阳的事迹脍炙人口。马跃檀溪的故事耳熟能详。现在真武山麓有马跃檀溪、的卢桥等遗迹。刘备从檀溪逃得性命后，一路西行，误打误撞来到了司马徽的居所。交谈之间，司马徽称："伏龙凤雏，二者得一，可安天下。"向他推荐了诸葛亮、庞统等人。刘备求贤若渴，前后三次到隆中的茅庐中寻访诸葛亮，后者在分析天下大势的基础上，为刘备划定了取荆州、据巴蜀、成霸业、兴汉室的三分策略。水镜庄、古隆中也扬名天下。

蜀汉名将关羽水淹七军之役，发生在襄阳。关羽率兵攻取樊城，曹操遣于禁、庞德救援。庞德预制棺木，誓与关羽死战。适逢天降大雨，襄水暴涨，困住于禁、庞德。关羽趁机生擒于禁、庞德二人，取得胜利。

与诸葛亮待时而动不同，另一位襄阳人庞德公则是隐居的高士。庞德公见识卓越，德行高尚，与司马徽等人交往密切，诸葛亮非常尊敬他。刘表久闻庞德公之名，数次邀请其出来做官，但均遭拒绝。后来与妻子入鹿门山隐居，采药不返。

襄阳人习珍义举尽忠也是可圈可点。孙权袭杀关羽后，荆州各郡陆续降于东吴，只有零陵北部都尉习珍孤军抗击。孙权派使者前来招降，习珍大义凛然，宁做汉鬼，不做吴臣。最后因粮绝，援兵不到，拔剑自杀报国。

不能忽略的英雄人物，还有羊祜。羊祜出镇襄阳，都督荆州诸军事，建立平

话说襄阳璀璨文化

271

吴之伟功。羊祜在襄阳，推行德政，积蓄力量，为灭吴奠定基础。羊祜在岘山，置酒言咏，垂芳千载。后人为纪念羊祜，为之建碑立庙，堕泪碑成为中国德政文化的典型标志。

（三）崇智尚勇，忠诚进取：丰富宝贵的精神遗产

襄阳的三国文化内容丰富，特色鲜明，具有重大的历史和现实价值。

从"智圣"崇拜折射出求贤若渴的崇智精神。诸葛亮作为杰出的政治家、军事家，其智慧在当世被陈寿所展现，其用兵在长期的流传中被逐步神化，到明代则由罗贯中《三国演义》一书集于大成。在政治谋略上，诸葛亮表现出对时局惊人的判断能力，为刘备划定三分之策，这是政治的大智慧；在具体战役上，诸葛亮用兵如神、算无遗策已经到了"妖"的地步，《三国演义》对其刻画尤其鲜明。诸葛亮在当时和后世被崇拜、神化充分表明，崇智精神是三国文化的一项基本内容。

从关羽崇拜折射出勇者不惧的尚勇精神。荆州地区是关羽崇拜的发源地，也是其故事的主要流传地，并由此逐渐蔓延向全国。随着时间的推移，对关羽的崇拜不但没有淡化，而且呈愈演愈烈之势。官方逐渐将之加封为"武圣"，与孔子并列；民间进一步将其泛化为"武财神"，几乎成了无所不能的神，其身份也由侯而王而帝，一路上升，到清代达到最高峰。关羽作为一个失败的悲剧英雄，能得到如此广泛的同情和崇拜，无疑与其鲜明的"忠"、"义"、"勇"标签有关。剥开武圣崇拜的外壳，所传承的是敢于斗争、勇往直前、积极进取的尚勇精神，是三国历史文化精神的精粹。

从尽忠报国的古老传统到尽忠职守的忠诚精神。除了以忠著称于世的关羽之外，襄阳三国人物演绎了大量尽忠报国的事件，如习珍的壮烈殉国，向朗的死难报效等，诸葛亮的"鞠躬尽瘁，死而后已"更是将忠诚贯彻到极致。

四、古朴典雅的城池文化

襄阳城，位于长江最大支流汉水中游，北临汉江与樊城对峙，城三面为汉水、襄水环绕，一面靠岘山群山，地势险要，自古为兵家必争之地。在长期的战争中，其阻山带汉的地理环境，城高池深的筑城方式，均显示出其作为一座古典军事重镇的经典城池形貌和典雅的城池文化。

（一）方城汉水，气势恢宏：历史悠久的襄阳古城

对襄阳城的环境，我们可以集四句经典来形容：

方城以为城，汉水以为池。

檀溪带其西，岘山亘其南。

鲁僖公四年（前656），齐桓公派出管仲，率领中原诸侯齐、宋、陈等八国，借周王室之名，讨伐楚国。面对来势汹汹的"九国联军"，楚国大夫屈完回答是掷地有声的"方城以为城，汉水以为池"十字！

这两句用来描述襄阳非常恰当。襄阳在历史上经常被称作方城，如东晋时任荆州刺史的庾翼就认为"襄阳……方城险峻，水陆流通"，甚至昭明台上一度也悬挂"方城胜概"横额。襄阳城自春秋时期楚国建北津戍以来，城址几经调整，历代筑城不辍，但依然保持了经典的方形格局。以"方城以为城"来概括襄阳城，正反映襄阳城的古典之美。

"汉水以为池"，把汉水当作护城河。两千多年来，襄阳城一直依水而建，依水而生，宽阔的汉水成为城市北面天然的护城河，这既是襄阳城的军事天险，也给襄阳城造就了极为恢宏的气势，使襄阳城从全国众多的城市中脱颖而出，成为一座极具个性风采的具有独特韵味的城市。而在汉水之外，东、南、西三面凿有城濠，濠宽130米至250米，深2至3米，全国罕见。城高且固，濠宽且深，号称"铁打的襄阳"。

方城、汉水并列，气势雄浑，与襄阳这座以军事而重的中部名城气韵相合。

后两句"檀溪带其西，岘山亘其南"则出自东晋史学大家、襄阳人习凿齿之手，他在《襄阳耆旧记》中写道："襄阳城，本楚之下邑，檀溪带其西，岘山亘其南。"以此来描述襄阳城的地理位置。

所谓檀溪带其西，是说檀溪一水如带，萦绕于襄阳城西。历史上的檀溪，曾经水量充沛，水势浩大。除了脍炙人口的马跃檀溪故事外。南齐时，雄心勃勃的雍正刺史萧衍于襄阳任雍州刺史，也曾把檀溪作为他的武器储备之所。他从襄阳起兵发家，成了后来的梁武帝，应了当时的童谣："襄阳白铜蹄，反缚扬州儿。"襄阳实在是梁武帝的龙兴之地，吉祥之地。

"岘山亘其南"，岘山，即今岘首山，在襄阳城东南五里。在这里，习凿齿把岘山当作襄阳城的向山。岘山虽小，但地理位置非常重要，它是城西南群山的山形之首，从今天的谷歌地图上看，襄阳城外的群山如一条逶迤的巨龙，而岘首山就正是龙首，奔腾而来，与另一条巨龙汉江相衔，呈腾龙之势。岘首山又处在襄阳城中轴线的延长线上，它与西侧的凤凰山夹荆襄古道，形成险要的关隘，是襄阳城的门户所在，一直被称作"郡城门户"。

话说襄阳璀璨文化

（二）雅名典正，意蕴深厚：别具一格的襄阳城门

襄阳城池的建设始于汉代，此后历代屡经整修。襄阳城有六座城门，万历年间，知府万振孙分别给取了"雅名"。古人对城门的命名，往往有其深意，清代又增设匾额，内容上对城门的名称加以引申阐释，形制上则增加了城门的恢宏之气，与城池、城楼共同构成庄重典雅的气象。

东门阳春门。《管子·地数》中，管仲曾向齐桓公进谏："至阳春，请籍于时。"那么，什么是"籍于时"呢？管仲又解释说，"阳春农事方作"，要抓住这个时机。在以农为本的封建社会，各地官员无不以农事为重，甚至贵如天子，也要在正月初一的祈年大典上，象征性地扶一扶犁耙，表示农业国之根本的地位，并提醒全国农人及时耕种。所以将东门命名为阳春门，当然有劝课农桑的官家正统含义。阳春门的内额为"保厘东郊"，其含义也极其古奥。这里所用的是周文王姬昌第十五子毕公的故事，周康王曾命他"保厘东郊"，即治理周都城的东郊。

西门西成门。西成，本义是秋天庄稼已熟，农事告成。《尚书·尧典》中记载："寅饯纳日，平秩西成。"孔颖达解释道："秋位在西，于时万物成熟。"意思是说，西边属于秋天的位次，这个时候正是万物成熟的季节，所以叫"西成"。西门的内额是"西土好音"，其意义则来自《诗经·匪风》："谁将西归，怀之好音。"即为西方带去好的音信。

南门文昌门。南门内有文昌祠。受科举取士的影响，中国古代社会逐步造出了主宰文运的系列神，从朝廷到地方均崇祀不绝，各地均建起了文昌祠（宫）、魁星楼（阁），与文庙一起构成读书士子的崇拜系统，三者往往住地相近，同受读书人的奉祀。我市的文昌祠建在明代府学的旧基上，祠的前面有魁星楼，紧邻仲宣楼，在南城墙上。南门内额"化行南国"，也是来自《诗经》，诗序在解说《周南》、《召南》时说："南，言化自北而南也。"是说周文王向"蛮夷之地"的南方推行他的统治，用礼乐去感化他们。

东长震华门。长门是由于此门长近百米，其正式名称"震华"与其他常见城门名不同，倒是襄阳特有的一个城门名称。目前，该城楼附近仍存部分城墙片段。长门内额"威震华夏"。

小北门临汉门。顾名思义，乃是面临汉江而得名。绕城而流的汉水一直是襄阳人骄傲，李白在《襄阳歌》中写道："遥望汉水鸭头绿，恰似葡萄初发醅。""汉江鸭绿"从明代起就是襄阳十二景之一。小北门上，还保留一座古色古香的城门楼。而城南门所镶嵌的"北门锁钥"匾额，反映了由于汉水的天险和城池的坚固，

274

襄阳古城在历代军事战争中所起的作用。

大北门拱宸门。所谓"宸",原意是北极星所在,后借指帝王所居,又引申为王位、帝王的代称。我国有以北为尊的传统,既是源于此。所以"拱宸"一名,只能用在北门。"拱宸"即保卫帝京,表明对于国家的中心以及最高统治者,既有恭谨的顺从,又有忠心的保护之意。拱宸门内额为"拱卫宸垣",四字是对"拱宸"的扩展,进一步阐释了"拱宸"的含义。

襄阳六座城门的名称,用词典雅,意蕴深厚,是我国传统政治、社会理想的具体表现,包含着丰富的历史文化信息,值得传承。

(三)传奇故事,人文渊薮:承载传奇的古城建筑

襄阳近三千年的建城史,留下了众多的人文胜迹,引人入胜的传奇故事与古老建筑代代相传,更增加了这座古城的魅力。

扬文擢秀昭明台。楼称昭明台,源于南朝梁文学家萧统。萧统,齐和帝中兴元年(公元501年)九月其父梁武帝镇襄阳时生于此,谥号"昭明",故后世又称"昭明太子"。他主持编撰《文选》,又称《昭明文选》,是中国古代第一部文学作品选集,对后世有较大影响。正因为如此,今天的昭明台上有"扬文擢秀"的题额。昭明台先后被称为山南东道楼、文选楼、南平楼、昭明楼、古高斋,每一个名称都蕴含着一段人文故典。

巾帼传奇夫人城。东晋太元三年(378)二月,前秦苻坚派苻丕攻打东晋要地襄阳。时东晋中郎将、梁州刺史朱序在此镇守。朱序母韩夫人颇知军事。当襄阳被围攻时。她亲自登城观察地形,巡视城防,认为应重点增强西北角一带的防御能力,并亲率家婢和城中妇女增筑一道内城。后苻丕果向城西北角发起进攻,很快突破外城。晋军坚守新筑内城,得以击退苻丕。这内城后世就被称作夫人城,承载了一段巾帼不让须眉,保家卫国的传奇历史。

人文荟萃仲宣楼。东汉末年,战乱频仍,刘表治下的荆州相对安宁,大批文学之士投奔襄阳,王粲也在其中。王粲虽与刘表是同乡又是世交,但政治上却未被重用。他怀才不遇而郁郁不得志,常于此攻书作诗。千古名篇《登楼赋》即在此间所作。后代的文人雅士,总爱登上仲宣楼,感叹王粲的身世,写下动人的诗篇,使仲宣楼成为襄阳城的人文荟萃之地。

襄阳城内的人文胜迹众多,襄王府、谯楼等依然矗立,还有历史上有明确记载的庞靖侯(庞统)祠、铜鞮坊、牵羊坛、刘琦台等,无一不是这座历史文化名城的人文渊薮。

五、美轮美奂的书画文化

襄阳是北宋大书法家米芾的故里,2011 年 1 月,中国书法家协会授予襄阳"中国书法名城"称号。作为米芾故里,襄阳的书画艺术有着深厚的历史传统和广泛的民众基础,孕育了美轮美奂的书画文化。

（一）米芾父子,一代宗师:"书法名城"的代表人物

2011 年,襄阳被列入"全国书法名城",很多人都是从米芾了解襄阳书法的。

米芾（1051 ~ 1109）,襄阳人。本名黻,后改为芾,字元章,号"襄阳漫士"、"鹿门居士"。人称米南宫。米芾自幼聪慧好学,青少年时期在襄阳,曾临摹罗让《襄州新学记碑》、钟少京《襄州遍学寺禅院碑》;同魏泰一起游南山、泛洄湖,鼓棹而歌。米芾 18 岁离开襄阳,步入仕途。徽宗立书画学,召为博士,擢礼部员外郎,出知淮阳军。病重期间尝怀归襄阳。

米芾与苏轼、蔡襄、黄庭坚合称"宋四家"。《宋史·米芾传》说他"妙于翰墨,沉着飞翥,得王献之笔意。"历代书家评价甚高,苏轼说他"风樯阵马,沉着痛快,当与钟、王并行"。米芾传世书法作品《苕溪诗卷》、《蜀素帖》、《研山铭》最著名。2002 年,一日本藏家的《研山铭》惊现北京拍卖会,为了让国宝回归祖国,更为了"米襄阳"三字的故园情怀,当时的市人民政府决定动员全市捐资 3500 万元买回《研山铭》,并派出以副市长带队的 10 人竞买团,传为一时佳话。

米芾开创水墨大写意,水墨点染,横点积叠的画法,即"米点山水"或"米氏云山"。米芾精鉴别,遇古物书画,必极力求取。著有《书史》、《画史》、《海岳名言》、《宝章待访录》及《山林集》。

其长子米友仁（1086 ~ 1165）继承父法,并有发展,画史上称"米家云山"、"米派"。人称"小米"。北宋宣和四年（1122）应选入掌书学,南渡后备受高宗优遇,官敷文阁直学士,世称"米敷文"。其山水画脱尽古人窠臼,发展米芾技法,自成一家。运用落茄皴(即"米点皴")加渲染之表现方法抒写山川自然之情,世称"米家山水",对后来文人画影响较大。代表作有《潇湘奇观图》、《云山墨戏图》、《云山得意图》、《远岫晴云图》等,均是书画史上的精品。

（二）名家墨宝,萃集于斯:绵长深厚的书法渊源

具有深厚书画传统的襄阳,也是名家墨宝萃集之地。丁道护、柳公权、钟绍京、罗让、史惟则、萧诚、李邕、僧湛然、徐浩、吴珺等书法名家的作品,为襄阳书法增重添彩,书法大家米芾也受到了滋养,终成一代宗师。

隋代著名书法家丁道护书《兴国寺碑》和《启法寺碑》。丁道护，谯国（今属安徽）人。官至襄州祭酒从事。兴国寺即后来的延庆寺，故址在望楚山。启法寺，即宋之"龙兴寺"，故址在襄阳城南隅，仁寿二年（602）十二月立碑。碑文楷书，为丁道护代表作。启法寺碑为书家所重，间架平正，法度谨严，实为唐楷之先导，欧阳修、曾巩、米芾、翁方纲等有很高的评价，甚至指为隋书第一。2000年，上海书画出版社以《中国碑帖经典》丛书出版了《启法寺碑》帖，丁道护书法的魅力到今不衰，依然是喜好书法人士的重要法帖。

一代书法宗师柳公权也曾为襄阳献出墨宝。襄州刺史蒋系于唐懿宗咸通元年（859）至咸通二年在任时，请复兴国寺为延庆寺，请柳公权书写了《襄州刺史蒋系先庙碑》，已佚。

大书法家钟繇的后人钟绍京唐开元二年（714）为襄阳书写了《偏学寺碑》。其拓片流传宋代，人们珍视万分，纷纷题跋，米芾、曾巩也先后写作了跋语。

唐代的宝贵书法作品还有天宝年间的《唐襄阳令卢僎遗爱颂碑》，唐太子正字阎宽撰，伊阙尉集贤院待制史惟则八分书。史惟则，名浩，以字行，官至殿中侍御史。唐代以分、隶著名的书家之一。

被米芾极力称道的萧诚，在襄阳曾游三座书法碑：《襄阳令库狄履温颂》、《襄阳牧独孤册遗爱颂碑》《襄阳牧卫玠遗爱颂碑》。均为行书。欧阳修《集古录跋尾》评价也很高。

以画马而著称的元代书画家赵孟頫，书法在当时也是首屈一指。他曾奉皇帝命为葬于襄阳的湖广行中书省左丞阿剌罕墓书写神道碑。另外，他曾书写李白《襄阳歌》，收入《三希堂法帖》。

（三）襄阳旧事，入书入画：贡献良多的襄阳书事

襄阳及周边地区，多出土东汉至南北朝画像石、砖，是美术史上难得的精品。襄阳历史上发生的著名事件，出现的著名人物，往往成为书画家的创作题材，构成了书画文化的一道风景。其中，以汉江游女、岘山登临、鹿门高隐及庞德公、诸葛亮、羊祜、孟浩然、米芾等历史人物的佳话为题材的书画作品，最为典型。

汉江神女与郑交甫相遇的传说，是画家热衷的题材。我们可以看到清代周慕桥所做《汉皋解佩》及"李芳园画人物、柳渔笙补景并题"的《汉高（皋）解佩》图，三人并是当时有名的书画家。

三顾茅庐更为画家所爱。清代宫廷画师贾全纸本立轴《三顾茅庐》表现的正是刘备隆中三顾的佳话。贾全，乾隆时供奉内廷，工画人物及马。从钤印看，应

该是应乾隆皇帝之命所绘。

以岘山、羊公祠为题材的绘画作品，自元代以来就是热门题材。历代题画作品《岘山图》，已经发现十余首。清代《无双谱》中的《羊叔子轻裘缓带》图广为人知。《米襄阳公拜石图》、《米襄阳岘山图》也是知名作品。

自从王维在钟祥刺史亭绘孟浩然像后，建孟亭、供孟浩然像就成为钟祥、襄阳两地的传统，在王维的笔下，孟浩然面容清癯，飘洒出尘，画出了一代高士的神韵气节，成为肖像画的典范之作。后代，效仿之作颇多。清代时，守道陈大文在官署建孟亭，也曾亲自描画一副孟浩然小像，并刻石为碑，永做供奉，该碑目前藏襄阳市博物馆。

六、南北交汇的商埠文化

襄阳的商埠文化，是在襄阳尤其是在樊城、老河口等传统商业港口环境中形成的商业文化。商业文化的概念在我国出现较晚，20 世纪 80 年代末才由当时的商业部长胡平提出，发展到今天，学界已经基本达成共识，商业文化是人们长期在从事商品的生产、流通、分配、交换和消费以及服务的提供与接受等商业活动的过程中，基于意识统一和价值认同而形成的各类风土习俗、行业惯例、职业操守、道德准则、制度规范的总称。

（一）粮食棉麻，茶叶桐油：商品丰富的交易大埠

商品是商业文化的载体。经营什么样的商品，是当地商业的基本面貌，离开了商品，商业文化无从谈起。襄阳的商品，由于本地物产丰富，呈现出较为多元的商品文化。襄阳地域广阔，地形多样，既有平原，也有山区、丘陵地带，所以出产种类多，明清时以粮食、经济作物、山货为大宗商品，粮食作物有小麦、大麦、豆类、玉米、高粱、粟米、水稻等，经济作物有棉花、茶叶、桐油、芝麻、油菜、花生、烟叶、药材、麻等，山货有木耳、香菇、木材、黄花等。

桐油尤其是襄阳重要的经济作物。民国时期，桐油是中国重要出口物资。1936 年出版的《国际贸易情报》载，为了国民经济发展的需要，国民政府在襄阳设桐林区，计划从民国 25 年起，用五年的时间，在襄阳垦荒 50 余万亩，种植三千万株桐树，炼制桐油以供出口。

襄阳地区包括豫南大量的物产，一般通过樊城港、张湾港、东津湾港发运，据《平汉铁路老河口支线经济调查》记载，这三个港口年平均货物吞吐量为：一输出：棉花十九万担，小麦四十六万担，黄豆四十万担。芝麻一万三千担，小米

三万担，总计十一万吨，总估价为（当时的币值）一千四百三十七万四千元。二输入：淮盐二千八百引（每引为 600 斤），棉纱三千五百件（每件 200 斤），匹头七千件，煤油两万对，纸烟二千六百箱，红糖六千包，白糖一万四千包。总吨位不下十万吨。

丰富的物产向水陆交通便利的樊城集中，商品交易量庞大，支撑起樊城作为汉水流域商业大埠的基础。

（二）与时俱进，日新月异：开放交流的码头风尚

昔日的樊城，码头林立，船行如鲗，风帆层叠，桅杆密如树林，船工成群，号子不绝于耳，一片"万里风帆水着天"的繁忙景象。同治《襄阳县志》载，襄阳和樊城两岸有码头 31 个，其中樊城就有 22 个，码头上，"往来行舟，夹岸停泊，商贾云集"。

据 1936 年《平汉铁路老河口支线经济调查》所载："航行于襄樊的帆船共有五万只左右。"同一资料昭示当时直接从事船运的船工约 40 万人。船只众多，为船只服务的船行应运而生。1936 年樊城沿江有船行 47 家，最大的船行为德顺公、吴福释。在船行的管理之下，樊城码头秩序井然，码头分工明确，东端梯子口码头是粮棉木材集中起卸外运的口岸，江淮盐及纸张多在晏公庙码头起卸，下江外地的京广百货绸缎布匹多在官码头。

随着货物的吞吐，大量的人员流动，他们带来了全国各地的生活、风俗、饮食等习惯，长期与本土居民相融合，语言上，"语言轻清微带秦"，同时具有北方语音的铿锵有力和南方语音的婉转轻盈的特点；饮食习惯上，味兼南北，甜糯咸鲜，都能够接受；更为难得的是在长期交流的环境中形成的开放包容的性格，使各地客商都能在襄阳居住得乐不思蜀，很多最终落籍襄阳。开放包容的性格还表现在对新事物的接受上，例如早在光绪年间，襄阳人就已经用上了美孚鹰牌煤油，经营煤油的襄阳商号"何庆成"，19 世纪初已分别在河南南阳、襄阳双沟、南漳武镇开设了三个分号。

（三）诚信经营，热心公益：逐步形成的商业伦理

樊城的会馆始建于明末清初，清末达到繁盛。鄂、豫、赣、陕、晋、皖、湘、苏、浙、闽 11 省的商人和行帮在襄阳地区所建的会馆，在文献和田野调查中有迹可循的有 113 座，仅樊城建造 20 座会馆，著名的会馆有"武昌会馆"、"山陕会馆"、"中州会馆"、"四川会馆"、"江西会馆"、"湖南会馆"、"黄州会馆"、"小黄州会馆"、"江苏会馆"、"浙江会馆"、"河南会馆"、"徽州会馆"、"抚州会馆"、"汉阳会馆"、

"福建会馆"等。后期，随着会馆的衰落，往往以商会、同乡会等取而代之。会馆、商会除了对同乡商人进行帮助外，还对帮内、行业内的商业行为进行约束，这有助于商业伦理道德准则的形成和巩固。

团结互助。会馆、商会约束同乡之间，互相帮助，不恶性竞争，不落井下石，具有团结友爱的精神。例如，在襄阳影响较大的黄帮（由旧时黄州府所辖的黄冈、黄安、黄陂、黄梅、浠水、蕲春、麻城、罗田、广水等商人组成，在襄阳建有两所黄州会馆），当有黄帮人遇到困难或遭遇不幸时，除了找同乡会外，还可以通过各种方式请同乡资助，如"请会"仪式等。

热情待客。从本质上说，商人的商业道德主要表现在商人与消费者之间的关系上，而这种关系又通过商人提供的商品和服务来衡量。作为历史悠久的商埠，襄阳的服务意识也早已在商业活动中得到确立。对顾客接待礼数周全，满足顾客需求是普遍风气。这里做的比较突出的依旧是黄帮人，当时黄州人的店铺通行"三拉三放"待客法。一般来说，顾客到店，先由普通店员接待，顾客不买要走时又换一个高级店员与其洽谈，再谈不妥走到门口时，高级店员立即出来说服顾客。买与不买，要敬茶一杯，迎进送出，生意不成仁义在。

讲究信誉。诚信是商业的灵魂，很多老字号能长久保存信誉，往往与其对诚信的严格遵守有关。如陕西汉中人张徽吾在老河口创办的山货行"天生行"就以诚信著称。有一次他属下的货船在途中丢失一包药材，到达汉口后船老板隐瞒不报，收货人也出于对天生行的信任没有仔细清点。后来，张徽吾知晓此事后，不仅处罚了船老板，还立即派人到邮局给汉口发电报说明情况，并补上丢失的药材一包。张老板诚信经商的事情，一时在业内传为佳话。

急公好义。作为一个社会团体，会馆、商会除了为本乡本土的人提供便利外，还积极参与当地事务，如修桥补路、施舍粥米、兴办教育等，这些服务社会的行为具有早期公益的属性。道光十年（1830），樊城为了抵御洪水，修建新的汉江大堤，有关碑刻记载，就有 15 家会馆捐资，捐资最多的山陕会馆的数额达到"叁仟柒佰壹拾贰串九百文"，算是一笔巨款了。而且，在大堤修好后，又以山陕会馆为首的八座会馆轮流解决维修资金。

各会馆在维持本帮商业的运转之外，还大力兴办教育，开设书院和学校，解决本商帮的子弟教育问题，也推动了地方教育的发展。除了在商业文化上的影响外，会馆还在民间文化的传播，戏曲的流传等方面发挥作用。

七、金戈铁马的军事文化

如果说文化是人类创造的物质产品和精神产品的总和，那么，军事文化就是产生于军事领域这个特定局域内的现象，与之相关的武器、营地、军需、工事、战略、战术、队列、操练、信念、精神等都可称之为军事文化。作为兵家必争之地，襄阳的军事文化经过几千年的锤炼，尽显金戈铁马、壮怀激烈的阳刚之气。

（一）形胜要地，天下襄阳：名不虚传的国家重镇

襄阳处于南阳盆地的十字路口，是非常标准的四战之地。南通江汉、东接汉口、信阳、北上中原、洛阳，西去长安、汉中。襄阳向南，沿荆山（西）、大洪山（东）之间的宜城通道，一路可到荆州，进入广袤的江汉平原，直抵长江。向西扼守宜昌，锁住四川出川的三峡门口。向东掌握江汉平原这个重要的经济区。北上争雄，问鼎中原，襄阳是桥头堡。襄阳向东，北有桐柏山，南有大洪山，中间从枣阳至随州，从随州趋安陆，向南直达汉口。向北，控制大悟县，这是江淮平原与长江流域沟通的西侧通道。襄阳向北，是南阳盆地。东北方向，过伏牛山和桐柏山，可进入真正意义上的中原。正北过鲁山县，抵达伊川，洛阳在前。襄阳向东，走南阳西沿伏牛山和秦岭南麓之间的狭窄通道，走内乡、西峡至武关、商洛，出蓝田，到关中，长安在望。清代学者吴庆焘《襄阳兵事略》开篇"序"指出："世之言形胜者荆州而外必及襄。其用兵萌于春秋，茁于东汉，枝于三国，蔓于东晋六朝，而楙于宋之南渡。"得天独厚的地理环境造就了襄阳重要的军事战略地位，成为"兵家必争之地"。

正是因此，襄阳成为历代军事战略重点谋划的区域。春秋时期，楚国在襄阳置北津戍，成为其北通中原和向东拓展的重要渡口和军事要地。三国时期，襄阳成为三国鼎立的一个支点。诸葛亮说："荆州北据汉、沔，利尽南海，东连吴会，西通巴蜀，此用武之国。"司马懿说："襄阳水陆之冲，御寇要害。"泰始五年（269），西晋名将羊祜进驻襄阳，都督荆州诸军。经过十年经营，襄阳在原有基础上发展成为全国性军事重镇，为西晋完成统一大业奠定了基础。东晋南北朝时期，长期控制襄阳的南方政权非常注重对其统治。宋、元时期，襄阳成为宋金、蒙（元）、宋激烈争夺的战略要地。解放战争时期，国共双方都把襄阳作为重要的军事据点激烈争夺。

（二）光辉战例，战史留名：金戈铁马的战火硝烟

根据学者研究，襄阳地区自春秋战国以来发生过200多次大小不等的战事。特别著名的有：周桓王十七年（前703），楚、巴联军在鄾（今襄阳东北）击败

邓军的作战;周赧王三十六年（前279），秦将白起率军进攻楚国鄢（今宜城东南）的大规模作战；东汉献帝初平二年（191），孙坚攻襄阳与刘表部属黄祖之间的作战；东汉献帝建安二十四年（219），蜀前将军关羽北进荆、襄（今襄阳市）作战；东晋时期，前秦建元十四年（东晋太元三年，378）至次年，前秦王苻坚派兵进攻东晋襄阳的战役；南北朝时期，北魏太和二十一年（齐建武四年，497），北魏第二次伐南齐，进攻齐雍州（治所在今湖北襄阳）的战役；南宋开禧二年（1206）十一月至开禧三年二月，南宋将领赵淳坚守襄阳的战役；南宋绍兴四年（1134），南宋岳飞收复被伪齐军攻占的襄阳等六郡战役；南宋嘉定十年（1217）至十二年，南宋在襄阳、枣阳抗击金军围攻，坚守城邑的战役；南宋咸淳四年（1268）至咸淳九年（1273）蒙古（元）军长期围困，并最后攻取南宋军事重镇襄阳、樊城的战役；明末李自成、张献忠农民军数次攻破襄阳；1929年10月冯玉祥联合阎锡山宣布反蒋，其中张维玺一路与蒋介石部在襄阳地区作战；1940年5、6月间，日军同国民党第五战区在襄阳地区进行的枣宜会战；1945年侵华日军同国民党第五战区在襄阳地区进行的鄂北会战；1948年7月，人民解放军对驻守襄阳地区国民党军，以襄阳城攻坚战为重点的解放襄樊战役。解放襄樊战役打开了"南襄隘道"门户，中共中央认为这一汉水中游的胜利，"对于中原战局的开展，帮助甚大"，并写入《中国人民解放军第二野战军战史》。其中，尤其是著名的宋蒙（元）襄阳之战，是世界战争史上的经典卫城战，"襄阳炮"也借此战闻名。

梳理历史可以发现：这些光辉战例凸显了独特的军事文化价值。有的战例，战争发起方出于战略上的考虑，为问鼎中原霸业或实现实力扩张、完成统一奠定了坚实基础；有的战例形成了作战双方长期对峙和政权的相对稳定；有的战例则造成了作战双方军事实力的显著变化或政权的更迭、朝代的更替。这些军事战役充分显示了襄阳作为"军事重镇"和"兵家必争之地"的地位。

（三）军事文化，丰富多彩：襄阳精神的重要内容

丰富多彩的军事文化，是襄阳文化的重要组成部分。襄阳的金戈铁马战争史，是对襄阳军事历史、人文精神、著名人物等重要文化内容的具体展示，是孕育出襄阳丰富多彩的军事文化的重要载体。

军事文化展现了古代军事思想的智慧和谋略。楚巴攻邓鄾之战，楚巴军统帅斗廉就利用"后退包围"战术击败邓国军队，这是春秋时期运用此战术取得成功的早期典型战例。岳飞收复襄阳六郡之战，战略上针对伪齐分兵守城，互不支援的弱点，集中兵力攻其重点设防的郢州，击其一点，震撼全局，最后轻取襄阳，

同时战术上采用分进合击、出奇突袭的战法，一举收复襄汉地区大片失地。解放襄樊战役，人民解放军先是在战略上孤立襄阳国民党守军，使其短时间内孤立无援。在战术上，先是清除襄阳城外围敌军，迫使其退入城内固守，之后集中兵力，四面攻城，歼灭敌人。此次战役堪称城池攻坚战的范本。

军事文化揭示了襄阳所蕴含的独特精神文化内涵。岳飞收复襄阳六郡之战，是南宋立国以来首次在中原地区为收复故土主动出击，并取得重大胜利的一次战役。主帅岳飞运筹帷幄、指挥得当、身先士卒，岳家军英勇骁战、誓死杀敌，岳飞"精忠报国"的精神惊天地、泣鬼神。枣宜会战，著名抗日将领张自忠，拼死杀敌，最后英勇牺牲，"尽忠报国"是毛泽东对其精神的高度概括。关羽攻襄阳、樊城之战，关羽亲率大军乘战船歼灭曹魏于禁等七军，斩杀庞德的故事后来被人称为"水淹七军"。南宋赵淳守襄阳之战，襄阳军民以万余孤军坚守襄阳三个月，终于击退了二十万金兵的攻击，"铁打的襄阳"由此传开。

军事文化丰富了襄阳的人文历史资源。正是由于军事上的重要作用，襄阳在中国历史上经常是作为一个区域的中心而存在。三国时期，荆州的治所设在襄阳；南北朝时期，南朝雍州的治所也设在襄阳；南宋自岳飞收复襄阳六郡后，在长达一百三十多年的时间里，襄阳一直是南宋京西路首府和京湖制置使司的所在地，是南宋整个京湖地区的中心。集中体现了魅力襄阳——军事文化名城的特色，丰富了襄阳的历史人文资源。

八、流芳千秋的诗歌文化

襄阳，是一个诗歌的高地，《诗经》之《汉广》，楚辞之宋玉，可以为襄阳诗歌之正脉，其后，襄阳诗人群体被催生出来，仅唐代就有张柬之、杜易简、孟浩然、张子容、张继、朱放、席豫、皮日休等人，而外来诗人对襄阳的咏颂更是难以尽述，王维、李白、白居易、元稹、欧阳修、曾巩、王安石、"公安三袁"等诗文大家都为襄阳诗歌的高峰做出了贡献，其中李白《襄阳歌》、王维《汉江临眺》传颂尤广。其后历代，又有米芾、魏泰、张嵲、王万芳等人继之，襄阳诗歌文化，不绝如缕，源远流长。

（一）汉水女神，大堤艳女：神秘浪漫的女儿情怀

一边是碧波荡漾的汉江水，一边是秀丽绝伦的大荆山，在山岚的氤氲与水波的柔情中的襄阳，从来都不缺乏浪漫的基因。在这里产生的浪漫故事，都无一例外地立着一个风姿绰约的美丽女性的身影，是文人们永恒的话题。

早在春秋时期，襄阳就与汉水女神结缘，《诗经·周南·汉广》中就首先描述了一位让人一见钟情的美丽女子：

> 南有乔木，不可休思。
>
> 汉有游女，不可求思。
>
> 汉之广矣，不可泳思。
>
> 江之永矣，不可方思。

她如乔木，高贵大方；她如翘楚，清新自然；她如汉水，渺不可见，凛不可犯；她是宜家宜室的好妻子，他要亲自迎娶她。这首两千多年前的诗歌，却唱出了古今痴情男子的"企慕之情"，真情感人。

其后，汉代张衡《南都赋》"游女弄珠于汉皋之曲"；三国时，曹植在著名的《洛神赋》中想象洛水之神"翩若惊鸿，婉若游龙"，而其所本其实是汉水之"游女"，她行步水上，仪态万方；阮籍的《咏怀诗》"二妃游汉滨，逍遥顺丰翔。交甫怀环佩，婉娈有芬芳"也对汉水女神充满了美好的想象和憧憬；南北朝时江总《宛转歌》"已言采桑期陌上，复能解佩就江滨"，将汉水女神与人间最美丽的女子罗敷相提并论；唐代，描述汉水女神，使用交甫解佩典故的诗词更多。孟浩然"游女昔解佩，传闻于此山。求之不可得，沿月棹歌还"表达了没有见到女神的遗憾；张九龄在"汉水访游女，解佩欲谁与"的想象中，似乎与女神觌面相逢，见到女神娇羞欲语的动人情态。解佩往往又与弄珠相连，南朝鲍照"泪竹感湘别，弄珠怀汉游"，唐王适"不知春色早，疑是弄珠人"，宋范仲淹"人物高传卧龙里，神仙近接弄珠川"等无一不是咏汉水女神。金代李俊民过襄阳，有《弄珠滩》一诗专咏其事："江沙一日蚌胎虚，游女争夸掌上珠。美化不将风俗禁，他年恐作媚川都。"诗中不但写了汉水女神，而且写到了在正月二十一日穿天节出游的襄阳女郎们，在他的笔下，那些在汉水边游玩的年轻女子，像女神一样佩戴着石头珠子，也像女神一样风情万种。

与汉水女神同样得到文人青睐的，是盛行于盛唐时代的《大堤曲》中所描述的艳丽多姿，妖娆风情的大堤女。对大堤女风情领略最深的，应该是襄阳籍的大唐宰相张柬之，他写道："南国多佳人，莫若大堤女。玉床翠羽帐，宝袜莲花距。魂处自目成，色授开心许。迢迢不可见，日暮空愁予。"与渺不可寻的女神相比，活色生香的大堤女似乎更让人心动。大诗人李白一来到襄阳，不但一下子被大堤女所吸引，而且似乎在很长一段时间使他魂牵梦萦："汉水临襄阳，花开大堤暖。佳期大堤下，泪向南云满。"而在诗鬼李贺的笔下，大堤女更是不同于一般的歌伎，她们美丽大胆，痴情热烈："青云教绾头上髻，明月与作耳边珰。莲风起，江畔春；大堤上，留北人。郎食鲤鱼尾，妾食猩猩唇。莫指襄阳道，绿浦归帆少。"

（二）保家卫国，战功赫赫：壮怀激烈的男儿意气

女儿的柔情滋养着男儿的阳刚，在时时金戈铁马的襄阳，健儿们从来不乏壮怀激烈的男儿意气，他们在一次次的战乱中，保家卫国，冲锋陷阵，立下赫赫功勋。凭着襄阳健儿，梁武帝夺取帝位，成了人生赢家，他对襄阳健儿赞誉有加："龙马紫金鞍，翠眊白玉羁。照耀双阙下，知是襄阳儿。"那种积极奋进、奋发昂扬的态势简直令人心折。同时代的沈约也写道："生长宛水上，从事襄阳城。一朝遇神武，奋翼起先鸣。"别处的男子到了襄阳，也容易被感染，成为积极进取的好男儿。

宋代，武功暗弱，国家受尽欺凌，襄阳却不乏仁人志士，著名的爱国词人刘过写下了《襄阳歌》：

> 十年著脚走四方，胡不归来兮襄阳。
>
> 襄阳真是用武国，上下吴蜀天中央。
>
> 铜鞮坊里弓作市，八邑田熟麦当粮。
>
> 一条路入秦陇去，落日仿佛见太行。
>
> 土风沉浑士奇杰，呜呜酒后歌声发。
>
> 歌曰人定分胜天，半壁久无胡日月。
>
> 买剑倾家赀，市马托生死。
>
> 科举非不好，行都分万里。
>
> 人言边人尽粗材，卧龙高卧不肯来。
>
> 杜甫诗成米芾写，二三子亦英雄哉。

慷慨激昂的诗句激动了几许英雄儿女！在整个宋代，襄阳抗金、抗蒙、抗元，几乎一直在对抗着侵略者的铁蹄，襄阳健儿，保家卫国，奋勇杀敌，以长达六年对元的襄阳保卫战再次赢得了世人的尊敬。

这种壮怀激烈的男儿情怀一直延续到近现代，在十里长山，爱国将领张自忠血洒国土，慷慨捐躯，谱写了最为壮烈的男儿诗篇。

（三）江山胜迹，前贤雅风：寄意深远的怀古追思

襄阳名人辈出，他们在襄阳留下的胜迹如隆中、鹿门、岘山等，形成了襄阳独特的人文资源，也为诗歌提供了广泛的怀古题材。唐代陆龟蒙《读＜襄阳耆旧传＞因作诗五百言寄皮袭美》一首长诗，把襄阳前贤细说从头。而所有过襄

阳的诗人，总难免要"犹悲堕泪碣，尚想卧龙图"，对襄阳这两位旷世名臣诸葛亮、羊祜的追思堪称连篇累牍。唐代胡曾《隆中山》对诸葛亮不求闻达的精神境界赞誉有加："世乱英雄百战余，孔明方此乐耕锄。蜀王不自垂三顾，争得先生出旧庐。"而在岘山，孟浩然留下了不朽诗篇《与诸子登岘山》，怀念羊祜的德政与功绩。李白、白居易、元稹等都表达了对羊祜的景仰。以至后世人往往以岘山堕泪碑来歌颂官员的政绩遗爱，如宋代贺铸"多惭羊叔子，涕泗岘山碑。"汉代庞德公因其卓越的见识、隐者的高风被千古传颂，杜甫在诗中表达了追慕他的强烈愿望："为于耆旧内，试觅姓庞人。"孟浩然作为山水田园诗的开宗立派人，一直受到人们的尊崇，李白首先直言不讳："吾爱孟夫子，风流天下闻。"稍晚的白居易，深以不能与孟浩然同时代为憾，写道："秀气结成象，孟氏之文章。今我讽遗文，思人至其乡。"简直要追随而去。进入文人们笔下的襄阳名人还有刘表、杜预、习凿齿、释道安、萧衍、皮日休等人，众多的怀古诗，无疑给文人们的襄阳之游平添了意味。

襄阳文化，多元而灿烂、个性又融合，文化现象众多，文化载体丰富，这既是我们难得的历史财富，也在今天孕育着巨大的发展潜力。今天，以强烈的文化意识指导襄阳的文化建设，我们必须站在历史的、时代的方位，以远大的历史抱负、宽阔的文化视野、深刻的文化思考，担当起历史和时代赋予我们的神圣使命，牢固树立以强烈的文化意识指导城市建设的理念，以文化彰显城市特色，以特色展示城市内涵，以内涵提升城市品质，切实推动襄阳科学发展、跨越发展，才能实现真正的文化襄阳。

参考文献：

1. 叶孟理主编《汉水文化研究集刊》，2006年。

2. 袁珂校注《山海经校注》，成都：巴蜀书社，1993年4月版。

3. 尹世积著《禹贡集解》，北京：商务印书馆，1957年5月版。

4. 李学勤主编《孟子注疏》，台湾古籍出版有限公司，2001年版。

5. 梁中效《汉水、淮河——中国南北文化转换的轴心》。

6. （东晋）习凿齿撰，黄惠贤校补《校补襄阳耆旧记》，郑州：中州古籍出版社，1987年3月版。

7. （宋）庄绰撰，萧鲁阳点校《鸡肋编》，上海：上海书店出版社，1983年

3月版。

8.余冠英译《诗经选译》，北京：人民文学出版社，1960年2月版。

9.（宋）李昉著《太平广记》，北京：中国文史出版社，2003年8月版。

10.（清）陈锷纂修《襄阳府志》，武汉：湖北人民出版社，2009年版。

11.张正明著《楚文化史》，上海：上海人民出版社，1987年8月版。

12.刘国忠著《走近清华简》，北京：高等教育出版社，2011年4月版。

13.刘利，纪凌云译注《左传》，北京：中华书局，2007年3月版。

14.（宋）朱熹撰《楚辞集注》，上海：上海古籍出版社，2003年版。

15.（西晋）陈寿撰《三国志》，郑州：中州古籍出版社，1996年10月版。

16.（春秋）管仲撰《管子》，杭州：浙江人民出版社，1987年3月版。

17.（清）彭定求等编《全唐诗》，上海：上海古籍出版社，1986年。

18.（宋）刘过撰《龙洲集》，北京：中华书局，1985年。

19.（梁）徐陵编《玉台新咏》，文学古籍刊行社出版，1955年6月版。

20.《中国人民解放军第二野战军战史》编委会编《中国人民解放军第二野战军战史》，北京：解放军出版社，1990年2月版。

21.鲁迅著《鲁迅中国小说史略·鲁迅汉文学史纲要》，长春：吉林人民出版社，2013年3月版。

22.（宋）陈经著《尚书详解》8，北京：商务印书馆，1939年12月版。

注：本文为襄阳市社科联课题，收入《襄阳印象》（商务印书馆2018年版）。

岘山石幢研究
——以刘喜海《宋重修岘山晋羊太傅中书札子并题诗题名石柱》摹本为底本

方莉 / 文

岘山石幢为襄阳岘山羊公祠内宋代旧物。宋庆历七年（1047），由京城贬知濠州又徙知襄州的"尚书工部员外郎直龙图阁知襄州事"王洙，向朝廷进呈奏章，奏言修复时已毁圮的羊公祠，朝廷圣旨恩准，并以中书札子行文到襄阳县。王洙随即以千金赎回原祠旧基，重修了祠宇。接着，邀请当时在邓州（今河南邓州市）任职的范仲淹、在河阳（今河南孟州市）任职的李淑等周边官员及郡内外僚属十五人，各出一诗，共十六首，盛赞羊祜的功绩与德政，镌刻在一座八面石幢上，立于新修的羊公祠内。本属地方祭祀的羊公祠，经王洙此举，大大提升了其影响力，成为北宋文坛、政坛的一件盛事，其后一百余年，过襄阳之官员士子，竞以留名石幢为荣，又成饮饯题名九则，使石幢之名愈显，因之成为羊公祠的重要标志之一。一直到 20 世纪六七十年代，石幢依然存留，但历经风雨，磨灭严重。1969 年，襄阳羊公祠因修焦枝铁路拆毁，祠内文物不知所踪[1]，如今更已渺难寻觅。石幢在羊祜的纪念史上具有重要的地位，历代对其著录、研究一直没有断绝。其中尤以清代陆增祥《八琼室金石补正》与刘喜海《金石苑目录·附》著录完备，今特以后者附录之《宋重修岘山晋羊太傅中书札子并题诗题名石柱》摹本为底本作以初步整理。

一、历代著录与研究

岘山石幢载刻共分三个部分：使帖部分，王洙等十六人题诗部分，饮饯题名

---

[1] 襄樊市地名领导小组编，湖北省襄樊市地名志，1983，第 140 页。"羊杜祠遗址"条载：祠内有堕泪碑石刻，另有唐宋经幢各一通。1969 年修焦枝铁路，路基线通过该祠，将其拆除。

九则（详后）。王洙当时的修复之举，在朝野影响颇大，这从石幢刻成后的饮饯题名之盛可见一斑，诸人之诗，当时已广为流传，或编入个人诗文集。其后，石幢逐渐进入方志、笔记、类书著录中。

1. 地方志书对石幢的收录

明代，地方志书开始对石幢诗文予以收录。最早可见嘉靖《湖广图经志书》[2]，录诗两首，吴育诗一首，题作《岘山》；范仲淹诗一首，题作《羊祜祠》。[3] 万历《襄阳府志》则录诗增至十首，分别为王洙、范仲淹、刘敞、贾黯、裴昱（煜）、连庠、张去惑、李康伯、马云、韦不伐等人诗。[4]

清代，方志对石幢的收录和记载逐渐密集。

康熙《襄阳府志》载王洙、范仲淹、刘敞、贾黯、裴昱（煜）、连庠六人诗。[5] 雍正《湖广总志》则仅录范仲淹诗一首，题作《羊祜庙》。[6] 乾隆五年修《下荆南道志》，录范仲淹、刘敞、贾黯、裴昱（煜）、连庠五人诗。[7] 以上诸志皆未及石幢。

乾隆后，官府多次修葺羊公祠，开始出现石幢的记述。

乾隆二十五年，知府陈锷修《府志》成，其中记述：

> 石幢二，俱在城南岘山上。北宋以前物也。今一卧岘山亭址旁，字皆漫灭，可读者仅文中十字，末题七字而已。一在羊、杜祠中，上可抚揭。[8]

乾隆四十六年（1781），分守安襄郧兵备道陈大文修羊公祠，有记：

> 庆历间，知襄州事王洙立石幢二，其一久已漫灭，其在祠中者自范文正公而下和诗甚众，尚可摹揭。[9]

---

[2] 明嘉靖元年刊刻，为现存最早的明代湖广省志。

[3] 明嘉靖《湖广图经》（《日本藏中国罕见地方志丛刊》）《志书·通志·襄阳·诗类》，北京：书目文献出版社1991年10月版。

[4] 明万历《襄阳府志》卷五十，《四库全书存目丛书》史部第212册。

[5] 此说据清嘉庆《湖北通志》。清康熙《襄阳府志》版本未见（今存孤本，藏国图）。

[6] 清雍正《湖广通志》卷八十四《艺文志》。

[7] 清乾隆《湖北下荆南道志》卷二十三。

[8] 清乾隆《襄阳府志》卷五。

[9] 清同治《襄阳县志》卷二《建置·祠祀》，第40页B面~41页A面。

岘山石幢研究

此陈大文错误尤甚，羊公祠中原藏二石幢，其一为唐张九龄撰《靳公遗爱碑》，久已磨灭，在王士祯《蜀道驿程记》中已有记述；另一枚即为王洙所立石幢。陈大文误将唐石幢认定为宋石幢，且武断地认为王洙所立石幢为二枚。

道光年间，知府周凯又修羊公祠，作记云：

> 岘山之南，唐宋二石幢犹在焉。[10]

清代志书、记文频繁涉及石幢，也可说是石幢渐为时人所识。

目前所见将石幢纳入金石类进行载录并最早刊行的，是嘉庆九年所刻《湖北通志》[11]。该志亦未录石幢全文，使帖部分只转引《池北偶谈》而已；十六人诗则录其十五首，范微之诗因磨灭过甚失收，题名则全部收录。另外，该志开创了在石幢收录上兼采前人记录的模式，被后来的《八琼室金石八琼室》（下称《八琼室》）等照单全收并续接下去。由于该志刊行较早，所以所采前人记录，无非是引王士祯的日记、随笔及诗作，除此之外，还引录了《湖北金石存佚考》的编者按语，其中除了一般性描述信息之外，对石幢在此前志书中的收录情况做了一个综述，并指出范微之诗"仅存七十五字，其文为不具耳"，是其失收原因。《湖北金石存佚考》，陈诗撰，刊刻于嘉庆二十一年，之所以能出现在嘉庆九年刊刻的《湖北通志》中，当是由于陈诗担任通志的纂修人之一的缘故，甚至可以蠡测，通志之所以能首先对石幢进行大幅收录，也应与陈诗有关。在陈诗的个人著录中，除上列存佚考外，尚有《湖北旧闻录》，亦收录了石幢，列"羊公祠"条下[12]，其中录十六人诗作，包括范微之的七十五字，题名则省去，引前人记述体例与通志略同。

光绪《襄阳府志》总纂王万芳以"襄阳才子"名于当世，对襄阳本土文献、古迹的收录尤为重视，他首先在襄阳本地志书中为石幢列出专条，其内容则基本抄录自嘉庆《湖北通志》[13]。

---

[10] 清同治《襄阳县志》卷二《建置·祠祀》，第41页A面~42页A面。

[11] 一般描述为《湖北通志》一百卷首五卷，吴熊光、吴炯修、陈诗、张永宪纂，嘉庆九年刻本。著录见卷九十《金石三》"羊公祠石幢"，第26页。

[12] （清）陈诗著《湖北旧闻录》第5册，武汉：武汉出版社1989年10月版，第1132~1138页。

[13] 清光绪《襄阳府志》（收入江苏古籍出版社编选《中国地方志集成湖北府县志辑》第63册），南京：江苏古籍出版社2001年8月版。

比之略晚的襄阳金石学者吴庆焘,亦对石幢非常重视。在所著《襄阳金石略》[14]中,虽因石幢内容"具载《通志》与《府志》,字多不复录",但在载录前人的基础上,吴氏又分别对诗作以及题名详加按语,题名尤其一条一案,举凡人物、事件、与襄阳瓜葛等无不辨析,为诸家中研究石幢之最深微者。

民国版《湖广通志》实编自光绪年间,吴庆焘亦曾参与其间,所以有"《通志》具载"之语,由于其时全文著录石幢的《八琼室》已出,该志则亦全文转录。这也是地方志书对石幢本身内容记录最完备者。

2. 王士禛对石幢的贡献

清初,石幢因王士禛而闻名于士林。康熙十一年(1672),王士禛典蜀试后沿长江而下,取道襄阳返回京城,登岘首山拜谒羊公祠时见到当时尚在祠内的石幢,旋即将所见记录在其日记《蜀道驿程记》中,其文记"羊太傅祠内有石幢,刻宋庆历七年十一月六日中书札子,及尚书工部员外郎、直龙图阁、知襄州事王洙原叔《重建羊侯庙》诗。[15]"又记"和者"范仲淹以下十四人姓名及衔名[16],没有涉及题名。其后,王士禛得到一个不完整的石幢拓本,又在《池北偶谈》中记载了更为详细的信息,首先介绍了石幢的形制[17];其次,则录载了使帖部分的一些刻字,计有:第一行"使帖襄阳县"五字,第二行的"准庆历七年十一月六日中书札子襄州奏当州城南五里有岘山一所上有古祠碑又有晋太傅"等字,末行"帖到速采石大字书刻上件"等字;第三,录王洙、吴育、李宗易三人诗作;第四,录饮饯题名七则[18]。

得见石幢,王士禛无疑极为惊喜,除了上述两次作记,还作《岘山石幢》诗一首以寄情:

> 我昔游成都,劫后得一奇。城南丞相祠,尚有裴柳碑。浮江陟岘首,再拜羊侯祠。祠中古招闟,锐上如卓锥。题名多宋贤,文采令人思。高唱始原叔(直龙图阁知襄州王洙重建羊侯祠诗),吴(育)

---

[14] 吴庆焘编撰,洪承越点校《襄阳金石略》(与《荆州记九种》合刊一册),武汉:湖北人民出版社 1999 年版,第 407 ~ 419 页。

[15]《四库全书存目丛书》史部第 128 册,济南:齐鲁书社 1996 年 8 月版,第 342 页。

[16] 范仲淹止记"范文正公",当是过于熟悉之故;范微之失载。

[17] 由于王士禛得到的拓本不全,以至将八面误为六面。

[18] 应为九则,其后诸家多有辨正。

范（仲淹）刘（敞）继之。周遭妙刻画，赵（德麟）李（廌）名亦垂。

庆历洎元符，国是如弈棋。风景尚依然，陵谷凡几移。名字照汉江，

万古清涟漪。缅怀邹湛语，言咏生遥悲。[19]

对于剪送拓本的门人张力臣，王士禎特答诗二首，录于文集，其人因此扬名于京师士林。事实上，王士禎还曾转托另一正在襄阳任职的门人吴国鉴再次为其拓摩石幢[20]。

王士禎对石幢至少有两大功劳，一是重新发现之功，自王氏之后，石幢方进入金石学的视野，受到各金石家的重视，《金石萃编》以降，金石诸书鲜有失收者；二是命名之功，在《蜀道驿程记》中，王士禎首句即以石幢呼之，后世多沿用之，称"岘山石幢"或"羊公祠石幢"。此外，王氏记载虽要言不烦，但简短的两段文字中，也提供了一些信息，随着石幢漫漶加剧，后来金石诸刻均据以补字，如使帖第一行的"六"字，由《蜀道驿程记》补入；"襄阳奏当州"五字，由《池北偶谈》补入；又后文其他散见字，亦能作以参考。特别《蜀道驿程记》录十四人衔名，成为后来《八琼室》录文的重要依据。

3.《八琼室》脉络的形成

嘉庆《湖北通志》虽开原文收录之先河，但毕竟属地方性著作，石幢进入金石学的正式著录，当自《金石萃编》始。该书一百六十卷，清人王昶著，成书于嘉庆十年（1805），是著录历代石刻较为完备的金石考古学专著，可以说是清代金石学研究以来的首部集大成著作。萃编对石幢有所涉及，但遗憾的是，仅收入两条题名，即张遵题名与孙颀题名，张遵题名条注："此刻未详是何碑刻，高九尺一寸，阔一尺三寸，分上下截书，上截四行二十字。"孙颀题名条下补注："又，四行行九字，此即刻在皇祐癸巳张遵题名下。"[21]

真正对石幢作全文收录的是《八琼室》一书，该书是继《金石萃编》后而作的又一部石刻文字汇编。全书共一百三十卷，所收石刻和其他器物铭文多达3500多种，较《金石萃编》多出约2000种。书稿写成未能当即刻印，直到1925年，始由刘氏希古楼刊行问世。《金石萃编》之后，金石学研究渐为清代学者追捧，成果迭出，但作为汇编型的大型类书，仅《八琼室》刊刻行世。其中"岘山石幢

---

[19]（清）王士禎著《王士禎全集》2《诗文集》，济南：齐鲁书社 2007 年版，第 1004 页。

[20]（清）王士禎著《王士禎全集》2《诗文集》，济南：齐鲁书社 2007 年版，第 1838 页。

[21]（清）王昶著《金石萃编》第 4 册，卷 134《宋十二》，北京：中国书店 1985 年 3 月版。

题刻十一段"[22] 为石幢留下了宝贵的资料，学者研究石幢，往往以此为本。

《八琼室》作为石幢的首个全文收录者，进行了较为细致的收集整理工作，不仅收录了原来诸刻所没有的使帖，也收录了因磨灭严重而被弃收的范微之诗，同时标注了各部分所在页面；在对前人研究的总结汇编上，《八琼室》续接了嘉庆《湖北通志》的体例，转录了《蜀道驿程记》《池北偶谈》《湖北通志》《金石萃编》《湖北金石存佚考》的相关内容。此外，陆增祥在十六人诗后加长篇按语："岘山诗刻三百四十四行，存二千四百五字。王洙复岘山羊祠，作诗纪事，李淑等和之，刻于石幢。起弟二面，分截横列，周转回绕，而各五截，讫七面四截而止。凡二十九截，不著书人名，亦不见年月。"[23] 并对题诗诸人有考据。特别纠正了嘉庆《通志》的几个错误：王洙非宋城人而是应天府虞城人；题名后，则分别对《金石萃编》仅收二则、《池北偶谈》误记七则的情况予以分说。

正因为《八琼室》所做的工作已经可称细致，所以后世诸家在收录石幢时，往往以之为本。杨守敬《湖北金石志》基本抄录《八琼室》[24]。张仲炘、杨承禧撰民国版《湖广通志》亦全文照录，更条目名为"岘山石幢题刻"[25]。前述光绪《襄阳府志》、吴庆焘《襄阳金石略》亦与之均有渊源。这样，实际形成了在石幢收录上的"《八琼室》脉络"：

嘉庆《湖北通志》→光绪《襄阳府志》

《八琼室金石八琼室》首次全文收录

《湖北金石志》转录《八琼室》

民国《湖广通志》转录《八琼室》→《襄阳金石略》

4.《八琼室》脉络之外

清代对石幢的关注并不仅局限于上文所见著述，一些散见的文献中也时有著

[22]（清）陆增祥编著《八琼室金石补正》第59册，影印嘉业堂丛书本，北京：文物出版社 1982年7月版，第5564～5574页。

[23]（清）陆增祥编著《八琼室金石补正》第59册，影印嘉业堂丛书本，北京：文物出版社 1982年7月版，第5570页。

[24] 中国东方文化研究会历史文化分会编《历代碑志丛书》第21册，南京：江苏古籍出版社 1998年4月版，第428～436页。

[25]《湖北通志》，台北：京华书局1967年12月版，第2260～2266页。

录或涉及。

康熙间，《宋诗纪事》录王洙[26]、李宗易[27]、马云、张去惑、李康伯（误为季康伯）等诸人诗；孙抗、裴煜、黄通三人则记录在册，但未录石幢诗；范微之、韦不伐则其诗其人均未载录。

《茶余客话》"张弨"条有关于其摩拓岘山石幢事，并录王士禛《题张力臣小照》二首[28]，视为佳话。虽不能视作正式的著录，但其文其事无疑有利于石幢知名度的提高。

嘉庆二年（1797），太学生、内阁侍读严观作《岘山饮饯题名石幢》诗，其中有所感叹："惜哉石渐损，风雨把诗删。"其所目见的石幢，当比王士禛时磨灭更多。诗后，马绍基有较长按语，由于其中信息颇有可参之处，故录如次：

> 高六尺四寸。凡八面，每面宽一尺，有盖有座。一面第一行刻"使帖襄阳府"，第二行低一字，"准庆历七年"云云，共十行，直书而下，下半漫漶莫辨。正书，字径八分。一面界二层：上层题"京西提点"云云，四行，行二十字，字径二寸二分；下层镌"太守孙颀"云云，四行，三十四字，字径一寸三分。一面界五层：上四层刻诗，下一层题名。五面均界六层：上五层刻诗左行下，一层洌饮饯题名，右行字大者径二寸，中者一寸三四分，小者六分，皆正书。今在襄阳城南五里羊杜祠内。按：王士禛《入蜀记程》[29]及《池北偶谈》云"凡六面"，误，想当时拓印不全耳。再阮亭所载王洙七古一首，残缺仅九字，吴育七绝、李宗易七律俱完好。又名字可辨者，范仲淹、李淑、吴育、刘敞、李宗易、张去惑、孙抗、韦不伐、李康、贾黯、裴昱、马云、黄通、连庠十四人。今王洙诗存不及半，余更不成句。其十四人，惟李淑、王洙、黄通、连庠四人尚存，他俱莫辨。至谓宋人饮饯题名甚多，知名者张唐英、赵德麟、魏道辅、岑严起、李

---

[26]（清）厉鹗、马日管辑《宋诗纪事》（王云五主编《万有文库》第2集），北京：商务印书馆1937年3月版，第234页。

[27]（清）厉鹗、马日管辑《宋诗纪事》（王云五主编《万有文库》第2集），北京：商务印书馆1937年3月版，第502页。

[28]（清）阮葵生著《茶余客话》，北京：中华书局1959年5月版，第656页。

[29]按：当为《蜀道驿程记》。

方叔等五人而已。今案题名中，若刘元瑜为河南人，历左谏议大夫，

《宋史》有传，阮亭亦未之考也。[30]

二人当曾亲炙石幢，所以对当时保存状况记载颇详，从其叙述中，我们得知时间过去 125 年后，石幢比之王士祯时的漫漶进程，如王洙诗，王士祯所见几为全璧，仅残缺九字，而至此时，则留存不足一半；王士祯所见到的清晰可辨并录下衔名的 14 人，也只有李淑、王洙、黄通、连庠四人尚存。又，使帖部分的布局描述亦足补诸刻语焉不详之弊（详后）。

道、咸间，对石幢的载录在金石学研究领域相率成风。

如吴式芬撰《攈古录》二十卷[31]，虽未照录，但诸段题名散见；吴氏并精心制作石幢拓片剪贴本，赠送另一金石家刘喜海。同时代顾千里有《跋岘山石柱题名》[32]，当是题跋于石幢拓本后。

叶昌炽撰笔记体石刻通论性专著《语石》，在谈论诗文、碑刻时,常以石幢为例。卷四论诗文刻石之诸般形式，就有：

岘山羊公祠诸篇，则刻于石柱。[33]

论及题名中"兄弟子侄同游者，亦例得并书，或书某某等随侍，或即命其子书之"的情况，又举：

襄阳岘山石柱，有黄尧允等题名，元丰庚申胡宗回谨令男义修题。[34]

对石幢载录另有惊喜的，是刘喜海《宋重修岘山晋羊太傅祠中书札子并题诗题名石柱》（下称《石柱考》）。刘喜海，清诸城（今山东诸城）人。字燕庭，一作燕亭，一字吉甫。号方伯。嘉庆二十一年（1816）举人，历任福建汀州太守、陕西延榆绥道、四川按察使、浙江布政使等职。官浙藩时，以风雅好古，为某中丞劾罢。尝手辑金石文字逾五千通。藏书亦富，有宋刻唐人集数十家。编有《金

---

[30]（清）严观撰，湖北金石诗，商务印书馆，民国 25.12，第 14~15 页。

[31]（清）吴式芬辑《攈古录》，北京：中国书店 1982 年版。

[32]《文献》丛刊编辑部编《文献》第 12 辑，北京：书目文献出版社 1982 年 5 月版，第 217 页。

[33]（清）叶昌炽撰《语石语石异同评》（考古学专刊丙种第四号），北京：中华书局 1994 年 4 月版，第 222 页。

[34]（清）叶昌炽撰《语石语石异同评》（考古学专刊丙种第四号），北京：中华书局 1994 年 4 月版，第 355 页。

岘山石幢研究

石苑》八卷及《长安获古编》。著有《海东金石苑补遗》、《喜荫簃诗文集》二卷、《古泉苑》一百卷、《嘉荫簃古泉随笔》八卷《泉苑菁华》六卷《嘉荫簃论泉截句》二卷、《昭陵碑考》、《海东金石存考》一卷、《苍玉洞宋人题名》一卷。《石柱考》即附于《金石苑》末。

刘氏《金石苑》之编录，颇得其个人金石收藏之富，以其手辑金石观之，卷帙当极为浩瀚，但后来仅成六十一册，不分卷。后世对《金石苑》的研究和使用较少，当是由于其手稿散佚、刊行不广之故，其友人桑行之为之作序云："遗稿零落几尽，仅吾辈拾残补坠，存十一于千百。[35]"《金石苑》曾蒙王国维题跋，称其"写录之式并行格往往不同"[36]。

收藏家韦力对其评价较高：

> 他所得的古器物和拓本之多，在清代后期是不多见的。他曾打算利用自己藏品中的 5000 余种金石拓片来编集一部几百卷的《金石苑》，但因卷帙太多，未能编成，只将其中一小部分编为未分卷的《金石苑》。该书著录了保存于四川的汉至唐、宋的碑刻等物，书中的碑刻、器物，多绘出缩小的图形，刻文按原来的款式、书体摹写。这种著录古代石刻文字的方法，是比较科学的。[37]

刘氏对金石的态度几乎可以说是虔诚的，他将所有的金石都以摹写的方式进行保存，这与《金石萃编》和《八琼室》仅汉代以前金石照摹不同，当然，也极大地增加了难度。而刘喜海《金石苑》最终并没有做到集于大成，其在金石收录上过于认真或也是原因之一。

刘喜海《金石苑》为岘山石幢特列一个专册。据其在跋文中自称："余旧藏整幅八面，近吴子苾观察又以剪本寄赠，因据两本合勘录文，并以《襄阳府志》所载全诗补注于旁，汇作一册。"展览之下，其内容之详尽，校对之精严，无人能出其右，所录文字，与《八琼室》诸刻多有相异之处。按照刘氏编录惯例，是以摹绘的方式，这样，最大限度地保留了石幢的形制和书法的原貌，是研究石幢不可多得的珍贵材料。特别是传世石幢全文录文仅有《八琼室》一脉，错误陈陈

---

[35] 桑行之等《说钱》，上海科技教育出版社 1993 年 10 月版，第 76 页。

[36] 王国维著《观堂集林外二种》(下册)，石家庄：河北教育出版社 2001 年 11 月版，第 652 页。

[37] 韦力著《鲁迅古籍藏书漫谈》(上卷)，福州：福建教育出版社 2006 年 9 月版，第 103～104 页。

相因，《石柱考》提供了一个难得的《八琼室》脉络外的参考，校正、补益之处颇多。

《金石苑》流传较少，今从国家图书馆觅得此书，因此特以其为底本，结合《八琼室》、《通志》等记载，对岘山石幢的有关资料做初步的整理与研究。

二、石幢内容考

1. 使帖

在对刘增祥《岘山石幢题名十一段》和刘喜海《石柱考》进行逐字比对后，发现两者相异之处颇多，此以《石柱考》为底本照录，以《八琼室》为参校录文，( ) 中为《八琼室》异文；[ ] 中为《八琼室》增字；【】中为《石柱考》增字，□表示阙字；□□表示原空格；无阙字；』表示折行。详如下：

使帖襄阳县

准庆历七年十一月六日中书劄子。襄州奏：当州』城南伍里，已来有岘山壹所，上有古迹碑文数座』，及有晋太傅羊祜祠庙。其（此）庙 [1]【为】年【岁深远，屋】宇（守）【并】』已【堕】坏（襄）[2]，□□□□□[绕]□地土共约伍顷。已来先』有（自）当州节度推官 [3] □□□【请】射上件地土，充为己业。』【逐】年【出】纳税钱壹伯文。自后□□□□□』□□□□人【户舍近】□□□□□□□□□』□斫伐树木净尽，兼从初（残字刀）只（残字口）是州县颜情（料）[4]，将上（此）件』山地 [5]，只出些小税钱，【请】射（付）与人 [6]。并【不曾奏】闻朝廷。及申转运【司并】指□□□□[经理交给] □司□【会】』[税钱] □□□□□□□□日中书劄子，奉□□』□【圣】旨：诸处神庙，不得擅行毁拆。内系祀典者，如』有□□□□□修【整】，仍令都【运奏院】□□□【道】』□【襄】[皿] □【施】行者。【上件】□□□□□□□□』□□官及于襄阳县簿书内除落税钱壹伯文。所』有古迹，晋太傅羊祜庙，系□ [当] 州□□□□□』除以壹】【之外】【别无】□□【祭】祀【之所】。【州】□已亻』□□【上】□ [中] □ [劄子]。[奉] □□□圣旨指挥，令襄阳』县再行【修】整（劝）屋宇 [7]，每年春秋，依诸庙例，破系省钱』祭祀。虽（准）□□【此】施行 [8]。切（敕）□□□□□【色】人□ [9] □ [上』件此] 山地土斫伐树木。□□□□□□□□』朝廷特降□□敕命指挥，今后不许诸色人请【射】』上件地土（木），斫伐树木。所贵遵守施行。【未敢】专【擅】。□□□敕旨。ナ（内）[载] □□□圣旨]，亻（依）奏劄付 [10]，□【司】准此。』右事须帖襄阳县，限帖到，仰（如）详中书劄子 [11] 内□□□』圣旨指挥【施行】。据岘山羊公祠庙，绕山地土（速此施行），勒（敕）本地（城）[12]』分人【员】[耆]□□□[切]□[禁]。今后不许诸色人等【请】射（再），斫『伐【树】木。仍勒（敕）匠（所）【人】[13]□，疾速采石，大字书 [写，篆] 刻上件』中书劄子壹本，于岘山上安立。【庆历】[38]【八】年【十一】月【二十】日帖

除共有的内容外，刘喜海《石柱考》增 68 个完整字，4 个残损字；《八琼室》增 25 个完整字，2 个残损字。另，两者异文 23 字，审其文字，多以刘文为是。此特一一分析如下：

[1] "其（此）庙"句，两字均通，"其"字更符合古人行文习惯。

[2] "【屋】宇（守）【并】已【堕】坏（襄）"句，《八琼室》将"宇"误为"守"，"坏"误为"襄"。

[3] "先有（自）当州节度推官"句，《八琼室》"自"字为"有"字之误。

[4] "从初（残字刀）只（残字口）是州县颜情（料）"句，《八琼室》所残"刀"、"口"部可证《石柱考》"初"、"只"二字。"颜情"是，犹颜面，如"顺一人之颜情，为兆民之深怨"[39]；"颜料"无稽。

[5] "将上（此）件山地"句，虽两字皆通，但整个使帖皆用"上件"行文，应从"上"字。

[6] "只出些小税钱，【请】射（付）与人"句，与上文"【请】射上件地土，充为己业"句，下文"今后不许诸色人请【射】上件地土"三句，《石柱考》均涉及"请射"一词。为诸本所未有。（详后）

[7] "令襄阳县再行【修】整（劾）屋宇"句，当以《石柱考》"修整"为是。

[8] "虽（准）□□【此】施行"句，当以《八琼室》"准"字为是。

[9] "切（敕）□□□□【色】人□"句，《石柱考》"切"字是，《八琼室》"敕"误。凡用"敕"字，依惯例前需空格，以示尊崇之意。此字前则无空格。相同情况《八琼室》全文凡三，所用"敕"字皆误。

[10] "ナ（内）[载□□□圣旨]，亻（依）奏劄付"句，两字《石柱考》为残损字，《八琼室》为完字。"内"字以残损"ナ"起笔推测，应为"右"字。古

---

[38]《石柱考》原摹绘字残下部。

[39]（清）吴乘权著；管成学等译《文白对照〈纲鉴易知录〉》（上），北京：红旗出版社 1998 年 1 月版，第 789 页。

人书刻自右至左，使帖将圣旨内容放在前面，至"敕旨"二字结束，均刻于右边，"右载圣旨"即此，犹今之"上述内容"云云。"依"字以《八琼室》为是。

[11] "限帖到，仰（如）详中书劄子"句，《石柱考》"仰"是。"仰"为旧时公文用字，表示命令。

[12] "据岘山羊公祠庙，绕山地土（速此施行），勒（敕）本地（城）"句，绕山地土（速此施行）四字两个版本全无相同处，但详前后文，仍以《石柱考》为是。羊公祠不是一级政府，如何"速此施行"？"遶"与"速"、"山"与"此"、"地"与"施"、"土"与"行"，字形亦均有相似，以至冯京马凉之误。"勒"、"敕"之辨亦如 [九]。"地"、"城"两字皆可通。

[13] "仍勒（敕）匠（所）【人】"句，仍以《石柱考》为是，为"仍勒匠人"。

从以上罗列可以看出，《八琼室》在文字上的随意荒疏处俯拾皆是。另，《八琼室》断句也有瑕疵，"当州城南伍里，已来有岘山壹所"，"已来"应断在下句；后文"已来先有（自）当州节度推官……"亦然。早有人注意到《八琼室》在断句上存在的问题，有学者指出："其断句出一不知谁之手，谬误迭见，几展卷便是。"并将问题断句归为十种，撷二百余条予以校正。[40]

考虑到刘喜海《石柱考》更忠实于原貌，以下内容仍以刘文为底本照录，以《八琼室》、《全宋诗》、乾隆《襄阳府志》（下称《府志》）等参校。

2. 十六首诗作及勘异

岘山诗

尚书工部员外郎直龙图阁知襄州事王洙

襄阳南出大路奔，小山曰岘名』特尊。山形卑隳不峻极，屹若巨』首临江濆。大山半宫不成霍 [1]，绝』水阙左非为罾 [2]。砠巅岊屃戴危』石，箕踵曼衍罗芳荪 [3]。汉流长鹜』滨其足，东望弥迤皆平原。槎头』下阙罦罾集，蔡洲近眺田园蕃。』何物兹山匪秀出，得使今古闻』听喧。自昔羊公好登览，山名直』为贤者存。鹿门望楚镇区境，凤』林冠盖延山樊。丹岩翠壁互幽』胜，日月亏蔽烟岚屯。公胡遗彼』而乐此，谈者未始聊诊论 [4]。吾谓』圣达意超豁，高览便欲周乾坤。』孔登泰山小天下 [5]，阮升广武嘆』竖昏。会稽探穴禹书出，之罘望』海云涛翻。此中风景亦虚远，极』目见尽江山源。东吴未定劳机』策，置酒啸咏纾

---

[40] 王七一《〈八琼室金石补正〉断句纠谬释例》，黄永年主编《古代文献研究集林》第 2 集，西安：陕西师范大学出版社 1992 年 2 月版，第 264 页。

岘山石幢研究

勤烦 [6]。数顾润甫』恤躬后 [7]，誓将百岁游奇魂 [8]。对公』盛德与山永，正唯堪辈如公言 [9]。』今兹去公仅千载，凛然英气犹』轩轩。我来追古一长息，旧迹废』毁成悲吞。民豪占山童其木，嘉』植不得容本根。利取薪苏积裯』紫，鬻之陶瓶供烧燔 [10]。羊公无庙』忽不祀，但纵淫鬼歆牲蘩。中庭』有碑即堕泪，[11]至今观者怀仁恩。』于民何诛不足问，非民忘德由』官惛。下教邑里复祠宇，序诸祭』典跻之元 [12]。思仁爱树恭所发，禁』止樵伐修墙垣。且欲王命得守』固，腾言状事驰九阍。书闻』天子蒙报可 [13]，金石款刻垂后昆。』使民永念古遗爱，勖尔风化常』丕敦。

勘异：

[1]"大山半宫不成霍"句，"宫"，《八琼室》同，《全宋诗》、《府志》为"空"。

[2]"绝水阙左非为霉"句，"为"，《存佚考》同，《府志》、《八琼室》、《全宋诗》作"其"。

[3]"箕踵曼衍罗芳荪"句，"踵"，《存佚考》、《八琼室》同，《全宋诗》、《府志》为"踞"。

[4]"谈者未始聊诊论"句，"诊"，诸本皆同，《存佚考》作"诠"。

[5]"孔登泰山小天下，阮升广武嗤竖昏"句，"泰"，《八琼室》、《全宋诗》同，《府志》为"太"；"嗤"，《八琼室》、《府志》同，《全宋诗》为"叹"。

[6]"置酒啸咏纾勤烦"句，"勤"，《八琼室》、《府志》同，《全宋诗》为"忧"。

[7]"数顾润甫恤躬后"句，"数"，他本皆同，《八琼室》为"叹"。

[8]"誓将百岁游奇魂"句，《八琼室》为"俄将百岁游精魂"；"奇"，《府志》、《全宋诗》均为"清"。

[9]"正唯堪辈如公言"句，"堪"，《府志》、《全宋诗》、《八琼室》均为"湛"，应从。

[10]"鬻之陶瓶供烧燔"句，"鬻"，《府志》同，《八琼室》、《全宋诗》为"粥"。

[11]"中庭有碑即堕泪"句，"庭"，他本皆同，《八琼室》作"亭"。

[12]"序诸祭典跻之元"句，"诸"，他本皆同，《八琼室》作"之"。

[13]"书闻天子蒙报可"句，"书"，他本皆同，《八琼室》作"果"。

同

范仲淹

休哉羊叔子，□□□□□。□□』□□□，□□□□□。□□□□』□，

□□□□□。□□□□□，□』□□□□。□□□□□□，□□何』□□，□□□□□，□□千万□。』□□□□□，□□□□□。□□』仁泽深，□采独不昧。□□堕泪』碑，观之益钦戴 [1]。卓有王原叔，文』学伟当代。一麾守襄阳 [2]，高杯极恬退。山姿列云端，江响拂天籁。』行乐何逍遥，览古忽感慨。不见』叔子祠，芜没民畴内。千金赎故』基，庙貌重营绘。襄人复共祀，水』旱有攸赖。太守一兴善，比户皆』欢快。原叔政可歌，又留千载爱。』

勘异：

[1] 范仲淹诗各处均见，此原貌照录。阙文据《全宋诗》补为：休哉羊叔子，辅晋功勋大。化行江汉间，恩被疆场外。中国倚而安，治为天下最。开府多英僚，置酒每高会。徘徊临岘首，兴言何慷慨。此山自古有，游者千万辈。湮灭皆无闻，空悲岁月迈。公乎仁泽深，风采独不昧。于今堕泪碑，观之益钦戴。

[2] "一麾守襄阳"，《八琼室》《府志》同，《全宋词》为"借麾来襄阳"，可为《全宋诗》正本。

奉同襄州龙图学士复岘山诗

端明殿学士兼翰林侍读学士尚书礼部侍郎充集贤殿修撰知河阳事李淑

岘山如闯襄庐南，钜平跻赏留』爱谈。官邪俗沦祭不屋，君来怀』古茵凭惭。孤峰嵌岖汉之曲，云梁月皋万螺矗。轻裘四眺风物』佳，宾客文章欢意促。酒酣啜涕』邀灵期，金碑楬然民哭遗。斧薪』弗翦召棠树，萧鼓相传栾社祠。』使君籍在华光省，秩废诹新剡』章请。篆楹寓采神宴娱 [1]，比故镵』坚诗播永。我尝学史称君伐，更感先贤祀无歇 [2]。德名信与苍崖』俱，旷贵纷纷煨坏灭。』

勘异：

[1] "篆楹寓采神宴娱"句，"寓"，《存佚考》、《八琼室》、《全宋诗》作"写"，《府志》本诗失载。

[2] "更感先贤祀无歇"，"更"，《八琼室》、《全宋诗》作"又"。

览襄阳王龙阁及通判廷平

岘山诗因成一绝

给事中知蔡州事吴育

羊公千载得清吟，芳迹虽辽契』昔心 [1]。更与岘山为故事，凛然风格照来今。』

勘异：

[1] "芳迹虽辽契昔心"，"辽"，《八琼室》同，《全宋诗》作"遥"，可为《全宋诗》正本。

寄题岘山羊公新祠堂 [1]

尚书屯田员外郎知光化军事李宗易

叔子祠荒岁已深，异时贤守重』登临。岘山岑寂瞻风概，汉水灵』长想德音。奉』诏始闻新缔葺，有知哪复叹湮』沉。又刊翠琰留南夏，先后功名』照古今。』

勘异：

[1] 诗题，《八琼室》为"□题岘山羊公新祠感□"。

奉同襄州龙图复岘山诗

提点河东路刑狱尚书祠部员外郎张去惑

汉江千里清溶溶，惟此南夏奠』其中。因山为城恃险固 [1]，一国形』胜何高雄。巍然巨首名曰岘，回』压面势尊且崇。东扼迅流疑引』翼，西峙群阜如盘龙。嵚』巉峻拔』不可拟，绝岸万丈凌长空 [2]。下阚』澄潭回无际，旁睨比屋几可封。』天意造物岂虚设，控蛮镇楚舒』隆隆。自昔登憩且非一，此山振』勋惟羊公。有志平吴运秘略，竭』心卫晋推元功。绥怀远迩人所』服，开垦田畴时以丰。慨然置酒』适清旷，中郎幕府贤而通。□公』令望高四海 [3]，当与斯山水无穷 [4]，』自是绵绵岁历久，阅碑堕泪存』疑踪。亭祠浸坏讵可究，山归民』籍木以童。前知兴衰故有日，览』者叹息追无从。龙图王公守兹』土，修举废堕诘初终。感物思人长叹息 [5]，剡章疾置闻四聪。』圣宸动色可其请，兹山复兴气』象融。耽耽大厦揭亭宇，肃肃真』像严祠宫。遂使灵光享血食，禁』樵复祀资恪恭。大抵有功及民』物，盛德期与天地充。今之视古』皆一致，休哉千载怀清风。

勘异：

[1] "因山为城恃险固"句，"恃"，《八琼室》同，《全宋诗》、《府志》作"峙"。

[2] "绝岸万丈凌长空"句，"万"，《全宋诗》、《府志》同，《八琼室》作"高"。

[3] "□公令望高四海"句，据诸本补"语"字。

[4] "当与斯山水无穷"句，"当"，《全宋诗》、《府志》同，《八琼室》作"名"。

[5] "感物思人长叹息"句，诸本皆作"感物思人但长息"。

奉同前

太常博士孙抗

天下名山数南国，岘首首推襄』汉域。前年假节使湖外，道出铜』鞮一攀陟。檀溪西下烟雨繁，』梦泽南回云雾织。绝壁颓岩画障』开，阳林杂蔼天光逼。飘然不减』京台乐，城阙弦歌野耕植。借问』人心谁见思，云来远庇羊公德。』乃知仁爱与山俱，奚用沈碑衒』金刻。退询耆旧访祠宇，迟拜丹』青纪聪直。佛蓝神馆郁相望，独』此寂寥遗盼饰。栾公燕国戚藩』佐，朱邑桐乡啬夫职。居民立社』中诏嘉，抚旧劝来区淑慝。指期』还台首章奏，立使閟宫荣血食 [1]。』半途得郡旋治中，回睇凤林空』太息。仙郎作镇未朞月，起废补』亡罄心力。凡予所欲尘』靺聪，文符一一条其极。庚□□』至既禋荐 [2]，鲁国灵光亦颠踣。由』晋至今更几秋，隼画干旟熊伏』轼。但矜帐饮□形胜 [3]，雅化野人』思物色 [4]。公当左迁乃□□ [5]，况使』徊翔预轮翼 [6]。□□平远山黯然 [7]，』共仰羊王誉充溢 [8]。

勘异：

[1] "立使閟宫荣血食"句，诸本均同，《存佚考》作"胔"，似应从之。

[2] "庚□□至既禋荐"句，据诸本补"桑畏"二字。

[3] "但矜帐饮□形胜"句，《全宋诗》并阙"帐饮"二字，《八琼室》描"忄夊"二残字，皆误。

[4] "雅化野人思物色"句，《全宋诗》、《八琼室》均作"谁祀贤人思物色"。

[5] "公当左迁乃□□"句，《全宋诗》并阙"左迁"二字，《八琼室》阙"迁"字。

[6] "况使徊翔预轮翼"句，《八琼室》、《全宋诗》均作"只□徊翔预伦□"。

[7] "□□平远山黯然"句，《八琼室》、《全宋诗》均作"汉波平远山巍然"，可相互参看。

[8] "共仰羊王誉充溢"句，《八琼室》《全宋诗》均阙"溢"字；"共"，诸本同，《存佚考》作"其"。

奉同前

太子府率致仕李康伯

贤哉西晋钜平侯，刻碑立祠在』荆州。州民万家见之者，掩面汍』澜双泪下。逮今绵历几百祀，岘』山岿然临汉水 [1]。碑釰祠废榛莽』中，萧萧只有悲风起。内阁深沉』侍从臣，赤帷帛盖来行春 [2]。殷勤』拂碑复祠貌 [3]，一朝旧迹重如新。』山光葱蒨水清洌，天长地久无』时别。古人今人空茫茫，惟是功』名不能灭。

勘异：

[1] "岘山岿然临汉水"句,《府志》同,《八琼室》作"巍然",《全宋诗》作"岘首巍然"。

[2] "赤帷帛盖来行春"句,"帛",《府志》作"阜",《八琼室》《全宋诗》作"皂",应从之。

[3] "殷勤拂碑复祠貌"句,"勤",诸本同,《存佚考》作"懃"。

奉同前

著作佐郎 [1] 范微之

南邦会要地,山水控雄壮。峨峨┛峙岘首,浓绿叠千嶂。郡峰相迤┛逦,顽格厕邻傍 [2]。汉流纪东麓,汪氵媚寒涨 [3]。原隰错绮组,云缕缀┛纤圹 [4]。景物革四时,眺听增万状。┛羊公昔镇抚,平吴启霸王。经国┛有余裕,舒啸此登访 [5]。表里胜形┛势 [6],风月助□旷 [7]。四海□德□ [8],百┛工仰师匠。□□徒緜□,贤□□□。□□□□□,□□□高唱。┛□□□□□,□□□□□。我公┛拥□来,□□□□□。□□□□┛□,□□□□□。□道□□□,与┛□□□□。□□□如在,雅化知所向。┛□□□□,□□□□□。□□□□,□□□┛□。□非结客┛□,□□□□□。人坐□□笑,清┛□□□□。行已徇名教,□□□┛□□。□贤□□守,高芬千古让。

勘异:

[1] "著作佐郎",《八琼室》作"著作郎"。

[2] "顽格厕邻傍"句,《八琼室》、《全宋诗》均阙"格"、"邻"、"傍"三字。

[3] "汪氵媚寒涨"句,《八琼室》、《全宋诗》补第二个"汪"字;《八琼室》"媚"字为残字"女"旁,阙"寒"字;《全宋诗》并阙"媚"、"寒"二字。全句可补全为"汪汪媚寒涨"。

[4] "云缕缀纤圹"句,"缀",《存佚考》《八琼室》《全宋诗》作"织";并阙"缕"字。

[5] "舒啸此登访"句,《八琼室》、《全宋诗》并阙"舒"、"啸"二字。

[6] "表里胜形势"句,《八琼室》、《全宋诗》并阙"胜"字。

[7] "风月助□旷"句,"风",《八琼室》作"岁",余阙。

[8] 以下阙字较多,不勘。

304

失题 [41]

韦不伐 [1]

羊公民爱深，□□□□□，□祠』□□□，才德交辉映。[2]

勘异：

[1] 此阙韦不伐衔名，《八琼室》"韦不伐"前有"大理寺丞"四字，或是据文献补。

[2]《八琼室》、《全宋诗》均为全文："羊公民爱深，原叔复善政。缉祠流声诗，才德交辉映。"

奉同前

贾黯 [1]

古郡襄水阳，群山侥郛郭。其间』岘首者，羊公最所乐。登临见洲』渚，气象真磅礴。公乎既已没，高』碑此鑱凿。庙食有遗像，当时盛』丹艧。到今仅千载，碑庙皆颓落。』乔木荒榛间，庙址存依约。碑倒』石屡易，文字免缺错。我侯至之』初，亭庙皆新作。为诗道其意，风』化思所托。侯慕羊公心，仁政及物博。将见襄阳治，与古相俦若。』

勘异：

[1] 此阙贾黯衔名，《八琼室》、《湖北金石考》均作"将作监丞通判襄州事"。

奉同舅氏襄州龙图复岘山诗

大理评事通判蔡州事刘敞

道攸寄先觉，神契无近知。』彼美羊公意，今在岘山诗。陵谷非一』变，荣名独至兹。当时偶然语，正』与来者期 [1]。慷慨激悲歌，崔嵬构』丛祠。怀哉千岁后，慰此江汉思。』公亦蹈前人，方为』帝王师。奋笔成不朽，何翅中』亭碑 [2]。

勘异：

[1] "正与来者期"句，"正"，《全宋诗》《府志》同，《存佚考》《八琼室》作"曰"。

[2] "何翅中亭碑"，"翅"，《八琼室》、《府志》同，《全宋诗》作"啻"。

---

[41]　此行韦不伐诗失题。

读襄州龙图岘山诗

河南节度推官裴煜

襄阳有佳山，名著无如岘。尝休』贤□心，□□□□□[1]。君侯□□』□[2]，政暇兴不浅。命车亟登临[3]，旌』旆□□转[4]。心思羊钜平，息树宜』无剪。于今戴清风，整整如冠冕。』高碑本堕泪，雨渍空古藓[5]。庙祠』委榛芜，奚劝千载善。驰章动』天听，书以功烈件[6]。果闻』帝曰俞，恢宇明祭典[7]。哦诗序其』事，笔锐犀可劗。景无一发遗，灿』若丹青展。乃知览观时，非止在』游衍。声气异代同，美从江汉显。』

勘异：

[1]"尝休贤□心，□□□□□"句，诸本均作"尝休贤达足，我独愧未践"。

[2]"君侯□□□"句，诸本均作"君侯把麾符"。

[3]"命车亟登临"句，"亟"，诸本均作"极"。

[4]"旌旆□□转"句，诸本均作"旌旆随谷转"。

[5]"雨渍空古藓"句，诸本均作"雨渍空苔藓"。

[6]"书以功烈件"句，"书"，《存佚考》、《八琼室》作"尽"，《全宋诗》阙；"件"，诸本同，《全宋诗》作"倖"。

[7]"恢宇明祭典"句，"宇"字，《全宋诗》、《府志》同，《八琼室》作"宗"。

岘山亭成作诗纪事[1]

沧州观察推官马云

汉水舒舒山崇崇，岿然岘首尤』清雄[2]。南方强吴恃割据，选命儒』将登元戎。太康已来千余载，荆』州遗爱思羊公。江山襟带号形』胜，藉此因成辅晋功。公谓高贤』事迹异，视之闲暇无怱忽[3]。测知』当日登临意，景物亦与今朝同。』新就峰巅作亭舍，面势豁若凌』烟虹。苍苍云木望不尽[4]，浩荡古』意深何穷。盘回小径至钓石，山下临水』有巨石曰钓台。俯视凝碧相连通。□□别亭□□石。丛』篁森束林蓊郁[5]，又从其下兴祠』宫。□公又二十□□□□□。迅湍急濑鸣潺潺，』浓岚翠霭霏濛濛。晦晴气象随变』易，朝昏万状殊初终。阁老分符』二千石，旗竿刻隼车画熊。管内』民租绝逋负，里社歌鼓欢年丰。』府门昼扃官事退，时引宾佐嬉』其中。崖条岭蔓杂丹白，涧花满』眼罗青红。磴道逦迤陟萦屈，飘』若巾履腾秋空。岂独游观乐闲』燕，图树佳政希』前风。经出粗得究本末，强颜模』写惭非工。音辞鄙俚虽一唱，下』词寒苦无怡融。』

勘异：

[1] 诗题中"亭"字，《八琼室》作"祠"。

[2] "岩然岘首尤清雄"句，"岩"《全宋诗》、《府志》同，《八琼室》作"岩"；"尤"，《存佚考》、《八琼室》作"呇"，《全宋诗》、《府志》作"称"。

[3] "视之闲暇无忩忽"句，"忩忽"，《八琼室》、《全宋诗》作"忽忽"，《府志》作"匆匆"。

[4] "苍苍云木望不尽"句，"云木"，《全宋诗》、《府志》同，《八琼室》作"云物"。

[5] "丛篁森束林翁郁"句，"森束"，《全宋诗》、《府志》同，《存佚考》、《八琼室》作"森木"。

奉同前

守襄阳县令连庠

大江西来绕重城，犹如丛花匹｜练縈。在山右阜若开避[1]，曾是岘｜首当头横。江湍冲山山不动，滔｜滔雪浪东南倾。隤然巨势压汉｜境，万楚不得专雄名。四时美境｜千百状，登临可以摅襟灵。近麓｜揉蓝秋水绿，幽岩团缬春葩明。｜寒林萧疏四面合，夏木延袤长｜川青。危巅碑垫龟螭蛰，阴崖桧｜老蛟龙形。俯瞰洲岛相向背，风｜恬江面罗绞生。鱼舫数百集其｜下，瞥然来往一叶轻。波底峥嵘｜沉翠影，槎头凫雁敛霜翎。天然｜嘉致信可尚[2]，直是丹青写不成。｜叔子当年乐山水，每来置酒空｜墟罍。贤达胜士共爱此，谓此风｜景魁南荆。荆人被化思不已，立｜祠山椒供祭牲。尔来绵亘几千｜载，瓦飞栋桡谁经营。守臣罕肯｜著脚到，遂至口固属兼并[3]。非惮｜鸠工缮完葺，诚知仁政难继声。｜帝眷襄阳曰重镇[4]，宜从内阁择｜名卿。明公之来百城悦，壶浆竹｜马相欢迎。政成公休屡登览，山｜前车骑长晶荧。偸空寓目看不｜足，诗豪佚发输精诚。乃敕寮属｜复祠宇，仍从岭上新虚亭。岁时｜游憩备言咏，荆人爱之犹钜平。羊公之政公之化，异时一致当｜同评。两贤继美何以况，山之永｜兮水之清[5]。｜

勘异：

[1] "在山右阜若开避"句，"在"，诸本均作"左"，可从。

[2] "天然嘉致信可尚"句，"嘉"，诸本同，《全宋诗》作"佳"。

[3] "遂至口固属兼并"句，"口"，《八琼室》作"占"，《全宋诗》、《府志》作"完"。

[4] "帝眷襄阳曰重镇"句，"曰"，《全宋诗》、《府志》同，《存佚考》辨作"毘"，

《八琼室》作"界"。

[5]"山之永兮水之清"句，"山"，诸本同，《存佚考》作"江"。

奉同前

均州郧乡县尉黄通

仙翁移守明年春，⸏书小子中⸗自论。⸏嗟羊公不血食，乃表乞⸗庙于山樊。因复为山发风咏，辞⸗气浩浩涵胚浑。又不束弃贱且⸗鄙，似欲瓴甋联玙璠。榛诗郁能⸗测涯岸[1]，但觉俗骨销沉昏。师丈⸗之命重违辟，手摩空腹强忍言。⸗召伯听讼棠树下，后人思伯树⸗不残。羊公游处岘山首，后人见⸗山即汍澜。或者怪之辄致诘，厥⸗繇何惠施元元[2]。答云贤者岂⸗从尔，其事虽远迹可根。昔者郏鄏⸗鼎瓬危[3]，三姓窃出窥中原。野鬼⸗狂神盗社稷，渴龙饥虎摇乾坤。⸗于是生灵乃何物[4]，蛇豕口吻恣⸗吐吞。丁黄郁复顾邦本[5]，荒城白⸗昼啼幽冤。⸏石未安晋已夺，晋⸗始将公汉之濆[6]。公来有意补膏⸗血，⸏重黔首⸏儿孙[7]。闾阎疾苦⸗⸏万室[8]，莫复逋逃开四门。众化⸗以术公以道，人伏以威公以恩。⸗公于尒时用此治[9]，使民爱戴如⸗⸏⸏[10]。不然是山尽奇秀[11]，岂特怀⸏⸏⸏村。山旧有亭亭有碑，碑⸗前常见堕泪痕[12]。独使庭坚忽不祀，可怜今古多朱辕[13]。仙翁下车⸗⸏即治[14]，旋日鞭马城南犇。踟蹰⸗山巅念往事[15]，⸏不轻发心暗扪[16]。⸗吾州祠宇数十百，何功何惠牲⸗牢飧。而令公作莫敖鬼，嗟我庸⸗敢夸雄藩。⸗玉书寻许⸏祀典，庶令贤者终⸗天存。士民欢关⸏⸏⸏[17]，⸏⸏日噪新宫垣[18]。梁国入吴毁淫祠，泰⸗伯子胥方独尊。南阳守睦祠于⸗浚[19]，湔东薄俗渐已敦[20]。仙翁还作⸗叔子庙，汉南又开风教源。诚令⸗身在名灭者，抆目仰视惭英魂[21]。⸗凤林古景绝无尽，未算水木兼⸗兰荪。山前游骑试思否，此山不⸗直供琴樽[22]。⸗

勘异：

[1]"榛诗郁能测涯岸"句，"榛"，《八琼室》、《全宋诗》作"捧"。

[2]"厥繇何惠施元元"句，"繇"，《八琼室》、《全宋诗》均阙。

[3]"昔者郏鄏鼎瓬危"句，"瓬"，《八琼室》、《全宋诗》作"既"，并阙"危"字。

[4]"于是生灵乃何物"句，"生灵"，《全宋诗》同，《八琼室》作"生物"。

[5]"丁黄郁复顾邦本"句，"本"，《存佚考》、《八琼室》、《全宋诗》均作"土"。

[6]"晋始将公汉之濆"句，"始"，《八琼室》、《全宋诗》均阙；"公"，《八琼室》、《全宋诗》均作"至"。

[7] "□重黔首□儿孙"句,《八琼室》、《全宋诗》作"宁重黔首轻儿孙"。

[8] "闾阎疾苦□万室"句,"闾阎",《八琼室》、《全宋诗》作"朝间";阙字《八琼室》、《全宋诗》均作"历"。

[9] "公于尒时用此治"句,《八琼室》、《全宋诗》并阙第一、二、三、六、七字。

[10] "使民爱戴如□□"句,《八琼室》、《全宋诗》并阙"爱"字。

[11] "不然是山尽奇秀"句,"是",《八琼室》、《全宋诗》作"楚"。

[12] "碑前常见堕泪痕"句,"常",《八琼室》、《全宋诗》并阙。

[13] "可怜今古多朱辚"句,"怜",《八琼室》、《全宋诗》并阙,"辚",《八琼室》同,《全宋诗》作"轓"。

[14] "仙翁下车□即治"句,阙字《八琼室》、《全宋诗》作"郡"字。

[15] "踟蹰山巅念往事"句,"山巅",《八琼室》、《全宋诗》作"山头"。

[16] "口不轻发心暗扟"句,"口",诸本均作"言"。

[17] "士民欢关□□□"句,末字《八琼室》《全宋诗》作"诏";"关",疑为"咲"字,《全宋诗》、嘉庆《湖广通志》作"笑"。

[18] "□□日噪新宫垣"句,《存佚考》、《八琼室》、《全宋诗》阙"噪"字。

[19] "南阳守睦祠于浚"句,"于浚",《八琼室》、《全宋诗》作"子凌",当从之。

[20] "湔东薄俗渐已敦"句,《八琼室》同,《全宋诗》改作"浙"。

[21] "扙目仰视惭英魂"句,"扙",《存佚考》、《八琼室》、《全宋诗》作"放"。

[22] "此山不直供琴樽"句,"琴",《八琼室》、《全宋诗》作"翠"。

3. 题名

第六面第五列

淳熙乙巳年临川王厚之顾伯被』命措置邮传,至襄州,孟冬二日还辕』胸山高仲一、永嘉刘乂山、中山阎伯英饯别』于岘首,天□清□,北望□原,□□□□。[42]』

第二面

黄尧允元之提刑湖□,石□□□□□广[43],胡宗回纯夫别于岘山之亭。元

---

[42] 此句据《补正》补为:天宇清肃,北望中原,慨然久之。又,阎伯英,诸本均阙"伯"字。

[43] 此条据《补正》补为:黄尧允元之提刑湖南,石璘子文奉使襄广,胡宗回淳夫别于岘山之亭。

丰庚申『仲冬癸巳』宗回谨令男义修题。

　　旁小字注：高九寸，字径五分至七八分不等。

　　第三面

　　范准夫江橄覆检『襄阳,邂逅李子昂、『蔡昌期,同宿鹿门『别院,次早再登此。『崇宁壬午仲春『初三日』（自左至右书）

　　旁小字注：高一尺二寸，字径八分至一寸五分不等。

　　第四面

　　毕之进代归，贺君仪、『赵德麟、李仲益、马汝『楫、董君序、魏道辅、『周共叔同饯。绍圣丁『丑二月五日『。六月十日『元符元年『道辅、李方叔『俱至。（此行为第五面之续文）

　　旁小字注：高全前，字径七八分至二寸不等。

　　第五面

　　郡太守岑岩起『饮饯前熙帅钟『弱翁于此，吴周臣、赵德麟、魏『道辅、李方叔『俱至。六月十日元符元年六月十日。『（道辅以下在第四面）

　　旁小字注：高全前，字径一寸五分至二寸不等。

　　第六面

　　吴周卿、赵德麟、『赵君度、谢公定、『魏道辅、魏承老『同来,庚辰二月『六日。『（自左至右书）

　　旁小字注：高全前，字径一寸至一寸八分不等。

　　第七面

　　天章阁待制知郡事刘元瑜、新保州『倅虞部郎中路伦、郡倅比部外郎朱『适、都巡检崇班王世良、长林令何异、『谷城令张唐英、襄阳尉李旭同游岘『山，置酒赋诗。嘉祐六年辛丑十月四『日竹山令权襄阳县安宗奭奉命书。』

　　旁小字注：高一尺九寸，字径一寸三分。

　　第八面上列

京西提点刑狱、尚书职方员外郎张遵同提点刑狱、』东头供奉官、阁门祇侯康遵度因按部经岘首登赏』焉，尚书屯田员外郎、通判襄州黄孝立，太常博士、知』襄阳县事王嘉锡偕从。皇祐癸巳重九日嘉锡题记。』

旁小字注：高四尺七寸，字径二寸三分。

第八面下列

太守孙颀景修同』湖南运使苗时中子居、』运判唐义问君益游此。』熙宁丙辰仲春十六日。

旁小字注：高一尺六寸，字径一寸三分。

三、石幢形制考

清代，对石幢形制的辩论主要集中在以下几个方面。

1. 六面、八面之争

六面之说起于王士祯，其《池北偶谈》记：

> 襄阳岘山羊公祠有石幢一枚，凡六面，高六尺，每面阔九寸，有盖有座。

王士祯行程所限，在襄阳逗留甚短暂，对颇负盛名的王、范等人题刻甚至"未及摩搨"。由于王士祯的巨大影响力，六面之说一时为人所知。但很快，其他一些金石界的研究者提出了不同意见。顾千里《跋岘山石柱题名》：

> 岘山石柱应八纸，今第六纸短仅及半，盖此面过泐，工人省拓耳。中多《萃编》失收，览者详焉。甲申正月二日，千翁记。[44]

刘喜海的记录尤为可信，据他在《宋岘山晋羊太傅祠石柱跋》中所言，他不仅拥有全幅八面的石幢碑拓，而且又从好友吴子宓处得到一个"剪本"。在《石柱考》中有准确、详尽的描述：

> 柱高六尺六寸，八面。面广一尺。一面中书札子，十行，行六十八字。字径六分，正书。其六面界作六层，上五层题诗，每层十一行，行十二。字径六分，正书。又一面题名。

《八琼室》亦持八面说：

[44]《文献》丛刊编辑部编《文献》第12辑，北京：书目文献出版社1982年5月版，第217页。

岘山石幢研究

高六尺六寸四分，八面，面广九寸。

刘、陆二位在石幢高、宽的记录上有细微的差别，但都坚持石幢为八面。王士祯一是过襄阳过于匆忙，二是从其门人张力臣处得到的石幢碑拓，很可能不是全壁，而如顾千里所说是工人"省拓"的本子。这从另一件事也可略窥端倪，张力臣后，王士祯再次转托另一正在襄阳任职的门人吴国鉴为其拓摩石幢。去信专托此事，足见其迫切之情，特节录如下：

> 岘山羊太傅祠，有宋石幢一枚，刻王原叔重修太傅祠事，和者自范希文、刘原父以下凡十有四人。宋贤题名，多刻下方。仆壬子岁过之，幢已半为粪土所拥，幸字画尚完好。及今无护惜之者，恐渐就湮没。足下政暇，能一留意，并摹拓数纸相寄乎？

或者王士祯对此也疑惑不已，所以再次索要拓片以期纠谬。

至清中后期，石幢之八面已无疑问，乾隆年间，时任湖北学政的吴省钦曾作《观八角幢用范文正羊公祠原韵》[45]一诗，亦可证。亲眼见过石幢的严观、吴庆焘均记载确凿无误。

严观《湖北金石诗·岘山饮饯题名石幢》：

> 石幢高六尺四寸，凡八面，每面宽一尺，有盖有座。[46]

吴庆焘《金石略·羊公祠石幢》：

> 羊公祠有石幢，凡八面，高六尺，每面阔九寸，有盖有座。[47]

各家或出于测量之误，尺寸不尽相同，但八面则是不争的事实。

2. 石幢、石柱之争

"幢"原是佛家用语，专称刻有佛号或经咒的石柱。将之命名为石幢，乃是得之于王士祯，或是出于形状与佛家的经幢非常相似之故。现襄王府尚存残破石幢一枚，上刻经文；米公祠存石幢两枚，文字已磨灭殆尽，三枚石幢的外形、尺寸，与历代所描述的岘山石幢很是接近。

王士祯将"襄阳石幢"的名字写入《池北偶谈》后，很快被接受，陆增祥亦称其为"岘山石幢"，或称之"羊公祠石幢"。

而刘喜海则提出了异议，认为"非释家言不得谓之幢也"，所以他坚持将之

---

[45] 清同治《襄阳县志》卷一《地理·古迹》，第39页A面；府县志集成，第55页。

[46]（清）严观撰，湖北金石诗，前揭书，第14页。

[47] 吴庆焘编撰；洪承越点校，前揭书，第409～410页。

称为"石柱"。持同样意见的还有顾千里。

刘、顾二人在名称上持论甚正,石柱之称沿袭已久。镌刻于明隆庆六年(1572)的《轩辕庙石柱题记》记:"阴阳官张登山纠首施西肆根石柱。"[48] 其文中即直书石柱。清《广川书跋》也直称张旭楷书《郎官厅壁记》为《郎官石柱记》[49]。但就岘山石幢而言,自王士禛以降,其石幢之名号深入人心,"岘山石幢"、"羊公祠石幢"已成专称,似不宜再作更易,可以继续沿袭石幢之称。

3. 行字之争

对石幢第一面的《使帖》,《八琼室》记"十行,行六十七字",刘喜海则记"十行,行六十八字",经对刘喜海所描摹的《石柱考》比对,二者之分歧,或是由于《湖北金石诗》所说"第二行低一字"之故,《八琼室》不计空格,为六十七字,《石柱考》计空格,为六十八字。如此,刘喜海的计数似更有道理。

对石幢形制在文字描述上最为详尽的,当推《语石》:

> 惟岘山《羊公祠诗幢》、长沙《开福寺经幢》皆合各面,统为起迄。《岘山幢》第一面系《庆历碟文》,下七面每面分六列,自第二面第一列横行至第八面第一列,又从第二面第二列起,如此循环递转,迄于第八面第五列止,旁行斜上,略如史表之例。《开福寺幢》亦略同,但止有四面耳。[50]

在此,叶昌炽举羊公祠石幢与开福寺经幢相较。从其叙述中,我们很明显地看到岘山石幢的独特之处,在于"循环递转",而不是通常地刻完一面再及下一面。

同时,石幢还给金石史上开创了一个"不必尽刊"[51]的模式,因而也给后世饮饯题名题刻留下了空间,慕其盛名者,争以留名为幸,为金石再添佳趣。

四、石幢所涉人物考

石幢所涉人物,自王士禛始均有考据。

1. 题诗 16 人

---

[48] 刘泽民总主编;李玉明执行总主编;常书铭主编,三晋石刻大全晋城市高平市卷上,三晋出版社,2011.01,第138页。

[49] 子部,艺术类,书画之属,广川书跋(四库全书),卷七。

[50] (清)叶昌炽撰《语石》,沈阳;辽宁教育出版社1998年12月版,第242页。

[51] 吴庆焘编撰;洪承越点校,前揭书,第419页。引录《湖北金石存佚考》语。

题诗 16 人中，有 7 人《宋史》有传。

王洙，据其本《传》[52]，字原叔，应天宋城（今河南商丘）人。仁宗天圣二年（1024）进士。补舒城县尉，调富川县主簿。晏殊荐为府学教授。召为国子监说书，改直讲。擢史馆检讨、同知太常礼院，为天章阁侍讲。累迁太常博士、尚书工部员外郎，加直龙图阁、权同判太常寺。坐事出知濠、襄、徐、亳等州。召为史馆修撰、知制诰，至和元年（1054）为翰林学士。石幢事即在其知襄州期间，同时，其父王砺题写了羊太傅祠额及岘山亭额。范仲淹为其召还出力，上《乞召还王洙及就迁职任事札子》，其中特别说到王洙在襄阳："臣近见此人来知襄州，复能精勤政治，庶务修举，清简和恕，吏民乐康，乃知其才内外可用。"[53] 应该说，复建羊公祠及石幢题诗一事，为王洙在朝野赢得了声名和友谊。

范仲淹，字希文，其先邠人，后徙吴县，官资政殿学士，谥文正。此不赘。

李淑，字献臣，徐州丰（今江苏丰县）人。少傅若谷之子，附《若谷传》[54]。12 岁时，逢真宗巡亳州，献文数行，真宗奇之，又命赋诗，语惊四座，赐童子出身，试秘书省校书郎。遇寇准推荐，天圣五年（1027）赐进士，授秘书郎，进太常丞，累迁龙图阁学士、馆阁校勘。乾兴初迁大理评事，纂修《真宗实录》，他出任检讨官，书成，改任集贤校理，为国史院编修官。一生博览群书，多在三馆秘阁就职。石幢所列官职为"端明殿学士兼翰林侍读学士尚书礼部侍郎充集贤殿修撰知河阳事"是在其丁母忧后所任。

吴育，字春卿，建州浦城（今福建浦城）人。天圣五年（1027）进士，除大理评事，历知临安、诸暨、襄城县。举才识兼茂明于体用科，试策入三等，迁著作佐郎、通判苏州。同知太常礼院，为三司户部、度支判官。知谏院，修起居注，知制诰，史馆修撰。迁起居舍人，为翰林学士。迁礼部郎中，以翰林学士知开封府。庆历五年，为谏议大夫、枢密副使。三月，拜参知政事。六年，复为枢密副使。罢政，以给事中出知许州，徙知蔡州、河南府，兼西京留守司。徙永兴军。丁父忧，服除，加翰林侍读学士，知汝州。判西京留司御史台，复知陕州。召还，侍讲禁中，

[52]（元）脱脱等撰《宋史》第 28 册，卷 294，北京：中华书局 1977 年 11 月版，第 9814～9816 页。

[53]（宋）范仲淹著《范仲淹全集》，成都：四川大学出版社 2002 年 9 月版，第 464 页。

[54]（元）脱脱等撰《宋史》第 28 册，卷 291，北京：中华书局 1977 年 11 月版，第 9740～9741 页。

判通进银台司、尚书都省。出为鄜延路经略安抚使,判延州。知河中府,徙河南府。嘉祐三年(1058)卒,年五十五,谥正肃[55]。石幢所列,在其以给事中知蔡州期间。

贾黯,字直孺,邓州穰(今河南邓州市)人。庆历六年(1046)为进士第一,除将作监丞、通判襄州。代还,召试学士院,拜著作郎,直集贤院,判尚书刑部,迁左正言。皇祐四年,同修起居注。奉使辽,使还,迁左司谏。至和元年,擢知制诰,权判吏部流内铨。嘉祐元年,知陈州,改许州、襄州。属父病,乃弃官归家,降知郢州。召为翰林学士、判昭文馆。改侍读学士,知邓州。未行,复除翰林学士,知审官院。七年,迁左司郎中,权知开封府。英宗即位,迁中书舍人,奉诏撰《仁宗实录》,改群牧使。治平二年,拜给事中,权御史中丞。以疾罢,出知陈州。至州数日卒,年四十四。[56]石幢衔名为"将作监丞通判襄州事",与本传相符,乾隆《襄阳府志·职官》"通判襄州"条下载,"仁宗庆历间任",亦相符。本传又记嘉祐间有知襄州事,但《府志·职官》未见。贾黯在襄阳,政声似不甚佳,本传记:"贾黯性卞急,初通判襄州,疑优人戏己,以人菌啖之。"

刘敞,字原父,临江军新喻(今江西新余)人。庆历六年(1046)进士,以大理评事通判蔡州,召试学士院,迁太子中允、直集贤院,判登闻鼓院、吏部南曹。权判三司开拆司,同修起居注。至和元年,召试,迁右正言、知制诰。三年,出知扬州,迁起居舍人,徙知郓州,兼京东西路安抚使。召还,纠察在京刑狱。知嘉祐四年贡举。乞外任,拜翰林侍读学士,充永兴军路安抚使兼知永兴军。八年,召还,判三班院、太常寺。出知汝州。治平三年(1066),召还,以疾不能朝,改集贤院学士、判南京御史台。熙宁元年(1068)卒,年五十。门人私谥曰"公是先生"。[57]石幢诗是其通判蔡州间事。因王洙兄子王尧臣为其内兄,故以"舅"尊之。其诗题即为《舅氏襄州龙图复岘山诗》。

连庠,字元礼,应山(今湖北应山)人。庆历二年(1042)进士,为宜城令,

---

[55] (元)脱脱等撰《宋史》第28册,卷291,北京:中华书局1977年11月版,第9727～9732页。

[56] (元)脱脱等撰《宋史》第29册,卷302,北京:中华书局1977年11月版,第10014～10018页。

[57] (元)脱脱等撰《宋史》第28册,卷293,北京:中华书局1977年11月版,第10383～10387页。

岘山石幢研究

至都官郎中,敏于政事,号良吏,附其兄连庶《传》[58]。《宋史》连庠附传仅 16 字,明嘉靖《应山县志》有王莘所撰《连都官墓志》,对其生平有较详细的记载。连氏兄弟与同为应山人的宋祁、宋庠兄弟友善,亦与欧阳修过从甚密。欧阳修曾为其父连舜宾撰写《连处士墓表》。石幢诗在其任宜城令期间。

史传之外,《宋诗纪事》对诸人多所钩沉。

李宗易,字简夫,宛丘(今河南淮阳)人。天禧三年(1019)进士。庆历间,以屯田员外郎知光化军。后以度支郎中致仕。熙宁八年卒。事迹见苏辙《李简夫少卿诗集引》(《栾城后集》卷二一),《宋诗纪事》卷 20。

孙抗,字和叔,黔县(今湖南黔县)人。王安石有《广西转运使孙君墓碑》[59]记其生平,但墓志中未及"太常博士"一职,此可为补证。吴庆焘言其由太常博士为监察御史,见于《通鉴长编》。

裴煜,字如晦,庆历六年(1046)省元,官判三司都磨勘司。刘喜海考证,《新唐书》表后结衔有"校勘宣德郎守太常博士元秘阁校理权判尚书膳部骑都尉裴煜"即其人。

黄通,《全宋文·齐恢潘庶》载"字介夫,邵武军邵武县(今福建邵武市)人。庆历三年,以草泽召试舍人院,策三下,诏试大理评事。嘉祐二年登进士第,除大理丞。"[60] 又,《闽书》载"既登第,以韩琦、范仲淹论荐,除大理寺丞。通身长八尺余,风韵萧洒,尝骑牛吹铁笛,浩歌长啸,众目为异人。有《赋元宵灯诗》,世称其雄俊。"[61] 均不及于"均州郧乡县尉"事,欧阳修有《送黄通之郧乡》诗,作于庆历三年,当任于此时。

马云,吴庆焘认为"事全无征"。

同样被吴庆焘认为"无征"的韦不伐,则颇有显迹。韦不伐,字次德,南京宋城(今河南商丘)人。以大理寺丞知许州司录。事迹见张方平《乐全集》三九

[58] (元)脱脱等撰《宋史》第 28 册,卷 458,北京:中华书局 1977 年 11 月版,第 13445 ~ 13446 页。

[59] (宋)王安石《王文公文集》(下册),上海:上海人民出版社 1974 年 9 月版,第 940 页。

[60] 曾枣庄、刘琳主编;四川大学古籍整理研究所编《全宋文》第 15 册,卷 638,成都:巴蜀书社 1991 年 3 月版,第 455 页。

[61] (明)何乔远编撰《闽书》第 4 册,福州:福建人民出版社 1995 年 5 月版,第 3460 页。

《韦府君墓志铭》。[62] 日本学者副岛一郎在《范仲淹的学问及文教振兴的道教因素》一文中考据,韦不伐曾讲学于应山书院,对范仲淹有授业之谊。[63]

李康伯,《石柱考》于刻文之外,有手书眉批条:"康伯字少遥,见《庆元千佛崖题名》。康伯庆历□□中以合门祗侯知泸州,见《涑州纪闻》。"未审是何人所书。

2. 题名 42 人

题名 9 段,共 42 人,刘喜海误为 40 人。其人物身份与史迹,自王士祯始,历经考据,各有所本,《襄阳金石略》检点尤细。但诸本人物排列均失于无序。仅《湖北金石存佚考》涉及题名时间:

> 岘山石幢题名,自皇祐癸巳至淳熙乙巳,凡九则,相去一百三十三年,盖先后上石者。

此按题名时间先后梳理如下:

皇祐癸巳(1053)题名

涉及人物:张遵、康遵度、黄孝立、王嘉锡。此条题名为《萃编》所录,较早为人所熟知。国图今藏有拓本。

题名人王嘉锡,从题名知时为知襄州县事,但府、县《志》均未载,可补《志》之失。

黄孝立,同为襄阳任职官员,吴庆焘考云:"闽人,见《集古录跋尾》'福州永泰县无名篆'一条,尝为太常博士。[64]"

张遵,此衔名题作"京西提点刑狱尚书、职方员外郎",《八琼室》按语有考据云:"永兴军牒后有张遵衔名,云'邠州观察使驻泊马步军副都部署兼管句屯驻本城就粮兵马公事'。在此前十九年,当即其人。"

康遵度,魏平柱教授考:据《续通鉴长编》知其在庆历八年(1048)为左侍禁、

---

[62] 曾枣庄、刘琳主编;四川大学古籍整理研究所编《全宋文》第 19 册,成都:巴蜀书社 1991 年 5 月版,第 631 页。

[63] 周裕锴编《第六届宋代文学国际研讨会论文集》,成都:巴蜀书社 2011 年 5 月版,第 124 页。

[64] 吴庆焘编撰,洪承越点校,前揭书,第 414 页。

阁门祗侯,曾以契丹正旦副使出使契丹。五年后随同张遵"按部经岘山",过襄阳。[65]

嘉祐六年（1061）题名

涉及人物:刘元瑜、路纶、朱适、王世良、何异、张唐英、李旭、安宗奭八人。

此次饮饯,魏平柱教授考证,乃是刘元瑜根据上年诏令"待制台谏官正刺史以上,各举诸司使至三班使臣堪将领及行阵战斗者三人",举荐了路纶、朱适、王世良三人。为给三人送行,他率同长林县令何异、谷城县令张唐英、竹山县令权襄阳县令安宗奭、襄阳尉李旭等,置酒岘山赋诗并题名。

刘元瑜,《宋史》有《传》。字君玉,河南（今河南洛阳）人。进士。历知雍丘县、郓州、京西、河东转运使等。以天章阁待制、知潭州坐擅补画工易元吉为画助教,降知随州。性甚贪,窃贩禁物,竟与小人争权,颇为时论所鄙。改信州,徙襄州。后以左谏议大夫、知青州,卒。《本传》不及知襄州时间,据此可知。

路纶,"见其父振《传》"[66]。《八琼室》按语较详:"振《传》云'录其子纶奉礼郎',盖以门荫初除之职,而累历迁擢俱所弗备,见此题名知其有倅保州及虞部郎中矣。又《重修仙鹤观记碑》末有路纶衔名,云'礼部员外郎、知河南府缑氏县事、上轻车都尉,赐绯鱼袋,则在此前十一年。'"吴庆焘又考:"《续通鉴》'治平元年,路纶以驾部郎中献其父振所撰《九国志》'在此题后一年。"

朱适,民国《湖北通志》亦注云:"见其祖昂《传》。"[67]《八琼室》按语:朱适,名见《冯京传》。

张唐英,《八琼室》按语:"字次功,罗郡新津人。《史》附其弟商英《传》。但言擢殿中侍御史,不言为谷城令。《通志》载其政绩云:'县囷岁畦姜,贷种与民,还其陈,复配取息,铨曹指为富县。唐英至,空其囷,植千株柳,作柳亭,其中闻者咨羡,盖矫矫自好者,录以讽世。'"吴庆焘补:"张唐英为谷城令,事并见《续通鉴》。"

王世良、安宗奭、李旭三人,史籍乏载,清乾隆《襄阳府志》所录安、李二人职事,亦依石幢所记。

[65] 魏平柱:《磨灭不尽的岘山石幢》,http://blog.sina.com.cn/s/blog_49c6b4cf0100euqe.html。

[66]《湖北通志》,台北:京华书局1967年12月版,第2265页。

[67]《湖北通志》,台北:京华书局1967年12月版,第2265页。

熙宁丙辰（1076）题名

涉及人物：孙颀、苗时中、唐义文。此条亦列入《金石萃编》。

孙颀，《八琼室》按语："字景修，长沙人，成象之长子。咸平间进士，官至太常少卿。自号'拙翁'。英宗时知桂阳监，尝为《拙翁铭》，刻于鹿头山脊。刘挚《忠肃集》有和其《辟鹿头山诗》。"时孙颀在知襄州任上，前任即曾巩，熙宁八年九月，以太常少卿孙颀替知襄州[68]，《曾南丰集》、乾隆《府志》有《襄州与交代孙颀启》，即作于此年。孙颀题名，刻于其知襄州次年。

苗时中，字子居，宿州符离（今安徽宿县）人。据《宋史》本传，以荫补为宁陵县主簿。疏邑中古河道灌田，人誉称其为"苗公河"。熙宁中，累迁广西转运副使、梓州路转运副使。元丰中，创擢运法，保障远途运粮。后任河东转运使、知桂州，官至户部侍郎。苗时中题名中衔名作"湖南运使"，《八琼室》按："载其为广西运副，而不及湖南，《湖南通志》亦失载。"题名可补苗时中履历之缺。

唐义问，《八琼室》按："江陵人，《史》附父介《传》，字士宣，与石不符。"吴庆焘则考证云："《续通鉴》：'熙宁十年春，有义问请复荆门军事。'本传所无。时义问方为荆湖南路转运判官，在此题后一年。"石刻衔名"运判"为承前省称。《八琼室》所疑字与石刻不符一事，吴庆焘举《范正平传》中记"唐君益为守"一事对。

元丰庚申（1080）题名

涉及人物：黄尧允、石璘、胡宗回、宗回子义修。

此次饮饯的主持人为胡宗回，《宋史》附其从父宿《传》，字醇夫，以荫登进士第，累迁吏部郎中。绍圣初，以直龙图阁知桂州，坐捕平民致死，降集贤殿修撰、知随州，改庆州。遣王憨占邈川等地，激起吐蕃郎阿章反抗，又遣王吉、魏钊、种朴等将率领部进击皆战败死，遂罢知蕲州。后授枢密直学士，徙永兴、郑州成德军，复坐事去。大观中，卒，赠银青光禄大夫。吴庆焘疑"宗回本传无知襄事"，又不及胡衔名。魏平柱教授认为，《长编》卷303载胡宗回元丰三年职任京西南路提点刑狱，京西南路提刑衙门此时尚在襄阳城内。直到绍圣元年（1094）胡宗炎为京西南路提点刑狱时，方迁至邓城县。旧衙门改做了州学，邹浩《迁学

[68] 王琦珍著《曾巩评传》，南昌：江西高校出版社1990年1月版，第263页。

岘山石幢研究

记》记有此事。胡宗回元丰三年在襄阳无疑。其子胡义修以子随侍，故得留名。

此次饮饯，送黄尧允赴"湖南提刑"之任，但《湖南通志》并没有记载此事，可据以增补。

石璘，历代诸家未有考证，从石刻知其字子文，元丰三年任襄广观察使。今查，其人于《长编》中数见，卷342神宗永丰七年记："遣入内供奉官石璘传宣，抚问守城将校，并赐蕃官银合茶药，诸军特支。"[69] 可见其为内臣宦官。卷336亦有"迥奏以所案陈绎事连及宦官石璘"事。宋初本不许宦官参与政事，平日只"供洒扫"，但从神宗朝起，又重用宦官，内臣得以外放任职，是以石璘元丰三年使襄广。此职《长编》未载。任职期间，元丰六年四月，石璘卷入陈绎案，"以璘方在入内内侍省，谓璘诬奏其事"，幸"上察璘实不与也"[70]。元丰八年八月，"入内省申准敕内臣并与改转"，石璘亦在列。元符二年二月，石璘又以皇城使进秩一等。[71]九月，入内省多人得以升迁，石璘等六人不知何故"更不推恩"[72]。以宦官而刻石留名，襄阳殊为少见，特证于此。

绍圣丁丑（1097）题名

涉及人物：毕之进、贺君仪、赵德麟、李仲益、马汝楫、董君序、魏道辅、周共叔，共八人。

此题名言绍圣四年，由于毕之进升转而回京师，诸人相送于岘山事。送行人中，周共叔有《送毕之进状元》二首[73]，可相互参看。诗中"二年襄阳幕，归舟岘山渚"表明毕时为襄阳幕僚，并得到升迁。"同事三日留"，这次饮饯持续三日，所送诸人，应也同为幕客同僚。

---

[69]（宋）李焘《续资治通鉴长编》（《四库全书》本）卷三百四十二。

[70]（宋）李焘《续资治通鉴长编》（《四库全书》本）卷三百三十六。

[71]（宋）李焘《续资治通鉴长编》（《四库全书》本）卷五百六。

[72]（宋）李焘《续资治通鉴长编》（《四库全书》本）卷五百十五。

[73]（宋）周行己撰《周行己集》，上海：上海社会科学院出版社2002年12月版，第169页。《送毕之进状元》诗其二：毕髯奇男子，未识已心与。献策集英殿，脱略独豪举。二年襄阳幕，归舟岘山渚。同事三日留，时时作险语。隆准帝王孙，萧然好风度。诗书百万卷，胸中莽回互。平生苏惠州，气概颇自许。人生艰难际，政可观去处。二子经济才，用之则为虎。髯公且为客，王孙且为主。明朝各天涯，歌眉为谁妩。柁师挽舟去，回首空南浦。莫笑参军强，参军定强否？

毕之进,诸家均考为毕渐,应无疑问。之进为其字,潜江人。绍圣元年（1094）以对策被哲宗拔为状元。以文学致身,历官膳部员外郎,出知荆南府事。其之为状元,与哲宗亲政后"绍述"熙丰之法,"凡元祐所革一切复之"[74]的大背景有关。毕渐在殿试对策中,有意迎合"绍述"派,当时,"主元祐者居上,（杨）畏复考,悉下之,拔毕渐以为第一"[75]。之后,毕渐居于襄阳幕府二年,绍圣四年二月离开,其"代归"应是就通判潭州之任。元符二年"戊午,通判潭州毕渐言：'应元祐中诸路所立碑刻纪事等,请悉令碎毁。'从之"[76]。其对元祐旧党的打击是相当大的。《潜江旧闻录》亦认为,"其为襄阳幕僚,当在绍圣乙亥（绍圣三年）、丙子（绍圣四年）年,周共叔诗所谓'二年襄阳幕'者也。"[77]

送别七人中,不乏名流,当各有饯别诗作,但唯有周行己诗存留。周行己,字恭叔,人称浮沚先生。17岁入太学,元祐六年（1099）进士,曾任太学博士、州学教授等职。时太学中周之外永嘉人尚有许景衡、刘安节、刘安上、蒋元中、沈彩行、戴述、赵霄、张恽共9人,号称"永嘉元丰九先生",周被目为永嘉学派的创始人。曾师事程颐。回乡后在永嘉县城松台山附近创建浮沚书院。《宋史》载有《周行己集》19卷。吴庆焘又考,《事文类聚后集》"有共叔娶瞽女事"。本字恭叔,石刻作共叔。周行己生平见于记载者,往往不及于其襄阳幕府事,此刻可为证补。

七人中,知名于当时的为赵令畤和魏泰二人。

赵令畤,初字景贶,改字德麟,自号聊复翁。宋太祖次子燕王德昭玄孙。历官右监门卫大将军、营州防御史、洪州观察史,元祐中以承议郎签书颍州公事。时苏轼为知州,荐其才于朝。后坐元祐党籍,被废十年。绍兴初,袭封安定郡王,迁宁远军承宣使。四年卒,赠开府仪同三司。著有《侯鲭录》八卷,赵万里为辑《聊复集》词一卷。其诗词以柔婉清丽见长,创作上推崇苏轼及苏门学士,尤与苏轼交往密切,苏轼并为之改字德麟。赵令畤得苏轼力荐,在元祐六年（1091）颍州任上,襄阳为官,在其后。襄阳任职后,据其《侯鲭录》自记："余崇宁中坐章疏,

---

[74]（元）脱脱等撰《宋史》（《四库全书》本）卷四百七十一。

[75]（元）脱脱等撰《宋史》（《四库全书》本）卷三百五十五。

[76]《资治通鉴后编》（《四库全书》本）卷九十三。

[77]（清）甘鹏云著《潜江旧闻录》（与《襄阳守城录》、《郧襄赈济事宜》合刊一册）,武汉：湖北教育出版社2002年版,第18页。

岘山石幢研究

入籍为元祐党人。[78]"被废十年。

　　石刻之魏道辅即魏泰，襄阳人，或已寓居襄阳数代，道辅是其字，号临汉隐居、溪上丈人。文名甚于当时，著述颇丰，以《东轩笔录》十五卷为最著。魏家是望族，祖母为"集庆郡太守陈夫人"[79]；其秭魏玩，即朱熹所称"本朝妇人能文者，唯魏夫人及李易安二人而已"[80]之魏夫人，嫁南丰望族曾氏曾巩之弟曾布，位至丞相。宋人记魏泰，往往以"元祐名士"[81]称之，但为人风评极差。魏泰与王安石、王安国、黄庭坚、章惇、米芾等显宦名流多有交往，但却终身未仕，原因则是青年时在试场中，殴打主考几死，"坐是不许取应"。魏泰还仗势欺人，为害乡里，襄阳当时有"田衍魏泰，襄阳二害"的民谣[82]，其状可见一斑。田衍为当时县令。欧阳修第二子欧阳棐知襄州时，魏泰依仗曾布之势"规占公私田园，强市民货"，甚至于连州僻附近的土地都要侵占，欧阳棐不从，竟被左迁以至罢归[83]。魏泰最为士林所指的，是他喜作伪书，臧否人物，尤以托名梅尧臣的《碧云騢》为最，更"毁及范文正公，而天下骇然不服"[84]。

　　魏泰居襄阳，赵令畤处襄阳幕府亦较长，二人交往应较密切。石幢题名中，二人三度同来，分别为本次的绍圣四年、元符元年（1098）、元符三年（1100），但魏泰政治、交游俱倾向新党，而赵令畤与元祐党领袖苏轼私交甚笃，所以，同在襄阳达数载，鲜少文字酬答事。

　　李仲益，名友谅，仲益乃其字。与苏轼亦有交往，其元祐八年（1093）任襄阳从事时，先归钱塘，曾在杭州任职五年的苏轼有诗《送襄阳从事李友谅归钱塘》相送，二人或交于杭州，诗中追忆杭州游伴，并云"归从三人游，便足了此身"[85]，

[78] 程毅中主编《宋人诗话外编》（上册），北京：国际文化出版公司 1996 年 3 月版，第 226 页。

[79] （宋）魏泰《东轩笔录》卷三。

[80] （清）张宗橚辑《词林纪事》卷十九。

[81] （宋）胡仔《苕溪渔隐丛话前集》卷十二引《桐江诗话》。

[82] （宋）张邦基撰《墨莊漫录》，北京：中华书局 1985 年版，第 16 页。

[83] （元）脱脱等撰《宋史》第 30 册，卷 319，北京：中华书局 1977 年 11 月版，第 10383 页。

[84] （宋）邵博《邵氏闻见后录》卷十六引王锤《跋范仲尹墓志》。程毅中主编《宋人诗话外编》（上册），北京：国际文化出版公司 1996 年 3 月版，第 351 页。

[85] （北宋）苏轼著；邓立勋编校《苏东坡全集》（上），合肥：黄山书社 1997 年 1 月版，第 412 页。

可见交情不浅。李从钱塘赴任,钱塘僧人释道潜也有一首诗《送李仲益赴襄阳幕》饯别,从诗中"天风不借便,造物暂淹阻。既无负郭田,黾俛依幕府 [86]"句揣测,其入幕襄阳,应颇不得意,而这一"淹阻",到石幢题刻时,便已七年之久。《侯鲭录》又记:"襄阳时,同官李友谅仲益赠张子齐思仲家歌人团茶,予题其封云:'色映宫姝粉,香传汉殿春。团团明月魄,却赠月中人'。[87]"或因同与苏轼游之故,李仲益与赵令畤显然亲厚得多。

余三人:贺君仪、马汝楫、董君序,仅见于此石幢。

元符元年题名

涉及人物,岑岩起、钟弱翁、吴周臣、赵德麟、魏道辅、李方叔。

发起人岑岩起,名象求,岩起乃其字。宋神宗熙宁间进士。累官梓州提举常平。哲宗元祐二年(1087),除知郑州。改提点和州刑狱公事。四年(1089),以朝奉大夫为考功郎中。寻以苏辙荐,擢殿中侍御史。未几,出知两浙转运副使。七年(1092),召为户部郎中。徽宗即位,除宝文阁待制、知郓州。崇宁三年(1104),入元祐党籍,罢官。所见履历不及知襄州事,但同题名的李廌有《道中即事呈岑使君吏部次和德麟》、《岑使君牧襄阳受代还朝某同赵德麟、谢公定、潘仲宝皆饯于八叠驿。酒中以西王母谓"山川悠远,白云自出,相期不老,尚能复来"各人分四字为韵以送之,某分得相期不老》二诗足证。《襄阳府志》记其任亦据石幢。交游据魏平柱考,与苏轼相交甚密,熙宁五年(1072)三月提举梓州常平,迁道过杭州,苏轼作诗送行。元祐七年(1092)十一月为户部郎中,苏轼有诗《次天字韵答岑岩起》。

钟弱翁即钟傅,字弱翁,饶州乐平人。以布衣得李宪荐举而入仕,《宋史》有传 [88]。言其以集贤修撰知熙州,带兵与西夏作战,绍圣中以所奏乖异褫职,未几因百草原诈增首虏一事发,责监永州税,所以此称"前熙帅",此题名当在为其赴永州饯别时。其本《传》论曰:"傅从布衣致通显,所行事大抵欺妄,故屡

---

[86](北宋)契嵩撰《禅门逸书初编》第 3 册 110《镡津集》,台北:明文书局股份有限公司 1981 年 3 月版,第 16 页。

[87]程毅中主编《宋人诗话外编》(上册),北京:国际文化出版公司 1996 年 3 月版,第 232 页。

[88](元)脱脱等撰《宋史》第 32 册,卷 348,北京:中华书局 1977 年 11 月版,第 11037～11039 页。

起屡偾云。"《千家诗》有托言牧童《答钟弱翁》一诗："草铺横野六七里，笛弄晚风三四声。归来饱饭黄昏后，不脱蓑衣卧月明。"以钟傅事劝世人勿重名利。或又入吕洞宾诗，题《令牧童答钟弱翁》[89]。

"俱至者"四人中，魏泰、赵令畤已见。余二人李方叔、吴周臣亦为幕僚。

李方叔，名李廌，苏门六君子之一。《宋史》有传[90]。号济南先生，其先自郓州徙华州（今陕西华县），故又自号太华逸民。早年以学问为乡里所称，尝携文谒苏轼于黄州，轼称其"笔墨澜翻，有飞沙走石之势"，并称其才为"万人敌"。归家，益闭户读书。元祐三年试礼部，苏轼典贡举，意在擢为高等，不意落第。后再应试失利，遂绝意功名，归耕颍川，定居于长社（今河南长葛）。元祐中诏求直言，进献《忠谏书》、《忠厚论》及《兵鉴》。苏轼与范祖禹欲共举荐于朝，后相继去国，未果。建中靖国初苏轼卒，李廌走赴许汝间，相地卜兆，作文以祭之。李廌生平中无入幕襄州事，但其《济南集》中多有襄阳人事、风物诗作。据石幢及作品考，其在襄阳应自绍圣四年（1097）至元符三年（1100）。精于品鉴，有《德隅堂画品》一卷。同幕赵令畤行囊中诸画，李廌为之一一品题。从交游看，李方叔为旧党无疑，但又有附魏泰之讥，事亦见《墨庄漫录》。

吴周臣无考。

庚辰二月六日题名

涉及人物：吴周卿、赵德麟、赵君度、谢公定、魏道辅、魏承老。

此或是一次约同岘山游，无明显主题。查庚辰为元符三年（1100）。

除前述赵、魏二人外，其中较有名者为谢公定，谢师厚子。

谢师厚名气盛于一时，与欧阳修、王安石、梅尧臣等交往，为黄庭坚舅舅，人谓黄庭坚诗得法于谢师厚。曾于襄阳为副。熙宁十年（1077），黄庭坚有《次韵外舅谢师厚喜王正仲三丈奉诏祷南岳回至襄阳舍驿马就舟见过三首》，可见熙宁间既已任职襄阳。梅尧臣亦有《近有谢师厚寄襄阳柑子乃吴人所谓绿橘耳今王德言遗姑苏者十枚此真物也因以诗答[91]》一诗。赵令畤《侯鲭录》又载其趣事："元

[89]（清）刘体恕汇辑《吕洞宾全集》，北京：华夏出版社2009年6月版，第129页。

[90]（元）脱脱等撰《宋史》第37册，卷444，北京：中华书局1977年11月版，第13116~13117页。

[91] 北京大学古文献研究所编《全宋诗》，北京：北京大学出版社1998年12月版，第2877页。

微之贬江陵府士曹，少年气俊，过襄阳，夜召名妓剧饮。将别，作诗云："花枝临水复临堤，也照清江也照泥。寄语东风好抬举，夜来曾有凤凰栖。"谢师厚作襄倅，闻营妓与二胥相好，此妓乞书扇子，遂改二字云："寄语东风好抬举，夜来曾有老鸦栖。"[92]为人亦风流倜傥。黄庭坚评其诗曰："谢师厚诗绝似老杜，如'倒着衣裳迎户外，尽呼儿女拜灯前'编之老杜诗集无愧。[93]"

陆游记谢师厚"子愔、惊[94]"，未知孰是。黄庭坚《与欧阳元老书》："谢愔公静，读书知议论有余……公静之弟悦公定。[95]""悦"为"惊"之误。知谢公定为师厚次子。黄庭坚又有《送谢公定作竟陵主簿》诗，首句云："谢公文章如虎豹，至今斑斑在儿孙。[96]"中表兄弟之间亦颇多属和。与苏门六君子的陈师道、李廌等亦有唱和，李廌曾为之鉴赏所藏稀世珍品阎立本手迹，有诗作《谢公定所宝蕃客入朝图贞观中阎立本所作笔墨》[97]。题名应在其任竟陵主簿之间。

吴周卿，生平无考，《八闽通志·选举》"皇祐五年器癸巳郑獬科"条下云："吴周卿，大理评事，知黄梅县。"[98]为闽县人。或是。《淳熙三山志》亦载："吴周卿，字宪甫，闽县人，终大理评事，知黄梅县。[99]"应为同一人。

赵君度、魏承老无考。

崇宁壬午（元年，1102）题名

涉及人物：范准夫、李子昂、蔡同期。三人以邂逅同游，并当晚宿于鹿门，第二天再次登临留名。再回岘首，或是于此登舟就道之故。三人均无考。

---

[92] 程毅中主编《宋人诗话外编》（上册），北京：国际文化出版公司1996年3月版，第232页。

[93]（宋）曾慥《类说》（《四库全书》本）卷五十七。

[94]（宋）陆游著《陆游集》第5册，北京：中华书局1976年11月版，第2270页。

[95]（宋）黄庭坚著；郑永晓整理《黄庭坚全集辑校编年》（中册），南昌：江西人民出版社2008年9月版，第1221页。

[96]（宋）黄庭坚著；郑永晓整理《黄庭坚全集辑校编年》（上册），南昌：江西人民出版社2008年9月版，第431页。

[97] 张福有主编《长白山池南撷韵》，吉林：吉林人民出版社2008年12月版，第10页。

[98]（明）福建省地方志编纂委员会主编，黄仲昭著《八闽通志》（修订本下册），福州：福建人民出版社2006年1月版，第69页。

[99]《淳熙三山志》（《四库全书》本）卷二十六。

岘山石幢研究

淳熙乙巳（十二年，1185）题名

涉及人物：王厚之、高仲一、刘义山、阎伯英四人。为作为襄阳地方官的高夔等三人为受命在襄阳设置邮传的王厚之饯别而题名。

王厚之，字顺伯，号复斋。《宋史》无传，事迹见《宝庆会稽续志》《宋史翼》。其先临川（今江西抚州）人，王安礼四世孙，徙居诸暨（今浙江诸暨）。绍兴二十六年，以乡荐举首入太学，乾道二年进士。淳熙十二年，监都进奏院。十五年，除秘书郎。十六年，除淮南路转运判官（《南宋馆阁续录》卷八）。绍熙四年，以两浙路转运判官权知临安府。五年，放罢。历提点坑冶铸钱，官至江东提刑，以直宝文阁致仕。嘉泰四年卒，年七十四。博雅好古，与尤袤并称。多藏先代彝器及金石刻，参详考订，著为《复斋金石录》，已佚。题名事在其在监都进奏院任上。

高仲一即高夔，字仲一，朐山（今江苏连云港）人。乾隆《府志》亦有记载。淳熙十二年知襄阳府任，与题名相合。高夔在襄阳有修《襄阳志》四十卷、改紫盖山为中岘山等事。十二年九月，前知府郭杲上报朝廷粮食收成，朝廷甚怪其少。十月底，"湖广总领赵彦逾、知襄阳府高夔、京西运判刘立义、鄂州江陵副都统阎世雄奏襄汉之间麦稻熟晚，乃诏二麦于七月终，稻谷于十一月终 [100]"，高夔当即接任于本年。另，同上石二人刘义山、阎伯英或即上文同奏者，刘立义或字义山，阎世雄或字伯英，二人名、字关联亦颇明显。

3. 国图藏石幢题名拓片

检索国家图书馆碑帖菁华，可见五幅题名拓片，均显示为顾千里、瞿镛藏拓，丁惠康捐赠。顾千里，

---

[100]《宋史全文》（《四库全书》本）卷二十七下。

张遵等题名

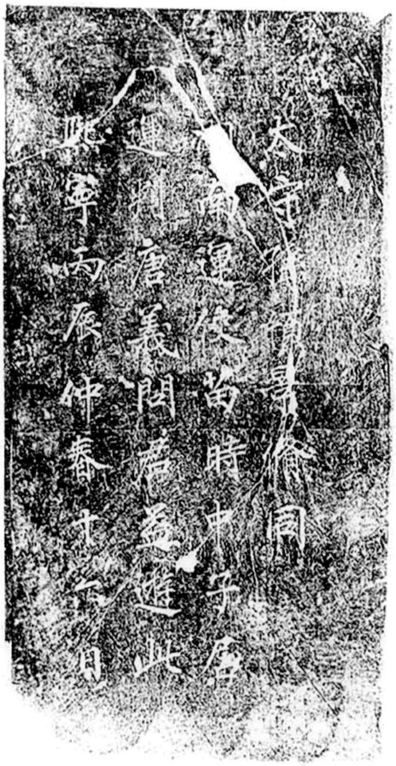

孙颀等题名

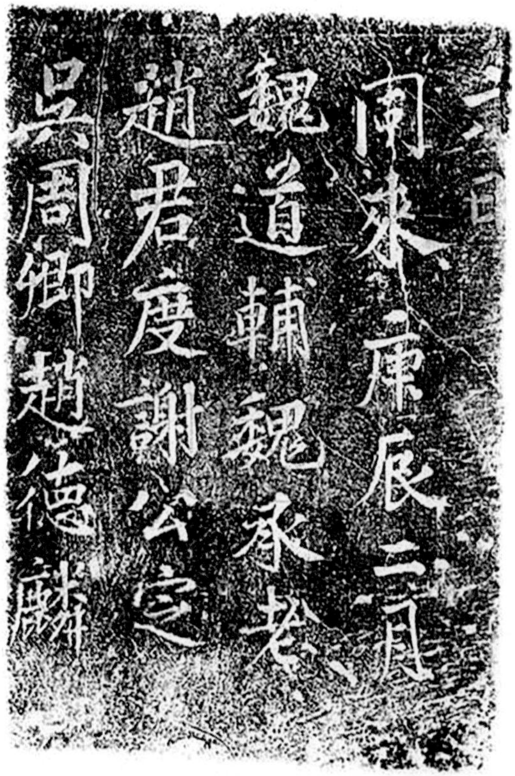

吴周卿等题名

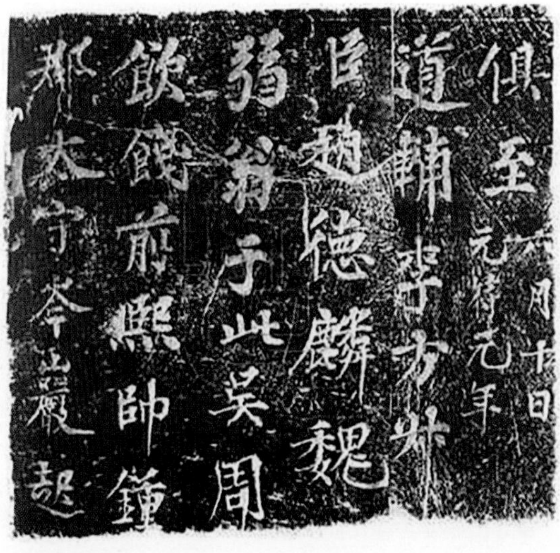

岑岩起等题名

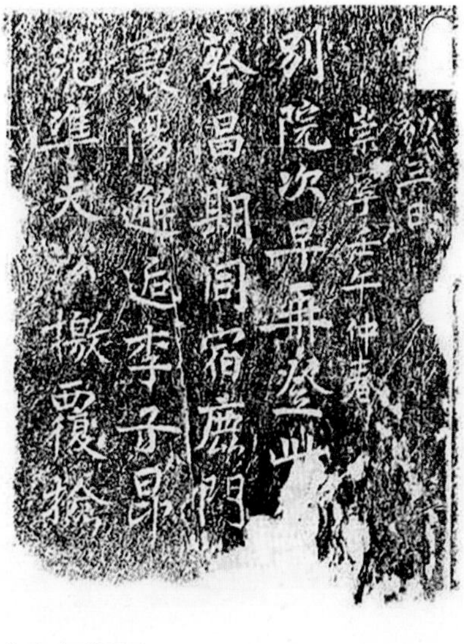

范准夫等题名

即顾广圻,字千里,号涧苹、思适居士等,元和(今江苏苏州)人,治学遍及经史小学、天文历算,尤精于目录校勘,与卢文弨同为乾嘉以来校勘名家。瞿镛,字子雍,清代昭文(今江苏常熟)人,瞿绍基之子,岁贡生。继承其父"恬裕堂"藏书事业,搜奇罗逸,不懈益勤,因得古铁琴与古铜剑,遂改命藏书处曰"铁琴铜剑楼",续收购黄氏"士礼居"汪氏"艺芸书舍"散出善本,积至十余万卷,为吴中最大藏书家,道光间与聊城杨氏并峙,称南瞿北杨。工金石文字,多所辨析。著有《续金石萃编稿》、《集古印谱》、《续海虞文苑诗苑稿》、《铁琴铜剑楼词稿》等。捐赠人丁惠康亦为清末藏书名家。此拓片当真实可信。

五幅拓片中,分别为张遵等题名(皇祐癸巳题名)、孙颀等题名(熙宁丙辰题名)、岑岩起等题名(元符元年题名)、吴周卿等题名(庚辰二月六日题名)、范准夫等题名(崇宁壬午题名)。拓片所显示的书法均有可赏之处,王士禛评曰:"又宋人饮饯题名……凡七则。大者方员径寸,小者杀其半,字画端劲,非俗书也。[101]"石幢今虽无存,但由于拓片在清代士林中传扬甚广,今人有幸得窥其大略。为具图如次。

值得注意的是,比对吴周卿题名与岑岩起题名,两者书法甚为相似,点逗提按,结构布局均有脉络可循,应出一人之手。这两则题名中的共同人物有二:一赵令畤,二魏泰,题书当出于二人之一。若如此,则给我们留下了难得的宋代名人真迹,虽仅是拓片,亦弥足珍贵。

五、小结:刘喜海《石柱考》的意义
1.《石柱考》使使帖部分内容得以明晰

《石柱考》为使帖部分增 68 字,校正 20 余字,使内容由模糊到明晰,句读由破碎到可读,特别是"请射"二字一出,补正了王洙的奏本及中书札子圣旨的重要内容。请射,全称请射承佃,即申请垦辟国有荒闲无主土地。《册府元龟》:"'(后唐)愍帝应顺元年正月,诸处籍没田宅,并属户部,禁请射。'是知请射为当时通常之事。籍没田非普通逃亡田比,故特诏禁止请射,若为例外;而普通逃亡田之请射,不禁也。"[102] 请射制度起于唐,沿用于五代、两宋。此表明,王洙

---

[101](清)王士禛著,文益人校点,池北偶谈,齐鲁书社,2007.7,第 169 页。
[102]《册府元龟》卷 495《邦计部·田制》。

知襄州前，羊公祠周围曾被作为荒闲无主土地被官府出租垦殖，破坏了古迹风貌，而中书札子所颁圣旨，就在于将其土地从请射承佃的土地序列中抽离出来，进行保护，同时与诸庙并列祭祀。《八琼室》的"付"字乃想当然耳。陆增祥此误，除了文字漫漶的因素外，应亦有对请射制度较为陌生之故。"请射"一词，乃本使帖关键字眼，王洙所上奏章正是陈述作为文物胜迹的羊公祠，因周围土地入于请射而遭到破坏的事实，圣旨则在知悉其事的基础上，将羊公祠周围土地免除请射。

2.《石柱考》可为《全宋诗》石幢十六首诗作出新的校正

作为是新中国成立以来规模最大的古籍整理项目，《全宋诗》可说是网罗宏富，荦荦大观，但其中亦时有大行不顾细谨之处，就《全宋诗》十六首石幢诗来说，大率取之于《八琼室》，也继承了它的诸多错讹。如王洙诗"鬶之陶瓶供烧燔"句，鬶，《全宋诗》作"粥"；黄通诗"昔者郏鄏鼎甗危"句，甗，《全宋诗》作"既"；"闾阎疾苦历万室"句，闾阎，《全宋诗》作"朝间"；裴煜诗"书以功烈件"句，件，《全宋诗》作"侔"等等，不一而足，似应再加斟酌。另，16首诗部分，刘喜海又新补19字。如孙抗诗"但矜帐饮□形胜"句，《全宋诗》并阙"帐饮"二字；"况使徊翔预轮翼"句，《全宋诗》用《八琼室》，作"只□徊翔预伦□"；"共仰羊王誉充溢"句，《八琼室》、《全宋诗》均阙"溢"字；黄通诗"公于尒时用此治"句，《八琼室》、《全宋诗》并阙第一、二、三、六、七字，仅为"□□□时用□□"等，前已勘，此不赘。如此，可以为《全宋诗》作出诸多校正和增补。

3.《石柱考》最大限度地保留了石刻形制原貌

刘喜海在照录石刻时，注意保留了文字排列的原貌，行字、布局以至转折，悉依原刻，最大限度地保留了石刻形制的原貌。此特据《石柱考》所录，列表如下，庶几能对石幢（柱）原貌略窥一二。（见下图）

刘喜海《金石苑》本就以原貌描摹著称，其又以附录的形式为石幢（柱）建立专册，在石幢（柱）上用心尤细，其字体、大小都参照原貌，一一照临，从摹本上我们可以看出，使帖部分由于是圣旨，所以刻写字体较大，字亦较端严。16人诗部分为楷体。重点在于题名部分，题名中各人书写字体、刻字布局、所占行次等均一一照依原刻，很好地保存了原貌。此特以国图所藏张遵、孙顼、吴周卿题名拓片与摹本对比（左为国图拓片，右为刘喜海摹本）。可以看到，刘喜海对字体亦用心摹写，其中吴周卿、岑岩起题名，原书自左至右，摹本亦依原样。从中略可窥见刘喜海之用心良苦。

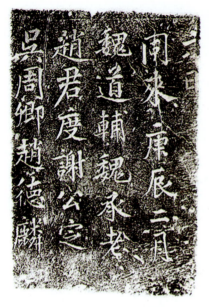

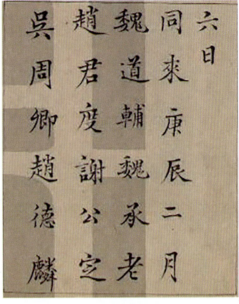

六日

同来 庚辰二月

魏道辅魏承老

赵君度谢公定

吴周卿赵德麟

太守孙颀景脩同

湖南运使苗时中子居

运判唐义问君益游山

熙宁丙辰仲春十六日

330

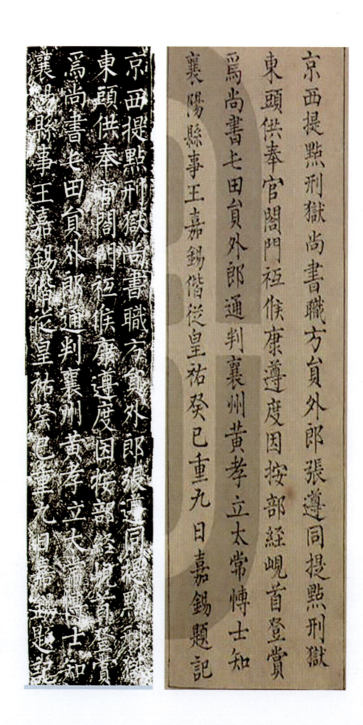

峴山石幢研究

注：本文收入《羊祜志》（新泰市地方史志办公室编，中国文史出版社 2018
年版）。作者为主编之一。

襄阳城墙砖文研究

李秀桦　　任爱国 / 文

　　城砖，又称城墙砖，是城墙修筑时使用量最大的一种常见建筑材料，主要用于包括城墙本体、城门、瓮城、女墙等部位。城砖经过造砖工匠选土、澄泥、练泥、拉坯、煅烧等若干工序完成。在城墙砖上采取不同工艺加上文字标记的称文字砖，亦称铭文砖。反之，在城砖上的文字称之为砖文、砖文字、砖铭，也就是本文主要研究对象。

　　襄阳城墙所用的砖，大部分无文字标识，只有少量存有文字。襄阳城墙文字砖上自宋代，下至民国年间，作为珍贵的实物文献，除为后世提供城砖产地、城墙修缮时间信息之外，还蕴含着丰富的不见诸典籍的历史文化信息。如洪武年间委派各地官吏为确保城砖质量而施行的责任追究制度，明初农村基层组织的变化过程，各地制砖工艺的泥土样本、姓氏文化、民间书法等，堪称活态的明初社会文献资料库。

一、城墙文字砖出现的背景

　　砖作为官方及民间普遍使用的一种建筑材料，宋代科学家宋应星在《天工开物》中已详细叙述了制作流程："凡埏泥造砖，亦掘地验辨土色，或蓝或白，或红或黄，皆以粘而不散，粉而不沙者为上。汲水滋土，人逐数牛错趾，踏成稠泥。然后填满木框之中，铁线弓戛平其面，而成坯形"，"凡砖成坯之后，装入窑中。所装百钧则火力一昼夜，二百钧则倍时而足"。简单地说，砖就是泥土在经过澄泥、拉坯、煅烧等工序后制作成的建筑材料。

　　现代考古研究证实，砖最早出现在奴隶社会的末期，少量使用于秦朝的王公贵族，主要是建宫殿，修驰道，筑陵墓，如阿房宫的青砖铺地等。砖普遍用来筑城则是在宋代，在此之前，绝大多数城墙只是土垒而成。进入宋朝，由于火器（热兵器）的发明和运用，使得攻守作战更加激烈和频繁，从而对城池的构筑和防守产生了深远的影响。城墙不再是一味地向高、厚方向发展，而是通过减少被弹面，增强防御纵深和增设适应使用火器的射击设施来提高防御能力。在这种情势下，城砖开始广泛地"包"在夯土之外。《襄樊市文物古迹普查实录》记载：襄阳城墙"宋时由原土城改为砖城，南北长约 1.6 公里，东西宽约 1.4 公里，周长约 6 公里，并将单一直进直出式城门改为屯兵式的瓮城门。"经过砖"包"过的城墙，一是大大提高了防水能力，有效阻止了风雨的侵蚀；二是克服了土料黏性差而确保筑城质量，如史书上关于鄂州城（今湖北武昌）"土恶亟圮，岁增筑，赋蒉茅于民，吏倚为扰"[1] 的记载；三是使得城墙表面陡峭，光滑，增加攀爬的难度，同时增强了抗火器攻打的能力。

元至正二十六年（1366），明太祖朱元璋听取了谋士朱升"高筑墙，广积粮，缓称王"的战略建议，动用数十万工匠开筑南京城垣，至 1386 年竣工。南京明城墙所用城砖，由分别来自江苏、江西、安徽、湖南、湖北五省的府、州、县，以及军队卫、所和工部营缮司等近 200 个单位，组织人力制坯、烧造。为了确保城砖烧造质量，要求各地府、州、县地方官员，军队卫、所的士卒，以及县以下里、甲的基层组织负责人，直至造砖人夫、烧砖窑匠均需在砖上留下姓名，以便验收时对不合格的城砖追究制砖人的责任，甚至杀头。严格的制度下，明南京城墙文字砖多则 70 余字，少则一字或一个记号，这不仅是南京明城墙的一大特点，也是南京明城墙历史文化遗产价值的重要组成部分。

南京城砖加字的做法也在全国各地得到效仿。今天所见，如浙江的衢州，湖北荆州、襄阳等城市，都在城墙营建时烧造了文字砖。

二、襄阳城墙文字砖的分布、分类和烧制

据笔者不完全统计，襄阳城文字砖 45 款。时间跨度上从宋、明、清到中华民国时期。砖尺寸不一，文字也各有特点。表 1 给出研究者根据田野调查和档案文献得出襄阳城墙文字砖情况。（见表 1）

---

[1]《新唐书》一百七十四《列传》第九十九《敬宗立》条。

表 1   襄阳城墙文字砖一览表

砖　文	年　代	长 * 宽 * 厚（cm）	重量（kg）	城砖描述
桩办城砖　不许借用	宋	37*18*6	6	正面模印阳刻，有南宋平砖特征，民间收藏
桩办城砖　不许借用　光	宋	30*7.5*6.5	5	上部有残，正面模印阳刻，民间收藏
洪武拾年七囗	明洪武十年（1377）	43*20*11	——	手工刻划，北城墙西段
襄阳府襄阳县提调铺长王宗仁　典吏郑鉴　的当人韩敬蒋文胜　总甲吴通　小甲山王成　窑匠王敬德　人户唐福囗	明洪武年间	44*22*11	20	模印阳文，民间收藏
襄阳府襄阳县提调铺长王宗仁　典吏郑鉴　的当人韩敬蒋文胜　总甲吴思聪　小甲李义　窑匠王敬德　人户杨大等	明洪武年间	44*22*11	20	模印阳文，民间收藏
襄阳府襄阳县提调铺长王宗仁　典吏郑鉴　的当人韩敬蒋文胜　总甲陈法保　小甲囗囗囗　窑匠王敬德　人户囗囗囗	明洪武年间	44*22*11	20	模印阳文，民间收藏
襄阳府谷城县提调官县丞宋忠修司吏许英　的当人何仁佐作匠易应才　人户杜三保　洪武十六年　月　日	明洪武十六年（1383）	44*22*11	20	模印阳文，分布于小北门至夫人城段
工正所	明洪武年间	30*15*8	——	模印阳文，字位于端面。亦有文字位于正面。或为明襄王府等建筑用砖
囗囗囗囗囗囗襄阳卫右所造	明洪武年间	40*20*8	——	小北门城楼景区入口台阶，原存何处不详，模印阳文
道光六年城工	清道光六年（1826）	34.5*20*12	9	小北门城楼西，后镶砌，模印阴文
道光十三年城工	清道光十三年（1833）	33*18*9	9	模印阳文，襄阳市城市规划展览馆藏
道光十三年城工	清道光十三年（1833）	33*18*9	9	模印阳文小字版，襄阳市城市规划展览馆藏
道光十三年城工	清道光十三年（1833）	33*18*9	9	模印阴文，襄阳市城市规划展览馆藏
道光十三年城工	清道光十三年（1833）	33*18*9	9	手工刻划，民间收藏
咸丰二年城工	清咸丰二年（1852）	39*21*10	13.5	模印阳文，量大，城内均存
光绪二年城工	清光绪二年（1876）	31*21*10	9.5	模印阳文，东城墙有存，小北门东侧
光绪六年城工	清光绪六年（1880）	31*21*10	10	模印阳文，西城墙上有存

续表

砖 文	年 代	长*宽*厚（cm）	重量（kg）	城 砖 描 述
光绪十八年城工	清光绪十八年（1892）	31*21*10	——	模印阴文，西城墙上有存
民国二年委员洗监修	民国二年（1913）	40.5*21.5*9.5	17	模印阴文，民间收藏
民国三年知事郑监造	民国三年（1914）	40.5*21.5*10	15	模印阴文，民间收藏
民国三年委员洗监修	民国三年（1914）	40.5*21.5*9.5	17	模印阴文，民间收藏
民国三年观察朱监督	民国三年（1914）	40*21*10	17	模印阴文，民间收藏
民国七年道尹朱督口	民国七年（1918）	40*20*10	——	模印阴文，小北门城楼内侧西
民国二十四年□□□□	民国二十四年（1935）	40.5*21.5*9.5	17	模印阳文，民间收藏
第八区行政督察专员	民国年间	32*19.5*9.5	17	小北门城楼西墙，模印阴文
襄阳县	——	——		模印阳文，民间收藏
光化	——	——		模印阳文，民间收藏
南漳	——	——		模印阳文，民间收藏
宜	——	45*23*10.5	18	模印阳文，民间收藏
枣阳县（A款）	——	44*19.5*10.5	——	模印阳文，民间收藏
枣阳县（B款）	——	48*20.5*10.5		模印阳文，民间收藏
枣		29（残长）*19*9.5		模印阳文，民间收藏
邵十一年	——	38*19*9	13	模印阳文，字位于端面，民间收藏
邵十六年	——	38*15*8		模印阳文，字位于端面。小北门城楼蹬道
二十九年邵	——			模印阳文，字位于端面，民间收藏
春字号	——	——		模印阳文，民间收藏
岳	——	40*20*10	——	北城墙小北门东段，模印阳文
万	——			模印阳文，民间收藏
丘	——	40*20*10		北城墙小北门东段、夫人城西墙，模印阳文
佑	——		——	模印阳文，民间收藏
大	——	40*20*10		模印阳文，文字在端面。西城墙北段、小北门城楼内西墙
三	——	40*20*10		模印阳文，小北门城门洞
天下太平	——	40*20*10		手工刻划，小北门城楼蹬道

续表

砖　文	年　代	长＊宽＊厚（cm）	重量（kg）	城　砖　描　述
卍	——	42＊18＊11	——	模印阳文，小北门城楼蹬道
卍	——	37＊19＊10	——	模印阳文，原置何处不详，1980年代砌入小北门蹬道女墙。卍符呈菱形状

注：1.以上砖文字除注明字在正面、端面外均为侧面；2.因制作和风化原因尺寸均有误差；3.资料来自《襄阳城墙国宝档案》与作者田野调查。

（一）文字砖的分布

襄阳城墙本体总体状况是北城墙、西城墙北段完整性较好，也是文字砖较集中的地方。文字砖一般是在两个工程段相交接部位使用，以示各自不同县份所供，但城墙经过历代战争毁坏、自然坍塌，以及历代维修也会扰动文物本体，所以现存文字砖多不能完全证实当时的营建和修缮情况。在20世纪末的城墙修缮中，本来数量不多的文字砖又被集中镶砌在便于展示的区域，故难以判断修缮的真实性。少量流入民间的文字砖，又多被爱好者束之高阁，其真实信息无从获取。

目前，在西城墙北段发现"光绪拾捌年城工"城砖约200块，是襄阳城墙上保存最完好、最集中的区域。此清代文字砖区域之下为2.7米高的明代城砖，之上为民国制式城砖，再向上是20世纪80年代所重修雉堞，是不同历史阶段修缮城墙的物证。

（二）文字砖的分类

按砖文内容大致可分"纪年式文字砖"和"标记式文字砖"，按城砖加字方法可分为模印和手工刻划两种。

1.纪年式文字砖指砖文上有明确年份的城砖，其他没有具体年份的城砖则称之为标记式文字砖。

据研究者目前掌握的材料统计，可以确定年份的襄阳城墙文字砖有：明洪武年间2款，计有洪武十年（1377）、洪武十六年（1383）；清朝有6款，计有道光六年（1826）、道光十三年（1833）、咸丰二年（1852）、光绪二年（1876）、光绪六年（1880）、光绪十八年（1892）；民国时期有4款，计有民国二年（1913）、民国三年（1914）、民国七年（1918）、民国二十四年（1935）。以上标记有明确年份的文字砖为襄阳城的营建和修缮提供了有力的佐证。

襄阳城墙上的宋砖均为标记式文字砖，鉴于发现数量极少，无法获取更多信息。明代标记式文字砖上，以文字多、内容丰富而引人注目。它一般包括产地、监造官员姓名、职务和工匠姓名以及年份、月份等信息，格式非常规范。这种"行政区+官员+工匠+年份"的铭记格式，经与南京、荆州城墙文字砖比对，完全一致。清代和民国城砖砖文字在语言格式上较为简洁，一般只有责任人姓名以及年份。

2. 模印和手工刻划文字砖

模印就是在制作城墙砖坯的模板上预先按需要的内容，用雕刻工具分别雕刻成"阴"或"阳"字，然后由制砖工匠在制作砖坯时用文字模板批量压制，然后烧制即成。其中模印按模具凹凸又分为阳文和阴文两种，襄阳城墙文字砖中多为模印砖，其中阳文因制作简便，是襄阳城文字砖中数量最多的一种。

刻划是用树枝或其他利器，在刚刚制成的砖坯上刻划成字，在收藏界此砖文又称削字文。此类城砖在襄阳城墙文字砖中仅见"洪武拾年七囗""道光十三年城工""天下太平"3例。或因由窑工率性而为，每款都不可能相同，存世自然极其稀少。

（三）文字砖的烧制者

文字砖的烧制与一般城砖并无二致，只是在入窑前增加一道加字工艺。修筑城墙历来都是地方官员的主要政务，也都是用府库财政收入，或中央政府划拨资金给予解决。襄阳文字砖上按制造者可分为官砖、民砖、军砖。

（1）官砖 指明清、民国时期由官府集中烧造的城砖。

（2）民砖 与官砖相对，概指官府组织或摊派，由民间实施烧造的砖。此类砖为明代洪武年间烧造，来自枣阳县、谷城县等地。

（3）军砖 襄阳城在营造过程中，驻军或成编制或抽派部分士兵参与役作所烧造的城砖。从宋代城墙砖上的"桩办城砖 不许借用"和明代"襄阳卫右所造"即可找到佐证。

卫所制度又称卫所制，系明朝的主要军事制度，它是一种吸取中国历史屯田经验，寓兵于农，守屯结合的建军制度，为明太祖所创立。一卫有军队五千六百人，其下依序有千户所、百户所、总旗及小旗等单位，各卫所都隶属于五军都督府，亦隶属于兵部，有事调发从征，无事则还归卫所。洪武三年（1370）十二月始设襄阳卫，属湖广都指挥使司。

修筑城墙砖的用量巨大，所以襄阳官府、驻城部队除向各县征用城砖外，还在城西和城南开场烧造。明万历《襄阳府志》卷二十三《兵政》载："襄阳卫,窑冶,在万山西华严坪,官厅三间,宿房三间,厂房八间。窑丁原一百二十名,黑窑烧造砖瓦九十名,白窑烧灰三十名。后因本山石不堪用,将窑丁三十名改认柴薪,每名每年纳银一两,以为修城之用。"从以上文字可见,纯由官府造砖不能完全满足需要,所以也由驻军自行设窑烧造。

三、襄阳城墙砖文字研究

(一)反映城墙营造和修缮情况

《襄樊市文物史迹普查实录》记载："襄阳城在宋时由原土城改为砖城……"由此可见,襄阳今存的城墙里,既有宋元时期的城砖,也有明清及民国时期所制之砖。

1. 宋元时期

南宋年间,襄阳府地处前沿,为军事重镇,曾多次维修城池。高宗建炎元年(1127),朝廷曾"诏荆南襄阳修城以备巡幸";绍兴四年(1134),岳飞克伪齐襄阳守将李成收复襄阳后,鉴于"襄阳焚毁尤甚,野无耕农,市无贩商,城郭隳废,邑屋荡尽"的惨状,主持了修城。孝宗乾道五年(1169),朝廷再次拨款对襄阳城进行了一次大规模的维修。《宋史》本纪·卷三十四记载:"辛丑,诏福建路贫民生子,官给钱米。庚戌,修襄阳府城。"《宋会要辑稿》录有乾道五年(1169)四月二十四日知襄阳府司马倬言事称:申获敕旨,再贴筑府城,用砖内外包裹,及增置楼橹、守城器具,合用工物浩瀚。于是孝宗诏命"给钱五万贯,礼部给度牒百道,仍就襄阳府桩管米支给万硕。"但由于地处战争前沿,襄阳城墙毁损严重,无更多史料可以知道几次修城的细节,现存城墙也无法判断宋代城砖的具体情况,民间仅见"桩办城砖 不许借用"两款,从词汇的用法、残砖的制式上推断应为宋代军队用的筑城砖。

2. 明代

史料记载,明朝初年,襄阳城在邓愈领导下开始城墙修筑。本次修建基本奠定了今天襄阳城的格局,天顺《襄阳郡志》对此有详细的描述:

本府砖城一座,在汉江之南,与樊城市对,前代创建修筑,旧志不存,无考。然晋羊祜、杜预、朱序,宋吕文焕所守,皆此城也。元季颓废,国初乙巳年,卫国公邓愈因旧址修长,有正城,有新城。新城附正城旧基大北圈门,绕东北角接正城。通周回二千二百一十一丈七尺,通计一十二里一百三步二尺,高二丈五尺，上阔一丈五尺，脚阔三丈。垛头四千二百一十个，窝铺七十座。城濠除北一面临江四百丈外，东西南三面通二千一百一十二丈三尺，阔三十九丈，深二丈五尺……

这样一次大型的修建工程，耗砖巨大。用砖量之巨，在何地烧制，如何保证供需，目前尚无翔实的证据。襄阳城墙发现的洪武十年（1377）、洪武十六年（1383）城砖，佐证了襄阳城营建的文献记载。

大明一统江山276年，除在明末受到李自成部的烧杀攻打外，大部分时间处于和平年代，各地城墙最多也只是自然损毁，如风雨或洪水。但中央政府重视修城，先后在永乐十五年（1417）、洪熙元年（1425）、正统六年（1441）、正统十四年（1449）、景泰二年（1451）、景泰三年（1452）年、成化二年（1466）、正德八年（1513）、天启六年（1626），都有从首都向大江南北发出督促维修城池的皇命。襄阳地方官员自不敢怠慢，地方志上可以查到先后在明成化年间（1465—1487）、弘治年间（1488—1505）[2] 分别对城楼、角楼进行了修建。可惜目前在襄阳尚未发现有明朝中、晚期的城墙文字砖。

3. 清代

清廷对城池的管理亦颇为得力，所以襄阳城在清代也得到多次不同程度的修缮。史载共有9次，分述如下：

（1）清代顺治二年（1645），都御史徐起元檄同知贾若愚，在小北门至西南角，用砖石修建了御敌炮台二十九座。[3]

（2）顺治五年（1648），都御史赵兆麟令下属副御史苏宗贵重修了西城门城楼；令知府冀如锡重修了南城门城楼；令同知涂腾茂、张仲重修了大北门、小北门城楼各一座；令知县董上治重修东城门城楼一座。[4]

（3）道光六年（1826），知府周凯重修六门的城楼。[5]

（4）道光十二年（1832），汉水冲毁部分城墙，知府阿乐阿瑺再次修复。[6]

---

[2] 同治《襄阳府志》卷二《建置·城池》。

[3] 乾隆《襄阳府志》卷七《城池》。

[4] 同 [3]。

[5] 参见清恩联修、王万芳纂《襄阳府志》卷六《建置·城池》，清光绪十一年刊本，成文出版社有限公司印。

[6] 同 [5]。

（5）咸丰四年（1854），太平军溯汉江而上，威胁襄阳。知府多山在城上修建了兵房224间。[7]

（6）咸丰十一年（1861），知府启芳添建兵房24间，并在东、南、西三门外二道桥之内，围砖墙，皆有垛堞门楼。[8]

（7）同治元年（1862），知府吴嗣仲建南门、大北门月城内官厅。[9]

（8）光绪元年（1875），因"久下雨，城多圮"，知县吴耀斗兴修城墙。[10]

（9）光绪二年（1876），知县劳庆藩续修。[11]

清朝的多次兴修，主要是修补墙角，重修、改建城楼垛堞，加修防御设施，因此不会改变城垣外廓形态，却保证了防御设施的完备和城垣的整齐。今西城墙北段的"原版清代砖墙"，及散落在北面城墙上的道光六年（1826）、道光十三年（1833）、咸丰二年（1852）、光绪二年（1876）、光绪六年（1880）、光绪十八年（1892）文字砖，不仅佐证，而且还丰富了地方志的记载。

4. 中华民国

民国时局动荡，尽管已经进入较为先进的战争武器时代，但城墙作为军事防御工事仍然发挥作用。除此以外还有防洪功能，所以为战事和预防汉江洪水需要加固维修各地城墙成为民国地方政府的头等大事。襄阳城先后在民国二年（1913）、民国三年（1914）、民国七年（1918）和民国二十四年（1935）进行了修缮，有窑工留下文字砖为证。

（二）折射宋元战争史

襄阳城自诞生之日起，便是州、道、府、路等基层政权的象征。虽然时光飞驰，政权更迭，这些珍贵的文字砖历经沧桑，既构成历史，又佐证历史。

襄阳城墙目前已知年岁最长的文字砖为南宋砖。前述襄阳民间收藏的南宋城墙砖，高37厘米、宽18厘米、厚6厘米，砖形不规整、背部凸凹不平、多皱裂，砖体残留粘连石灰膏等物。在砖正面从右至左刻有"桩办城砖 不许借用"，

---

[7] 同治《襄阳府志》卷二《建置》下"城池"条。

[8] 同[7]。

[9] 同[7]。

[10] 参见清恩联修、王万芳纂《襄阳府志》卷六《建置·城池》下"城池"条，清光绪十一年刊本，成文出版社有限公司印。

[11] 同[10]。

每字约 5 厘米见方。"桩办"一词为南宋官方语,"备办"之意。《宋史·食货志》载:绍兴元年,请桩办合用钱,而路不通舟,钱重难至,乃造关子(纸币)。南宋为支应军饷而加征的税款称之为"桩钱"(为战争所备之钱)。绍兴二年(1132),岳飞在《奏措置杨幺水寇事宜》曰"其合用钱粮,窃详湖北路委是阙乏,无从桩办"。"桩办城砖,不许借用",可等同今天的"战备物资,严禁挪用"。由此揣测,此砖或许就是南宋朝廷两次修筑,或者岳飞抢修襄阳城的珍贵实物。它见证了南宋襄阳城战事的惨烈。

(三)砖文上的襄阳行政区域

明代城砖多从地方摊派征集。明襄阳府设 1 府 1 州 7 县,1 州即均州,7 县即襄阳、南漳、宜城、谷城、光化、枣阳、随县。在襄阳城墙文字砖上,除出现"襄阳府"以外,还出现了"襄阳县""谷城县""枣阳县""枣""南漳""光化""宜"等县名。除均州民国年间划入郧阳外,其他行政区域与今相同。值得注意的是仅有襄阳县、谷城县在明代洪武年间有文字砖发现。这说明城砖由襄阳府摊派给各县烧制的史实。但作为散州的均州未见有文字砖。

民国初年,襄阳行政区域变化颇多。辛亥革命后,袁世凯窃据大总统职位,一方面广植党羽,形成控制中央和地方政权的军事集团北洋军阀,另一方面极力复辟帝制。1913 年 3 月,宋教仁被刺身亡,7 月,黄兴、柏文蔚、陈炯明等纷纷讨袁独立,"二次革命"开始。与此同时,襄樊地区也发生了白朗起义,襄阳戒严。1916 年 6 月,袁世凯在全国一片声讨的怒潮中死去,黎元洪继任大总统。1917 年,皖系军阀段祺瑞独揽中央大权,破坏《临时约法》,孙中山护法,北阀右翼军总司令兼河南安抚使襄阳人刘公亦于同年 12 月回到襄阳,召集旧部组织护法军,同时,敦促襄郧镇守使(北洋军阀统治时期设置,为省内一地区的军事长官)黎天才宣告荆襄自主。1918 年 1 月 4 日,总司令部在襄阳宣告成立,推黎为总司令。北洋陆军第三师师长吴佩孚和南阳镇守使吴庆桐两路合击进犯襄阳,激战半月,终因势单不支,于 1 月 24 日夜率部出襄阳西门,向南漳撤退。

时局动荡,北洋政府坐立不安,加固维修城垣和理顺机构设置自然是头等大事。

1912 年,废襄阳府,原辖各州、县隶属湖北省安襄郧荆道(道辖 20 县),道署设襄阳。1913 年 8 月,安襄郧荆道观察使公署又改为鄂北道观察使公署。1914 年 6 月,北洋政府又把湖北省划分为三道,即江汉道、荆南道、襄阳道,其中,襄阳道领 17 县,治所襄阳。

北洋政府垮台后，襄阳道随之解体，1927 年各县又直属于省。南京国民政府刚开始废道时，地方行政实行省、县两级制，1932 年，国民政府出于反共需要，通令施行《剿匪区内各省行政督察专员公署组织条例》，将湖北省划分为 11 个行政督察区，在襄阳建立湖北省第八行政督察区，设行政督察专员公署，襄阳为行政督察专员公署驻地，领襄阳、枣阳、南漳、宜城、谷城、光化、保康 7 县。1936 年又改第八区为第五区，领县未变。

（四）砖文上的责任追究制度

有明一代，朝廷为了保证城砖制造质量，开始尝试并对烧制者实行"实名制"，这便出现了那些有制造时间、地点，有负责制砖的官吏、百姓姓名的文字砖。清清楚楚的文字表明生产环节已经全部责任到人。所以，在政府明显保留"事后追责"态度的压力下，明早期的城砖质量之好，在各个朝代的城砖中自然首屈一指，其技术指标达到了"叩之有声，断之无孔"。

明代砖文字内容丰富，最多的达到 44 个字，如"襄阳府襄阳县提调铺长王宗仁，典吏郑鉴，的当人韩敬、蒋文胜，总甲吴思聪，小甲李义，窑匠王敬德，人户杨大等""襄阳府谷城县提调官县丞宋忠修，司吏许英、的当人何仁佐、作匠易应才、人户杜三保。洪武十六年　月　日"等，有官职，有制造者，有制造时间，格式为"行政区 + 官员 + 工匠 + 年份"，让后人知晓当时制砖工程中的诸多参与者及各自承担的责任。其砖文字均为模印阳文。

清代襄阳城砖文也较丰富。但均为模印阴文，大多文字简单，仅"年号 + 城工"字样。城工是城垣工程之意。

民国城砖因年代稍近，尚有不少存世，多在北面城墙，模印阴文，文字较少，格式为"年号 + 官职 + 姓名"。如"民国三年观察朱监督"等。

（五）砖文上的官职、工匠等名词

襄阳城墙文字砖上展示的大、小职务有十余种。他们的身份、职责各不一样，刊刻其上，其目的主要还是体现"追责"。

1. 明代城砖上的官职等名词

（1）提调官　提调官是非职官常设机构称谓，是明代朝廷根据工役需要临时设置，并由相应职官负责。工役项目结束后归籍。府级提调官通常由相应主管行政事务的知府（知州）兼任，或由他们委派府（直隶州）署的同知、经历、通判、知事等兼任。县级提调官由相应的县（或散州）主管行政的知县（知州）兼任，或由他们委派县（或散州）衙的县丞、主簿、典史等兼任。

（2）典吏　又称书吏，散州或直隶州的属官。掌管文移的出纳。

（3）的当人　烧造城砖的具体负责人。

（4）总甲　又称总甲首，是明代社会的重要职役名称之一。明洪武年间，出现在砖文上的总甲，由田产多者充任，即富户或地主。按照明初计田出夫的征役制，总甲既是城砖烧造中的农村基层组织管理者，也是造砖人夫。在总甲名下，辖若干甲首。

（5）小甲　又称小甲首。小甲既是明城砖烧制中的农村基层组织管理者，也是造砖人夫。在小甲名下，辖若干造砖人夫。

（6）人户　人户是里甲制中娶妻成家的户头。明代各州县都要将本行政区域内的人户，以里为单位编制黄册上邀户部，为核实户口、征调赋役而制成的户口版籍。黄册详细登载乡贯、姓名、年龄、丁口、田宅、资产，并按从事职业，划定户籍，主要分为民、军、匠三大类。

（7）窑匠　又称造砖窑匠、作匠、民匠、匠人、造城砖工匠，是烧制城砖的工匠。他们是确保城砖烧制质量的关键技术人员，一般由当地窑匠充任。

（8）作匠　同窑匠，是烧制城砖的工匠。

2. 民国时期城砖上的官职

（1）知事　民国初期对县一级最高行政官的称呼。民国二年（1913）一月八日，国民政府规定有直辖地方的府、直隶厅、直隶州和厅、州一律改为县，其行政长官一律改称为县知事。"民国三年知事郑监造"砖中的"知事郑"是襄阳道管辖下的襄阳县地方行政长官湖南人郑寿彝。"民国七年马鸣骞监造"砖文则为1918年时任襄阳知事的天津人马鸣骞。

（2）道尹　民国时期的官名。民国三年（1914）五月，袁世凯公布省、道、县官制，分一省为数道，全国共九十三道，改各省观察使为道尹，管理所辖各县行政事务，隶属省长。民国十三年（1924）六月，北洋政府内务部通令废道制，裁撤道尹。"民国七年道尹朱监督"为襄阳道的最高行政长官朱佑保。

（3）观察　清代作为对道员的尊称。北洋政府交替时期的一般官员。"民国三年观察朱监督"中的"观察朱"为襄阳道观察使朱佑保。"观察使"作为官名早在唐代已有，唐代于不设节度使的区域设"观察使"，为州以上的长官，清代对道员的尊称也为"观察"，辛亥革命后，改清朝的分守、分巡道为"观察使"，1914年确定为一省数道之制，"道"的最高行政长官初称"观察使"后称"道尹"。

（4）委员 民国初年开始实行地方自治。县的自治机构沿用清末立宪时代的制度，县设县议事会，议长、副议长由议员选举产生，任期3年。此委员当为襄阳县议事会委员。

（5）第八区行政督查专员 1930年至抗战前夕，南京国民政府创制的地方行政制度，行政督查专员是省政府派出、介于省县之间的区行政管理权限的地区性官员。1932年，襄阳为湖北省第八区行政督察专员公署驻地。

（六）其他信息

襄阳城砖除了可明确断定年代和制造者的信息外，襄阳城墙上还有一批"闲杂"文字砖，如"二十九年邵"等，还有一些是单字，如"岳"等，一般认为是制砖工匠的姓氏，但对具体烧制年代和内涵，目前尚不能给予准确解读。值得一提的是"岳"字砖，亦有专家认为是岳飞军队所造，但据墙体看到的砖以及砖文与其他诸如"丘""右""大""三"等砖文字基本一致，亦应是窑工姓氏。这些"闲杂文字"砖，可能是官方征用民窑或战事吃紧时在民间征用的砖，包括墓砖。这类砖在城墙上亦不多见，也无规律可循。

另外有唯一一款"天下太平"手工刻划文字砖，可能在战火频仍、家国不安局势下，透露出普通劳动者对国泰民安的美好向往。文字砖上的还有符号，比如"卍"是表示吉祥的符号。

四、小结

明代襄阳城砖与明代的南京城砖、荆州城砖规制相同，均为标准的官砖。加上清代、民国时期的文字砖，虽然在数量上不及南京、荆州存世量多，但种类达45款，其类型丰富，时间跨度大，从中可管窥历代城墙营建和修缮情况，以及明清至民国时期社会基层政权等情况。一、襄阳城墙文字砖历代跨度较大。远至宋代、明洪武年间，最迟到民国二十四年（1935），构成了完整的文物时间链。这对研究襄阳战争史以及不同历史时期襄阳城墙沿革、修缮等情况提供了第一手资料。二、襄阳城墙砖文信息丰富。不仅可以研究城墙修缮责任追究制度、明代社会基层政权，也对明清时期乃至民国时期的行政区划提供了实物文献。三、现存的襄阳砖文，不是孤立和静态的文字信息，可与许多有关文献资料进行互证互补，对城墙研究工作具有现实意义。

经过自然和人为损毁，以及历次维修，襄阳城墙文字砖存世数量极少，是历史留给后人的一笔宝贵财富，其中包含的历史文化信息对研究古代城市营造极其重要，对于它的发现和研究还有待于进一步深入。

参考文献：

1.（明）天顺，《襄阳郡志》。

2. 李楠《中国古代砖瓦》，北京：中国商业出版社，2015 年版。

3. 施元龙《中国筑城史》，北京：军事谊文出版社，1999 年版。

4. 杨国庆《南京明代城墙》，南京：南京出版社，2006 年版。

5. 南京市明城垣史博物馆《南京城墙砖文》，南京：南京师范大学出版社，2008 年版。

6. 襄阳市文物管理处《襄阳城墙国宝档案》。

7. 张世春《荆州城文字砖》，武汉：武汉出版社，1999 年版。

8. 宋应星著《潘吉星注》，《天工开物译注》，上海：上海古籍出版社，2016 年版。

注：此文获襄阳市第九届（2016-2017）社会科学优秀成果论文类二等奖。

襄阳城墙砖文研究

明清荆山山区移民的生存与发展调查

——以南漳板桥为例

任爱国　李秀桦 / 文

一、引言：荆山主峰周边的明清移民

南漳县板桥镇位于该县西南部、荆山山脉腹地，距县城 103 千米，平均海拔 1000 米，是襄阳辖区内相对偏僻之地。板桥籍名士、辛亥革命时期曾任武昌临时政府内务部长的冯哲夫曾言："南漳，山邑也，广袤周八百里而强。西南古荆山，峰峦重叠，径途险阻，距邑治有远至二三百里者。"[1]

冯氏所指的荆山，即大巴山的余脉，它位于湖北省西北部、武当山东南、汉江西岸，呈北西—南东走向。北始于房县青峰镇大断层，南止于荆门—当阳一线，长约 150 千米，西至远安沮水地堑，东到荆门—南漳一线，宽约 20~30 千米，全域面积约 3100 平方千米，因满山生长着荆条（灌木），故名。地貌上，荆山西北部山高谷深，巍峨陡峭，沟壑纵横；东南部山低谷浅，坡度略缓，稍加开阔。长江支流沮漳河源于山南，汉江支流蛮河源于山北。

荆山的最高峰聚龙山在今保康县龙坪镇境内，海拔 1852 米，板桥与龙坪接壤，镇政府所在地距聚龙山约 40 千米，属荆山主峰地区。在前人的著述里，这里也被称为"巴山老林"。严如煜在《三省边防备览》中说：

> 由陕西的宁强、褒城逶迤而东，经四川的南江、通江、巴州、太平、大宁、开县、奉节、巫山，陕西的紫阳、安康、平利至湖北的竹山、竹溪、房县、兴山、保康，中间高山深谷，千峦万壑，统谓之巴山老林。

这种高山大谷的地理面貌，制约了该地区的经济和发展。移民四方流寓混杂而居的漫长历史，又决定了此地的风俗和文化。

在板桥开展的田野调查中,几乎每一个中年以上的人都称自己祖上并不是"山里(板桥)的"。其祖上迁来此地的时间,一部分可以追溯到明朝,一部分可以追溯到清朝。人口较多的几个大姓有:

1. 冯姓。冯家湾村以冯姓人居多,2014 年入围第四批"中国传统村落",以有黎元洪时期的内务部长冯哲夫而远近闻名。2011 年 10 月重印的《冯氏支系族谱》称:冯氏祖籍为陕西咸阳,明朝嘉靖元年(1522),从安徽凤阳南迁而来。书中同时有关于"板桥"的记载:"明嘉靖元年(1522),有来自陕西的冯氏兄弟,欲觅风水宝地定居,发现小溪尽头,有一五花异石上有五指印,便定居下来,并在巨石上撰文立碑永志纪念。此后碑倒石折,后人将此石作为小桥,称为板桥。"

2. 边姓。边家湾村(2002 年后并入天鹅池村)以边姓族人居多,称祖上是明洪武初年从湖南长沙迁至县城东四堰坪,其中一支后来落脚到板桥。

3. 陶姓。可称板桥第一大姓的陶家,以老湾村为中心呈发射状发展,称祖上来自河南确山县,明成化元年(1465)移来南漳,至今已繁衍 23 代。陶氏奉陶渊明为祖先,郡望堂号为"浔阳郡五柳堂"。

4. 王姓。称祖上元末以前生活在江西,因红巾军起义避难,迁往武昌府咸宁县钦城乡金城白沙村,后又四散外乡。当地一通"王仕华"墓碑记载,为谋生计,王于乾隆二十九年(1764)到南漳谋生,以造纸为业,先在落叶河(今称洛浴河),乾隆三十九年(1774)到夹马寨发展,娶妻陶氏。在今咸宁大幕乡的《王氏族谱》中,亦可查到其支脉迁到南漳的记录。

从上述可知,板桥移民进入该地的时间大多在明代,少量在清代,这有其背后的历史原因。

元末农民战争时,荆襄地区曾是陈友谅的势力范围。元至正二十四年(1364)二月,朱元璋在征服陈友谅集团后,对他曾盘踞过的荆襄地区进行经济封锁,"命邓愈以大兵剿除之,空其地,禁流民不得入"[2]。成化年间,督军务专办流民事务的都御史项忠在给宪忠的《报捷疏》里也曾说:"荆襄地连数省,川陵延蔓,环数千里。山深地广,易为屯聚。自洪武初,高皇帝令卫国公邓愈芟平之后,禁无人入。"可见荆襄地区在明初就施行了山林封禁政策,禁止外地人员进入。

从行政区划上讲,荆襄地区是以湖广的荆州府、襄阳府为中心,包括西安府商州、汉中府、德安府以及河南汝宁信阳州、光州、南阳府邓州、南阳县、镇平县、唐县、泌阳县、桐柏县。地处荆山腹地的板桥镇恰在其中。

但这种在荆襄地区封禁的局面在永乐之后被打破,"正统二年,岁饥,民徙入，不可禁，聚众既多，罔禀约束，其中巧黠者稍稍相雄长。”[3]从此拉开了游民涌入荆襄地区的序幕。正统十二年（1447），于谦给朝廷打报告，说逃到河南的流民越来越多，河南储存的粮食已经不够吃，也没有地方住了。景泰六年闰六月，湖广襄阳府房县还专门设抚民县丞一员，皆“地旷山多，逃民所聚故也。”[4]到天顺、成化年间，游民数量越来越庞大，巡抚荆襄的右副都御史杨竣说：“荆襄安沔之间流民不下百万。”[5]荆襄地区成为当时最大的流民聚集地。

流民纷纷涌入荆襄地区的原因是这里地理特殊，“界湖广、河南、陕西三省间，又多旷土。”一是山区动植物区系构成丰富，盛产各种中药材，也是山兽野禽栖息的良好场所，锦鸡、果子狸、野猪、兔、鹿、獐等动物出没其间，丰裕的自然资源为人类生存提供了良好的条件；二是这里幅员辽阔，跨连数省，行政管理上鞭长莫及，人口在此地难以稽查，可以不必附籍，有极大的生存空间，且“荆、襄、南阳三府兼有水陆之利，南人利于水耕，北人利于陆种，而南北流民侨寓于此者比他郡为多”[6]，自然会有求生者冒险涌入。成化二年（1466），副都御史王恕向朝廷上奏说：“荆襄一带，山林深险，土地肥饶，刀耕火种，易于收获，各处流民、僧道人等，逞逞逃移其中，用强结庵立产。”[7]

襄阳地处南北交通之孔道，境内的荆山一带，山林茂盛，植被丰富，永乐十六年（1418）就有流民进入，“襄阳、荆州三卫并夷陵千户所官军，永乐、宣德年间俱在本处操守地方。彼时山中虽有流民，畏惧军卫不敢啸聚为非。”[8]；景泰年间，前河南参政孙原贞奏流民有“查各处逃户周知文册，通计二十余万户……多转徙南阳唐、邓，湖广襄、樊、汉、沔之间趋食”[9]。谷应泰对成化十二年（1476）的襄阳西南部更有形象的描绘，“林箐丛密，地既纡回，得椹樵给，流民生长，莫录版图，家占土田，不知租税，此亦桃源之武陵，五丁之于蜀道矣。”[10]

由以上可知，早在永乐年间，荆襄地区就有流民进入，宣德后逐渐增多，到正统时期，四方流民因灾害涌入，到了成化初年，聚集的流民已达150余万。他们“食地利而不输租赋，旷丁力而不应差徭役，弃故乡而不听招回，往他乡而不从约束”，过着背井离乡，但也相对安宁的生活。上述冯、边、陶、王等今天板桥乡民的祖上，正是在这种背景下，随着浩浩荡荡的流民大军流落到荆山腹地开拓垦殖的。

二、生存与发展：垦殖与多种经营

板桥为高寒山区，山高路险，人烟稀少，土地稀缺，“邑之西南尽皆山道……

由三景庄、龙王冲四十里至硃砂坪，过陈岐山，穹窿无极，积阴早雪，终岁多寒，居民砍挖火田，结草为庐，松枝作燎（照明），住居星散，有二三十里无人烟者。"[11]。新编《板桥镇志》上称这里是"八山半水分半田"，其记载截至 2007 年，全镇山场达 24.8 万亩，耕地面积仅 33580 亩。

在移民刚刚进入的初期，由于这一带人烟稀少，大片山林、土地处于荒芜状态，人们可以自由地占有荒地。边家人说他们祖上进入板桥后"挽草为业"，同时来到此地的夏家"跑马为记"。为了生存，移民大多会以垦荒种粮，也可能向土著人稞种田地。如严如熤所说："老林未辟之先，狐狸所居，豺狼所处，虎祸尤多，土著人少，所种者十分一二招外省客民，纳得数金，辄指地一块，立约给其耕种，客民亦不能尽种，转招客佃。"[12] 但不论何种方式，移民的涌入均直接导致耕地面积的增加。"清代湖北农村的耕地面积由 1658 年的 54241800 亩，增加到 1819 年的 60518600 亩，增长 11%。"[13]

但传统农业是个依赖地理和气象条件较多的行业，气象条件稍一恶劣，收成便不足以糊口。严酷的现实下，移民除农业垦殖外，还必须重操或学习其他手艺，因地制宜地进行多种经营。他们"开辟茶园，种植生漆、油桐等经济作物，采集培育菌种、药材等"。[14] 上述王家，从咸宁迁至板桥后，就在夹马寨河一带以生产火纸和皮纸为生。在板桥冯家湾村五组，现尚存房屋 20 间、占地面积 1526 平方米、建筑面积 594 平方米的"王氏民居"，堂屋门楣悬挂着一幅写着"青箱世业"匾额。60 岁的王氏后裔王公安称祖上因为造纸，很快富甲一方。不过由于现代科技的发展，这种传统土纸已不能顺应时代需求，2017 年夏天，笔者到冯家湾进行田野调查的时候，造纸作坊 10 年未进行生产，王公安也改种田为生。另一王家，以石匠手艺过活。今天在板桥，刷书头（以印刷古籍的地方而得名）、漳尔洞纸厂、马铃沟蚕场等地名的存在，均说明了当年移民后裔生产经营的多样性。

在此值得一提的是养蚕织丝。新编《板桥镇志》称板桥自古有"桑叶养蚕织黄绢，构树造纸写文章"的歌谣。因为其利润巨大，"饲蚕十余筐，缫丝易钱，足当农田百亩之入，举家温饱宽然"[15]，且不征税，"农按亩计税。有什一之征。而桑无征"，"不妨稼墙角畦道旁场圃，闲隙之地皆可栽"[16]，所以养蚕业在当地极为兴盛。陶氏族人陶勃伦清末东渡日本，学习现代农业技术，回国后在峡口（远安、南漳两县交界处）千佛寺创办"乙种蚕业学校"，表明山区丰富的林特产资源不仅是移民开发的重点，并且已由野生资源开采发展到科学养殖。直到现在，蚕桑产业依旧是板桥农业增效、农民增收的支柱产业之一。

　　丰富的林特产资源还催生了移民后裔的商业意识和行为。新编《板桥镇志》记载板桥的主要林特产有：木耳、香菌、猴头菌、蚕茧、茶叶、木梓、皮木油、桐籽、桐油、生漆、核桃、板栗、银杏、柿子、猕猴桃、苎麻、棕片、龙须草、栓皮、橡子、五子、冬花、天麻、金银花、菊花、杜仲、枣皮、桔梗、丹皮、玄参、白芍、柴胡、五味子、枸耳、接龙骨、黄连、黄蒿、麝香、牛黄、蜈蚣、蜜蜂等数十种。这些林特产品被大量运出山外，行销沙市、宜昌及本县武镇等地，再购回生产生活用品，如布匹、红白糖、食盐、煤油等。全县经济最发达的武镇，商号众多，不仅有太古洋行、何庆大、亚细亚等外地的商行，也有胡正大、正顺忠、茂顺远、大顺合、富有美、富有□、永兴□、长盛王、同心永、聚盛远、德祥瑞、广源公、官合兴等本地人经营的大商号。从武镇胡营出土、现存南漳县博物馆的同治八年（1869）所立《禁止勒索武镇商贾告示章程碑》上，可以管窥当年武镇贸易的繁荣、市场的丰富和管理的规范：

　　从来章程未与(兴)，人每无所遵守，条规既严，□□不至变更。我镇商贾云辏，贸易日新。新近有脚夫于起下货物之时任意需索，易至酿生事端，甚则商贾裹足，生涯莫克。媲美，良由积日成风，无有定章可守故也。然蒙司主赏示，如起下货物，轻计八十勒为一回，重计壹百斤为一回，斟酌无弊，约为定章。凡我各行铺店复同商议，立为条目，庶事有定规，人知遵守，不至任意纷更，而地方生理亦蒸蒸有日上之势矣。

　　从碑中可以看到进出货物有：粮食、川盐、淮盐、川橘、苔橘、苔漆、桃仁、豆粉、粉条、槲皮、京货、连三纸、顶炮纸、二炮纸、表辛纸、中表纸、料半纸、竹连纸、斗方纸、扦油绳、锡箔、铁煤炭、铁锅、火盆、碗器、木油、胡椒、金针、漆油、甘草、板梨（栗）、棉花、夏布、筷子、线麻、桐油、窑烟、竹瓦、竹筒、泮蓝、耳蓝、皮纸、干鱼、米碱、酱油、蓝靛、水桶、芦席、制钱、橡碗、条铁、柄铁、烛心、小杉枋、大杉枋、烟叶、木耳、核桃、苏木、檀香、铁钉、香油等等。

　　仔细梳理这些物品，可以发现多数出口特产皆为山区特产，当然也包括板桥。虽然板桥临近远安，大量货物会用骡马队通过峡口运达宜昌府，但依然有不少进入武镇到达襄阳、汉口等地。《襄阳会馆》[17]一书在考察武镇的会馆后称："土特产以木耳、黄花、桃仁、蚕茧、兽皮、药材、土纸为大宗，源于南漳西南山区的长坪、李庙、薛坪、板桥、东巩、肖堰等地。"新编《板桥镇志》称：板桥的黑木耳多销往武镇，武镇的价格最公道，坊间有"进了姜泰盛的行，猪肉片子长，吃他娘，喝他娘，羊毛出在羊身上"的俗语。

除农耕、手艺、土特产贸易外，少数移民家族开始从事金融行业。陶氏族人陶和典(53 岁,南漳县人大机关工作人员)珍藏有家族开办票号时的凭证。他介绍：1927—1937 年间，其祖父以河口村的大药铺为经营地，开设了"春生茂"钱庄，由长子陶痒伦执掌,经营红火,生意兴隆。陶和典常听父亲陶常梓、三叔陶常权讲，当年二楼存放用于日常兑换用的十几柜子钱压断了房梁，在当地广为流传。这说明，移民到后来已不再是单纯地从事农耕，而是广泛涉猎众多领域。

三、乡土建筑的背后：移民家族崛起后的主要作为与地方新秩序

在板桥镇，尚存有平原地区难得一见的 14 处传统民居及 2 处宗族祠堂，它们均系陶、冯两家在清朝中、晚期所建，是移民家族崛起后是如何提升自身势力并构建地方新秩序的历史见证。

1. 通过修建宗祠、坟茔强化家族凝聚力

陶氏宗祠位于板桥镇老湾村，坐北朝南，占地约 120 平方米，为一进四合天井院，徽派建筑风格。外墙由大青石砌成，室内由精雕细刻着象征吉祥的龙、凤、鱼的木板、木柱等建成二层一进院，前为议事厅，后为敬祖堂，左右厢房将厅、堂空间连同天井相围。大门两边各有一个雕工精细的石鼓，大门两边的"八字"墙面中间、门框、门槛、抱鼓石上雕刻有"五福临门""丹凤朝阳"和龙、鱼、祥云等精美图案。门前 3 通立于清嘉庆十三年（1808）石碑，分别是：《陶氏宗祠碑记》《陶氏家族字辈碑》《陶氏宗祠置地碑》。研读碑文，可以清楚地认知陶家当时修建宗祠的背景和生存环境。

（1）陶氏宗祠修建于清乾隆四十七年（1782）。撰写《陶氏宗祠碑记》的是清乾隆敕授修职郎、南漳县训导孙成器，表明此时陶氏已经有了一定的社会地位。

（2）陶氏宗祠主持其事者是陶曰斌。一般来说,宗族中的大事是族长的职责,陶曰斌并非板桥人，原文说"三地共推"，可见当时三地（成化元年，陶氏三兄弟来南漳后，一支住板桥，一支住沐浴村，一支住巡检）陶姓来往频繁，且大事以辈分长者为尊。

（3）修建陶氏宗祠前后两次买地。嘉庆十三年（1808）《陶氏宗祠置地碑》称：

> 乾隆四十七年，买族人之永田一块，系祠堂基地。其界东至大石上下，南至敞边，西至志聪田，北至沟边为界。时值价钱二千文整。随代钱粮廿文。中人唐瑶。

> 乾隆五十七年，买族人志栋田一分，坐落墓冈子其界东至竖石
> 鳌字直上大岭，西至陶焕田，南至陶焕田，北至分水岭为界，时值
> 价银五十两整，随带银地四分。中人刘怀玉。

说明在南漳山区，至清代移民大量涌入后，土地资源日渐紧缺，各家族对于山林资源的占有与争夺开始加剧，村落之间的边界也开始由模糊而变得清晰。

祠堂的建立一般有双重目的，即是为了祭祀先祖，不忘祖宗，也是为了昭显本族的势力，加强本族的凝聚力，以图异乡生存和发展。《陶氏宗祠碑记》称：

陶氏原籍隶河南汝宁府确山县，明成化元年始迁湖北襄阳府南漳县支派，分别二百余年于兹矣。一住雷竹湾，一住沐浴村，一住洞儿岩，相距百余里。而祠堂落成则在雷竹湾焉，其间有服者、无服者合计殆百余人。然自祖若宗，视之关切实一体也，爱切实一家也。丧葬则相吊，嫁娶则相助，水火盗贼则相顾，鳏寡孤独废疾则相收，坟墓树木则相护惜而无剪弃，朴农秀学馈问酬接。

说明除了追忆祖先，确立家规，教化族人外，潜在的意思更在于凝聚族人，团结求生。

2. 通过参与地方公益事业，取得道德制高点，扩大话语权

荆山山区山寨数量众多，第三次全国文物普查统计为398座，是特定历史时期的产物。《襄阳文史扫描·古遗址之其他古遗址一览表》[18]揭秘：在南漳县境内，以陶氏命名的山寨共有3座，即今板桥镇老湾村的雷竹湾陶家寨、城关镇黄垭村的沐浴陶家寨及巡检镇文家垭村的陶家寨。这印证了陶氏族谱中关于三兄弟分居三处的记载。

三处陶家寨与其他山寨一样，都建在交通要道附近的三面悬崖峭壁或陡峻山体的山顶。居高临下，易守难攻，既可传递贼兵进退的信息，又可告知宗亲和百姓的聚散，是非常时期陶氏宗亲及当地老百姓避乱的庇护所。当地流传着陶志凤保护寨内躲避的宗亲和当地老百姓的故事，更早的还有顺治年间陶相虞的事迹[19]。可见上述陶氏族人通过参与地方公益性事业，见义勇为，积极施展自己的影响力，从而扩大了话语权。

3. 通过大族间的联姻，形成势力圈，巩固社会地位

清朝至民国，冯家和陶氏是板桥最大的两个家族。陶氏家族的发展与冯氏有相同之处，皆是走耕读之路，从而入士绅阶层。冯哲夫的《素园文集》[20]记载：冯氏后人中，有清一代，5人为县学生员，4人为贡生，5人为举人，3人游学日本。陶氏家族中，有1位太学生，2位恩贡生，8位秀才，1位进士，1人留学日

本。两家的社会地位大致相当，联姻便成为理所当然。在《冯氏支系族谱》中，仅从第十代冯曰持的后代看：第十三代"宗"字辈中，有一位陶姓女子在册，即冯哲夫的母亲；在第十四代"开"字辈人中，娶陶家女子为妻者10人，占比达50%；第十五代"应"字辈人中，娶陶家女子者15人，占比达30%。虽然由于《陶氏族谱》未收录女性，不知冯家女性嫁入陶家情况，但仅凭《冯氏支系族谱》，已足以说明两家在崛起后的联姻之紧密。这种"门当户对"式的婚姻状况，通过相互提携，巩固了两家在当地的社会地位。

四、板桥雷竹湾：一个移民家族的个案

如果说地方志的记载为我们了解移民家族的生计、发展与晋升途径提供了一些粗略资料的话，那么，对老湾陶氏墓地的考察，则为我们提供了一个更为详尽的案例。

老湾村位于板桥乡西南，原雷坪政府所在地，"南漳县情网"上称其是"历史以来第一个自然村"。全村566人，陶姓占80%。由于子孙兴旺，此地的家族墓碑、记事碑都保存相对完好。统计如下：

1.《陶氏宗祠碑记》载："陶氏原籍隶河南汝宁府确山县，明成化元年始迁湖北襄阳府南漳县支派，分别二百余年于兹矣。一住雷竹湾，一住沐浴村，一住洞儿岩，相距百余里。而祠堂落成则在雷竹湾焉。"2017年，板桥陶氏后人编修的《南漳陶氏族谱》上记载：陶氏原籍"河南—玉石碑—大柳树—笤箕洼"。笤箕洼即黄河溃堤、洪水泛滥后形成的黄泛区。还原历史，即在成化元年（1465），正倭、善堂、有山兄弟三人随着流民大军来到南漳。陶正倭住雷竹湾（板桥镇），陶善堂住沐浴村（城关镇），陶有山住洞儿岩（巡检镇）。陶正倭为板桥陶氏的一世祖。

2. 陶氏二世祖陶大安，系单传。

3. 陶氏三世祖陶文广。从他两个儿子的名字"陶学一、陶学二"看，陶家此时可能还在开荒耕田，尚无学问。陶氏三、四世祖两代人均未见墓碑及相关文字记载，呈寂寂无闻状态，符合他们流民的身份。

4. 陶氏第五代"希"字辈。由墓碑所在地及内容可知，陶氏自第五代起，居住地开始从老湾呈放射状向四周扩展，方圆达数百平方千米。推测或是人口众多，兼略有资财，已具备重新择地造屋的能力。

5. 陶家第六代"曰"字辈，现存墓碑共10通。内容显示，陶氏此时人丁已相当兴旺，先有富有开拓精神者的族人，已迁往临近的远安县；后有"洞儿岩"

一族的六世祖陶曰斌领三地共 77 名有秀才以上"功名"的陶氏宗亲，重新确立了"志存绍述，伦常典礼，秩叙惇庸，慎修思永"十六字宗派，并勒石刻碑。说明此时的陶家，通过耕读传家，多人已考取功名，在当地已入士绅行列。

6. 陶家第七代"之"字辈，第八代祖用单字取名，现共存墓碑共 25 通。

7. 陶家第九代"志"字辈。其中有陶志经、陶志正载于民国《南漳县志》第十六卷《人物志》中，称"陶志经，嘉庆初，与里中某甲同充旗头。陶志正，咸丰十年（1860）进士，建有府第于板桥镇老湾村一组凉水泉"。进士及第，对中国古代的任何一个家族来说，都是值得荣耀的大事。

8. 陶家第十一代"绍"字辈，现存墓碑共 18 通。中有陶绍曾、陶绍初载于民国《南漳县志》第十六卷《人物志》。志载：陶绍曾，板桥镇灵观垭村人，道光二十三年（1843）武科举人。陶绍初，板桥镇雷坪村人，同治三年（1864）恩贡生。由此可知，陶家后人中人才辈出。

9. 陶家第十二代祖"述"字辈，现存墓碑共 9 通。民国《南漳县志》第十五卷《人物志》记载有陶述诵，号春臣，说他是"恩贡生。工诗善饮，醉后拈毫，为文不规，规于法律。题咏时有唐音，虽颓然自放，终生未尝废书不观"。虽然陶述诵未能入仕，却是一位爱读书的文化人。

10. 陶家第十三代"伦"字辈。目前在世的尚有 10 多位。在板桥三处陶家聚居地中，最高"伦"字辈，最低的已到"庸"字辈，这之间是十辈的代序。民国《南漳县志》第十五卷《人物志》记载有陶勰伦、陶劢伦、陶匡伦、陶勃伦。陶勰伦是位廪生，陶勃伦曾留洋日本。

以上简述，可以明晰看到陶氏在板桥的血脉繁衍，也可以认知陶氏家族的发展路径。即第一代进山祖随移民潮迁来板桥，从第六代始，子弟陆续考取功名，说明陶氏早已附籍，且恪守着中国古代"耕读传家"的传统，走上读书取仕道路，社会地位逐步上升。成功的陶氏后裔已经使家族正式晋升入士绅行列，特别是第九代传人陶志正中得武进士，成为家族中的翘楚，陶家已成为高门大户，在当地"有头有脸"。参考《冯氏支系族谱》第一至八代寥寥无几，第九代冯文经"饶有智谋，始造华屋"的记载，似乎表明，一个外来的移民家族，一般需要经过五六代以上的经营，才有可能进入士绅阶层。

五、结语

综上所考，可以认知：明清时期，南漳板桥是典型的移民迁入区。移民迁入初始以开荒种地为主。为了家族更好地发展，稍后移民家族开始从事其他多种经营，特别重要的是，不忘科举入仕之路，这对于移民家族的发展与社会地位的晋升有着十分重要的意义。一般而论，一个移民家族需要经历六代以上人的努力，才有可能晋升入士绅阶层。以祠堂为中心的移民宗族的构建，有着明确的现实目的，即昭显本族的势力，加强本族的内聚力，以在异乡生存、发展。通过科举入仕，他们逐渐获得各种社会资源，通过联姻，最终构建起以他们为中心的地方新秩序。

参考文献：

[1] 冯哲夫、陈心忠、薛振华校注《素园文集》[Z]，南漳县政协学习和文史资料委员会，2008 年。

[2]（清）谷应泰《明史纪事本末》[M]，沈阳:辽海出版社，2011 年版，561 页。

[3] 黄宗羲《黄宗羲全集》(第七册)[M]，杭州:浙江古籍出版社，1992 年版，42 页。

[4]《明英宗实录》卷二五五 [M]，附录第七十三。

[5]《明宪宗实录》卷六十一．成化四年十二月丁酉 [M]，台北：中央研究院历史语言研究所校印本，1962 年版。

[6]（明）丘濬《大学衍义补》影印版。

[7]（明）陈子龙《明经世文编》卷三十九，王恕:《处置地方奏状》[M]，北京:中华书局，1962 年版。

[8]（明）陈子龙《明经世文编》卷三十九，王恕:《处置地方奏状》[M] 北京:中华书局，1962 年版。

[9]《明英宗实录》卷二四七《废帝郕戾王附录》第 65，景泰五年十一月辛酉，5356 页。

[10]（清）谷应泰《明末纪事本末》卷三十八《平郧阳盗》，586 页。

[11] 胡正楷，同治年版《南漳县志》卷二《疆域》影印版。

[12]（清）严如煜《三省边防备览·卷十一·策略》。

[13] 闫富东《清代湖北农村的人口和劳动力配置》[J]，荆州师专学报．1998 年第 3 期。

[14] 江立华、孙洪涛《中国流民史》[M]，合肥:安徽人民出版社，2001 年版。

[15] 沈秉成《蚕桑辑要·续修四库全书》[M]，上海：上海古籍出版社，

2002 年版，第 978 册，496 页。

[16] 贺长龄、魏源等《清经世文编》卷三十七 [M]，北京：中华书局，1992 年版，918 页。

[17] 张平乐，李秀桦著《襄阳会馆》[M]，北京：中国文史出版社，2015 年版，121 页。

[18] 襄樊市第三次全国文物普查办公室《襄阳史迹扫描》[M]，武汉：湖北人民出版社，2013 年版。

[19] 同治年版《南漳县志·卷二十·人物》：陶相虞，南漳庠生，尚义气。顺治九年，流贼郝摇旗等陷南漳。邑侯姚延儒骂贼不屈，死。赖相虞、兄际虞以殓。及康熙四年，河南鲍帅过漳，驻水府庙，忽狂风大作，帐下一降丁刘某自言："南漳姚公枉死吾手，今固当偿。"相虞陈其事，力请于帅，帅立寘（同"置"）之法。虎夜至食其尸，人感异之。

[20] 冯哲夫，陈心忠、薛振华校注《素园文集》[Z]，南漳县政协学习和文史资料委员会，2008 年。

文保散墨

《襄阳穿天节》序

李俊勇 / 文

　　什么是"穿天节"？十几年前，倘若有人在襄、樊二城询问这个问题，答者恐怕都是一副茫然无知的表情，因为这个节日已在历史的长河中湮灭了近千年。而今，只要提到穿天节，一定会有人抢着告诉你，穿天节是襄阳一个独有的节令，那天会有个叫李治和的老头，戴着个傩面具，领着数百衣着鲜亮的人吆喝着《喊彩歌》；还有成群结队的人在汉江边裸露的沙滩上捡拾带"窟窿眼儿"的小石头，然后用红线穿起，挂在脖子上，在寒风中露出一脸的骄傲。还有成千上万的市民面对汉江诵读誓词，以庄严肃穆的仪式表达对母亲河的感恩和敬畏；临时搭起的街市上，弥漫着"清汤"的滋味，摇曳着"糖人"的模样；少不了老龙堤下高亢冲天的"汉江号子"，还有鱼梁洲上查街搞怪的"司老爷"……前后的对比耐人寻味。

　　穿天节，这个在唐宋时期襄汉一代盛行数百年的节俗在元代突然"断片儿"，连明清时期洋洋数十万言的地方志里也难觅踪影，令人百思不得其解，个中缘由尚待学者们进一步给出合理答案，但消失的事实却是千真万确。

　　从上世纪末开始，以魏平柱为代表的学者们小心翼翼地开启了"穿天节"的探索之旅。他们怀着对传统文化的深沉感念之心，不辞辛劳，在汗牛充栋的古籍里耙梳史料，慢慢寻觅、捕捉着这个节令的蛛丝马迹、雪泥鸿爪，艰难地积攒、拼凑着片言只语，逐渐丰满和还原历史的盛况，颇有些"救亡图存"的味道。以《鸡肋编》为代表的各种史料再次浮出水面。同时，一批热爱地方传统文化的有识之士本着保护文化遗产的理念，开始倡导并尝试复活这一古老的节日。2006年2月18日（农历正月二十一日），古城襄阳举办了首届"穿天节"活动。尽管只有区区300余人参与，但"穿天节"终于令人欣喜地"回到人间"，并逐渐成为天下襄阳人的乡愁记忆，成为我们生活根脉的重要元素，成为襄阳"文化家底"的

地方文化学者李治和在襄阳第一届穿天节上展示穿天石

一粒珍珠。

十余年过去了，"穿天节"的规模越来越大，内容越来越丰富，形式越来越多样化。市民对"穿天节"由全然陌生到逐步熟悉，从茫然旁观到主动参与，可以说保护本土文化遗产、"重拾襄阳穿天节"逐渐融入襄阳人的文化理念。以市汉水文化研究会为主体的穿天节组织者们经常有意识地聚在一起，回顾10余年的坚持和守望，重温10余年的收获和快乐，也品味10余年的艰难和无奈。

这"艰难和无奈"，无疑表明"穿天节"发展到今天已经碰及了瓶颈，"穿天节"能否更好地"穿"下去的确是个问题，甚至"穿天节"再次走向泯灭也并非危言耸听。

这"艰难和无奈"里，有形式的单一，也有内容的困惑。虽然近几年参与人数已经过万，但总是那些个热闹但尚欠精细的节目，难以形成独特的文化精品。组织者常为如何突破瓶颈而绞尽脑汁，然终感力不从心；资金的欠缺，也让活动越来越难以为继，一些好的项目也只能付之东流；古代"郡中移会汉水之滨，倾城自万山泛彩舟而下"的盛景很难复制。还有那些参与文艺表演、民俗展示的市民，完全出于对节日的热忱，排练、服饰、道具、交通甚至午餐都是全自费。长此以往，恐怕也会热情渐减。还有场地的局限，没有固定的活动场所，临时性较明显……

"百里不同风，千里不同俗"。"穿天节"作为一种民俗节令，既是襄汉地区传统社会意识形态的一种体现,又是襄汉地区独特且悠久的文化遗产,挖掘、保护、传承这一独特的文化遗产乃至形成一种特有的民俗文化产业,打造又一张新的"襄阳名片"是我们义不容辞的责任。这一点,马街书会和平遥国际摄影节为我们提供了成功的范例。宝丰县马街书会又称"十三马街书会",被河南省政府列入"河南省濒危民俗文化抢救工程"。每年农历正月十一到正月十三在宝丰县城南7千米处杨庄镇马街村北应河岸边举行,来自省内外的说书艺人负鼓携琴,汇集于此,说书亮艺,河南坠子、道情、曲子、琴书等曲种应有尽有,规模壮观,形成全国民间艺术的奇伟景观。马街书会以独特的民间艺术表演魅力和浓厚的汉文化底蕴,被誉为"中国十大民俗"之一。原本名不见经传的小村庄如今成为国人趋之若鹜的胜地。而位列"世遗"的山西平遥县,前些年开始举办一年一度的"平遥国际摄影节",完全按照国际规范操作,国内与国际接轨、传统与现代互动,使平遥古城独特的风貌、古朴的民风以及形式多样的摄影活动交相辉映,在海内外产生了出乎预料的轰动效应,成为当下"中国十大著名节庆"之一。在政府主导下民俗活动的规模化发展与自觉性追求,是两地创造的共同经验。襄阳完全可以借鉴宝丰和平遥的经验,充分重视穿天节的文化价值,由政府主导,部门联动,公众参与,挖掘穿天节深厚的文化内涵,把穿天节推至国家级非物质文化遗产,使之成为襄阳又一张文化名片,吸引海内外游客到襄阳品味传统文化的魅力。我们可以对组团来襄的旅游组织进行重奖,也可以重金扶持打造穿天节等有影响力的文化项目,擦亮千年穿天节这个文化符号,借力助力,让外地游客不请自来,且非来不可。

要把穿天节与襄阳现有的历史文化名城、中国书法名城、中国三国文化之乡等文化品牌结合起来,可以考虑选取三国文化、汉水文化、荆楚文化、古代军事文化等元素为主题,每年面向全球征集作品,开展文学、书法、民俗、摄影、奇石展览或者比赛活动。也可以尝试开展汉江流域民歌、民谣、武术大赛,还可以将源于襄阳的"拔河"比赛穿插其中,借以丰富穿天节的文化内涵,使穿天节成为地方乃至中国传统文化展示的重要载体,凸显襄阳的汉江流域中心城市地位,提高城市的知名度。

可以结合万山公园建设,在万山脚下、解佩渚旁建立汉水女神广场,作为穿天节的启动仪式固定场所,同时设立汉江穿天石博物馆,树立"神女解佩"大型雕像,增强游人对襄阳穿天节的知晓度。

我们享有众多的节假日,但穿天节作为本地独有的节令,有必要鼓励更多的市民参与。今年的"两会"上,有政协委员提出仿照广西"三月三"放假的先例,使用本地立法权,将穿天节这天定为全市的法定假日。这的确是一个颇值得考虑的提案,或可退一步,允许上班族把穿天节与周末轮休,给他们出游踏青、参与穿天节提供时间上的便利。

关于节日的起源、节日的内涵、节日的文化意向,那原本是专家们的事,老百姓要的就是"聚",图的就是"热闹",就是个"乐",百姓才是节日活动的主体。因此,穿天节的组织者就得花心思,动脑筋,不仅要在打造精品、创造文化品牌上下功夫,还要设计更多老百姓喜闻乐见的节目,充分保护市民的热情参与意识,让穿天节一年一年地"穿"下去。

相信有政府的推动扶持,有专家的学术支撑,有民众的自觉参与,有媒体的锦上添花,穿天节终有一天会名闻天下,正月二十一的襄阳也会让世人为之瞩目。

本书选取的内容,既有学界的考论,又有名家的抒怀、百姓的记录及媒体的报道,还有组织者的活动资料,看似内容庞杂、体例多样,其实凸显出选编者特有的匠心与情怀。10余载的艰辛与热忱都浓缩在这本不到300页的书里,保护非遗、传承文明的责任感、使命感乃至美好的愿景也寄托在这本书里。这是11年穿天节的粗略总结,目的是为"穿天节"的研究者、弘扬者提供一个初始的参考样本,为民间文化学者、志愿者10多年的努力留下一点痕迹。倘若再过10年、20年或者更久远,襄阳穿天节进入全球民众的视野,每年的正月二十一成为国人蜂拥而至的盛会,我深信,这本好似大杂烩般的图书一定曾发挥过它小小的作用——这或许就是《襄阳穿天节》存世的价值。

2017 年 1 月 15 日临汉斋

临汉而居　爱得我所

——魏平柱先生《临汉居丛稿》读后

马军 / 文

　　大约是十年前，俊勇兄送给我一本书，书名《临汉文史考析》（以下简称《考析》），著者魏平柱，这是我初知魏先生。俊勇说，魏先生是襄阳文理学院退休老教授。我翻开书习惯性地先看目录，既惊喜且意外。惊喜是因为书中文章都是有关襄阳文史的梳理和论证，书名虽云考析，但其知识点对识浅闻陋的我而言，不少是扫盲之文；意外是襄阳竟然有这样的学人，以丰赡学识和独立见解，下这样琐屑又寂寞的工夫。——以前我所见谈襄阳文化之文，多是俯瞰式史诗式概念式的高头讲章。随手翻至正文，旁征博引而歆作者腹笥之丰盈，观点鲜明而叹作者思维之缜密。乃重而宝之，置诸床头，一天繁忙的生计之后，夜静灯明，心无旁骛，读上一篇，真是享受。

　　今夏八月，魏平柱先生新著《临汉居丛稿》出版，承本书的策划和出品人萧雨林小妹相赠，我近水楼台，早于大多数读者得到是书。甫一开页，新墨馥郁袭人，其中内容，多是新作。我似渴骥忽遇甘泉，又如暮春重逢故人，不欲释卷。

　　魏先生本职为高校教师，退休之后，以乡耆之拳拳情怀，惟于家乡文化笔耕不辍。学术研究和地方文化结合，既是学术余力研究的出口，更是乡土情怀的寄托，二者在先生羸弱的体内调和发酵，鸭头绿水终酵为葡萄酸醅，我辈学子如饮醇醪，莫不深感魏先生大德。

　　《临汉居丛稿》（以下简称《丛稿》）30 余万字，裒合文章 52 篇。作者在前言中谓："教学之余，我把精力投入到了对襄阳文化的研究，退休之后依然笔耕不辍。十几年下来，居然能在高校学报、期刊、报纸发文数十篇！现趁一息尚存，结集付梓，名之曰丛稿。"魏先生年近八秩，数年前又罹患肝癌。以耄耋之龄、老病之躯，年经月纬，句栉字比，呕心沥血而成此书，先生之毅力，为文之艰辛，非复优游逐岁之我辈小子可想象。

《丛稿》研究范围，始于春秋战国，止于北宋。个别文章对元明清部分亦有涉及。这或以为，北宋及以前，应是襄阳文化由兴起到繁盛的最主要时间段，也是襄阳对汉文化影响最为深远的时期，涌现出的风流人物如宋玉卞和习郁释道安习凿齿羊祜杜预诸葛亮刘表王粲及至唐宋时期的孟浩然张子容皮日休米芾等，都是世不二出的杰出人物。虽成一人之名望，却领万代之风骚。襄阳为后世津津乐道者，端赖于此。北宋以降，襄阳虽被汉晋之流风，承唐宋之余绪，却再无往日辉煌，这或许是历史发展的必然，但也有襄阳自身的因素。对这一现象的研究，我市学者似乎集体失声（学者方莉女士近年有数篇这一时期故实的考析文章）。因此，对魏先生的研究课题不涉宋后，我稍感遗憾。

我读《丛稿》，惊叹于作者学养之丰富，资料之翔实，思维之明晰，用力之勤谨。

先生的研究，都深深烙上了魏氏的标记。先生读书博洽，典章故实烂熟于心，爬罗剔抉，博收约取。先生不屑作教科书或导游词似的叙述和罗列，而是取精用宏，择紧要处，理棼治丝，论证得宜，举重若轻。先生的研究内容是多元化的，既有人物或名物考析，如《也说襄阳得名》《樊城建城考辨》《宋玉家居问题解析》等，又有形而上层面的探究，如《汉水女神的文化阐释》《卞和献玉精神略谈》《儒释道思想兼容的孟浩然》等。书名虽云考析，但我以为，考和析在本书的52篇文章中，既有融合，也有分别。全书考寡析多。以析为主的文章占到三分之二以上。这或因为，一是先生的职业为教师，教育学子，多以分析阐释为主，述其大意，明其精神。其次，本书所考析内容，只限于襄阳文化肇始以至北宋，是时段实为襄阳历史文化之高地。对其间之种种事件和人物，代有著述，多成共识。但熟读深思，便有所得，挥袂出风，咳唾成珠，是学者之复别于普通读书人也。魏先生亦不外乎此。先生之析也，发幽阐微，深中肯綮，如庖丁解牛然。

我读《丛稿》，更钦佩作者大处不含糊，小处不马虎的治学态度。

所谓大处不含糊，是指作者既不墨守成见，亦不固守己见。先生一生为师，多为学子授业解惑。而于自己，则疑多思深。古贤曰"为学贵有疑，疑有进也"。以是语加诸先生，最典型者莫过于《也说襄阳得名》一文。襄阳之得名，关乎襄阳之根源，"襄水"说，主流已为定论。作者于1999年出版的《临汉文史考析》一书，亦认同此说。但是，在此后的研究中，魏先生受喻守真注孟浩然的启发，穷究于理，厘清并丰富了喻守真的观点。书中《樊城建城考辨》一文同《也说襄阳得名》相仿佛。我虽不才，无力判定作者之结论，但私以为，此二篇最能展现先生治学态度和治学方法，堪为书中双璧。

所谓小处不马虎，是见识一个学者研究态度和功力的基本标准。君不见一些所谓学者，骄骄于教授之头衔，矜矜于学者之雅号，但观其为文，俱是"不刊之论"——宣传单而已。更可鄙者，以文化为个人攫名渔利之器具，谄文媚上，妄言逐利，蝇营狗苟。其人所谓研究，或买椟还珠，或朝秦暮楚，或指鹿为马，无非智井瞽人，徒惹人笑。而魏平柱先生务实求真，大紧要处如扛鼎之力士，此如前者所述《樊城建城考辨》和《也说襄阳得名》等；小枝叶处如拾穗之农夫，此如《北宋状元胡旦在襄阳》《北宋状元贾黯在襄阳》《太华逸民李廌与襄阳》等几篇人物，以及《历代著名书法家与襄阳》乃至《楚史 < 梼杌 > 之"梼杌"辩证》等。是类文字，于历史皱褶中，钩沉出不为多数学者属意的人物和故实，口开得小，内容挖掘得深，见微知著，集腋成裘，读来又是一种收获。

我读《丛稿》，深喜其语言平实明畅，雅俗共赏。初读如春江潮涨，水丰流阔，再读则秋水潺湲，明澈清净。每篇文章，仿佛山阴之道，人行其中，目不暇接。更如醉翁之酿泉，路转峰回，便见美景。这种感受固然是文章的主题和结构特点使然，而其行文风格亦为文章增色不少。倘若以壮士举鼎来譬喻作者对主题的驾驭，那么，行文风格就是美女簪花了。

先生的文字，无腐儒相，无头巾气。先生学富五车，却不崖岸自高；思迈古今，而不游离本宗。先生的文章是学术研究文章，更是文化普及读物。处处见学养，却没有学问的倨傲；文辞清通流利，又不见做文章的技巧。不疾不徐，不枝不蔓，又得高低屈曲之致，对所述对象甚至读者，都给予佛子般的谛视与关照，解悟之机，实有灌瓶之妙。魏先生的这本书，于我这样读书不多，底蕴不厚而又对文史有浓厚兴趣的读者，实是通向学问彼岸的津筏。

魏先生在《丛稿》前言中说："……在高校学报、期刊、报纸发文数十篇！现趁一息尚存，结集付梓，名之曰丛稿。丛者，杂乱也，稿者，非正规之谓也。正所谓野草一把，自我珍惜者也！"这"野草"，岂非"青青河畔草"乎？《丛稿》引人入胜，一个非常重要的原因，乃是整本书里，氤氲弥漫的诗意。诗人于襄阳之地的所有诗歌作品，无不打上时代之烙印。诗歌所咏之人之事，俱为历史之痕迹，实可补史料之阙漏。诗歌又实在是感情的产物。以诗述史，以诗证史，诗与史、史与诗混之不浊淆之不清。《丛稿》一书，文中有诗诗中有文矣。本书给予吾国田园诗宗、吾乡诗人孟浩然以九篇专论的篇幅，亦足见作者对诗人之厚爱，亦可

临汉而居　爱得我所

知作者对诗歌史料价值之重视。虽然魏先生在《读〈品三国〉札记》一文中直言道："历史可以用来检讨文学，而文学是不能够用来举证史实的"。然先生之书，逾三分有二以上篇幅不离诗歌，每句诗又无不印证襄阳之风致。诗歌之于先生，诗歌之于是书，亦混之不浊淆之不清。先生其亦诗人也欤？

概言之，我读魏平柱先生《丛稿》一书，既得长林振风之气，又得微雨湿花之美。吾言"观止"，人或哂我为虚夸，而言"不欲掩卷"，则魏先生之众粉丝定当颔首而为我点赞焉。

又，《丛稿》之策划和出品人萧雨林女士、校对是书的牛宪纲先生，俱是我多年亦师亦友之至交。捧读《丛稿》，得魏平柱先生教益之余，犹可温朋友之谊。是为我"不欲掩卷"另一因由也。

2018 年 10 月 18 日于燕居

注：本文系作者在 2018 年 10 月 13 日"魏平柱先生《临汉居丛稿》学术研讨会"上的发言扩写而成。

布衣诗人孟襄阳

杨家香 / 文　张玉涛 / 图

　　襄阳位居汉水中游，有着 2800 多年的历史，是有名的历史文化名城。虽然以地名命名人的现象由来已久，但在近 3000 年的历史长河中能够赢得襄阳称谓的仅有两位，这就是我们熟悉的孟米诗书两襄阳，即盛唐山水田园诗人孟浩然和北宋书法家米芾。后者祖籍并非襄阳，16 岁随母离开之后再没有长时间在襄阳生活过。而孟浩然不同，生于斯长于斯终老于斯，中途只有过短暂的离开，或漫游，或求仕，或幕僚。在那个意气风发积极进取的时代，孟襄阳为何终身未仕？布衣之身有何机缘面见皇上？如何折服既狂且傲的谪仙人？又是因何被《新唐书》《旧唐书》争相记载？

闭门读书空仕进

　　在中国历史上唯一的女皇帝武则天称帝的前一年，即公元 689 年，在襄阳城南汉水边一个叫涧南园的地方，孟家诞生了一个男孩，排行第六，名浩。及至加冠成人，取字浩然，出自《孟子》名言"吾善养吾浩然之气"。孟家有些田产，属小地主阶层，家世重儒尊教，世世代代以诗礼传家，自诩为孔孟之后。"吾昔与尔辈，读书常闭门"，孟浩然衣食无忧，从小和族兄弟们一起读书弹琴，喝酒舞剑，诗作《洗然弟竹亭》记录了这逍遥而惬意的寻常生活：

> 吾与二三子，平生结交深。
>
> 俱怀鸿鹄志，昔有鹡鸰心。
>
> 逸气假毫翰，清风在竹林。
>
> 达是酒中趣，琴上偶然音。

　　少有大志，自会发奋读书，孟浩然夜以继日，专注诗词歌赋，自评"词翰颇

鹿门寺孟浩然雕像

亦工"，可以说感觉良好，甚至有几分得意。

　　学而优则仕是儒家的传统。孔子说，一个人过了四十岁还一事无成，恐怕一生都难有所成。历史走过武则天时期，进入开元盛世，天下太平，文化繁荣，国家蒸蒸日上，呈现出勃勃生机、昂扬向上的大唐气象，越来越多的人欲投身其中建功立业。孟浩然也加入了博弈的队伍，怀揣"忠欲事明主"的梦想，选择 40 岁那一年，信心满满地奔向京都。

　　唐代科举考试科目多达五十多个，但时人最为看重的进士科，录取率仅有百分之一二，诗坛有名的才子孟浩然竟然榜上无名，必胜的信心瞬间被无情击碎。终又不甘，走在返乡路上的孟浩然又毅然决然地折身返回了长安，决心再奋力一搏。

　　唐代科举考试与推荐并举。举子可通过纳行卷的方式向达官贵人投献诗文，凭借过人的才华得到推荐，名为公荐。士子们穿梭在权贵之间，广泛投赠作品，竭力扩大影响，以求赏识进而入仕。在京的士子无疑是忙碌的，同时也是焦虑的。"寂寂静何待，朝朝空自归"，孟浩然日日奔走在京都的大街小巷，相伴的惟有失望。

　　与纳行卷一样，投递干谒诗也流行一时，出自孟浩然之手的《望洞庭湖赠张丞相》是其中的代表作：

> 八月湖水平，涵虚混太清。
>
> 气蒸云梦泽，波撼岳阳城。
>
> 欲济无舟楫，端居耻圣明。
>
> 坐观垂钓者，徒有羡鱼情。

诗人先说望湖看到的景象，开阔宏大，自然浑成。后表赠诗本意：我想渡过这片湖，可无船无桨叫我如何渡过？生在这样一个圣明时代，无所作为实在可耻，用济渡大自然的湖水形象而又直白地表达了做官的意愿。干谒对象张丞相是唐代开元年间有名的贤相张九龄，有胆有识，喜选贤任能，非常欣赏孟浩然的才华，只是不知何故，任相期间未能给孟谋得一官半职。直到多年以后被贬荆州长史的时候，邀其入府为从事。这是孟浩然一生唯一的工作经历，仅仅干了一年就主动辞职，回到了故土襄阳。

在京期间，孟浩然也曾参加过省中诗会，一联"微云淡河汉，疏雨滴梧桐"，把秋霄雨霁这样幽微的场景写得自然贴切、高旷广远且不落尘俗，令满座之人惊为"清绝"，不再作诗。纵使亮相如此惊艳，让首都文人都为之倾倒为之搁笔，然而现实却呈现了"骨感"的一面。不是没有真才，也不是没有名气，正所谓希望越大失望越大，孟浩然时时长叹："当路谁相假，知音世所稀"、"谁能为扬雄，一荐甘泉赋"，怀才不遇的愤懑溢于言表。

有个传说流传甚广，讲的是浩然遇明皇之事。说是有一天，王维在上班的地方会见孟浩然，不料玄宗皇帝突然驾到。皇帝多才多艺，知晓孟浩然的诗名，当即命他诵读新作先听为快。孟夫子不按常理出牌，挑来挑去挑了一首满含牢骚之气的《岁暮归南山》，天子恼怒，当即咆哮："你自己不求上进，倒反过来说我抛弃你，为什么要诬陷我？"是否真有其事尚有争论，但不争的是孟浩然两进长安，均无果而归。

这年冬天，万般无奈的孟浩然起程回家，走到南阳又遇大雪，失意潦倒的心绪与充塞天地的寒凉产生共鸣，留下《南归阻雪》诉说着诗人内心的煎熬：

> 我行滞宛许，日夕望京豫。
>
> 旷野莽茫茫，乡山在何处。
>
> 孤烟村际起，归雁天边去。
>
> 积雪覆平皋，饥鹰捉寒兔。
>
> 少年弄文墨，属意在章句。

布衣诗人孟襄阳

十上耻还家，徘徊守归路。

漫游归来隐鹿门

人已中年，文武两空，回乡不久的孟浩然决定辞亲远游。《自洛之越》拉开了出行的序幕，经洛阳转赴吴越，希望江南秀美的山川能够洗去心中的郁闷。

迟迟三十载，书剑两无成。

山水寻吴越，风尘厌洛京。

扁舟泛湖海，长揖谢公卿。

且乐杯中物，谁论世上名。

旅游风靡当下，其实早在唐代便是社会一大风尚。青年时期的孟浩然就曾漫游长江，游历湘赣，北上幽州，寓居洛阳，往游越中。脍炙人口的送别诗《送孟浩然之广陵》，见证了两个伟大诗人在旅途中的相遇。

"两见夏云起，再闻春鸟啼"，孟浩然此次吴越之游足有两三年。那时的旅游不像现在，出去玩个十天半月就回来，有几个月的，也有几年的，名副其实的"漫游"。或游山玩水陶醉于自然风光，或排忧避世而寄情山林，漫游之风兴起于东晋，到了唐代渐成士人们生活的一部分，读书行路两相长，诗仙李白几乎一生都在漫游之中。

夜泊牛渚、泛舟耶溪；留别主簿、诗题山斋；馆逢张子容、寻访梅道士。吴越风景是美丽的，旅途生活是丰富的，然而，"未能忘魏阙"、"魏阙心恒在"，身在山水中，心在魏阙里，仕进无望成了孟始终放不下的痛。"迷津欲有问，平海夕漫漫"，不知道从哪一个渡口上船，也不知道坐哪一条船回去，希望有人指点迷津，面对的却是茫茫大海。回首来路，四十多年努力无果；放眼去处，路又在何方？如果求隐，家贫亲老；如果求仕，伯乐何在？才子迷茫而悲凉的情感底色涂抹在一处又一处的景色里："桃源何处是，游子正迷津"、"江上空徘徊，天边迷处所"、"再来迷处所，花下问渔舟"。

在仕与隐之间如此纠结，如此挣扎，孟浩然矫情吗？不，一点儿也不矫情。

穷则独善其身，达则兼济天下，得意时仕，失意时隐，古代读书人常在仕与隐之间切换。保持独立人格、追求自由思想、不依附权势且具有超凡学识，这些标签构建了隐士独有的高洁形象，形成了迥异于儒家的隐逸文化。襄阳是一个隐居风气比较兴盛的地方，《襄阳耆旧传》就记载了很多隐士，尤以庞德公最为人称颂。庞德公是东汉末年颇有声望的襄阳名士，刘表出任荆州牧时屡次延请入府，不肯屈就，后携妻带子隐居鹿门山，采药不归。"左右林野旷，不闻朝市喧"，日复一日浸润在这样的环境里，孟浩然放旷自然的天性被唤醒，仰慕庞公高风，早年就曾隐居鹿门山读书问道，曾赋诗《夜归鹿门歌》：

> 山寺钟鸣昼已昏，渔梁渡头争渡喧。
> 人随沙岸向江村，余亦乘舟归鹿门。
> 鹿门月照开烟树，忽到庞公栖隐处。
> 岩扉松径长寂寥，惟有幽人自来去。

从吴越归来，孟浩然再次隐居鹿门山，读书钓鱼，访友咏诗，谈学论道，好像生活一如从前。长相骨貌淑清，性格浪漫风流，诗句宛如清水芙蓉，再头戴脱俗的隐士光环，孟浩然收获了广泛的关注与赞誉。李白视其为偶像，毫不掩饰景仰之情"吾爱孟夫子，风流天下闻"。杜甫曾经求荐无门，饱尝生活艰辛，怜惜孟夫子潇洒背后那落魄困窘的处境"吾怜孟浩然，裋褐即长夜"。诗仙看到飘逸的一面，诗圣想到苦楚的一面，都是孟浩然。

求仕之举打破了之前安然闲适的心境，求而不得又耿耿于怀，于是，在"白首卧松云"的躯体之内，藏着"白首未登科"的不遇之叹，孟浩然内心为之撕扯，难有安宁！迷茫也说，矛盾也讲，不虚伪，不做作，孟浩然率真又率性，活得真实而随性。时任荆州长史兼襄州刺史的韩朝宗好推荐贤才，入京之时欲行举荐之事。到了约好的日子，孟浩然与友人喝酒，不肯践约。要知道，韩朝宗可是李白求荐信中"生不用封万户侯，但愿一识韩荆州"里的那个韩荆州。为酒任性，不止这一桩。738 年，七绝圣手王昌龄贬谪岭南途经襄阳，孟浩然有送别之作《送王昌龄之岭南》。两年后即 740 年，王昌龄遇赦北归再过襄阳。王昌龄慕侠尚气、仕途不顺，孟浩然清高狷洁、仕途无望，俩人又都是诗坛名将，共同话题俯拾皆是，好不欢娱。正是这次相聚，性情中人孟浩然全然不忌口，引致毒发而亡，终年 52 岁。

山水田园咏留传

涧南园，白马泉之南的家园，是孟浩然给自己居所取的名字。白马泉之北有襄水，于是又有北涧襄水和南涧白马泉之称。山南水北为阳，襄阳得名即缘于襄水。襄水，百姓俗称襄渠或南渠，源自扁山，后绕岘首山南流，接纳白马泉水后于观音阁旁注入汉水。汉水横穿襄、樊二城，在鱼梁洲处由西北向折向南流，与三岘形成拱卫之势。上岘为万山，岘首为岘山。鹿门山，隔鱼梁洲与岘山相望。习家池引白马泉水建池养鱼，毗邻涧南园。

涧南园在观音阁附近，处于襄水南岸，汉水之滨，岘山之南。山环水绕，村舍井然，城池巍峨，孟浩然痴迷在自己的城市旅行。有时泛舟北涧，"沿洄自有趣，何必五湖中"；有时行船汉水，"轻舟恣来往，探玩无厌足"，兴之所至，秉烛夜游；有时钓鱼，"垂钓坐磐石，水清心亦闲"，手持钓竿，在游女弄珠的遐想里神游，沐浴月色划船踏歌而归。春日懒困，"春眠不觉晓，处处闻啼鸟"；夏日纳凉，"荷风送香气，竹露滴清响"；秋登万山，"天边树若荠，江畔洲如月"；冬日寻梅，"带雪梅初暖，含烟柳尚青"。听人弹琴，"余意在山水，闻之谐夙心"；夜宿寺庙，"松月生夜凉，风泉满清听"……清新的笔触描摹着不同季节不同心境下的景象，孟诗清爽自然，一如襄阳山水清新而美丽。

"岘山南郭外，送别每登临"，岘首山即为岘山，孟浩然心里的南山，设有驿站，且有固定的码头，是当时重要的文化交流和迎来送往之地。在这里，孟浩然送过漫游巴东的张去非，别过出寻观主的元公，饯别过官员房琯、崔宗之、萧员外、贾主簿、韩使君……也登临此山遥寄过晋陵的张少府，参加过重阳节的官方宴饮。提及岘山的诗作多达 20 首，其中一首最为特别也最为有名，便是《与诸子登岘山》：

> 人事有代谢，往来成古今。
>
> 江山留胜迹，我辈复登临。
>
> 水落鱼梁浅，天寒梦泽深。
>
> 羊公碑尚在，读罢泪沾襟。

早在西晋初年，有个叫羊祜的人也喜欢登临这座岘山，发出了千年一叹："自有宇宙，便有此山，由来贤者胜士登此远望如我与卿等，皆湮灭无闻，使人伤悲。"羊祜，堂堂镇南大将军，且功勋卓著，仁德广布，倍受军民爱戴，还有凄凉身后的叹息。这声叹息引得无数文人骚客竞相登临感慨，成就了一座文化高山。在一个草木摇落的秋冬之季，孟浩然和几个朋友来此登临眺望。半生蹉跎，无缘功业，渐入暮年，一事无成，相形之下尤觉悲凉。积郁已久的悲慨被引爆，浓烈的情感喷薄而出，孟浩然一反简淡从容的惯用白描手法，没有铺陈，没有起兴，张口就是古往今来盛衰兴亡，于高古中大开大阖，在起承转合里大放悲声，借羊公堕泪碑，浇心中块垒，也给文化岘山抹上了浓墨重彩的一笔。

"山水观形胜，襄阳美会稽"，襄阳美丽的山水滋养哺育了孟浩然，也接纳抚慰着诗人的心灵，成为他不竭的创作源泉。孟浩然是第一个大量创作山水田园题材的诗人，成功摆脱了初唐的应制、咏物的狭窄境界，形成了清淡自然而意境清迥的风格，卓然成家，与后来的王维并称"王孟"。杜甫称其"清诗句句尽堪传"，又赞他"赋诗何必多，往往凌鲍谢"。狂傲如李白也礼赞有嘉，"高山安可仰，徒此揖清芬"。皮日休称其点染空灵，蕴藉深微。王士禛赞其色相俱空，堪比画中逸品。

可以说，襄阳山水成就了诗人孟浩然，孟浩然用他的才情，携山水灵气，引领并筑就了襄阳的文化高地。孟浩然和襄阳融在了一起，成为孟襄阳。

孟浩然同时期，世交张子容与之多有唱和。之后，襄阳涌现了不少山水诗人，有被唐玄宗誉为"诗人之首出，作者之冠冕"的席豫，有《枫桥夜泊》的作者张继，有名士朱放，有清官鲍防等，襄阳成为文学史家公认的唐诗高地。

孟浩然的影响并不仅限于襄阳。孟浩然开风气之先，或多或少启发和影响了众多唐代诗人。有宋一代，总有人化用孟浩然诗句，或在叙事造境时学习孟诗。在世唱和、去后凭吊的大咖诗人可以排得很长：李白、王维、王昌龄、杜甫、白居易、皮日休、张祜、韩愈、苏轼、黄庭坚……与孟浩然并称的山水诗人王维，在孟浩然去世次年途经襄阳时，赋诗一首《哭孟浩然》，过郢州时想起好友的音容笑貌，情到深处提笔画像于刺史亭，刺史亭因此更名为孟亭。历史上孟亭共有两座，另一座就建在襄阳的岘首山。

今所见《孟浩然诗集》共收录诗作 260 余篇，大部分为五言短篇，多写山水田园和隐居旅行。《全唐诗》收录 248 篇，其中《春晓》总能出现在唐诗排行榜前列。因突出诗才诗名，孟浩然以布衣之身跻身于《唐书》及《唐才子传》。

孟诗提到的襄阳景色有 100 多次，其中涧南园 32 次，岘首山 20 次，鹿门山 7 次，万山 8 次，望楚山 2 次，汉水 25 次，檀溪 4 次，习家池 8 次，襄阳城 11 次，襄阳寺庙观 27 次。枯燥的数字背后，是一个伟大诗人深深热爱故土家园的拳拳之心，是襄阳历史上用诗歌纵情讴歌家乡的第一人——孟襄阳。

孟襄阳笔下的岘首山、鹿门山、万山、汉水、鱼梁洲、习家池等名称逾越千年未变，重阳登高习俗仍在传承。寻觅孟襄阳的身影，涧南园难觅，孟亭不存，残碑《孟浩然先生小像》藏于襄阳市博物馆。鹿门山新辟浩然故居，雕塑像；襄州区有广场名浩然，立浩然像。文学创作中诗歌一脉仍然兴盛。只是，襄阳宣传言必称诸葛亮，难闻孟襄阳。

青山常在，汉水长流，襄阳山水不负深情，和孟浩然不离不弃，一同闪耀在灿若星河的唐诗星空，孟襄阳永不坠落！

天堂有史书，先生不寂寞

艾子 / 文　李俊勇 / 图

襄阳文史专家晋宏忠

转眼，晋宏忠先生离我们已经一个月了。每当坐在书桌前，翻检襄阳本土文史著作时，先生的书便跃入眼帘。互联网上，晋先生的文章还在，文章中，他的照片不少，音容如昨……对晋先生的回忆便如雨水一样，很快打湿了内心。

认识晋先生，缘于拾穗者团队一个庞大的采访写作计划——准备采写襄阳市各行各业的优秀代表 100 人——现在想起来，我们是在做总工会"评先"的工作——因为计划太多幼稚，不切现实，自然无法推进，仅采访了几个人物。晋先生便是第二个。

选择晋先生，首先是因为他在国内史学界、对襄阳本土史学研究的巨大贡献，其次他是拾穗者的顾问。之前，我偶尔听说过晋先生，但并没有太上心。那时我虽然口中也说自己喜欢历史，但喜欢的是金庸那种将文学置于过往空间的"假历史"。拾穗者中，李俊勇本是历史科班出身，与晋先生关系最熟。他便在提前给我搞了一个简单的扫盲后，找个时间去了。

那是 2007 年的元月 20 日，雪后初霁。襄阳党校内的蜡梅开得正艳，馥郁的馨香一丝丝沁人心脾。在晋先生家中，我见到了这位让李兄推崇备至的人物：很朴素的样子，清瘦的脸上，戴着一副度数偏高的眼镜，穿着一件黑色的呢外套，围一条灰色的围巾，整个人散发着一股淡淡的儒雅气息，完全符合我心中的学者形象，于是好感顿生。

晋先生家里很宽敞，收拾得也干净。听说了我们的来意，就将我们引进了他的书房。几千册书整整齐齐地排在沿墙摆着的柜子里，沙发上、书桌上、茶几上还有多本大部头。李兄为了让我长见识，让晋先生把他写的、参与编写的书全部放到茶几上，一共20本。我一看，大吃一惊！何谓著作等身，何谓书功竹帛，这些词真真切切地杵在眼前。当下心里就发了宏愿：自己以后也一定要写一本属于自己的书。

喝着茶，聊着天，我大概知道了晋先生的生活轨迹——1940年生于襄阳，1964年毕业于湖北大学，因成绩优异，留校任教，后来因为无法解决夫妻分居问题调回襄樊，先后在武汉大学襄阳分校、市委党校工作到退休。40岁以前的晋先生是党校的一位党史教师，课虽然教得好，和本土历史文化并无联系。40岁以后，迷上本土历史文化，从1983年开始，以研究"三国"为突破口，以"信史"为依据，以作"信史"为追求，以整理、挖掘、传承本土文化为己任，不惟名，不惟利，在浩瀚的历史资料里寻觅本土文化的点点滴滴，洋洋洒洒的书写着古城两千余年灿烂辉煌的历史。天道酬勤，半路出家的晋先生硕果累累，先后出版有个人文集《卧龙深处话孔明》（20万字）、《千古名相诸葛亮》（30万字）、古体诗词《自鸣集》《随感集》《随感集续一》《随感集续二》《此情绵绵无尽情》《诗歌百首咏襄阳》等；个人编著《襄樊历代官员政绩谭》（22万字）、《三国人物在襄樊》；与人合著《散论集》（28万字）、《襄樊兵事春秋》（18万字）、《诸葛亮之谜》（17万字）、《云台功臣传》（20万字）等；个人主编《溯古话襄樊》（30万字）、《华夏名人在襄樊》（45万字）等；与人合编《历代兴衰话君王》（34万字）、《论诸葛亮文化》（29万字）等；其中《襄樊兵事春秋》是本市唯一一本研究襄樊这个兵家必争之地战史的专著。《卧龙深处话孔明》先后正式出版和被盗版了四次。

晋先生是专家，但他没有躺在著作上睡大觉，而是随着时间的推移变得越来越忙。退休后，他先后担任隆中风景名胜区顾问；2009年担任第二届《襄樊市志》副总纂；2010年入襄樊改名襄阳的专家委员会，执笔襄樊市向湖北省及国务院更名的上报材料……凡此种种，无不呕心沥血，但他乐此不疲。2014年以后，更是不顾身体的每况愈下，完成了《"水经注"说汉水——汉江流域山川河谷人文胜迹集粹》一书，为确立襄阳为汉水流域中心城市提供了强有力的史料依据。

晋先生是专家，有等身的著作和 2014 年市委办、市政府办命名的"隆中文化名家工程"社会科学名家为证，但他身上却没有丝毫的傲慢与偏见。2008 年，拾穗者成员李秀桦在看到他的《南漳山寨初探》之后，就把准备给《中国国家地理》写的稿子拿出来请教，晋先生耐心解答，一一指出文章里的错误，鼓励他勇敢投稿，宣传山寨，给了团队满满的信心；2009 年，李秀桦和晋先生一起去老河口考察木版年画，在车上提到汉水文化，晋先生脱口而出的是"我帮你们！"他出的新书，每次都会给拾穗者留上几本。他打电话请李俊勇去拿，又给团队带话，写得不对的地方大家要给他指出来。拾穗者来自田野，胸中点墨不多，凭的只是热情，哪里敢看出先生书中的错误呢？战战兢兢的快乐中，我们知道，真诚如晋先生，这话就来自肺腑，而不是从鼻孔里哼出来的。于是大家便瞬间感受到一位温润如玉、乐于提携后生的长者品格中散发的温暖；体悟到一个淡泊明志、治学严谨的专家骨子里对文化和学术的孜孜追求。

我们享受着晋先生的基础研究，到处推广襄阳本土文化，也屡屡获得各种来自政府或市民口中的褒奖，日子过得甚是快意，快意得几乎要忘掉了晋先生这个顾问。我个人后来受晋先生的影响，爱上了本土文史，也有好多次想去请教一番，可一转念，想晋先生那么忙，年岁又大，是不是有时间？又想自己这点儿三脚猫的水平，根本问不到点子上，耽误了先生的时间不说，还让自己出丑，就傻傻地"硬气"——不去！有时候文章写到山穷水尽时，也怅怅地想：难道就这样？同住一条街上，就不能再去聊聊天？一定会，等我写出一篇满意的好文章再说！却没想到晋先生根本没再给我这个机会，突然就从红尘退场了。

今年 6 月 18 日，天热得人心烦。拾穗者们正在筹办一个展览时，突然接到李兄的电话，说晋先生去了。这怎么可能？我不敢相信，也不愿相信。但李兄很快就在 QQ 群里上传了一份介绍生平的文件，白纸黑字，言之凿凿：晋先生的确仙逝了。目瞪口呆间，听闻他是被帕金森氏症夺去的生命，这让我再被当头一棒——我还没有完全从半年前母亲被帕金森氏症夺去生命的悲痛中缓过劲儿来，根本听不得这几个字。

先生的追悼会上，吊唁者熙熙攘攘，襄阳文化界、史学界的先生们去了不少，看得出晋先生在这个圈子里的分量。人们聚在一起，絮絮地念叨着先生无数的好。我和同伴戴着白花，拿着晋先生的生平简介，绕棺而行，向晋先生鞠最后的一躬，心中祈祷：愿天堂有史书，先生不寂寞！

豪情良心翰墨香

——记襄阳市书法家协会副主席杨豪良

魏遵明　魏楚骋 / 文

杨豪良，1968 年 12 月出生，湖北宜城人。毕业于武汉大学，研究生学历，硕士学位；湖北文理学院教授，书法家、文艺评论家。现为中国书法家协会会员，中国楹联学会会员，湖北省文艺评论家协会会员，襄阳市书法家协会副主席。

落纸云烟　尽显豪情

"豪良的书法，运笔跌宕起伏，与音乐的节奏有异曲同工之妙。"我市著名书法家、文艺评论家、湖北省书协学术委员、襄阳市文艺理论家协会副主席王太雄说，杨豪良的书法能通过行笔的疾徐、点画的轻重、结构的疏密、墨韵的浓淡，在有限的空间，于笔画的起笔、行笔、收笔之间，显示其丰富的情感节奏，正所谓"无声之音""无声而有音乐的和谐"。

中国艺术创作院院长、文艺评论家、中华蟹派艺术创始人严学章的评价更为直接："豪良本身是舞文的，其次才是弄墨的。"他说，杨豪良对小品的创作颇有见地，精品迭出，因为小品本应是文人的专利。弄小品本质是在玩文化，要才气才情。他读书多，肚里装的货多；他善思辨，话语里满是机锋；他有才情，冷不丁幽你一默，让你忍俊不禁。

"也许是因为他原来学的是文艺美学，关注的点才没有囿于书法的范畴。所以，在艺术创作上，他才能落纸云烟，尽显豪情。"这是西北师范大学书法文化研究院副院长、教授、书法学科带头人李逸峰博士印象中的杨豪良。

而杨豪良自己，则在一幅名为《门外汉》的作品题款中坦露心迹："三十四后初知笔。"可在 34 岁时，他已出版了《杨豪良书法创作谈》《三条腿的螃蟹——

严学章艺术研究》等著作。他说，书法创作就像写文章，要意在笔先。"自己是在基本确立了'有意无意、存意忘形、似与不似、可读可视'这样一个书法创作观后，才开始尝试创作的。"

这话恰好映衬出他一贯严谨的治学态度，也从一个侧面消解了人们心中的疑团：杨豪良为什么诗、书、画、文样样在行？

孜孜以求　博学睿思

生于"十年浩劫"的杨豪良，少年时代的学习环境可想而知。不同的是，他生长在一个梨园家庭，童年的大部分时间都跟大人泡在剧团里。戏曲演员的四功五法，刀枪剑戟的演练，舞文弄墨的比画，对他影响至深。

因此，年少的杨豪良就喜欢涂鸦，当时虽是一种自然状态的爱好，但兴趣这位"老师"永留心间。曾因课业加重，写写画画有所中断，在 1987 年高考之后，他重拾毛笔，系统临帖。

大学时期的大量课余时光，他都用在了书法学习上，并将临帖当成日课，至今没有间断。

20 世纪 90 年代中期，他开始系统研读与书法相关的理论书，并开始发表论文。从那时到现在，杨豪良坚持用理论和创作两条腿走路，渐渐形成了自己的创作观念、理论观点、研究方法和艺术见解。

严学章先生说，"杨豪良是位颇具思想的书法家。他在书法传统与现代的结合、冲突、碰撞，甚至分离中寻寻觅觅。同时，也在众多当代书法家对传统与现代的认知和变异中寻找自己的'系统语素'。"其间，他被学院派到首都师范大学中国书法文化研究院访学，受业于欧阳中石先生。自那时起，他明确地将米芾书法艺术研究、中国书画比较研究、书法景观研究等纳入自己的重点研究方向。

有人说，书法是中国文化核心中的核心。姑且不论这种说法是否科学，但作为中华文化传统的组成部分，书法在历史传承中的重要作用是显而易见的。在进行书法艺术研究的同时，杨豪良创作并发表了大量论著、诗词、楹联、书法、歌曲、相声等作品。尤其是书法作品，常常被业务报刊发表和艺术机构收藏。他先后应邀参加"美与当代生活方式"国际学术研讨会、"第二届中国书坛兰亭论坛"等学术会议并做主旨讲演，也曾于北京、襄阳等地举办书法作品展。

杨豪良的实践证明，优秀的艺术作品是艺术家笃定恒心、孜孜以求、博学睿思、厚积薄发的结晶，没有捷径可循。

道之以德　本然良心

30 余年的晴耕雨读，加之在大学美术学院的教学经历，杨豪良秉持自己对艺术、对传统文化的理解、学习、思考、融通，先后主持并完成了"中国书法现代转型研究"等多个学术课题。出版了《普通书法教育》《周韶华新图腾画派研究》等 10 余部学术著作。在《中国书法》等刊物上发表学术论文 70 余篇，其中国家级核心期刊 10 余篇。《略论中国现代教育哲学的发展》等论文被人民大学复印报刊资料全文转载。

值得一提的是，杨豪良在教学实践中提出了"普通书法教育"学术命题。"书法家是在不断模仿中作茧自缚，又在不断渴望创造中破茧而出。"他说，制约书法家成大器的瓶颈就是模仿与创造的矛盾。对于这些个人实践中的顿悟和深入系统的研究成果，他都毫无保留地运用于教学，深受学生喜爱。

杨豪良深知艺术源于生活和实践，只要时间允许，对下基层和开展与文化传承相关的公益活动从不推辞。

保康县尧治河村成立"尧文化传播研究院"，邀请杨豪良义务担任研究员，他欣然应允。当时，高速公路还没通车，去一次单程就要五六个小时，且坡陡弯急，但他乐此不疲。

市区一家老字号国有企业，因为历史包袱重，有地盘无资金，想借智进行文化产业项目孵化。杨豪良听闻后，主动实地察看并参与策划，后在他的建议下，腾出闲置场地布置"智慧文化展示中心"。为此，杨豪良还将自己的一批心爱之作无偿提供给企业使用……

现实生活中，人们常拿"良心"二字抨击文化艺术界的功利主义及拜金主义。在杨豪良看来，一个艺术家的良心，就是尽最大的力量进行创作，真实表达自己的感情。如果有太多的计较，必然会带来太多的负担，这有悖于一个知识分子的责任和担当。"终年半壁着墨染，人生苦短未敢闲。夜阑卧听清风吟，星斗满天我为先。"杨豪良对艺术的追求，对职业的操守，对生活的热爱，都写在他的诗里。

讲述我们自己的故事

魏冬玲　邓粮　褚连生 / 文　付昌安 / 图

致敬词

像不知疲倦的农妇在田野捡拾遗失的麦穗，11年利用业余时间在襄阳大地上捡拾遗失的历史，保存文化的记忆，110余万字，1200余幅图片，自费出版了《襄阳会馆》等5部专著，给襄阳历史文化奉献了浓重的一笔。

拾穗者成员在 2016 年"感动襄阳十大人物特别奖"颁奖晚会现场

魏冬玲：大家好，我叫魏冬玲，特别喜欢摄影。2008 年的时候，我在樊城的陈老巷，参加了一个耳目一新的摄影展，就是我们现在大屏幕上的《老樊城影像展》。在这个影展上，我记住了一个特别的群体，他们就是这次影展的策划者：拾穗者民间文化工作群。而我，从此就成了他们最忠实的粉丝。

后来，我从他们的粉丝，变成了他们当中的一员。我记得第一次参加拾穗者活动应该是 2012 年的 7 月份。那是拾穗者组织的"樊城历史街区文献档案"项目。这个项目呢，希望通过口述访谈、影像记录、搜集实物等方式留下城市记忆。而我，承担了采访拍记工作。

记得那一天，冬日的阳光特别暖，走在中山前街，我边走边与街边晒太阳的街坊们打着招呼。正在晒太阳的李奶奶起身笑眯眯地对我说："哎，姑娘，能不能给我也拍一张，我在这里居住了快 60 年，过几天就要搬走了。"我当时特别高兴，马上就回答奶奶："好呀！"当我帮着奶奶摆好姿势，快要按下快门的时候，突然看见李奶奶举起右手，做出一个"耶"的动作！大家看，就是这张照片。照片中奶奶的笑容和乐观劲儿深深地打动了我！大家注意到没有，这张照片的后面还有一张李奶奶的婚纱照。大家可以看得出来，李奶奶的笑容是发自内心的。大家肯定想不到，这位李奶奶曾经是一位铁匠哦。

大家知道吗？像这样的照片我拍了 500 多组。

我总是在想，我手中的镜头，其实是记录下了很多很多生活当中温暖的细节。也是在记录着我们这座城市的变迁。

也就是从这次开始，我真正地成为一名拾穗者！

邓粮：拾穗者就是这样一群热爱生活的人。

大家好，我叫邓粮。是拾穗者现任的召集人。提到"拾穗者"这三个字，就得说到李秀桦、张玉涛、邵爱民这三个人。2005 年的 3 月，他们发起成立了拾穗者民间文化工作群。而"拾穗者"这三个字来源于法国画家米勒的那幅油画，画上这三位农妇正弯腰捡拾遗落的麦穗。其实当初起这个名字就是要表达，我们想用自己的方式捡拾襄阳历史文化和先人们留下的文化碎片，使我们与这座城市更加贴心。

好快呀，拾穗者走到今年，已经十二年啦！成员由最初的 3 人增加到 16 人。我们利用节假日自费开展文化探访，从襄、樊二城的河街小巷，到汉水流域的码头古镇；从荆山深处的古寨聚落，到传统乡村的造纸作坊……都留下了大伙的足迹和汗水。十二年以来，我们做了十个文保项目，发表出版研究成果 200 多万字，拍记图片 5 万多幅，拍摄纪录片 9 部，把襄阳的故事推向了全国，还登上了国际的展台。

如今啊，说到拾穗者，大家一定会提到我们捡到的第一把麦穗。那是 2005 年的阳春三月，李秀桦和几个伙计到南漳东巩的古山寨，搞户外活动。大家觉得那里特别有意思！

魏冬玲: 那是一个特别美丽的地方,所以,"五一"长假的时候,我们又去了。那个时候,通往古山寨的路上到处都是荆棘灌木,非常的难走。在那里,我们第一次认识了东巩的文化站长叶经房,作为向导的他拿着砍刀在前面替我们开路。

邓粮: 这一次呀,我们看到了卧牛寨、春秋寨、青龙寨、秦王寨,而且也知道了南漳的山寨居然有二三百座呐。当时的感觉特别震撼!

魏冬玲: 回去之后,我们一查资料:有好几个寨子早就是省保单位了。可是,好多人都不知道。

邓粮: 所以,我们就想把它弄明白,传播出去。接下来啊,我们先是在《襄阳日报》发了个整版。秀桦又壮着胆子给《中国国家地理》杂志报了选题。嗨,居然通过啦。于是按编辑的要求做了选题文案,又把褚连生、阳光喊上,形成了一个团队,还联合了华科大研究生张兴亮,寻求支持。

魏冬玲: 接下来,我们说干就干。大伙做了分工,访谈考证、影像拍记、测量绘图,各负其责。我们利用假日五上山寨,历经春夏秋冬,差不多用了一年半的时间,几易其稿。

邓粮: 终于,2006年11月,《中国国家地理》杂志用12个页码发表了《南漳古山寨》专题。由此,南漳古山寨的大门向世人打开。

褚连生: 大家好!我叫褚连生,大家喜欢喊我的网名:楚留香。

现在呀,大家看到的这段短片,就是我们团队在漳河源头拍摄的古法造纸。

2003年的春天,我和同伴们第一次来到漳河源陈家老屋,老远就听见这"咚、咚,咚"的声音,特别的感染人。走近一看,是一个非常古老的造纸作坊。当时的感觉特别的震撼。之后的很长一段时间,这"咚、咚,咚"的声音经常地在我耳边回响。那个时候啊,我有种特别强烈的冲动,我一定要把它拍摄下来。终于,2005年,我们成功地策划制作了古法造纸的纪录片《漳源纸事》。2007年,拿到了国际大奖。这个时候,漳河源陈家老屋好多人都知道啦。但是,纸民的生活却非常糟糕,传统工艺面临失传,宝贵的文化遗存很难延续。

这个事儿大伙儿说怎么办?!怎么办?!

邓粮: 是啊,那段时间,我们非常的着急。大家在一起,想了很多的办法。2011年的10月,在南开大学校友资助下,拾穗者启动了"漳河源自然生态与文化遗产保护项目",简称漳纸工坊。我们当时的想法很简单,就是通过改良手工纸的用途,恢复生产,实现生产性保护;想让古法造纸活生生地、活态地传承下去;让我们的孩子们可以亲眼看到,而且能够亲手体验造纸工艺。

魏冬玲：如今，漳纸工坊已经发生了很大变化。秦明炎也成为湖北省民间工艺技能传承人，得到了政府的资助。如今的漳纸工坊是南漳县文物保护单位，还是"中国最美手工私游地"。

大家看我手里的这幅年画，感觉特别的熟悉吧。对！它就是用漳纸工坊制造的手工竹纸印刷而成的老河口木版年画。说到我手中的老河口木版年画，也是我们拾穗者长期关注的一个项目。从 2005 年到 2014 年，通过我们大家的共同努力和各级部门的大力支持，如今的老河口木版年画已经列入国家级非物质文化遗产名录；陈义文老先生作为国家级非遗项目的传承人，享受国家的补贴。

褚连生：十二年了，我们已经记不清走过了多少个地方。比起其他人，我们少了很多与家人相伴的时间，我们的不少队员在走访中摔过跤，受过伤。但是大家谁都没有过任何的抱怨，也从来没有放弃。

魏冬玲：记得那一次，应该是 2006 年的正月，因为一直在做"汉水文化探访"的相关项目，我们来到了陕西蜀河镇拍记黄州会馆。在拍记的过程中，会馆戏楼地板年久腐烂，我们一名队员李秀桦一脚踏空从 3 米多高的戏楼跌落，造成胸椎爆裂性骨折，在腿部落下了残疾……这样的大伤小伤，磕磕绊绊在我们的探访途中是难以避免的。但是，12 年的坚持，我们从来不曾间断！当我们大家把集体的智慧汇编成册，我想说，我们所有的付出都体现出了它的价值，这才是我们这个群体最自豪的收获。

邓粮：朋友们，拾穗者的故事还有很多很多。我们做过的点点滴滴，只是希望能为我们这座城市带来点什么，留下一点什么！

今天，我们站到了"感动襄阳"的舞台上，这是拾穗者的一个转折点。

今后，我们拾穗者会始终保持着这份初心，继续前行。

注：2016 年拾穗者团队荣获"感动襄阳十大人物特别奖"。此文为拾穗者团队成员邓粮、褚连生、魏冬玲代表团队参加 2017 年 1 月 8 日在襄阳电视台演播大厅举办的"感动襄阳十大人物"颁奖直播晚会上的讲述稿。

讲述我们自己的故事

我从一个摄影师当上了"街长"

魏冬玲 / 文

各位领导，各位老师：

大家下午好！

今天上午，我们第四小组，来自襄阳、鄂州的 33 名学员，就参加本次研讨班的心得和体会开展了热情洋溢的讨论。

学员们一致认为，这次研讨会非常成功！规模大，规格高；感受到了党和国家对摄影人的重视；提供了一次很好的学习交流机会。聆听了索久林主席、王瑶主席、熊召政主席的精彩授课，观看了阎肃同志先进事迹报告会录像，受益匪浅！大家明确了今后的创作方向，解决了为什么拍、怎么拍的问题。中国摄影家协会会员，不是普通的摄影人，要有担当，有社会责任！王瑶主席《聚集中国精神，创作有灵魂的文艺作品》的讲授，有着指导性的意义。王主席四组作品的呈现，接地气，很专业，有着勾魂的一抹亮色。那是王瑶主席深入基层，与百姓同呼吸共命运的结果！

大家纷纷表示，作为中国摄影家协会会员，回去以后，积极行动起来，在摄影生活化、普及化、娱乐化的今天，要为广大的摄影爱好者做好摄影导向，那就是：以一个摄影人的担当，克服浮躁，践行习近平总书记在文艺座谈会上的讲话，坚持镜头的方向对准人民，走进身边的群众中去，深入到生活里中，从人民生活中汲取营养，发现精彩故事与精彩瞬间，呈现有高度和深度的摄影。

我是一名中国摄影家协会会员，更是一名文化义工。在这里，我想与在座的摄影家们分享一下，我用镜头记录老百姓的喜怒哀乐，记录我们传统文化的幸福感和自豪感。

我加入的文化义工团队叫襄阳拾穗者民间文化工作群。拾穗者成立 12 年了。

我们利用业余时间捡拾遗失的历史，保存文化的记忆，发表文稿110余万字，图片1200余幅，组织了10余次展览。出版了《拾穗集》《拾穗二集》《襄阳会馆》、《襄阳岘山》《原乡》等著作。目前，《影像老樊城》一书下个月即将出版。

我参加拾穗者后投入的第一个项目是樊城历史街区文献档案项目。这个项目希望通过影像记录、口述访谈、实物搜集等形式留住城市的记忆。我利用自己的摄影特长，担任采访拍记工作。记不得多少个节假日，也记不得多少个严寒酷暑，我坚持深入到中山前街、马街、友谊街、皮坊街等历史街区采访拍摄原住居民，与居民建立了深厚的感情，当地的居民亲切地喊我"街长"。4年来的拍摄，为襄阳这座城市留下了一大批珍贵的影像和文字记录。

后来又担负了中国古村落保护与发展专业委员会襄阳站的工作。去年的3月－4月，乍暖还寒。我与襄阳工作站的老师及3名志愿者深入到南漳传统村落：东巩镇麻城河村、巡检镇漫云村、板桥镇冯家湾村和枣阳市新市镇的前湾村进行立档、调查工作。时间紧，任务重。我们每天晚上统筹安排采访对象，天不亮便起床开始工作，一直忙碌到太阳下山。采访对象有普通村民、村干部、文化站长；采访内容涉及家庭状况、当地习俗、村落历史沿革等等。记得在麻城河村采访拍摄的第一人是70岁的村民曾大爷。他是一位篾匠，边与我交谈，边娴熟地舞着蔑刀分割着一根根竹子。看着那一根根普普通通的竹子，通过曾师傅精湛的手艺变成了席子、竹篮、背篓等等生产和生活用具，那一份独特的生活智慧让我的内心充满了敬意。华夏大地上，正是像曾大爷这样的工匠默默传承着我们中华民族的千古文明，他们是何等的伟大！感谢他们点燃了我的心灵之光，给了我艺术创作的源泉！

习近平总书记指出："人民是历史的创造者，是时代的雕塑者。一切优秀文艺工作者的艺术生命都源于人民，一切优秀文艺创作都为了人民。"摄影来源于人民，也要回归于人民当中去。2016年10月，拾穗者民间文化工作群在南漳县东巩镇麻城河村成功地举办了《丙申年庆·麻城河乡村艺展》。艺展包括7个内容，其中《原乡：荆山传统村落影像展》由我出任策展人。展出的66幅摄影作品中许多照片拍自麻城河村落。展出作品既有摄影爱好者的单反作品，更有麻城河村民的手机照。村边的溪流、屋角的农具、正在孵蛋的母鸡等等，村民眼里习以为常的场景都以影像的形式在农家的房前屋后展示出来。当地村民惊讶地发现，自己的家乡原来是如此美丽！他们史无前例地对自己的家乡有了新的认识。这次活动，吸引了来自北京、上海、深圳、武汉、十堰、襄阳等地的近万名游客走进麻

我从一个摄影师当上了「街长」

城河村，感受麻城河的自然风光与淳朴的风土人情。有力地推动了乡村旅游业。来访者中包括中国古村落保护与发展专业委员会副主任张安蒙、中国记忆网创始人张金起、国家文物局中国文化遗产研究院刘爱河博士等专家学者。《中国文物报》、湖北电视台、襄阳市政府网、襄阳电视台、《襄阳日报》、《襄阳晚报》等媒体予以深度专题报道。

我们拾穗者组织的《时光胶囊·襄阳影像志》展览，目前正在襄阳"乐福天下商业广场"举行。76 幅老照片给市民留下了难忘的城市记忆。

去年 12 月我代表襄阳站赴广东东莞，捧回了"古村落保护 2016 年度突出贡献奖"的奖杯（另为上海站、东莞站）。我所在的拾穗者团队被评为"2016 年度感动襄阳十大人物特别奖"。作为拾穗者的代表，我参加了颁奖电视直播晚会，对于自己如何用镜头记录城市历史变迁登台做了重点讲述。我本人被湖北省文联、湖北省文艺志愿者协会评为"2016 年度优秀文艺志愿者"。

各位朋友，摄影是依托现实来记录当下、反映当下的艺术，也是与现实生活、人民群众紧密相连的艺术。这次研讨班的学习，更加坚定了我们今后的摄影道路和方向。在今后的日子里，我们将一如既往地将镜头对准可爱的人民群众，用影像记录时代变迁，从最真实的生活出发，在平凡中发现伟大，在质朴中发现崇高！

谢谢大家！

注：此文系作者参加中国文联、中国摄影家协会在武汉举办的"学习贯彻习近平总书记文艺工作座谈会重要讲话精神研讨班"上的交流发言。

我文保，我快乐

——我的文保工作手记

王晓强 / 文

当下的这个时代被称为新媒体时代，网红时代，衍生出一大批贴着"网红"标签的"新"事物，譬如"网红阿婆主"，"网红宠物"，"网红食品"等，热度高，影响大。"网红打卡点"更是成为网民的吸睛地，同好们表达生活理想的必游地。

文保工作也需要凑这个热闹吗？我想答案应该是肯定的，文保当然需要更多人的关注与参与。如果能利用好网络传播，使我们的市民，我们的孩子，我们全社会都具备高度的历史文化保护意识，那不正是我们工作的最高目标吗？

2017 年，拾穗者主办的"时光胶囊·我们共同的记忆"为主题的城市记忆展开展在即，如何做到让文物"活起来"，吸引眼球，在团队经费有限的情况下，玩出点花样，是个虽有挑战更有乐趣的事儿。

团队请不起职业策展人，我这个门外汉也只有赶鸭子上架了，好在对展示设计领域不算陌生，又实操过多年的商业空间布置，多少知道些策展的皮毛，那就玩上一票。

思路很简单，受限于经费，只能在某一个点上激发观众的热情，形成"网红打卡点"，通过自发式的网络传播，引爆整个展览。

这个想法得到了老颜的响应。我俩看着行者收藏的几百个老街门牌，感慨之余就有了具体构思：如果把已经拆了的樊城老街复建一段，塞进展厅，再把这些门牌都给钉上去，一定能引发街坊邻里的共鸣吧？

作为首席策展人老颜很兴奋，大腿一拍，就这么定了，给你 2000 元预算，赶紧搞出来！

2000 元？还要赶紧？！那只能用纸给你糊一个！

如果把大象放进冰箱有难度的话，这件事情应该轻松有趣的多。相信你一定有门！

老颜的软磨硬泡和虎皮帽子果然发挥了作用。我不忍再拒，答应了下来！

第一阶段：采集素材

工作目标：樊城一桥头陈老巷附近。

工作难度：★

快乐指数：★★★★

工作小结：那些邻近汉江码头的旧式民房，马头墙、铺板门、青石板，展示着一代又一代老樊城人的生活印记，斑驳的肌理，非常的入镜。我拍摄了大约100多张素材，经过后期处理，形成了约10张可关联使用的图片。

工作要点：需要选择一个没有阳光直射的天气拍摄，以保证素材的固有色得到真实的还原。

第二阶段：场景设计

工作目标：在有限的经费下，融合老街巷的普遍特征，尽量复现出贴近老樊城居民记忆的真实街景。

工作难度：★★

快乐指数：★★★

工作小结：设计工作，首先考虑的从来都不是设计，而是预算，这个准则可适用于一切应用美术范畴。在拍摄采集素材的过程中，内心已经有了很多得意的构想，打算用木龙骨和因特板来制作基层构架，以便于呈现那些动人的细节，但初步核算出来的成本居然突破六千元，远超预算，只好无可奈何地放弃了。

最终方案见下图，由桁架和写真纸板构建，属于预算范围内的一个妥协，取得团队的通过。

工作要点：因龙骨选用了钢构桁架，受其实际部件尺寸和安装方式的制约，需要先设计出龙骨结构，再考虑外蒙皮造型和尺寸。

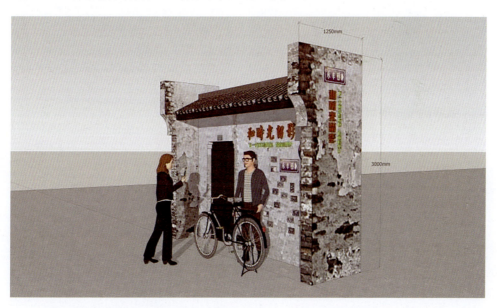

第三阶段：搭建布展

工作目标：美观牢固，实现设计意图。

工作难度：★

快乐指数：★★★★

工作小结：所谓快乐工作既是如此，与团队伙伴们谈笑之中，完成搭建。

工作要点：安全第一

第四阶段：展出阶段

工作目标：通过讲解引导，吸引观众拍照互动，网络传播。

工作难度：★

快乐指数：★★★★★

工作小结：几乎不用引导，所有参观者表现出极大的热情，在展位前合影留念，老颜的那句"和时光留影"的标语很醒目，但人们关注更多的，是墙面上那一块块的老门牌。他们摩挲着，寻找着过往生活的印记，热烈地讨论着，惊呼着，仿佛发现了活在时光那一头的自己。李治和老师把他的"一把自行车驮起一座博物馆"的自行车亲自推过来，放在老屋前，而那个装满新鲜菜的篮子，是一位市民藏品，那是她40年前的结婚礼物。

这次展览为期10天，展出老照片、老物件、口述历史文本、珍贵视频影像引发强烈共鸣，共接待观众上万人次，取得了广泛的关注与赞誉。

作者在历史街区采风

　　直到展览结束很久的一天，我一边整理着照片，一边端详着老屋前一张张温情的面孔，才猛然发现自己的所有心机，其实都是浪费。这根本就是一个集体的狂欢，无须这个简陋的似是而非的场景。所有的襄阳人，他们在这里出生，在这里成长，在这里哭泣，在这里欢笑，他们每个人的心中，都永远驻留着一座老城。

　　深厚的历史文化是这座城市的灵魂。我热爱着这座城，成为一名拾穗者，与同伴们一起打捞这座城市久远的记忆，我乐在其中。

我文保，我快乐

拾穗诗草

马军 / 文

浣溪沙
花朝节拾穗者同仁荟园踏青

骀荡天光裹绿稠，花朝节里喜同游，衰颜也自解风流。

燕剪裁风先分雨，柳浪拍天欲登楼，流觞曲水共清讴。

2017 年 3 月 14 日

浣溪沙
花朝节荟园为艾子写真

雨细风寒无定时，园中青草尚参差，繁英已上最高枝。

人面信如花面好，诗心长共春心痴，凝情不语立多时。

2017 年 3 月 14 日

艾子，襄阳女作家，拾穗者成员，有作品集《原乡》行世。

赠襄江水（杨家香）并拾穗者同人

四月二十二、二十三日，拾穗者再访漳河源陈家纸场，襄江水（杨家香）与焉，花朝节曾索句，余因忆十余年间三访漳源事，有白云苍狗，物是人非之感。

危径深盘一万旋，溯源问遗下漳川。

幽穷何美山居好，蹭蹬长惊壑路悬。

碓籍曾招云外客，纸钱已散冢边烟。

倩君为采三丛菊，溪父音容总宛然。

2017 年 4 月 26 日

八月二十六日与顾家龙兄并拾穗者同人访宜城马头山寨

马头山上正新秋，残垒空林共昧幽。

寇雾曾围千寨暗，僧呗不解满山愁。

寒虫晞露悲荒草，生命衰年叹墓邱。

归去难消寥落意，却看籼稻已繁稠。

2017 年 8 月 28 日

习家池寻秋

寻秋只向岘隈行，肯负秋光造物情。

叶得清霜红烂漫，风临寒水碧泠莹。

渐稠凉意催花老，频瘦高枝坠梦惊。

欲觅山公同载酒，美人回看已酲酲。

2017 年 12 月 2 日

代表拾穗者在福州参加乡村建设论坛暨第五届爱故乡大会，幸会温铁军教授、刘作忠先生

襄阳方澡雪，福州又逢雨。

故乡多长物，济济说爱你。

2018 年 1 月 6 日

福州农林大学参加第五届全国爱故乡会议后离别榕城，俚句赠"爱故乡"组委会并与会同仁

轻寒漠漠似商秋，一雨榕城会故俦。

满座学人皆热血，八方高士共宏猷。

我还楚水荆山去，君为滇屋藏寨留。

此后相逢成一笑，炊烟起处是乡愁。

2018 年 1 月 8 日于福州

一雨：会议两天，榕城连雨。白居易诗：如彼旱天云，一雨百谷滋。又《金刚三昧经》：犹如一雨润，众草皆悉荣，随其性各异。

拾穗诗草

微信朋友圈见襄阳城南郊花开

春雨春风满空庭，轻寒恻恻掩重扃。

城南莫道花正好，爱惜茫鞋懒踏青。

2018 年 3 月 17 日

花朝日雨霁，赋奉刘浪

清霖恹恹理难排，忽思桃花在水涯。

皋隰泥深春草长，问君趁借踏青鞋。

2018 年 3 月 18 日

刘浪，本名李俊勇，襄阳文史学者，拾穗者成员。

与锦华访回龙寺老街所见

深巷幽居暗素尘，流光宛转又新晨。

阆门已废琴仍在，谁见当年拨弦人。

2018 年 10 月 1 日

锦华：施锦华，拾穗者成员，襄阳历史文物收藏家

南乡子
拾穗者读城活动开启感赋

久雾喜新晴，江映楼垣景分明，频见乳燕临汉过，盈盈，欣与童孩读古城。

吹面柳风轻，老凤将雏共一声，传代赖依拾穗者，行行，和咏归兮不胜情。

2019 年 3 月 3 日

浣溪沙
仲春偕拾穗者读城于襄阳东门城墙下，登仲宣楼

柳色才匀染画廊，穿梭人比蝶蜂忙，参差花影上城墙。

虽为消愁还读赋，莫教堕泪更擘觞，隔篱偷眼踏青娘。

2019 年 3 月 31 日

鹧鸪天
与拾穗者同仁襄阳东城墙读城，补前词《浣溪沙》意

信马阳春意绪长，晴波潋滟绕危墙，年年城脚生芳草，日日楼头下夕阳。

红挤挤，绿浪浪，絮绵着水难轻狂，迎来阿女娟娟好，莫是杜陵黄四娘。

2019 年 4 月 2 日

南漳东巩麻城河边露营

长草丰林抱曲流，疏星远岫望更幽。

乱蛙声中不成睡，但煮春茶自擎瓯。

2019 年 5 月 2 日

晨诣岘首山，同方莉女史

隐然岘首似山余，典午当涂事不虚。

我到碑前无泪洒，闲将新句读唏嘘。

2019 年 7 月 25 日

立春。自闭旬有日矣，今年伤春犹甚往年，乃以新冠病毒之祸惨烈也

旬余扃坐意萧萧，刁斗烽烟隔院遥。

下饭惟存猪头肉，写经多赖鼠须毫。

帘间影动知时换，心上春愁借酒消。

偏又鸣鸠呼醉梦，东君辜负又一宵。

2020 年 1 月 4 日

日前见秋生兄微信晒汉江上空雁北归图，晨忽思之，
适宅居避新冠祸满月也

弥月衡门忘岁华，喧喧整日噪军笳。

不知暖气从南北，自有人雁过雨霞。

岘首诗山青几许，鱼梁津水碧无涯。

拾穗诗草

似听清唳排空下，动我泛星万里槎。

2020 年 2 月 23 日

庚子二月二日见方莉微信西街辛夷树及护城河柳图片，以新冠疫幽居月余，不虞春光如此之欣欣也

连树辛夷雪满枝，护城河畔绿烟丝。

谢娘不做东君使，过却春光总不知。

2020 年 2 月 24 日

浣溪沙
襄阳新冠确诊连续三日为零，抗役胜利在望，赋小词抒怀

恻恻东风丝雨绵，戍楼悲角五更寒，隔窗看得冷梅残。

壁垒三朝传露布，烽烟一日唱刀环，才吟已是艳阳天。

2020 年 2 月 28 日

晨起楼前闻雨中布谷

连月无端室中蹲，未虞狼狈避新瘟。

足禁难为卧槽马，户闭权当隔世村。

欣看新芳开烂漫，漫听好鸟叫喧繁。

春霖一洗妖氛净，且尽花前酒一樽。

2020 年 3 月 9 日

夜宿漫云古村

漫峪凡六造，惟今夜露营。

不知山气冷，但对月眉明。

园犬惊初梦，砌虫听三更。

牛铃沈隐处，天籁又几声。

2020 年 8 月 30 日

草根印迹

结绳记事 2015–2019

2015

备忘录

◎ 1 月 4 日至 5 日，襄阳市社会科学界联合会第五届代表大会召开，部分成员出席，李俊勇、方莉当选为社科联第五届委员会委员。

◎ 1 月 18 日，颜拥军、艾子、李秀桦在樊城清真寺采访刘东汉阿訇，并抄录清真寺石刻碑文。

◎ 1 月 18 日，李俊勇、邓粮探访中国十大考古发现枣阳郭家庙曾国墓地。

◎ 3 月 8 日，2015 年拾穗者民间文化工作群理事会召开第一次全体会议，对团队事务及各项工作进行分享、汇报、讨论。

◎ 3 月 14 日，团队成员米公祠拍记穿天节活动，并参加汉水作家梅洁座谈会。

◎ 4 月 12 日，拾穗者理事会召开第二次全体会议。

◎ 4 月 14 日，李俊勇参加市政府举办的"襄阳城墙博物馆选址专家论证会"。

◎ 4 月 21 日至 22 日，褚连生等赴南漳麻城河村、卧牛寨、漳纸工坊，进行中国传统村落立档调查工作采样和航拍。

◎ 4 月 26 日，方莉参加新泰市"首届莲花山旅游文化论坛"，并做《羊祜的崇佛情结》主题发言。

◎ 4 月 27 日，邓粮赴陕西旬阳出席中国汉江航运博物馆开馆仪式。

◎ 5 月 24 日，中国民间文艺家协会、湖北省民间文艺家协会领导及南漳古山寨之乡评审团成员到胜利街团队基地参观指导。

◎ 6 月 10 日，市文联与拾穗者签订《拾穗二集》的《重点文艺创作出版扶持项目资金合同书》。

◎ 6 月 13 日，中国文化遗产日，拾穗者在襄阳博物馆举办《拾穗十年——拾穗者保护文化遗产成果展》。

◎ 6 月，拾穗者编著《拾穗二集》(湖北人民出版社)、《拾穗十年》《纸物语》出版。中国文联副主席、中国民间文艺家协会主席冯骥才为《拾穗二集》题写书名。

◎ 7 月 4 日，拾穗者民间文化工作群理事会召开第二次全体会议。

◎ 7 月 18 日至 19 日，李秀桦、叶经房、李仕国考察传统村落麻城河，准备中国传统村落申报工作。

◎ 7 月 31 日，马军参加《襄阳日报》传媒集团汉江文化传媒有限公司专题研讨会，策划"关注汉水文化"专版报道等相关活动。

◎ 8 月 13 日，旅英学者安光系在拾穗者基地 (胜利街) 举办"想法比技巧更重要"主题摄影沙龙。

◎ 8 月 14 日，上海汉江探源考察队向拾穗者地域文献中心赠送文献资料和书画作品。8 月 22 日，考察队返回襄阳时参观团队工作基地并分享考察成果。

◎ 8 月 23 日，《长江日报》社副总编辑、知名乐评人李皖率队到拾穗者基地参观并交流。

◎ 8 月，拾穗者成员参与编著的文史资料《老樊城记忆》，由湖北科学技术出版社出版，该书收录团队成员作品十余篇。

◎ 9 月 3 日至 5 日，李秀桦、施锦华赴汉水流域房县、竹山、竹溪等地，对该区域的会馆、宗祠、老街等历史遗存进行考察。

◎ 9 月 12 日，团队成员为《襄阳日报》传媒集团小记者讲述襄阳古城历史。

◎ 9 月 10 日至 13 日，李秀桦赴汉口、孝感、安陆等地考察商业会馆。

◎ 9 月 18 日，襄阳市社科联举办"学会创新与发展研讨会"，邓粮与会并发言。

◎ 9 月 17 日至 22 日，李秀桦与中国汉江航运博物馆联合开展"汉江行"考察活动，先后到汉中西乡、城固、洋县、镇巴，安康柞水、镇安等地考察汉水上游会馆和航运史，收集文史资料。

◎ 10 月 6 日，邓粮、施锦华对樊城柜子城、定中门遗址进行测量，探访迎旭门古城墙遗址。

◎ 10 月 14 日，徐信、李秀桦陪同山西榆次常氏晋商文化研究会考察樊城山陕会馆和中俄万里茶道史迹，双方互赠地方文化出版物并交流。

◎ 10 月 24 日至 26 日，李秀桦出席在河南洛阳举行的中国文物学会会馆专业委员会年会暨第七届 (洛阳) 学术研讨会。

◎ 10 月 27 日，邓粮与志愿者吴程麾就樊城碑刻拓印现场勘察樊城郑公堤和米

公祠。

◎ 10 月 29 日，襄阳市档案局举办"走进记忆之门——中国档案珍宝展"，邓粮、方莉应邀出席开展仪式，方莉代表市民发言。

◎ 11 月 14 日，邓粮、杨家香于米公祠访谈樊城当铺、票号冀氏家族后人。

◎ 11 月 21 日至 22 日，拾穗者成员赴南漳春秋寨举办"再回首——南漳山寨十年行"暨 2015 拾穗者东巩训练营活动。

◎ 11 月 26 日，方莉出席襄阳市社科联"隆中论坛"并发表论文《襄阳建设三国历史文化名城研究》。

◎ 12 月上旬，邓粮、施锦华参加襄阳电视台"九街十八巷——老樊城文化寻根"系列片拍摄活动。

◎ 12 月 19 日至 21 日，邓粮、施锦华、秦明炎出席在北京举办的第三届中国爱故乡大会暨 2015 年爱故乡年度人物颁奖典礼，团队获"2015 年爱故乡特殊贡献人物"，邓粮在"故乡行动——乡土博物馆与乡村文明发展"论坛上作《漳纸工坊活态博物馆初探》专题发言。

◎ 12 月 26 日，拾穗者年会在襄城仲宣楼召开，社会各界共 50 余人参加会议。

◎ 12 月 31 日,《襄阳日报》3 版 < 文化视线 > 报道
团队《十年拾穗粒满仓——记守望故乡的民间文化
群体 "拾穗者"》。

作品索引

著作类

※ 襄阳拾穗者民间文化工作群编著《拾穗二集》（湖
北人民出版社）

※ 襄阳拾穗者民间文化工作群编著《拾穗十年》

※ 张平乐 李秀桦 / 著《襄阳会馆》（中国文史出版社、
襄阳市政协文史资料委员会策划并资助出版）

※《纸物语：南漳传统造纸与漳纸工坊的公益实践》
李秀桦、邓粮、胡崇玄主编，漳纸工坊、襄阳拾穗
者民间文化工作群出品

文章类

※《襄阳魁星楼》方莉 / 文,《襄阳晚报》1 月 20 日 25 版 –
城事周刊

※《行业会馆云集的龙驹寨》李秀桦、颜拥军、刘贵
棠 / 文图,《襄阳日报》1 月 23 日 12 版 – 岘山汉
水

※《鸡鸣三省荆紫关》李秀桦、颜拥军、刘贵棠 / 文图,
《襄阳日报》1 月 30 日 11 版 – 樊城新闻 – 岘山汉
水

※《丹江上的纤夫石》李秀桦、颜拥军、刘贵棠 / 文图,《襄阳日报》2 月 6 日 12
版 – 岘山汉水

※《赵淳，不该被遗忘的英雄》李俊勇 / 文,《襄阳日报》2 月 11 日 12 版 – 品
读襄阳

※《襄阳的 "羊城" 在哪里？》施锦华 / 文,《襄阳日报》2 月 11 日 12 版 – 品
读襄阳

※《昭明台》方莉 / 文,《襄阳晚报》3 月 3 日 25 版 – 城事周刊

※《女驸马是咱襄阳的》方莉 / 文,《襄阳晚报》3 月 7 日 7 版 – 科教文卫

※《茶馆世界四官殿》施锦华/文，李秀桦/图，《襄阳晚报》3月10日25版－城事周刊

※《诗人襄阳雅集多（一）》方莉、李俊勇/文，《襄阳日报》3月11日12版－品读襄阳

※《襄阳大北门的清代匾额》方莉/文，《襄阳晚报》3月17日26版－风物

※《诗人襄阳雅集多（二）》方莉、李俊勇/文，《襄阳日报》3月18日12版－品读襄阳

※《诗人襄阳雅集多（三）》方莉、李俊勇/文《襄阳日报》3月25日12版－品读襄阳

※《襄阳羊杜祠遗址残碑考略》方莉、马东盈/文，《襄阳日报》4月1日12版－品读襄阳

※《襄阳吕祖阁》方莉/文，《襄阳晚报》4月7日25版－城事周刊

※《出丹江记——丹江航运历史和人文地理考察（上）》李秀桦、颜拥军、刘贵棠文/图，《襄阳晚报》5月15日28版－行走江湖

※《出丹江记——丹江航运历史和人文地理考察（下）》李秀桦、颜拥军、刘贵棠文/图，《襄阳晚报》5月22日28版－行走江湖

※《我只是记录容颜的转变》李秀桦/文图，《汉水》2015年6月号

※《裴山庙与东巷子》方莉/文，《襄阳晚报》6月2日25版－城事周刊

※《方城汉水大襄阳》方莉/文，《襄阳日报》7月9日6版－品读襄阳

※《我只是记录容颜的转变》李秀桦/文图，《襄阳晚报》9月13日3版－加油汉江关注"汉水文化"系列之三

※《从岘山亭到岘首亭——襄阳千年古亭的历史变迁》方莉/文，《襄阳晚报》9月22日17版－城事周刊

※《锦绣古郡觅旧迹——记"锦华馆舍"主人施锦华》李秀桦/文，邓粮/图，《襄阳晚报》10月11日3版－加油汉江关注"汉水文化"系列之五

※《汉河津梁林家巷码头》施锦华/文，《襄阳日报》12月5日3版－运动健身

※《迎旭门：古樊城东方之门》施锦华/文图，《襄阳晚报》12月8日17版－城事周刊

※ 方莉为襄阳市社科联《话说襄阳》撰稿

※ 部分成员参与编著政协樊城区委员会主编的文史资料《老樊城记忆》，多篇文章收录

拾穗者团队在陈老巷合影　第柒映画／摄

荣誉

★ 1 月，李俊勇、施锦华、方莉被《襄阳日报》社评为 2014 年优秀通讯员。

★ 2 月 14 日，拾穗者被襄阳市委、市政府授予"2014 感动襄阳十大人物"提名奖。

★ 7 月 8 日，邓粮被襄阳市志愿服务联合会表彰为优秀志愿者，樊城历史街区文献档案项目被表彰为志愿服务优秀项目。

★ 7 月 18 日，艾子《融古铄今出巨画》（报告文学）在"筑中国梦·抒襄阳情"征文中荣获报告文学类二等奖。

★ 拾穗者被北京爱故乡文化发展中心评为"2015 年爱故乡特殊贡献人物"，邓粮、施锦华赴京出席颁奖活动。

★ 9 月，李俊勇、方莉分别荣获 2015 年襄阳"阅读形象大使"、"阅读达人"荣誉称号。

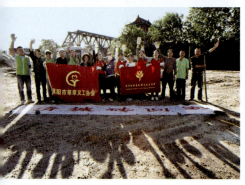

2016

◎ 1月2日，李秀桦、艾子考察文献资料《行商遗要》中记载的宜城鸣金店码头、小河码头。

◎ 1月17日，拾穗者应邀参加南漳麻城河腊八民俗文化节，代表中国古村落保护与发展专业委员会为南漳麻城河授牌"中国景观村落"。

◎ 1月24日，魏冬玲、邓粮、李秀桦、施锦华与中国汉江航运博物馆刘贵棠在迎旭门矶头寻访纤夫石。

◎ 1月28日，邓粮当选为中国文物保护基金会第五届理事会理事。

◎ 2月6日，李秀桦、艾子赴房县考察山陕会馆。

◎ 2月8日，拾穗者成果展在2016新春庙会（米公祠）展出。

◎ 2月20日，方莉、马军、颜拥军、施锦华参加兰凤剧社新岘山雅集，并讲解岘山文化。

◎ 2月21日至25日，褚连生、阳光、魏冬玲对南漳县东巩镇麻城河村、巡检镇漫云村、板桥镇冯家湾村进行中国传统村落立档调查工作。

◎ 2月28日，襄阳市第十届穿天节在鱼梁洲举行，由拾穗者等单位发起的"请城砖回家助古城申遗"倡议活动启动。

◎ 2月28日，方莉、李俊勇参加襄阳市汉水文化研究会组织的穿天节专家座谈会。

◎ 3月5日，拾穗者在樊城人民广场参与全市雷锋日公益活动，宣传"城砖回家"倡议，征集支持古城申遗签名，为市民讲解襄阳文化遗迹。

◎ 3月5日至6日，李秀桦、艾子、施锦华赴荆州拜访藏书家、文史学者刘作忠，参观荆州古城墙，就襄阳、荆州筑城史进行交流。

◎ 3月15日，方莉、魏冬玲、邓粮、杨家香等人对管家巷原住民刘东进行口述访谈拍记，启动与古城管委会的合作，对东巷子、管家巷等棚户区拆迁居民进行口述影像记录。

◎ 3月20日，李秀桦、施锦华、颜拥军等在环城东路、四季青等地，收集散落城砖一百余块。

◎ 3月23日，褚连生、阳光、邓粮等航拍樊城大堤与码头。

◎ 3月24日，团队召开理事会会议。

◎ 4月1日至3日，褚连生、魏冬玲、阳光赴枣阳市新市镇邱家前湾拍记古村落，开展古村落建档工作。

◎ 4月2日，在市图书馆，副市长丁亚琳与团队就古村落开发与保护、城市记忆馆、郑公堤、樊城码头等文化建设进行交流。

◎ 4月7日，方莉为湖北文理学院大学生讲解襄阳文化。

◎ 4月9日,拾穗者联合展颜志愿者服务中心在岘山文化广场开展上巳节祈愿活动。

◎ 4月16日至17日，邓粮陪同台湾民俗学者、中国木版年画研究中心专家组成员杨永智等一行赴漳纸工坊调研。

◎ 4月26日，志愿者姚清卿代表拾穗者赴京参加爱故乡"个人与团队能力突破工作坊"学习。

◎ 4月，邓粮以市民身份向《襄阳日报》反应"民不能忘"石匾受损情况，得到关注，促使有关部门将游船及栓船桩移走，竖立"樊城码头遗址"文物保护单位标志牌。

◎ 5月2日，杨家香在米公祠举办"讲述襄阳历史 爱护身边文物"开放式讲座。

◎ 5 月 15 日,拾穗者联合草草义工、襄职冯耀东爱心协会开展"请城砖回家"活动,在城郊拆迁工地收集古城砖千余块,其中铭文砖 5 块。

◎ 5 月,拾穗者联合襄阳古城管委会编写《襄阳古城保护与发展》宣传手册完成。

◎ 6 月 5 日,中国人民大学乡村建设中心,爱故乡文化发展促进会秘书长黄志友一行 7 人,来襄与拾穗者就乡建工作进行回访,对部分文化项目进行了实地考察。6 日,在成员陪同下考察了麻城河。

◎ 6 月 11 日,中国文化遗产日,由拾穗者、古城管委会联合举办的"早安襄阳——'请城砖回家 助古城申遗'阶段性成果展",在襄城小北门广场举行。活动包括铭文城砖展示、《襄阳古城保护与发展手册》发放、"请城砖回家 助古城申遗"活动签名、古城知识宣讲。

◎ 7 月 8 日至 10 日,漳纸工坊第七期手工纸研习营举行,来自武汉、荆州、湖北文理学院的 22 名成员参加。先后考察青龙寨、冯家湾村、古井村、甘沟村民居,到漳纸工坊体验传统造纸。受南漳县文物部门委托,为漳纸工坊设置县级文物保护标志牌。

◎ 7 月 29 日,拾穗者为"麻城河乡村艺展"在轻松筹网站发起"在故乡的大树下,有我们:为麻城河古村落发起的公益筹",8 月 22 日完成目标 2.8 万元。

◎ 8 月 18 日至 19 日,方莉、李俊勇参加秦汉魏晋南北朝史国际学术研讨会。

◎ 9 月 6 日至 12 日,李秀桦在陕西汉中、安康、商洛,对流域水环境、文物古迹进行寻访。

◎ 10 月 1 日至 5 日，由拾穗者、东巩镇政府、太坪村委会联合举办的"丙申年庆：麻城河乡村艺展"在南漳县东巩镇麻城河村举行。艺展共分 7 个单元，多家媒体现场采访报道。

◎ 10 月 11 日，方莉、李俊勇参加第三届襄阳道安论坛，方莉提交论文并做交流发言。

◎ 11 月 3 日，邓粮、杨家香、方莉赴北京参加由中国文物保护基金会和《光明日报》社主办的"更多参与，更好保护——首届社会力量参与文物保护论坛"。

◎ 11 月 19 日，李俊勇探访宜城讴乐松林寺、讴集山寨。

◎ 11 月 26 日，团队召开理事会会议。

◎ 12 月 10 日至 12 日，魏冬玲、褚连生、阳光等赴东莞参加"中国景观村落首届旅游博览会·南社论坛"活动。

◎ 12 月 30 日至 31 日，李秀桦赴京出席第四届爱故乡大会，分享《以艺的名义：麻城河乡建的探索与实践》。

作品索引

著作类

※ 方莉、李俊勇著《襄阳岘山》(中国文史出版社)

文章类

※《是岘山，还是延庆山？—— 一场持续数百年的"争名"公案》方莉 / 文图,《襄阳晚报》1 月 3 日 17 版 – 城事周刊

※《楼狮子襄阳古城消失多年的角楼》方莉 / 文图,《襄阳晚报》1 月 5 日 17 版 – 城事周刊

※《兴武街的不凡身世》施锦华 / 文,《襄阳日报》1 月 7 日 6 版

※《茶馆世界四官殿》施锦华 / 文，徐信 / 图,《襄阳日报》1 月 12 日 6 版

※《杨家巷为焦枝线让路》施锦华 / 文,徐信 / 图,《襄阳日报》1 月 14 日 3 版

※《樊城书院》施锦华 / 文，徐信 / 图,《襄阳日报》1 月 19 日 2 版

※《昔日的长丰洲》施锦华 / 文图,《襄阳晚报》1

月 26 日

※《老襄阳城的六座城门》方莉 / 文图,《襄阳日报》2 月 17 日 3 版－文化视线

※《风水宝地鱼梁坪》施锦华 / 文图,《襄阳晚报》2 月 23 日 18 版－风物

※《重阳的四月与千年》艾子 / 文,《野花谷》2016 年第 2 期

※《寻访襄阳最后的老船民》施锦华 / 文,李秀桦 / 图,《襄阳晚报》3 月 1 日 17 版－
   城事周刊

※《荆州古城上的襄阳制造》艾子 / 文,李秀桦、施锦华 / 图,《襄阳晚报》3 月
   15 日 17 版－城事周刊

※《巷管家 找不到管姓居民的街巷》方莉 / 文,王涛 / 图,《襄阳晚报》3 月 29
   日 17 版－城事周刊

※《曾经的工业区》施锦华 / 文图,《襄阳晚报》4 月 5 日 18 版－风物

※《温故 1945：解读 70 年前的襄阳城》艾子 / 文,李秀桦 / 图,《襄阳晚报》4
   月 12 日 17 版－城事周刊

※《"襄阳",终于找回来的名字》李俊勇 / 文,《人民日报》4 月 22 日 05 版

※《读山访古探楚源——南漳县长坪镇楚文化探访之旅掠影》魏遵明 / 文,《襄
   阳晚报》4 月 27 日 26 版－旅游天下

※《紫阳茶路》李秀桦 / 文图,《陕西交通报》4 月 29 日月末版

※《中国叶子漂过襄阳》李秀桦 / 文图,《陕西交通报》4 月 29 日月末版

※《"东管巷",那些年那些庙》方莉 / 文图,《襄阳晚报》5 月 3 日 18 版－风物

※《樊西门户施官营》施锦华 / 文图,《襄阳晚报》5 月 3 日 18 版－风物

※《管家巷曾经的好管家》方莉 / 文,《襄阳晚报》5 月 10 日 17 版－城事周刊

※《探寻西巷子之一——仁义张家出高徒》方莉等《襄阳日报》5 月 16 日

※《城南旧寺八蜡庙》艾子 / 文,《襄阳晚报》5 月 17 日 18 版－风物

※《水淹七军鏖战岗》施锦华 / 文图,《襄阳晚报》5 月 17 日 18 版－风物

※《探寻西巷子之二——单家后人情系襄阳 千件文物捐赠家乡》方莉 / 文,《襄
   阳日报》5 月 16 日 1 版－要闻

※《与"山楂树"擦肩而过的东巩美景》叶经房、刘文生、李晖 / 文,《襄阳日报》
   5 月 21 日 3 版－地理发现

※《苍坪村:官米之乡 长寿村庄》叶经房、敖光东等,《襄阳日报》5 月 21 日 3 版－
   地理发现

※《巷内居民谈更名:西巷子就是仁义巷》方莉 / 文,《襄阳日报》5 月 24 日 1 版－

要闻

※《古驿小镇竹条铺》施锦华／文图,《襄阳晚报》5 月 31 日 18 版 - 风物

※《管家巷：襄阳近代教育的缩影》方莉／文图,《襄阳晚报》5 月 31 日 18 版

※《探寻管家巷之二——那些年那些庙》方莉／文,《襄阳日报》6 月 4 日 3 版 - 地理发现

※《寻找遗失的延庆山》方莉／文, 马军／图,《襄阳日报》6 月 4 日 3 版 - 地理发现

※《漫话襄阳古城砖》艾子／文,《襄阳日报》6 月 4 日 3 版 - 地理发现

※《襄阳城砖：见证古城沧桑历史》艾子／文, 李秀桦／图,《襄阳晚报》6 月 7 日 17 版 - 城事周刊

※《28 岁的"襄阳老人"——记青年收藏家李健》周娜、方莉／文,《襄阳日报》6 月 8 日 3 版 - 文体新闻

※《探寻管家巷之四——远去的石花粉》方莉／文,《襄阳日报》7 月 6 日 3 版 - 文体新闻

※《探寻管家巷之五——曾经的名小吃：陈家凉粉》方莉／文,《襄阳日报》7 月 9 日 3 版 - 文体新闻

※《秦汉以来的襄阳城堤防》艾子／文, 李秀桦／图,《襄阳晚报》7 月 26 日 17 版 - 城事周刊

※《管家巷边官署多》方莉／文,《襄阳晚报》7 月 26 日 18 版 - 风物

※《襄阳堤防：述说与洪水抗争的历史》艾子／文, 李秀桦／图,《襄阳日报》7 月 30 日 4 版 - 地理发现

※《管家巷的糖》方莉／文,《襄阳晚报》8 月 9 日 18 版 - 风物

※《探寻管家巷之六——襄糖：曾堪比孝感麻糖》方莉／文,《襄阳日报》8 月 13 日 3 版 - 地理发现

※《探寻管家巷之七——一条小巷浓缩襄阳近代教育史》方莉／文,《襄阳日报》8 月 18 日 4 版 - 文化视线

※《秦汉魏晋南北朝史国际学术研讨会举行, 襄阳历史地位成焦点》方莉,《襄阳日报》8 月 19 日 5 版 - 社会民生 - 文化视线

※《一片痴情注襄阳——读程元银新著〈襄阳文化拾零〉有感》魏遵明／文,《襄阳日报》8 月 20 日 3 版 - 文学副刊

※《探寻管家巷之八——近代民法学的探路人——严献章》方莉／文,《襄阳日报》

9 月 1 日 8 版 – 文体新闻

※《襄水，曾逆流而上的母亲河》方莉、刘文生 / 文,《襄阳日报》9 月 15 日 3 版 –
文化视线 – 国防天地

※《探寻管家巷之九——杨君谟曾参建襄阳城内首家电厂》方莉 / 文,《襄阳日报》
9 月 18 日 6 版 – 文体新闻

※《南宋襄阳战事中的武器见证——铁打的襄阳城》艾子 / 文,《襄阳晚报》10
月 18 日 17 版 – 城市周刊

※《那年，攻破襄阳城的"襄阳炮"》艾子 / 文,《襄阳晚报》11 月 1 日 17 版 –
城事周刊

※《冯家湾：人杰地灵的荆山古村》李秀桦 / 文图,《襄阳晚报 11 月 08 日 17 版 –
城市周刊

※《襄阳商号、商店、商场的变迁》施锦华 / 文,《襄阳晚报》11 月 11 日 24 版 –
时尚·商业

※《襄阳黄龙寺》方莉 / 文，李少国 / 图,《襄阳晚报》11 月 15 日 18 版 – 风物

※《保康县城的早年记忆》艾子 / 文,《襄阳晚报》11 月 29 日 18 版 – 风物

※《古法造纸漳河源》李秀桦、李延丽 / 文,邓粮、张向东、李秀桦 / 图,《湖北画报》
2016 年第 11 期

※《黄州商帮在襄阳留下的印迹》李秀桦 / 文图,《襄阳晚报》12 月 6 日 17 版 –
城事周刊

※《〈女驸马〉等一批传统剧目为何将故事背景放在襄阳》方莉 / 文,《襄阳日报》
12 月 10 日 3 版 – 文体新闻

※《陈侯巷内寻陈侯》方莉 / 文,《襄阳日报》12 月 14 日 4 版 – 文体新闻

※《中州会馆：河南人在襄阳的行帮机构》李秀桦、徐信 / 文图,《襄阳日报》
12 月 20 日 17 版 – 城市周刊

※《陈侯巷内寻陈侯》方莉 / 文,《襄阳日报》12 月 20 日 18 版 – 风物

※《黄州帮商人在襄阳留下的印迹》李秀桦 / 文图,《襄阳晚报》12 月 6 日 – 城
事周刊

※《中州会馆:河南人在襄阳的行帮机构》李秀桦 / 文图,《襄阳晚报》12 月 20 日 –
城事周刊

※《中州会馆:河南人在襄阳的行帮机构》李秀桦 / 文图,《襄阳日报》12 月 22 日 –
文化视线

※《黄州商人在襄阳的印迹》李秀桦／文图,《襄阳日报》12月29日－文化视线

※《一位古稀老人的汉江情怀》李秀桦／文,《汉江文艺》2016年第1期

※《空信封》(小说),艾子／文,《汉水》2016年第5期

※《为了留住乡愁》方莉／文,襄阳市政协文史资料委员会编《我与人民政协——纪念襄阳市政协成立66周年专辑》

※《政协助力襄阳会馆的保护与利用》李秀桦／文,襄阳市政协文史资料委员会编《我与人民政协——纪念襄阳市政协成立66周年专辑》

※《老樊城口述史》《魅力襄阳》专栏刊载共11期(从略)

※《方言方语说岘山》《魅力襄阳》专栏刊载共9期(从略)

※《山陕会馆》《武昌会馆》《四川会馆》《江苏会馆》《福建会馆》《湖南会馆》《抚州会馆》李秀桦／文,秋子、陈立堂主编,《九街十八巷》(武汉出版社2016年版)收录

※《湖北樊城山陕会馆碑刻及其文献价值》张平乐、李秀桦／文,中国文物学会会馆专业委员会编《中国文物学会会馆专业委员会2016年年会暨第八届学术研讨会论文集》

※《行走荆山古村间》李秀桦／文,北京爱故乡文化中心编《故乡的温度》

※《艺术遇见麻城河:"丙申年庆——麻城河乡村艺展"纪实》艾子／文,北京爱故乡文化中心编《故乡的温度》

荣誉

★ 2月,施锦华被市文学艺术界联合会评为2015年度市文联工作先进个人。

★ 6月16日,施锦华获"老樊城文化寻根活动"征文类二、三等奖。

★ 11月,魏冬玲摄影作品《晨曲》《朝沐》获襄阳市第十四届摄影艺术大展艺术类三等奖、优秀奖。

★ 12月,魏冬玲摄影作品《环保社区》荣获襄阳市第二届科普摄影大赛入围奖,摄影作品《乡村理发师》获襄阳市摄影家协会与东巩镇政府联合举办的"雁留山杯千秋古寨,福地东巩"摄影大赛优秀奖。

★ 12月,拾穗者湖北襄阳工作站被中国古村落保护与发展专业委员会授予"2016古村落保护与发展突出团队"称号。

★ 张平乐、李秀桦著《襄阳会馆》(中国文史出版社2015年版)获襄阳市第八届(2014-2015)社会科学优秀成果奖著作类二等奖。

2017

备忘录

◎ 1月10日至14日，褚连生、阳光、魏冬玲协助央视十套"地理·中国"栏目拍摄《探秘南漳》。

◎ 1月15日，2016拾穗者年会暨迎春茶话会在襄阳文化交流中心（襄阳古玩城）会议厅举行。

◎ 1月16日，2017年拾穗者理事会召开第一次理事会会议，在襄轴大学生科技园讨论团队建设和2017年主要工作。

◎ 1月，李秀桦主持申报的市科技局2016年襄阳市科技研究开发及成果转化一般项目《世界文化遗产语境中的襄阳古城历史与保护研究》获批（襄科技〔2016〕72号）课题资助。

◎ 2月11日，第十一届襄阳穿天节暨享遇襄阳旅游直通车启动仪式在鱼梁洲举行，拾穗者受邀进行地域文化宣传。

◎ 2月22日，邓粮、李秀桦、李俊勇、方莉、施锦华、颜拥军参加襄阳市委政研室组织的襄阳会馆利用座谈会。

◎ 2月24日，方莉、李俊勇参加襄阳市文联举办的中国成语典故名城申报咨询论证会。

◎ 2月28日上午，部分成员参加襄阳市文联五届五次全委会会议，魏冬玲、褚连生被评为襄阳市文联系统2016年度先进个人，魏冬玲代表先进个人作交流发言。

◎ 2月28日，李俊勇参加襄阳市规划局组织的樊城城墙保护规划论证会。

◎ 2月27日至3月5日，应市委政研室邀请，李秀桦赴云南会泽、成都、重庆考察会馆，并与重庆文物保护志愿者服务队进行交流。

◎ 3月1日，团队首次为成员购买团体意外保险。

◎ 3月12日，团队为女同胞首过女神节，主题"2017春天的纪录——青春、永不散场！友情，终再回首！"

◎ 3月12日，2017年拾穗者理事会召开第二次理事会会议，讨论团队相关规章制度。

◎ 3月18日，邓粮赴华中农业大学参加爱故乡高校论坛暨第五届湖北省大学生支农调研交流会，并进行"爱故乡"年度人物故事分享。

拾穗者成员在"时光胶囊·樊城记忆档案文献展"上的工作场景

◎ 3月22日，吾爱吾襄·2017年拾穗者襄阳文保宣传季首场在仲宣楼举行，方莉、李俊勇解读《襄阳岘山》。

◎ 4月2日至4日，艾子、李秀桦赴南京考察南京城墙和城墙博物馆，收集文献资料，并与南京记忆民间纪录团成员交流。

◎ 4月8日，吾爱吾襄·2017年拾穗者襄阳文保宣传季第二站在东门桥广场举行，主题为"预祝《条例》实施，保护襄阳城墙"。

◎ 4月22日至23日，拾穗者开展漳纸工坊第八期手工纸研习营，开展手工纸陈列室布置、头脑风暴、造纸体验活动，为漳纸工坊传习所挂牌。

◎ 4月24日，徐信、艾子、李秀桦陪同中国文化遗产研究院文物研究所于冰、刘爱河考察襄阳城墙、樊城会馆和陈老巷等。

◎ 4月29日至5月1日，艾子、颜拥军、李秀桦赴旬阳、丹江口市就民营博物馆建设开展学习考察。

◎ 5 月 1 日，吾爱吾襄 2017 拾穗者襄阳文保宣传季第三站《时光胶囊—襄阳影像志》在乐福天下广场一楼展出。

◎ 5 月 18 日，第 41 个世界博物馆日，应市博物馆邀请，方莉、魏遵明、魏冬玲、马军参加"用文物讲述襄阳故事"系列活动。

◎ 6 月 15 日，团队年度审核报告经市文体新广局和市民管局核准，市民间组织管理局更换新版社会组织登记证书，统一社会信用代码为 52420600080935251D，变更税务识别码及登记证、银行开户行及开户许可证。

◎ 6 月 9 日至 18 日，襄阳市档案局（馆）、襄阳拾穗者民间文化工作群联合举办的以"吾爱吾襄·我们共同的记忆"为主题的宣传周活动在襄阳古玩城大联美术馆举行。策展人颜拥军、王晓强。

◎ 6 月 18 日，拾穗者顾问晋宏忠先生追悼会，团队派代表参加并敬献花圈。

◎ 6 月 24 日，王晓强赴陕西旬阳参加"爱故乡——乡土博物馆工作坊"，并交流发言。

◎ 6 月 23 日至 24 日，上海梁子来襄阳，李秀桦、艾子陪同拍记襄阳，陪同赴荆州考察、搜集文献资料。

◎ 6 月 30 日，邓粮赴武汉参加武汉共享遗产研究会人文武汉分会、武汉共享遗产研究会青年分会、阮仪三城市遗产保护基金会武汉工作站成立大会，并与人文武汉团队进行交流。

◎ 7 月 7 日，张玉涛、邓粮拍记襄城三国遗迹、马王庙社区、米公祠碑廊。

◎ 8 月 11 日至 12 日，颜拥军、马军赴上海参加中国文物保护基金会第二届社会力量参与文物保护论坛和中国记忆网"新时期民间文保团队共谋发展"

峰会。

◎ 8月15日，襄阳拾穗者民间文化工作群被市第十七届人大常委会确定为基层立法联系点。

◎ 8月18日，2017年拾穗者理事会召开第三次理事会，就团队建设、项目推进、新项目开展等事项展开讨论，并形成决议。

◎ 8月17日至19日，中国人民大学爱故乡文化中心在湖南汨罗举办"爱故乡乡土书写工作坊"，叶经房参加。团队受邀加入"爱故乡·乡土书写实践小组"。

◎ 8月26日至27日，拾穗者赴宜城对马头寨、松林寺、王旗营酿酒窖池等文化遗址进行探访，参观宜城博物馆，与宜城市文史专家进行座谈。

◎ 9月10日，褚连生、王爱红、邓粮赴谷城茨河开展"红色V计划"可行性调研，并参观中共先驱李亚声烈士陈列馆。

◎ 9月15日至23日，拾穗者联合湖北文理学院图书馆举办"吾爱吾襄"系列活动"早安！襄阳—走近大学生主题展"。

◎ 9月24日，拾穗者第一届召开第十次理事会，会议审议通过了第一届理事会工作报告、财务报告。经无记名投票选举，

颜拥军当选为新一届理事长。

◎ 10 月 7 日，方莉为襄阳市委书记李乐成担任讲解踏访谷隐寺。

◎ 10 月 5 日至 8 日，艾子、李秀桦、王晓强赴南漳板桥、肖堰、东巩，远安河口漳沐等地开展传统村落立档调查工作。

◎ 11 月 10 日至 16 日，李秀桦、艾子、施锦华赴安徽亳州参加中国文物学会会馆专业委员会 2017 年年会暨第九届（亳州）学术研讨会，赴凤阳明中都遗址、寿县古城墙考察。

◎ 11 月 17 日至 19 日，李秀桦、艾子、施锦华、褚连生、阳光赴河南新县参加中国古村落保护与发展专业委员会举办的中国景观村落十周年庆典。

◎ 11 月 23 日，张玉涛在建设路 21 号友间书店分享系列幻灯作品《襄阳这一座城》。

◎ 11 月 25 日，方莉为襄阳市新任代市长郄英才调研古城讲解本土历史文化。

◎ 12 月 1 日晚，拾穗者第二届理事会召开第一次理事会，会议讨论了 2017 年会事宜。

◎ 12 月 16 日至 17 日，北京爱故乡文化发展中心口皓一行 4 人走访襄阳，参观拾穗者工作基地，与成员就乡建工作现状、乡建工作方法展开座谈。

◎ 12 月，襄阳市社科联博雅讲堂第二季正式上线，李俊勇主讲《千年商埠樊城》，方莉主讲《襄阳这座城》。

作品索引

著作类

※ 襄阳市档案局、襄阳拾穗者民间文化工作群合编《温故老樊城》《口述老樊城》《影像老樊城》（《老樊城民间档案丛书》，武汉出版社）

※ 樊城政协文史资料委员会策划、颜拥军主编《樊城码头文化》（中译出版社）

文章类

※《襄阳黄龙寺》方莉 / 文,《襄阳日报》1 月 16 日 5 版 – 文化视线

※《铜鞮巷:一个尚武时代的回响》方莉 / 文,《襄阳日报》2 月 7 日 4 版 – 文化视线

※《为念兹在兹的故乡——记襄阳拾穗者民间文化工作群》(报告文学)艾子 / 文,《汉水》2017 年第 1 期

※《襄阳穿天节》序, 李俊勇 / 文, (《襄阳穿天节》主编高军, 副主编李俊勇, 中译出版社 2017 年版)

※《一次不成功的搭讪——也说穿天节》方莉 / 文,《襄阳晚报》2 月 14 日 15 版 – 鹿门唱晚

※《襄阳有个穿天节》李俊勇 / 文,《襄阳晚报》2 月 14 日 19 版 – 阅读

※《因西汉古井得名的小井巷》方莉 / 文,《襄阳日报》2 月 24 日 4 版 – 文化视线

※《襄阳护城河的历史变迁》艾子 / 文图,《襄阳晚报》2 月 28 日 17 版 – 城事周刊

※《诸葛亮躬耕地》魏冬玲 / 图,《青年时代》2017 年第 2 期

※《米花街:昔日"穷街"今日美食街》方莉 / 文,《襄阳日报》3 月 9 日 4 版 – 文化视线

※《加强会馆保护利用 再现襄阳商业繁盛——关于襄阳会馆保护利用的调研报告》郝敬东、李秀桦、杨庆、贺健 / 文,《襄阳日报》3 月 24 日 6 版 – 理论研究

※《话说襄阳护城河》艾子 / 文图,《襄阳日报》3 月 25 日 3 版 – 文化视线

※《荆山深处的文化传承》魏遵明 / 文,《襄阳晚报》4 月 28 日 22 版 – 旅游天下

※《从做土纸到"做文化"——南漳漳河源古法造纸传承人秦明炎转型记》魏遵明 / 文,《襄阳日报》5 月 3 日 4 版 – 文化视线

※《中国叶子漂过襄阳》李秀桦 / 文, 徐信 / 图, 6 月 16 日《襄阳日报》文化视线

※《闲话樊城》李俊勇 / 文,《书香溢襄阳》6 月连载

※《铜鞮巷:一个尚武时代的回响》方莉 / 文,《襄阳晚报》7 月 4 日 17 版 – 城事周刊

※《旋风山上玄天观》李秀桦 / 文,《名城报》7 月 14 日总 1085 期

※《探访谷城孙家沟村》李秀桦 / 文,《襄阳晚报》7 月 18 日 17 版 – 城事周刊

※《老樊城的染坊》李秀桦 / 文图,《襄阳日报》7 月 19 日 5 版 – 文化视线

※《工匠是怎样"炼"成的》艾子/文,《野花谷》2017年第1期

※《天堂有史书 先生不寂寞》艾子/文,《襄阳晚报》7月19日15版 – 鹿门唱晚

※《农民歌手毛凤云》李秀桦/文图,《襄阳日报》8月17日5版 – 文化视线

※《农民歌手毛凤云 紫金山歌好传人》李秀桦/文图,《襄阳晚报》9月5日18版 – 脸谱

※《宜城马头山记游》马军/文图,《书香溢襄阳》

※《明代南京顾家与襄阳》艾子/文,《襄阳晚报》10月24日17版 – 城市周刊

※《探访宜城马头寨（上）》马军/文,褚连生、马军/图,《襄阳晚报》10月 31日17版 – 城事周刊

※《探访宜城马头寨（上）》马军/文,李俊勇、马军/图,《襄阳晚报》11月7 日17版 – 城事周刊

※《板桥"凉泉皮影戏"艺人——陶桢伦的"幕后"传奇》陶书云、艾子/文图, 《襄阳晚报》11月7日18版 – 脸谱

※《雷坪 遗落在时光边缘的荆山古村（下）》艾子/文 敖少华,李秀桦/图《襄 阳晚报》11月21日17版 – 城事周刊

※ 33-2.《雷坪 遗落在时光边缘的荆山古村（下）》艾子/文,李秀桦/图,《襄 阳晚报》11月28日17版 – 城事周刊

※《从渡口到港口——吕明汉与〈襄樊港史〉》艾子/文,李秀桦/图,《襄阳日报》 12月15日4版 – 文化视线

※《穿越黑暗的歌与舞》艾子/文,襄阳市文联编《襄阳文学65年·散文选》

※《他们都去哪儿了》李秀桦/文,《读库1702》（新星出版社2017年版）

※《迁徙》李秀桦/图,《读库1702》（新星出版社2017年版）

荣誉

★ 2017年1月8日,襄阳拾穗者民间文化工作群获襄阳市委、市政府"2016感 动襄阳十大人物"特别奖。

★ 12月,襄阳拾穗者民间文化工作群、漳纸工坊被襄阳市非物质文化遗产保护 中心表彰为2016—2017年度襄阳市非物质文化遗产保护先进单位。

★ 2月,魏冬玲、褚连生被评为襄阳市文联系统2016年度先进个人,魏冬玲作 交流发言。

★ 3月,魏冬玲被湖北省文学艺术界联合会表彰为"第二届优秀文艺志愿者"。

★ 6月，李秀桦《漳河源古法造纸》组照获湖北省非物质文化遗产摄影大展优秀作品奖。

★ 9月8日，施锦华《昔日的长丰洲》获《襄阳晚报》、襄阳市民政局联合《襄地解码》有奖征文中一等奖。

★ 12月，艾子《空信封》（短篇小说）获第三届中国金融文学奖。

★ 12月，古村之友授予成员李秀桦"中华新乡贤"称号。

★ 方莉为襄阳市社科联文化科普项目《话说襄阳》撰稿，获得全国优秀社会科学普及作品奖。

★ 方莉被评为湖北省十佳读书之星

拾穗者成员在襄阳古城大北门码头合影　第柒映画／摄

2018

◎ 1月6日，乡村振兴论坛暨第五届全国爱故乡大会在福建农林大学召开，马军代表团队出席并分享团队建设经验。

◎ 1月27日，拾穗者2017年年会在白云人家工作基地举行，社会各界的50余人员参加年会。同日，古村之友襄阳志愿者活动基地、襄阳地域文献中心、襄阳城市记忆馆筹备组等挂牌。拾穗者第二届理事会召开第二次会议，成员马军被推选为秘书长、杨家香为副秘书长。

◎ 2月2日，拾穗者参加全市2018年立法工作会议。

◎ 2月9日至10日，拾穗者联手襄阳草草义工成员，在南漳县东巩麻城河为麻城河原乡文化陈列馆开展前期调研和陈列品收集工作。

◎ 3月17日，颜拥军、邓粮赴重庆参加中国民间文保志愿者（重庆）联谊会。

◎ 4月21日至22日，漳纸工坊第九期手工纸研习营举办，营员们进行了非物质文化遗产保护头脑风暴，并体验传统造纸。

◎ 4月26日，中国文物保护与利用社会组织联盟在重庆成立，该联盟由中国文物保护基金会和全国7家社会组织发起成立，会议由重庆市文物保护志愿者服务总队承办。会议讨论并确定联盟发起单位为中国文物保护基金会、

武汉共享遗产研究会、苏州古城拍摄记录志愿者协会、襄阳拾穗者民间文化工作群、长城小站、山西文博志愿者之家、深圳市古村之友古村落保护与发展促进中心、重庆市文物保护志愿者服务总队（重庆市南岸区巴渝公益发展中心）。

◎ 5 月 20 日，在襄阳临汉门、拱宸门，尝试开展"吾爱吾襄"第二季—古城导赏活动，导赏人邓粮，主持人姚清卿，襄阳市二十中一（4）班学生、家长及相关人员 50 余人参加；拾穗者成员参加拍记，导赏活动由李秀桦正式提出"读城"概念。

◎ 5 月 31 日至 6 月 15 日，"徐信城市记忆摄影展"在市展览馆举办。

◎ 6 月 14 日至 15 日，叶经房、李秀桦参加 CCTV-10《中国影像方志》南漳篇拍摄工作。

◎ 6 月 26 日，颜拥军、邓粮赴北京参加主题为"活化利用 创新驱动"的第三届社会力量参与文物保护论坛暨文物保护与利用社会组织联盟成立大会。

◎ 8 月 27 日，拾穗者将义务收集的近千块城砖捐赠移交给市文物管理处。

◎ 9 月 17 日至 22 日，李秀桦参加由陕西省安康市地方海事局、中国汉江航运博物馆发起海事文化探访"汉江行 2018"活动，赴安康、西乡、城固、镇巴、汉中等地开展田野调查和文献资料收集工作。

◎ 3 月至 9 月，拾穗者成员方莉、杨家香、

李秀桦、马军、邓粮应邀为市图书馆"市民讲堂"义务举行本土文化专题讲座。

◎ 10月27日，拾穗者第二届理事会召开第二次会议（大联美术馆），会议就活动开展、王晓强加入团队等事项进行讨论和研究。

◎ 11月9日，李秀桦、施锦华参加重庆文保志愿者团队特别为拾穗者订制的"寻找母城之巅"第223期扫街活动，并与团队成员进行了交流。

◎ 11月10日至11日，李秀桦、施锦华参加中国汉江航运博物馆组织的襄阳旬阳汉江环保座谈会，并与绿色汉江成员耿文杰、王红斌参加汉江流域旬阳南区航运史料工作站、旬阳吕河环保志愿者工作站挂牌活动。

◎ 11月14日，叶经房、李秀桦赴南漳参加CCTV-10《中国影像方志·南漳卷》的第二次拍摄。

◎ 12月16日，襄阳白云社区拾穗者基地，邓粮、李秀桦、张玉涛，姚青卿、周伟在白云就"读城"导赏有关问题进行可行性探讨。

◎ 12月23日，襄阳白云社区拾穗者基地，拾穗者理事会暨年会，决定联合《襄阳日报》社、市小记者团实施"吾爱吾襄·读城"项目，邓粮担任团队方项目负责人，魏遵明担任日报方项目负责人。

◎ 12月27日，《襄阳日报》社第十七期（总第56期）"内参快件"以《一座城市记忆馆 为何五年难落地——"拾穗者"奔波十余年捡拾的文化遗存无处安放令人忧》为题，专报省委常委、市委书记李乐成。2019年1月2日，李乐成做出批示："……要帮助'拾穗者'解决场地困难。……"。市委常委、宣传部长胡和平，市委常委、副市长王忠运批示。

◎ 2018年，邓粮多次利用节假日义务为文化爱好者导赏樊城会馆和襄阳码头。

作品索引

文章类

李秀桦 / 图,《襄阳日报》3 月 13 日 07

※《樊城码头大事记》李秀桦整理,《襄阳大事月报》2018 年第 1 期

※《樊城编年史》李秀桦整理,《襄阳大事月报》2018 年第 2 期

※《雷坪村 : 遗落在时光边缘的荆山古村》艾子 / 文,李秀桦、褚连生 / 图,《湖
北画报》2018 年第三、四月合刊

※《观音岩:孤悬漳河崖壁的山村》艾子、李秀桦 / 文,宋兴中 / 图,《襄阳日报》
4 月 11 日 05

※《观音岩:孤悬漳河崖壁的山村》艾子、李秀桦 / 文,王晓强 / 图,《襄阳日报》
4 月 13 日 03

※《观音岩 : 孤悬漳河崖壁的山村(上)》艾子、李秀桦 / 文,王晓强 / 图,《襄
阳晚报》4 月 17 日 13

※《观音岩 : 孤悬漳河崖壁的山村(下)》艾子、李秀桦 / 文,王晓强、宋兴中 /
图,《襄阳晚报》4 月 24 日 13

※《峡口 : 沮水河畔的一颗明珠(上)》艾子、李秀桦 / 文图,《襄阳晚报》5 月
29 日城事周刊 13

※《峡口 : 沮水河畔的一颗明珠(下)》艾子、李秀桦 / 文图,《襄阳晚报》6 月
5 日城事周刊 13

※《汉江龙船会 百年竞风流》李秀桦 / 文,陈磊、杨军 / 图,《湖北画报·湖北旅游》
2018 年 6 月号

※《峡口 : 沮水河畔的一颗明珠(上)》艾子、李秀桦 / 文图,6 月 7 日《襄阳日
报》文化 –05

※《峡口 : 沮水河畔的一颗明珠(下)》艾子、李秀桦 / 文,《襄阳日报》6 月 11
日文化 –05

※《峡峪河:与世无争的隐逸之地(上)》李秀桦、张道虎 / 文,李秀林、胡春东 / 图,
《魅力襄阳》2018 年第 6 期

※《峡峪河:与世无争的隐逸之地(上)》李秀桦、张道虎 / 文,李秀林、胡春东 / 图,
《襄阳晚报》6 月 19 日城事周刊 –13

※《峡峪河 : 与世无争的隐逸之地(下)》李秀桦、张道虎 / 文,李秀林、胡春
东 / 图《襄阳晚报》6 月 26 日城事周刊 –13

※《漫话襄阳城砖》艾子、李秀桦 / 文图,《襄阳史志》2018 年第 2 期

※《人神共娱 : 汉江龙船会》李秀桦 / 文,杨军、陈磊 / 图,《旅行家》(电子版)

2018 年 6 月号

※《人神共娱：汉江龙船会》李秀桦、陈磊／文，杨军／图，《陕西交通报》6 月
29 日月末版 -2

※《峡峪河：好一个隐逸之地》李秀桦、张道虎／文，李秀林／图，《襄阳日报》
7 月 17 日文化 -05

※《那些年 那些船 那些人》李秀桦／文，《陕西交通报》7 月 31 日月末版 -1

※《樊城水神安身处》艾子／文，《陕西交通报》7 月 31 日月末版 -3

※《船帮江湖切口录》李秀桦／文，《陕西交通报》7 月 31 日月末版 -3

※《码头黑话》李秀桦／文，《陕西交通报》7 月 31 日月末版 -4

※《调岗》（小说）艾子，《长江丛刊》2018 年第 9 期

※《麻城河：如歌如画的荆山原乡》李秀桦／文，魏冬玲、敖少华、叶经房、吴
越／图，《湖北画报·湖北旅游》2018 年 10 月号

※《樊城湖南会馆考》李秀桦／文，中国文物学会会馆专业委员会编《中国文物
学会会馆专业委员会 2018 年年会暨第十届（重庆）学术研讨会论文集》

※《近代历史上的两次"川盐济楚"》李秀桦／文，《陕西交通报》11 月 30 日月
末版 -4

※《昌集：荆山深处的鸳鸯之乡》李秀桦／文《襄阳晚报》12 月 20 日

※《峡口：沮水河畔的一颗明珠》艾子／文，湖北省作家协会编《湖北美丽乡村》
（武汉出版社 2018 年版）

荣誉

★ 方莉、李俊勇著《襄阳岘山》（中国文史出版社）获襄阳市第九届（2016-2017）
社会科学优秀成果奖著作类二等奖

★ 李秀桦、艾子《襄阳城墙砖文》（《湖北文理学院》2017 年 10 月号）获襄阳市
第九届（2016-2017）社会科学优秀成果奖论文类二等奖

2019

备忘录

◎ 1 月 14 日，由市规划局、市文体新广局、市场建委名城办组成联合调研组，就拾穗者有关"襄阳城市记忆馆"建设问题进行座谈。颜拥军主持座谈会，李秀桦、邓粮、艾子陪同调研。

◎ 1 月 25 日，《襄阳日报》小记者团与拾穗者就 2019"吾爱吾襄·读城"活动举办研讨会。邓粮、魏遵明参加。

◎ 1 月 26 日，武汉大学历史学院王汉东就博士论文《水与城——明清时期襄阳府历史地理研究》有关城市堤防问题到襄阳调查，艾子、杨家香、李俊勇、王晓强、李秀桦陪同考察襄王府、老龙堤碑刻。

◎ 2 月 13 日，"吾爱吾襄·读城"项目标识确定并联系制作徽章。

◎ 2 月 14 日，颜拥军参加市人大常委会 2019 年市立法工作会议。

◎ 2 月 16 日至 18 日，艾子、李秀桦到陕西省白河县、旬阳县蜀河镇调查并校订会馆碑刻。

◎ 2 月 20 日，李俊勇参加襄阳古城风貌提升方案专家评审会。

◎ 2 月 24 日，《襄阳日报》社、拾穗者、襄阳市小记者团联合举办的"吾爱吾襄·读城"人文历史研学活动在盛世唐城启动。

◎ 3 月 3 日，"读城"第 1 站"走读古城"，领读人邓粮、主持人李晓华、姚清卿，

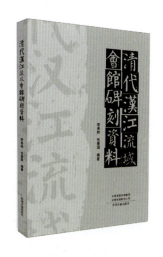

研学小学生、家长、全媒体记者、市民等 90 余人参加。活动结束进行了工作小结。

◎ 3 月 10 日至 11 日，中国文物保护基金会办公室主任刘广军、孙群、杨海生等一行 3 人专程来襄调研"读城"项目，调研组考察了 2 条"读城"线路，"读城"项目组在襄阳日报社向调研组进行了汇报。

◎ 3 月 16 日，"读城"第 2 站"话说古治"，领读人施锦华，主持人李晓华、姚清卿，研学小学生、家长、全媒体记者、市民等 90 余人参加。

◎ 3 月 16 日至 17 日，李秀桦、艾子到南阳天妃庙、黄台岗禹王店山西会馆、汲滩山陕会馆调查碑刻。

◎ 3 月 31 日，"读城"第 3 站"临池登楼"，领读人杨家香，主持人李晓华、姚清卿，研学小学生、家长、全媒体记者、市民等 100 余人参加。

◎ 4 月 4 日至 7 日，李秀桦、艾子到安康、紫阳瓦房店调查会馆碑石，并采访汉剧艺术家王发芸、龚尚武、顾铭。

◎ 4 月 13 日，"读城"第 4 站"烽火襄阳"，领读人施锦华，主持人李晓华、姚清卿，研学小学生、家长、全媒体记者、市民等 100 余人参加。

◎ 4 月 20 日至 21 日，漳纸工坊第十期手工纸研习营举行，来自北京、广州、武汉、汉中的非遗专家、摄影师、设计师、记者和志愿者共 27 人参加。

结绳记事 2015——2019

◎ 4月27日，"读城"第5站"古迹觅踪"，领读人马军、方莉，主持人李晓华、姚清卿，研学小学生、家长、全媒体记者、市民等90余人参加。

◎ 5月12日，"读城"第6站"品读书香"，领读人方莉、马军，主持人李晓华、姚清卿，研学中学生、全媒体记者、市民等90余人参加。

◎ 5月18日，国际博物馆日，拾穗者在襄阳博物馆举办"读城"专场，领读人方莉、袁伟，主持人李晓华，研学小学生、家长、全媒体记者、市民等70余人参加。

◎ 5月25日，"读城"第7站"北市探访"，领读人颜拥军，主持人李晓华、姚清卿，研学小学生、家长、全媒体记者、市民等90余人参加。

◎ 6月4日，拾穗者参加市档案局（馆）举办的"记录襄阳发展，传播档案文化"为主题的国际档案日活动。

◎ 6月8日，文化和自然遗产日，举办"骑行古城 悦读襄阳"自行车爱好者"读城"专场，环古城骑行，定点讲述，领读人邓粮、方莉、施锦华、杨家香，领队风雪劲松。

◎ 6月15日至16日，拾穗者在大谷峪开展"谷城南河大谷峪村文化考察和自然探奇之旅"暨"拾穗者2019夏季训练营"。

◎ 7月4日，湖北文理学院宣传部负责人，公益人士胡海龙、王银参观拾穗者基

地并交流。

◎ 7 月 7 日，应邀举办"登楼临池 走读襄阳"大学生暑期"读城"专场，领读人施锦华、方莉，清华大学 1 人、武汉大学 8 人、湖北大学 8 人、拾穗者、《襄阳晚报》全媒体记者等共 27 人参加。

◎ 7 月 11 日，颜拥军、方莉、马军参加《襄阳古城保护条例（草案二审稿）》专家顾问座谈会。

◎ 7 月 22 日至 25 日，李秀桦赴竹溪县、平利县拍摄传统割漆技艺，并考察平利会馆和黄洋河、坝河航运。

◎ 7 月 27 日至 8 月 2 日，颜拥军赴上海复旦大学参加市人大常委会法工委组织的人大系统法制干部培训班学习。

◎ 8 月 13 日，襄阳市图书馆"齐悦读"讲座主讲方莉、马军，向市民讲述"南城北市""南船北马""铁打的襄阳"襄阳古城故事。

◎ 8 月 16 日至 25 日，魏遵明、李秀桦参加《襄阳日报》传媒集团组织的"走万里茶道 看开放发展"大型融媒体跨境采访活动第一阶段（茶产区：福建、江西、湖南、湖北）。

◎ 8 月 20 日，襄阳市图书馆，举办"诗意读襄阳"室内"读城"主题讲座，以孟浩然诗作为例，走近孟襄阳，了解盛唐襄阳，主讲人杨家香。

◎ 8 月 28 日，樊城柜子城遗址、水星台、定中门、屏襄门，"读城"第 8 站线路勘察，确定研学互动内容，拾穗者、《襄阳晚报》全媒体记者、小记者团等 4 人参加。

◎ 9 月 8 日，"读城"第 8 站"纸糊的樊城"，领读人施锦华，主持人李晓华，研学小学生、家长、襄阳晚报全媒体记者、市民等 80 余人参加。

◎ 9 月 19 日至 30 日，李秀桦参加襄阳传媒集团组织的"走万里茶道 看开放发展"大型融媒体跨境采访活动第三阶段（茶运销区：河北、内蒙古），返程考察山西省部分遗产点。

◎ 9 月 19 日，《襄阳日报》社会议室，召开"吾爱吾襄·读城"座谈会，襄阳市教育局教研室、部分小学校长、教师、报社采编人员、市小记者团、拾穗者成员参加会议。

◎ 9 月 28 日，"读城"第 9 站"探访老龙堤"，领读人杨家香，主持人李晓华，研学小学生、家长、《襄阳晚报》全媒体记者、市民等 70 余人参加。

◎ 10 月 13 日，"读城"第 10 站"乡井重建"，领读人李秀桦、周晓东，主持人李晓华，研学小学生、家长、《襄阳晚报》全媒体记者、市民等 70 余人参加。本站讲解并书写会馆楹联。

◎ 10 月 19 日，襄阳市教育局教研室组织化学老师一行 12 人到白云工作基地参访。

◎ 10 月 19 日，应邀举办"走绿道 品岘山""读城"专场，领读人方莉，"麦田计划"公益组织、拾穗者等共 20 人参加。

◎ 10 月 20 日，"读城"第 11 站"探访郑公堤"，领读人杨家香、郑延卓，主持人李晓华，研学小学生、家长、《襄阳晚报》全媒体记者、市民等 80 余人参加。本站由郑公后裔讲述郑公的故事，并拜祭郑公手书"三瑞亭"记事碑和"民不能忘"石匾。

◎ 11 月 3 日至 5 日，拾穗者 10 名成员赴武汉参加第八届 ICOMOS-SBH-Wuhan 无界论坛暨第四届社会力量参与文化保护利用论坛，以及人文武汉组织的探访活动并与各地组织交流。

◎ 11 月 3 日，武汉召开第四届社会力量参与文物保护利用论坛，中国文化遗产研究院副研究员刘爱河把襄阳拾穗者"吾爱吾襄·读城"项目作为社会组织参与文物保护利用范例在论坛推介。

◎ 11 月 5 日至 6 日，重庆文保团队王小迟一行 9 人来襄，特别举办"襄渝读城专场"："铁打城池"读襄阳，"南船北马"读樊城，领读人方莉、李秀桦、施锦华，拾穗者参加拍记并交流。

◎ 11 月 6 日，拾穗者接待重庆民间文保志愿者，开展"读城"活动并交流。

◎ 11 月 9 日，"读城"第 12 站"岘山摩崖"，领读人方莉，主持人李晓华，研学小学生、家长、《襄阳晚报》全媒体记者、市民等 90 余人参加。

◎ 11 月 15 日，李秀桦、艾子为樊城区陈老巷社区捐赠民俗物品 10 余件，樊城路牌、门牌号 50 余件，用于陈老巷故事馆建设。

◎ 11 月 16 日，古村之友襄阳青龙村志愿者服务基地举办"乡村对话：精准扶贫 + 返乡创业 + 乡土书写 +"座谈会，拾穗者部分成员、谷城县驻村干部沈景滢、保康县村乡土作家张道虎、襄城区青龙村副书记刘华庆等人参加。

◎ 11 月 16 日，李秀桦、艾子将收藏的集邮资料 3 箱、人文地理类杂志 200 册、古砖 1 批、民俗物品 10 余件、襄樊路牌门牌号 400 余件、书柜捐赠给襄阳地域文化文献中心。

◎ 11 月 16 日，"读城"第 13 站"岘石览胜"，领读人方莉，主持人李晓华，研学小学生、家长、《襄阳晚报》全媒体记者、市民等 70 余人参加。

◎ 11 月 23 日，应草草义工协会邀请，在仲宣楼广场举办残疾人士"读城"专场，领读者方莉、施锦华、杨家香，以图讲史，包括肢残、聋哑，盲人，智残等 60 个残疾人家庭，以及市残联、草草义工协会、拾穗者和全媒体记者，共计 100 余人参加。

◎ 12 月 1 日，"读城"第 14 站"漫步江滩话今昔"，领读人施锦华，主持人李晓华，研学小学生、家长、《襄阳晚报》全媒体记者、市民等 100 余人参加。

◎ 12 月 1 日，襄城区屏襄门街道办事处会议室，召开"吾爱吾襄·读城"年度座谈会，《襄阳日报》社采编人员、市教育局教研人员、市小记者团人员、拾穗者成员等共 22 人参加。

◎ 12 月 13 日，李俊勇、颜拥军、王晓强应邀参加古城保护规划座谈。

◎ 12 月 21 日，拾穗者 2019 年年会暨年度第四次理事会（扩大）会议在白云工作基地召开，会议研究了近期工作。

◎ 12 月 28 日至 29 日，应武汉户外运动爱好者李毅民一行 15 人之约，举办"2019 岁未襄阳读城之旅"，施锦华、邓粮、方莉分别领读襄阳城墙、樊城码头、岘石览胜，《襄阳晚报》全媒体记者、拾穗者成员等共 18 人参加。

作品索引

著作类

※ 李秀桦、任爱国编著：《清代汉江流域会馆碑刻》（中州古籍出版社 2019 年版）

文章类

※《用民间力量为城市立档》李秀桦 / 文，中国文物保护基金会编《文物保护社会组织创新与发展——第二届社会力量参与文物保护利用论坛文集》（文物出版社 2018 年版）

※《韩南盛之死》（小说），艾子，《四川文学》2019 年第 2 期

※《元宵节的灯》艾子 / 文，《陕西交通报》2 月 26 日

※《漫话城墙与人》艾子 / 文，《襄阳晚报》3 月 8 日

※《刘表对襄阳城的贡献》艾子 / 文，《襄阳晚报》3 月 22 日

※《刘表对襄阳城的贡献》艾子 / 文，《襄阳史志》2019 年第 1 期

※《张顺、张贵与"双烈祠"》艾子 / 文，《襄阳晚报》4 月 19 日

※《岁月沧桑明襄王府》艾子 / 文，《襄阳晚报》5 月 10 日

※《城墙上的防御工事》艾子／文，《襄阳日报》5月17日

※《山陕会馆》李秀桦／文，《襄阳晚报》5月31日

※《樊城山陕会馆的老照片》李秀桦／文，《襄阳晚报》6月13日

※《樊城的汉阳码头》李秀桦／文，《襄阳晚报》6月20日

※《水神和传说》艾子／文，《襄阳晚报》6月21日

※《襄河上的船家习俗》艾子／文，《襄阳晚报》7月5日

※《追寻失落的优雅——汉江紫阳至旬阳段人文考察纪实》李秀桦、刘贵棠／文图，
　　《襄阳晚报》7月11日

※《追寻失落的优雅——汉江石泉至白河段人文考察纪实》李秀桦、刘贵棠／文图，
　　《襄阳晚报》7月18日

※《闸口二路的大虾》艾子／文，《襄阳晚报》8月2日

※《来自问津书院的书香》李秀桦／文，王振良编《问津疏影》（天津古籍出版
　　社2019年版）

※《底蕴丰厚"小汉口"——十堰市黄龙古镇人文考察记》李秀桦／文图，《襄
　　阳晚报》9月12日16版–汉江临眺

※《三张图纸》（小说），艾子／文，《鸭绿江》2019年第9期

※《寻找汉江上失落的记忆》李秀桦／文图，《襄阳晚报》10月31日–风物

※《明清荆山山区移民的生存与发展调查——以南漳板桥为例》任爱国、李秀
　　桦／文，《湖北文理学院学报》2019年第9期

※《铁打的襄阳》艾子／文，《中国三峡杂志》2019年第9期

※《诸葛亮，绕不开的襄阳南阳》艾子／文，《中国三峡杂志》2019年第9期

※《布衣诗人孟襄阳》杨家香／文，《中国三峡杂志》2019年第9期

※《清代汉代流域会馆碑刻及其价值》李秀桦、任爱国／文，中国文物学会会馆
　　专业委员会编《中国文物学会会馆专业委员会2019年年会暨第十一届（苏州）
　　学术研讨会论文集》

※《贞珉重光：寻找汉江上失落的记忆》李秀桦／文，《安康文化》2019年第4期

荣誉

★ 2019 年 12 月，在学雷锋志愿服务先进典型推选活动中，中共襄阳市委精神文明建设指导委员会授予拾穗者为最佳志愿服务组织，"吾爱吾襄·读城"项目为最佳志愿服务项目

注：1.团队活动、作品目录仅录入团队重要项目和作品。2.文内配图除署名外均由拾穗者团队成员提供。3.本文内容由施锦华、杨家香、李秀桦收集整理。若有不当，敬请谅解。

用民间力量为城市立档

——拾穗者实施"樊城历史街区文献档案"项目的实践与探索

李秀桦 / 文　　邓粮　魏冬玲　阳光 / 图

"樊城历史街区文献档案"项目是襄阳拾穗者民间文化工作群（下称拾穗者）实施的以记录襄阳市樊城历史街区（通常称老樊城）为主要内容的、以民间力量完成的公益项目。

文献，是指以文字、图像、声频、视频、代码等手段将信息、知识记录或描述在一定物质载体上，并能起到存贮和传播信息情报和知识作用的一切载体。通常理解为图书、期刊等各种出版物的总和。档案系指机关、机构、组织或个人在业务处理过程所产生、持有并保存的记录、文件或资料。

拾穗者是一个致力于地域文化、民间文化和汉水文化整理、研究、保护和传播的非营利组织。"回到田野　守望故乡"是其核心理念，志愿奉献是其核心价值。该组织 2005 年成立，2013 年注册。团队在地方文物古迹、传统村落、非物质文化遗产等方面进行挖掘和保护工作，结集出版有《拾穗集》《拾穗二集》等。

一个民间组织怎样以有限的力量为城市留存记忆？项目又会带来什么样的效果？社会力量实施文化公益项目有什么特点、成功经验和不足？

一、项目背景、工作方法和成果

1. 项目实施背景

樊城历史街区一直是拾穗者关注的重点地区。早在 2007 年，拾穗者在中国记忆网支持下，实施了"公民参与文化遗产保护和模式示范项目"。这个项目为民间组织开展类似工作积累了一定经验。

城市老城区的改造是各地政府开展的民生工程，在旧城改造和更新时期对

年近八旬的成员徐信走访居民

成员邓粮和居民座谈

成员褚连生和阳光拍摄樊城文物古迹

用民间力量为城市立档

437

成员李秀桦走访老摄影师陈景华

成员魏冬玲给拍摄对象送照片

成员施锦华制作碑刻拓片

这一地区的档案式记录，延续城市文脉，留下城市记忆，为城市涅槃和蝶变留下档案文献，无疑具有深远的历史意义。2012年，樊城启动"双改双迁"（棚户区、城中村改造和搬迁）项目，主要以"九街十八巷""新天地"命名的多项城市改造工程立项动工。拾穗者克服各种困难，以民间之力实施了名为"樊城历史街区文献档案"的文化公益项目。项目中所称历史街区泛指具有丰富历史内涵，具有一定历史风貌的1949年以前存在的樊城街区，即解放路以南至汉江沿线码头，汉江一桥以东，丹江路以西的区域，面积约3平方千米。但在后来开展的实际工作中，项目范围有所扩大，大庆路以北的肖家台片区、友谊街以东片区，原市纺织机械厂厂区和宿舍、市棉纺厂、印染厂等拆迁区都纳入了团队工作视野给予关注。

2.民间团队的工作方法

"凡事预则立，不预则废。"拾穗者在多年来的实际工作中也从草率、无计划、随意性强而改进为有目标、有计划地开展工作。因此，"樊城历史街区文献档案"项目以拾穗者成员为主要成员、利用业余时间完成。项目组特邀华中科技大学城市建设规划学院教授郝少波、中国记忆网创办人张金起、城市规划专家陈家驹为顾问。

项目策划书草拟后召开了由团队成员、顾问陈家驹等参加的小型会议进行讨论，从采集内容、项目实施、项目成果、著作权约定等几个方面达成共识。由于项目发起时间较仓促等原因，本项目未寻求有关部门及机构的资助，项目费用完全由团队成员采用 AA 制解决。

项目从 2012 年 9 月开始实施，到 2017 年 6 月结束，历时 5 年。经过项目组成员的共同努力，较好实现了预期目标。

（1）充分的前期准备工作是成功的开始。多年来，志愿者们就行走在襄阳城乡，强烈的社会责任感以及对地域文化的熟悉是开展工作的优势。在项目工作开展之前，项目组搜集现有的樊城文献资料，对樊城历史沿革、建筑遗产、风土人情等进行了分析研究，确定了工作重点，力争做到有的放矢，全面系统，减少遗漏。

为便于成果的后期使用，项目组制作了格式化的《樊城历史街区采访提纲》《樊城历史街区采访录音登记表》《樊城历史街区采访拍摄场记表》《樊城历史街区拍摄登记表》《樊城历史街区实物采集登记表》《樊城历史街区实物采集日志表》，力求工作更加规范和具有档案价值，同时也解决了后期使用的有关权属问题。

（2）积极争取有关部门的支持是项目得以成功的条件。城市历史街区的改造项目千头万绪，特别是拆迁工作涉及居民、拆迁公司及政府部门，为工作方便、避免冲突，在征得市文物管理处同意后，项目组制作了工作证，以"襄阳城市遗产调查队"身份开展工作。事实证明，工作证为项目成员开展工作带来了许多方便。陈老巷社区等基层组织也多次为项目组提供采访线索并提供收集品，为调查工作提供支持。

（3）全方位的记录弥补传统记录方式的不足。城市更新工作中，城建部门的城建档案馆也有对拆改地区档案式记录工作，但主要侧重于街道和建筑。此次项目内容较为广泛，除了传统笔录、录音、拍摄等常规记录外，还通过动态影像进行视频拍摄，对拆迁区可移动文物、有研究价值的碑刻制作了拓片，并整理建立档案；对实物收集如门牌号等进行了登记立档；对所涉及街巷、建筑，特别是会馆、老字号建筑进行了梳理，并拍摄图片和视频资料；按环境肖像模式对居民进行了档案式拍摄；对项目地区近 100 人原住民或相关人员进行了口述实录。

（4）项目工作中注意加强与社区居民的互动。团队成员与项目地居民建立良好互动关系，既可以增强对记录对象的了解，也会得到受访对象的支持。摄影师魏冬玲多次到街区拍摄，与居民交谈，了解情况，将自己拍摄的照片自费冲印后亲自送给拍摄对象，居民熟悉之后给她一个昵称"街长"；杨家香在口述访谈文字刊发后，将报刊馈赠口述人，都得到居民们的称赞。项目组在寻访过程中认识了抗战老兵熊士林，除了全面记录老人生活史之外，得知老人生活困难，随即通过关爱老兵、草草义工等公益组织联系，帮助老人解决医疗和生活问题。

3. 项目取得的成果

项目取得的成果主要表现在项目自身成果和社会效益两个方面。

一是项目收获了较为丰富的地方文化成果。

按照项目总体设计，通过团队成员的共同努力，项目从 2012 年 9 月开始至 2017 年 6 月结束，共完成图片拍摄 10000 余幅；视频资料 10 余小时；按计划拟做 100 人口述实录，后调整到 80 人，完成录音素材约 100 小时；收集门牌号、路牌等城市符号物品约 1000 件，不同时期居民票证约 300 件，不同时期使用的生活用品、家具等约 200 件。项目组与市档案局（馆）合作完成《老樊城民间档案丛书》的出版，举办"吾爱吾襄·我们共同的记忆"宣传周活动 1 次，取得了良好效果。

在项目实施过程中，团队一边整理一边发布阶段性成果，既鼓舞士气，又起到及时整理所收集资料的作用。其中，包括团队与襄阳雅可商务有限公司所举行的历史街区保护与利用公民座谈会。成员李秀桦在对樊城会馆深入调查研究基础上出版《襄阳会馆》（与张平乐合著，中国文史出版社，2015 年版），并发表相关学术论文 4 篇。项目成员为樊城政协文史委出版的《老樊城记忆》（湖北科学技术出版社，2015 年版）提供稿件 30 余篇，为《寻根九街十八巷》（武汉出版社，2016 年版）提供稿件 30 余篇。与《襄阳晚报》"城事周刊"版开办"九街十八巷"专栏，发表文章 34 篇；与《魅力襄阳》杂志合作的"口述史"专栏，发表口述文章 18 篇。

文献资料整理后的出版，提升了档案利用价值。项目组的工作开展后，特别得到了襄阳市档案局（馆）的关注和支持。在双方进行充分沟通之后，就成果的出版项目达成协议。由《温故老樊城》《口述老樊城》《影像老樊城》组成《老樊城民间档案丛书》，约 70 万字、348 幅图片，在 2017 年"中国自然和文化遗产日"前夕由武汉出版社正式出版。项目中产生的文字、影像等素材，也将在进一步整

成员杨家香采访居民作口述历史

理后移交市档案馆，未来对社会开放使用。这也是由档案到文献的一个升华。

团队与档案局合作举办的"吾爱吾襄·我们共同的记忆"宣传周活动之一《时光胶囊——樊城记忆文献档案展》，集中展示了项目成果，举行了丰富多彩的活动。包括向口述人现场馈赠《老樊城民间档案丛书》，举行编撰《老樊城民间档案丛书》研讨会、《时光胶囊影像沙龙——历史记忆的视觉重建》交流活动，拾穗者成员徐信向市档案馆捐赠历史图片档案，居民现场捐赠票证收藏品，拾穗者为草草义工举办专场导赏等活动，均起到了良好的社会效果。

从"吾爱吾襄·我们共同的记忆"为主题的宣传周展出效果，可以看到市民对自己所生活的城市的情感，市民需要一个折射自己生活经验达到共鸣的城市记忆空间。这为拾穗者以后建设类似市民文化空间和开展类似活动积累了经验。拾穗者更加明确了建立城市记忆馆的必要性，"为了未来而留下过去"，拾穗者团队仍会继续努力去实现这一远景目标。

二是通过展览进行公民教育，扩散并放大了项目意义，起到了良好的宣传效果。

2017年的6月9日和10日，是"国际档案日"及"文化和自然遗产日"，由市档案局（馆）、拾穗者和襄阳文化交流中心联合举办了的以"吾爱吾襄·我们共同的记忆"为主题的宣传周活动。这既是对"国际档案日""文化和自然遗产日"活动的大力宣传，也是对拾穗者"樊城历史街区文献档案"项目的一个汇

献给
国际档案日
中国文化和自然遗产日

吾爱吾襄
拾穗者襄阳文保宣传季第4站

时光胶囊

樊城记忆档案文献展

支持媒体
襄阳日报传媒集团、襄阳电视台

活动时间
2017年6月9日至18日　9：30至16：30

活动地点
大联美术馆
襄城区内环路92号南城墙西段

主办单位
襄阳市档案局
襄阳拾穗者民间文化工作群
襄阳古玩城

学术顾问
郑　浩　姚景灿　释贵明　李少国

联合策展
颜拥军　王晓强

"时光胶囊：樊城记忆档案文献展"海报　王晓强／设计

报。宣传周自 6 月 9 日—18 日开展以来，共接待参观人员 10000 人次以上。市领导先后出席开幕式或参观展览；汉江两岸市民百姓、千名高中学子、千名小记者积极参与活动；抗战老兵、老船工、老街坊、老邻居在现场找到生活记忆。草草义工团队和其他志愿者们参与了宣传周的志愿服务工作，襄阳电视台、襄阳日报、襄阳晚报、名城报、云上襄阳等多家媒体对宣传周活动进行了报道。

宣传周的核心展览是一场关于这座城市历史记忆的视觉盛宴。从老照片、老物件、老街巷缩微景观，到原居民生活常态的影像和口述档案的原声重现，无不与市民百姓过去的生活息息相关，人们留恋这次展览，更多的是留恋过去曾经美好的岁月，留恋过去曾经的艰辛和生活的不易。

二、民间立档工作的几点思考

社会力量的参与城市变迁记录工作既是公民依法保护文化遗产的共同行动，也是凝聚社会力量和共识的重要过程，还是宣传文物保护的可靠途径。

系统地为城市留存档案，本来是专业机构的工作，但民间组织以强烈的社会责任感和饱满的热情投入其中，弥补了相关部门工作的不足。这也是社会组织工作的一个创新。

1. "樊城历史街区文献档案"项目为留下城市记忆，社会组织以民间力量建立档案，丰富城市历史文化做出了积极贡献。拾穗者通过自身努力，以时不我待的紧迫感和高度的社会责任感、使命感不断记录城市变迁，在城市发生重大变化之前实施的全面系统的档案式记录工作，具有一定前瞻性。不论从常规记录，还是口述历史和动态影像方面，为城市留下建设过程中的样本，无疑具有社会学、人类学的意义。市档案部门在接收成员捐赠档案后表示，希望将项目产生的原始资料提供给专业档案管理部门，发挥更多更大的社会作用。这从项目初始名"樊城历史街区文献档案"到"樊城历史街区档案文献展"可以看到成果的转化和提升。

文献是记录、积累、传播和继承知识的最有效手段，是人类社会活动中获取资讯资料的最基本、最主要的来源，也是交流传播的最基本手段。这场由档案局（馆）联合社会组织举办的关于城市历史记忆的视觉盛宴，多方受益，多方共赢。这场活动的成功举办，即是对城市历史记忆一个美好回顾，也是对城市飞速发展历程回顾，更是文化建设创新的一个新举措。通过广泛有效的社会动员进行了广泛的公民教育，增强了公民的文保和档案意识，从而唤醒和激发出公民热爱自己

用民间力量为城市立档

"时光胶囊：樊城记忆档案文献展"上的文保志愿者

"时光胶囊：樊城记忆档案文献展"上的襄阳市民

的城市爱故乡的情感。志愿者耿文杰说，一次展览不仅仅是一次视觉盛宴，让老居民找到了儿时的记忆。更重要的是，不同职业，不同阶层，方方面面的市民参与进来，是一次极佳的公众参与遗产保护的案例。通过展览，搭建了民间组织与政府部门沟通的桥梁，为以后类似的活动开展，为其他民间组织起到了借鉴和参考作用！

2. 通过广泛开展的社会动员，达到公民教育的目的，促进了各阶层理解和互动。政府部门与社会组织、社会组织与社会各阶层、社会组织与社会组织之间的良好合作是得以保证活动社会效益最大化的前提。通过项目的实施，民间团队以社会组织身份与政府部门、基层社区开展了广泛的合作，增进了彼此之间的了解，实现了多方共赢。拾穗者团队以往并没有系统做口述史记录的经验，"口述老樊城"项目就是一次全新的尝试。成员杨家香说："开始做口述时，许多老居民对我们的工作不理解，于是我们就跟他们拉家常，拍了照片经常洗出来送给他们，后来他们渐渐就和我们熟悉了，像老朋友一样亲热，还主动给我们介绍有故事的居民或提供线索。"

通过项目的实施，拾穗者积累了与媒体合作的良好人脉关系和工作经验。《襄阳日报》、《襄阳晚报》、电视台、广播电台均为此次活动做了报道专访。

3. 团队以及项目成员得到锻炼和成长，团队的能力和公信力得到增强，工作方式得到创新。首先，项目的实施过程也是团队建设和成员能力成长的过程。不论从理念还是从技术层面，成员们都感到受益匪浅。其次，工作方式上的创新体现在对口述历史方法的运用上。比如，《口述老樊城》一书收录了拾穗者对 69 位不同行业、不同街区的老街居民的采访记录。这些居民基本上是 20 世纪 20 年代至 60 年代出生，年纪最长者生于 1921 年，他们的口述描述了民国至今樊城社会生活的方方面面。"这些老樊城的原居民，大多是各行业最普通的劳动者，如船工、纤夫、木匠、皮匠、渔民、澡堂伙计、酱园学徒、理发师等小人物，他们的生活经历，鲜活地反映了社会变迁和市井百态。"成员邓粮、杨家香从 2012 年下半年到 2014 年的节假日基本都用在对居民的口述采访工作上。项目组成员的分工协作也是此项目得以顺利完成的保证。动态影像组的褚连生、阳光为了拍摄到全景式的街巷，使用了包括斯坦尼康稳定器、轨道等大型设备，以及逐格拍摄等方法，力求图像具有档案价值。

当然，由于能力、精力和资金的不足和团队自身的局限性，项目也存在一些缺憾。一方面，社会公众的文物保护意识还不普遍，民众参与保护的自觉性不高，尽管对文物保护关心的人越来越多，但是仍属于小众群体。二是田野调查工作缺少全面性、系统性，工作的专业性有待加强。由于团队主要利用业余时间开展工作，资金短缺，时间和经验的不足，自身实力不强，团队结构较为松散，稳定性差，加上在专业人才、专业背景和学术训练上的欠缺，导致原始资料收集内容不够全面系统，档案整理工作不够规范化，需要通过后期工作进一步完善。

用民间力量为城市立档

447

吾爱吾襄　走读城市

——拾穗者"吾爱吾襄·读城"人文历史研学体验公益活动回顾

邓粮　魏遵明 / 文　魏冬玲　张玉涛 / 图

"吾爱吾襄·读城"是拾穗者和襄阳市小记者团联合开展的人文历史研学体验公益活动

　　襄阳是座典型的山水城，汉江将襄阳城和樊城分为南北二城，"南城北市"久负盛名。汉江不仅是一条自然的河流、昔日的"黄金水路"，还是一条历史轴线，记录着城市千百年来的变迁。樊城位于汉江北岸，沿江呈带状布局，处南襄盆地南端，是北上的咽喉；襄阳城位于汉江南岸，方城为城，汉水为池，扼守荆襄驿道，把控江汉平原。襄阳城南襄水环绕，依枕岘山山脉，岘山诸峰连绵起伏，层峦叠翠；"十里青山半入城，一江碧水穿城过"，诠释了襄阳这座城的山水格局。襄阳这座城特色鲜明，历史文化厚重，是中国魅力城市和国家级历史文化名城。

"读城"之创意——

从"捡拾"到"播种"

襄阳拾穗者民间文化工作群（以下简称拾穗者）自 2005 年以来，坚持"回到田野 守望故乡"宗旨，在挖掘、整理、研究的基础上，出版发行了有关汉水流域和襄阳文化的著作 8 套册。拾穗者特别注重历史文化的传播和普及，举办文化展览 14 场，开展文化宣传普及活动 38 余次。特别是 2017 年度推出的"吾爱吾襄"系列文保宣传活动，广大市民积极参与，产生了强烈的文化共鸣。2019 年拾穗者策划开展"吾爱吾襄·读城 – 人文历史研学体验活动"（以下简称读城），旨在引导公众特别是青少年通过身边的历史文化遗迹和历史人物，了解这座城市的人文底蕴，知晓襄阳作为国家级历史文化名城的实质所在，增强城市荣誉感，希望这项活动成为襄阳创建文明城市的有机组成，也成为拾穗者可持续开展的工作项目。

随着城市建设步伐越来越快，都市同质化越来越浓，独具城市个性的历史文化遗迹渐渐失落，但仍有许多历史文化遗迹散布在汉水两岸。"拾穗"的使命是"播种"而不是"仓储"，对历史文化我们保持敬畏并致以最大的敬意。城市记忆事关城市文脉的延续，我们有责任把历史智慧告诉人们。"读城"让陈列在城市里的历史文化遗迹、书写在方志里的文字都活起来。利用拾穗者多年的"拾穗"成果，利用雄厚师资力量，面对面解读襄阳的历史与人文，让公众特别是青少年走出教室，贴身城市，身临其境地"读城"，使"吾爱吾襄"活动生动、有趣、可持续。"读城"使公众和青少年加深对我们这座城市极其丰厚的文化内涵和独特的历史价值的了解和认同，激发故乡自豪感，能极大地丰富城市人文精神，成为中华文化的承载者和传播者。

"读城"之内容——

4 大主题 17 个单元

襄阳这座城山水格局独特，历史文化厚重，拾穗者据此把"吾爱吾襄·读城"按四大主题设计，分别是："铁打城池"读襄阳，"南船北马"读樊城，"一江碧水"读汉江，"十里青山"读岘山，共设计 17 个读城研学单元。

主题一："铁打城池"读襄阳

襄阳城始于春秋早期楚国北津戍，城池始建于西汉，有 2000 余年的历史。东汉末年自荆州牧刘表移州治襄阳始，历为州、郡、道、府、县治。现在襄阳城池格局是元末明初，卫国公邓愈镇守襄阳时重建、拓展而成，三面掘池，北临汉水，设城门 6 座，这是一座完整的明清军事防御体系，此谓"南城"。现今城墙完整，城池宽阔，城内有"荆州古治"券门、昭明台、县学宫、绿影壁、谯楼等众多历史遗迹，是全国重点文物保护单位，被列入世界文化遗产预备名录。

"铁打城池"读襄阳，围绕襄阳城墙、城门、角楼等遗迹，以及城内历史建筑，设计读城研学线路 7 个单元，它们是走读古城、话说古治、临池登楼、城池寻源、烽火襄阳、品读书香、古迹觅踪等。

为配合这 7 个单元读城，附图清光绪《襄阳府城图》，设计了研学互动环节，如手臂丈量城门、发现文字城砖、唐诗吟诵、成语故事表演、汉服礼仪研习、跳马过关儿戏、黄蓉郭靖古装表演、尊师祭拜、手工泥塑制作等多种形式。

主题二："南船北马"读樊城

樊城比襄阳城的历史更悠久，可以说"襄阳"的源头恰恰是樊城。关于樊城起源现在考古界给出的结论是距离樊城约 6 千米的邓城村，它是春秋早期古邓国的都城遗址；但樊城起源最传统的说法是樊城源于西周宣王时"仲山甫封于樊"。樊城居于汉江北岸，依托汉江成为内陆重要的交通和物流枢纽，素有"七省通衢"之誉，由西向东码头、商铺沿河街密布，自古就是商贾汇聚之地，此谓"北市"。樊城现存郑公堤、码头、陈老巷、山陕会馆、抚州会馆、小江西会馆、黄州会馆、水星台、定中门、屏襄门、柜子城城墙等众多历史遗迹。

"南船北马"读樊城，利用现存的码头、街巷、会馆遗迹、城门遗迹等，设计读城研学线路 3 个单元，它们是"北市"探访、寻找"纸糊的樊城"、乡井重建等。

为配合这 3 个单元读城，附图《樊城历史街区手绘图》，设计了研学互动环节，如百岁居民祝寿、模拟街市买卖活动、老艺人教学曲艺、楹联赏析、消防及游泳安全常识学习等多种形式。

主题三："一江碧水"读汉江

一江碧水穿城过，成就了襄阳双子城的格局，也记录着人与自然的博弈史。汉江南岸老龙堤西起万山，东至闸口杨泗庙，"长十里三分"，由明万历三年巡道杨一魁主持修筑成石堤。汉江北岸樊城河堤西起火星观矶头，东至迎旭门矶头，其中大码头至邵家巷码头四百余丈石堤，清道光八年由知府郑敦允主持修筑，老百姓称之郑公堤。两岸曾有码头 31 座，今尚存码头遗迹 22 处、记事碑 12 通，这些码头共同构成了汉江沿岸的风貌格局，每座码头都是一个文化景观，都具有厚重的历史价值，诠释着汉水文化。襄樊码头是全国重点文物保护单位。

"一江碧水"读汉江，利用襄阳老龙堤、樊城郑公堤以及沿岸矶头、码头、碑刻等遗址遗迹设计读城研学线路 4 个单元。它们是探访老龙堤、探访堤城、探访郑公堤、寻找消失的码头等。

为配合这 4 单元读城，附图《老龙堤图》，设计了研学互动环节，如郑公后裔寻祖之旅、老船工领喊汉江号子、复现牵钩儿戏、水文环保知识、航运知识、河堤建筑知识、水上安全知识、畅游汉江等多种形式。

主题四：“十里青山”读岘山

岘山位于襄阳城南，是襄阳古城的屏障，由西向东有 20 余座山峰，错落有致。岘山风景秀丽，植被丰富，山中丘壑闲远，泉池处处，又有奇峰、怪石、岩洞，水木清华掩映其间。岘山更是文化之山，“山不在高，有仙则名。”岘山的文化源流当发轫于西晋，自羊祜始，借羊祜、释道安、孟浩然等文人骚客之名成为著名的游赏之地，名胜古迹遍布，山中有岘首亭、习家池、郑家山摩崖、李曾伯纪功铭摩崖、岘石摩崖、楚岩摩崖等众多历史遗迹。

“十里青山”读岘山，利用古迹遗址和摩崖碑刻等设计读城研学线路 3 个单元，它们是赏岘山摩崖、观岘石览胜、寻名胜古迹等。

为配合这 3 个单元读城，附手绘《襄阳岘山图》，设计了研学互动环节，如单口相声话三国、唐诗欣赏、领诵宋代摩崖、山川地质知识等多种形式。

“读城”之实施——
精心打造，倾力投入

2018 年 12 月，拾穗者拟定读城项目方案，经拾穗者理事会讨论通过，成立了读城项目组，举团队之力，分工协作，实施读城项目。为增强公信力和宣传力度，与《襄阳日报》社携手开展读城，双方签订了读城项目合作协议，明确了双方在活动中的责任、权利和义务。

拾穗者负责活动的总策划、读城线路设计、领读解说、文图教具制作、标识设计、图片拍摄、视频摄制、深入解读等。拾穗者组织读城 40 人次，现场领读及备课 220 学时，制作教学图 32 幅、研学印戳 42 枚。邓粮负责活动总策划，魏遵明负责组织媒体和策划宣传报道；方莉、施锦华、杨家香等承担了领读的主要工作量；颜拥军、李秀桦、马军等参加了领读和组织协调；张玉涛、魏冬玲、李俊勇、徐信等参加了图片拍记和协调工作；褚连生和王爱红负责摄像及短片制作；王晓强设计了读城 LOGO、通关文牒、印戳等；方莉创作《读城颂》；方莉、任爱国等围绕读城主题进行撰稿，进行系统化深入读城。

《襄阳日报》社派出《襄阳晚报》首席记者和全媒体记者各一人，全程参加

吾爱吾襄　走读城市

拾穗者成员为小记者们讲解襄阳古城

拾穗者成员为小记者们讲解襄阳岘山文化

拾穗者成员为小记者们讲解襄阳老龙堤的故事

拾穗者成员为小记者们讲解樊城会馆历史知识

吾爱吾襄　走读城市

453

拾穗者成员用实物为重庆文保志愿者讲述襄阳战争故事

读城，负责跟踪报道、新媒体现场直播，还承担了部分视频录制、海报及研学手册制作等工作。襄阳市小记者团（以下简称小记者团）负责组织小记者读城研学班，设计互动环节，准备互动用具，担任互动主持，以读城的方式开展人文历史研学体验活动。

读城于2019年2月启动，同年12月完成，利用双休日每月组织活动2次，每次活动控制在2.5小时以内。读城范围是襄阳城区，包括襄城、樊城、岘山和河堤码头，利用开放的城市空间展开活动。研学人员以各小学的小记者为主体，欢迎市民参加读城活动。

读城每个单元活动前，由拾穗者项目负责人召集领读者、研学互动主持人、媒体记者、摄影师等相关人员，多次进行现场勘察，优化研学线路，研讨讲述重点及节奏，确定互动地点、内容和形式。由领读者撰写讲述要点，制作图文教具；由互动主持人设计互动研学具体内容，包括发现质疑、信息查阅、知识学习、互动游戏、亲子同题作文等研学模块，使同学们通过现场观察、思考提问、互动游戏、感想写作等形式学习历史文化，提升学习能力，构建完整的学习生态。

为了保证研学效果，逐步完善并固定了研学流程：同学们达到现场后，列队佩戴"读城"徽章、领取研学手册，学生代表领读《读城颂》，强化了读城活动的仪式感。读城每个研学课时由讲解和互动穿插进行，讲解环节由拾穗者老师领

拾穗者成员为小记者们讲述樊城文化遗址

读，互动环节由小记者团老师主持，每亲历一处重要的历史文化遗迹在研学手册盖上印戳，既增加了活动的趣味性，也强化了同学们的记忆。

"读城"之反响——
社会各界参与，媒体全程推介

2019年2月，读城项目借势启动，在襄阳唐城景区"穿天节"开幕式上举办了襄阳历史文化遗迹图片展，小记者团组织小记者参加活动，襄阳市副市长龙小红应邀在读城旗帜上签名。2019年3月，中国文物保护基金会调研组一行3人到襄阳考察了读城项目，给予鼓励并提出指导性意见；2019年4月，启动"书香溢襄阳"全民阅读活动，在读城项目展台前，襄阳市委常委、市委宣传部部长胡和平与项目组成员相互交流，对读城活动给予了充分肯定，并在旗帜上签字鼓励。

读城持续到2019年12月结束，历时11个月，共举办活动24场次，现场体验读城2300余人次，网络直播浏览量150余万。《襄阳晚报》联合拾穗者开设读城专栏，据不完全统计《襄阳日报》《襄阳晚报》共刊发专题42期58个整版，刊登各类文章120余篇；跟踪报道读城12次，新媒体全程参与网络直播23次。襄阳电视台《今日播报》播出读城专题3次。

社会各界积极响应，共同参与读城。在襄阳县学宫大成殿，襄阳五中退休高

拾穗者成员在昭明台为小记者们讲述《昭明文选》

级教师李治和带领小记者向孔子像行祭拜礼；在城墙边，襄阳雕塑家涂家勇制作了城墙的模型供孩子们观摩练习；在仲宣楼上，华楚汉服社赵燕讲述"衣冠上国礼仪之邦"，教授同学们穿汉服，学礼仪；在小江西会馆，企业家刘家国讲述茶业的故事；在山陕会馆，楹联学者周晓东解读了会馆中的楹联；在樊城回龙寺码头，老船工骆德国重唱当年的船工号子；在公馆门码头，襄阳清代知府郑敦允第六世侄孙郑延卓给孩子们讲述"民不能忘"的故事；在陈老巷，社区组织小记者体验"孝道文化"，恭祝衡德华女士百岁寿辰；在屏襄门，襄河坠子表演艺术家郝桂萍给孩子们演唱、传授《春晓》；岘山脚下响水潭畔，青年相声演员王许明带来三国评书《马跃檀溪》；在大北门，襄阳知名诗人李晓吾教孩子们演唱专为读城创作的歌曲《读城》；在夫人城下，来自襄阳市京剧团、湖北省豫剧团的专业演员扮演郭靖和黄蓉，为孩子们起舞。樊城区消防救援大队、襄城区税务局、襄阳市港航海事局等单位的干部讲解相关常识，来自水文、堤防、地质等部门的专业技术人员进行科普，让读城内容更加丰富多维。

有趣的一个现象是，陪护小记者读城的家长，参与度和主动性更高，像学生家长李捷不单活动中积极提问，而且与孩子一块参与"同题作文"活动，撰文抒发感想；涂成女士孩子上初三，不能按时参加读城，于是代子读城，再回家转述，并积极参加"同题作文"活动。

拾穗者作为襄阳市人大常委会基层立法联系点，我们在读城中结合现场实例

拾穗者成员向小记者们发放《襄阳古城墙保护条例》

宣传文物保护知识，宣讲《襄阳古城墙保护条例》，发放《襄阳古城墙保护条例》820 余册，旨在提高小记者和市民们的文保意识。

"吾爱吾襄·读城"—人文历史研学体验活动是传承优秀文化、建立文化自信、传播城市品牌的成功探索，也是拾穗者联手主流媒体，联合社会力量优势互补、合作挖掘、共同实施、展现地域文化成果的有益尝试。

"读城"之展望——
"长尾"效应初显，努力之处尚多

这次读城活动主要对象是小学生群体，组织小记者读城研学 14 场次，学生、家长及市民共 1300 人次参加；通过网络直播和短视频的扩展传播，网络线上"读城"点击量已超过 150 万人次，放大了社会影响力。我们还应邀组织了大学生、社会组织、机关事业单位、外埠文保团队读城 10 场次，各界人士共 1000 人次参加。2019 年 11 月，第四届社会力量参与文物保护与利用论坛在武汉召开，中国文化遗产研究院副研究员刘爱河把读城项目作为社会组织参与文物保护利用的范例在论坛发表宣传。读城活动"长尾"效应初显，说明了社会需求的必要性和广泛性。

读城活动中注意收集学生及家长们的建设，读城期间和年度活动结束时组织了二次读城研学座谈会，与会襄阳文史研究者、媒体记者、教师、学生和市民针对读城研学效果和形式进行研讨，一是要丰富读城内容，这次读城大多是在读

吾爱吾襄　走读城市

"古"，也要读"今"，感受襄阳的前世今生，体验襄阳变迁；结合中小学生课标，选择读城地点与内容，调动学校参与的积极性。二是丰富读城的形式，针对不同年龄段学生的特点，压缩灌输式讲解时间，多些时间让孩子们参与互动，开展体验、研学和思考，提高活动效果；充分利用家长资源，设计亲子互动节目，便于家长与孩子进行二次互动；来襄阳旅游的游客也是最大目标人群，有必要纳入读城范围。三是需要丰富宣传手段，设计读城网红打卡点，邀请名人、网红参与读城。四是形成读城品牌，对文史资料进行系统化整理，编制读本，以利针对不同对象及其兴趣点，设计精准化、个性化的读城线路及内容；注重讲述的真实性、通俗性和故事性，用朴实的语言讲好襄阳故事；五是研发设计读城文创产品，利用文创产品扩大读城影响力，让读城活动常态化、可持续化。中国文物保护基金会调研组在实地考察了2条读城线路，并听取了专题汇报后指出，读城符合"全员参与、全民共享"的文保理念，读城属于公益活动，切合本基金会的目标，强调注意总结提炼，成果提升，打造品牌，以便将来形成示范效应，运作成全国性公募项目。

2021 年 2 月 2 日

附录

附录 1：《吾爱吾襄·读城》线路（邓粮设计）

"铁打城池"读襄阳（附图清光绪《襄阳府城图》）

1. 走读古城（城墙北段）：临汉门（小北门）→墙体剖面（夯土层）→襄阳城历史解说牌→城墙公园→拱宸门（大北门）；

2. 话说古治（新城湾）"荆州古治"券门→荆州街（北段）→沿江堤墙→震华门（长门内貌）→长门瓮城；

3. 临池登楼（城墙东南段）：阳春门遗址（东门）→城墙东南段→登城墙→仲宣楼→仲宣楼广场→文昌门遗址（南门）；

4. 城池寻源（城墙西南段）：城河源头襄水（南渠）→护城河→狮子楼遗址→城墙西南段→西成门；（市政工程施工中，未成行）

5. 烽火襄阳（城墙西北段）：西成门→城墙西北段→城墙文字砖→夫人城→夫人城广场；

6. 品读书香：昭明台（市博物馆）→县学宫大成殿（襄阳五中）→萧楚女纪念馆（湖北二师旧址）；

7. 古迹觅踪：谯楼（市美术馆）→绿影壁（明襄王府）→仲宣楼；

"吾爱吾襄·读城"活动每次都吸引许多学生和市民参加

"南船北马"读樊城（附图《樊城历史街区手绘图》）

8. "北市"探访（码头河街遗迹）：公馆门码头→邵家巷码头遗迹→晏公庙码头→邵家巷→山陕会馆→磁器街→陈老巷；

9. 寻找"纸糊的樊城"（城墙遗迹）：城墙遗迹（柜子城城墙）→水星台→定中门→屏襄门（鹿角门）；

10. 乡井重建（会馆遗存）：小江西会馆→抚州会馆→山陕会馆→黄州会馆；

"一江碧水"读汉江

襄阳老龙堤、矶头及码头（十里长堤遗迹部分线路，附图《老龙堤图》）：

11. 探访老龙堤：老龙堤第七号碑（三桥头）→普陀庵矶头→三棵树；

12. 探访堤城：小北门码头→官亭码头→铁桩码头→大北门码头→汉江历年水位标志碑→老龙堤第三十六号碑；

樊城石堤及码头（七里长堤遗迹部分线路，附图《樊城历史街区手绘图》）：

13. 探访郑公堤：火星观矶头→米公祠码头→大码头→龙口码头→中州码头→公馆门码头；

14. 寻找消失的码头：回龙寺码头→汉阳码头遗址→基峨巷码头遗址→湖南馆码头遗址→马道口码头遗址→梯子口码头→迎旭门矶头；

"十里青山"读岘山（附手绘《襄阳岘山图》）

15. 赏岘山摩崖：岘山广场→响水潭→襄水桥→"李曾伯纪功铭"摩崖

→"马跃檀溪"摩崖；

16. 观岘石览胜："重修岘石寺记"碑→"岘石"摩崖→"栖霞"摩崖→"程九万诗并记"摩崖→阳广洞→"啸月"摩崖；

17. 寻名胜古迹：岘首亭遗址→杜甫衣冠冢→羊杜二公祠遗址→堕泪碑复立处→习家池→谷隐寺遗址。

附录2：读城颂（方莉创作）

读城颂

岘山高，汉水长。

襄阳城，我家乡。

行万里，走四方。

爱吾国，爱吾襄。

附录3：读城LOGO、通关文牒、纪念戳等（王晓强设计）

"读城"札记二则

魏遵明/文　魏冬玲　魏遵明/图

打造"高颜值"地方文化传播品牌

本报《襄阳晚报—编者注》创刊 25 周年之际，媒体融合已全面向纵深推进。在互联网的冲击下，传统纸媒陷入寒冬。为了激发青春活力，本报在今年春节之后逆流而行，推出大型线上线下主题宣传策划——"吾爱吾襄·读城"人文历史研学体验活动。

迄今为止，活动已办了 3 站，在本报上发稿 5 期。活动举办仅一个多月时间，已获得不少读者的点赞。人们欣喜地看到，"读城"正成长为受到读者欢迎的一个"颜值"较高的文化传播品牌。

融合，"十八般武艺"一起上

今年 2 月 24 日，襄阳迎来了一年一度的民俗文化节"穿天节"，"穿天节"当天举办的活动社会关注度高，参与面广。"吾爱吾襄·读城"研学体验活动"借台唱戏"，《襄阳日报》传媒集团总经理职战新在汉江游船上，向市民和青少年朋友发出了"读古城、爱吾襄，倡文明、兴文化"的倡议。市政府副市长龙小红在"吾爱吾襄·读城"队旗上签字，对活动予以鼓励。

为了把这个普及文保知识、传承历史文化、留住城市记忆、凝聚家国情怀的公益活动做出影响，本报借助报社全媒体传播体系，坚持移动优先，加强融合，以集团教育传播研究院（襄阳市小记者团）的"家襄少年"周刊、官方微信为基础，加强《襄阳日报》APP、汉江网小记者频道、《襄阳晚报》微信微博及共同主办方"拾穗者"官方微信微博的配合联动，推动策划、采编、分发、宣推等环节的深度融合，以网络直播、短视频等用户喜爱的方式传播信息，以新视角、新维度、新手段，配以纸媒深入的解读式报道，将"吾爱吾襄·读城"的宣传报道推向新高度。"读

『读城』札记二则

领读者方莉

领读者邓粮

领读者李秀桦为小记者们发放读城胸徽

城"活动中，本报始终坚持移动端求快、PC端求全、报纸端求深的要求，推出文、图、视频作品80多篇（条），仅活动第一站"走读古城"的视频直播浏览量在当天就超过了3万人次。实践告诉我们，媒体融合发展并非是简单地在报纸之外办一些新媒体，或者是关掉报纸去办新媒体，优质内容始终是第一位的。

组织，报人与民间文化保护志愿者一起干

"吾爱吾襄·读城"人文历史研学体验活动的策划与实施，从一开始就坚持不走传统媒体习惯的"寻常路"。本报报人与曾经获得"中国爱故乡年度特殊贡献人物""感动襄阳十大人物（团队）"称号、在民间文化保护方面拥有良好口碑的"拾穗者"，一起策划、组织活动，各美其美，美美与共，打破了"我写你看""我讲你听"的单向传播模式。

在报道形式上，按照先"指媒"再纸媒的路径，先现场直播，再官微推送，接着纸媒深度跟进；在栏目设置上，通过"融读""悦读""解读""深读"几大板块，使线上线下、"指媒"纸媒形成呼应，活动的参与感、互动性大为增强。

为确保每站活动的质量，"拾穗者"成员利用休息时间看线路、查资料、写方案、制作历史故事提示牌。他们既是领读者，又是安全员，在每一个"读城"活动的现场，他们感染了无数市民。此外，每次活动都有家长主动帮组织者搬物料，主动当领读者的助手。

本报编辑部对于每次活动报道的安排，也不再只是"以我为主"，而是专门为"拾穗者"、学生、家长和老师开辟了专栏，突出内外互动，通过开设"同题作文""读城手记""网友声音"等专栏，让"读城"活动持续发酵，给没到现场的读者以身临其境之感，让他们通过阅读获得历史文化知识。

策划，传播历史文化知识一起做

近年来，"通俗历史热"不断出现在媒体的报道当中，作为一种关涉史学的文化现象，它已成为不少大众传媒吸睛的妙笔。特别是面对"信息找人"的传播生态和大众碎片化阅读的现实需求，对历史文化知识的传播与推广，无疑成为都市生活类纸媒"救亡图存"的一种有效选择。

施锦华在读城中领读　魏遵明摄

领读者杨家香在护城河畔带领小记者们读城　魏冬玲摄

领读者马军

「读城」札记二则

463

领读者颜拥军

襄阳作为国家历史文化名城，文化底蕴深厚。"拾穗者"十余年来坚持不懈地"捡捡"文化碎片，深受市民关注。本报结合自身改版，将"拾穗者"坚持了两年的"吾爱吾襄"文保志愿者行动升级为"吾爱吾襄·读城"人文历史研学活动，利用"拾穗者"多年的"拾穗"成果，向公众解读襄阳古城的历史与人文，引导市民特别是青少年走出教室、书房，亲近城市，身临其境地"读城"，以此来传承历史文化。在此基础上，不断总结完善，让陈列在城市里的历史文化遗迹、书写在方志里的文字都灵动起来，系统地探索古城研学旅行常态化路径。

这个提议得到了"拾穗者"的全力支持，他们多次修改方案、梳理线路、勘查现场、撰写解说词……自费制作各种类型的古城地图、互动答题卡等，全程参与活动和报道策划。每站活动一结束，参与人员自发集中在一起找不足、补短板，策划下一站的活动，并将方案提交给本报编辑部和襄阳市小记者团反复讨论完善。

正是这种"绣花功夫"，使得这场活动虽然推进的时间不长，却已引起了广泛关注。同时，与"读城"相关的文创产品、古城绘本、校本教材……也正在策划酝酿之中。

值得一提的是，这种精细策划和全媒体传播，不仅拉近了"读城"与市民之间的距离，同时也增强了受众的参与感，让文化传播更接地气，也让越来越多的市民自觉自愿地加入到与主流媒体、文保志愿者一起保护历史遗迹、传承优秀文

读城活动组在陈老巷留影

化、创建文明城市的行列中来。

当"读城"遇上文化和自然遗产日

6月8日，恰逢端午小长假与文化和自然遗产日，《襄阳日报》社联合拾穗者民间文化工作群共同举办的"吾爱吾襄·读城"活动，也顺势推出专题策划——"骑行古城 悦读襄阳"。

此次活动以"文化保护、你我同行""见人见物见生活"为主旨，面向公众征集文化爱好者、骑行爱好者，以绿色出行的形式，感受古城襄阳的魅力，引起了市民关注。

8日上午8时，60多人的骑行队伍从昭明台出发，环襄阳古城一周，到夫人城结束，历时近4个小时。在昭明台、西门、仲宣楼、夫人城等重要文化节点，都有领读者进行文史讲解。因此，关注的人群越来越多，中途加入的还有汉服爱好者、自媒体人士和80多岁高龄的文化研究者。

当"读城"遇上文化和自然遗产日，媒体记者、文保志愿者和市民朋友一起骑着自行车，感受了襄阳十足的文化味儿，同时也营造了浓浓的节日氛围。活动结束后，一位随行的市民很快就在社交媒体上发文称，带着一直因为上学而未能参加"读城"的儿子环骑襄阳城，一路神清气爽，美景目不暇接，满城尽带历史，让人心生敬意……

『读城』札记二则

透过市民参与"读城"、关注身边历史文化的热情，笔者更加深刻地认识到，作为地方主流媒体在推动城市历史文化保护和传播方面的优势、责任和使命。愈发感受到今年年初推出的"读城"活动，之所以能够吸引市民热情参与，引发社会广泛关注，就是因为活动组织者能够将市民带到文化遗产的现场，运用大众化表达、全媒体传播，让陈列在城市里的历史文化遗迹、书写在方志里的文字，以契合大众需求、贴近大众心灵的方式，为人们所认知、认同。在积极推动文化遗产保护利用的基础上，进一步提升了市民对历史文化的认识水平和文化自信心、自豪感。

当"读城"遇上文化和自然遗产日，一些热心民间文化保护的社团组织多了一份担当，一些市民也比平时增加了几分参加"读城"的冲动。因为越来越多的人已经明白了这样一个道理：文化遗产是传承一个地区乃至国家的历史文化，维系民族精神的不可再生的珍贵资源。

因此，当"读城"遇上文化和自然遗产日，无论市民的积极参与，还是组织者的辛勤付出，他们的热情都在告诫我们：所有的文化传承与保护，都应当"见人见物见生活"，都必须"在生活中弘扬，在实践中创新"。

聚焦乡土十五年

王爱红 / 文　魏冬玲 / 图

2002 年,我开始喜欢上了户外运动,在几次活动中认识了李秀桦、褚连生等人。2005 年有幸参加拾穗者民间文化工作群(以下简称拾穗者)组织的南漳古山寨探秘活动。这次活动不同于一般郊游,带有考察性质,人员分工明确,有测绘、文字采访、摄影摄像分工。根据个人爱好专长,褚连生和我分配到 DV 组。从此,我踏上了用摄像机记录襄阳乡土文化之路,后来也成为拾穗者一员。

发现荆山秘境

2005 年探秘古山寨,第一次接触专业拍摄,我虚心跟老师们学习,从不同角度记录山寨的形制和分布。后来,我们又多次踏访古山寨聚落群。工作中,DV 小组通常是提前做好文案,背负几十斤的器材上山,对山寨的全貌和细节进行全方位不同角度拍摄,尤其有文字记载的碑文和对原住民的采访,拍摄动态影像 25 场次 20 小时。团队撰写了大量关于南漳古山寨的文章,我也参与剪辑并制作 DV 纪录片《探秘张家寨》,在网络上广泛宣传。2006 年 11 月,《中国国家地理》杂志用 12 个版面发表《南漳古山寨》专题报道,引起轰动。由于大家的不懈努力,南漳古山寨出名了。2009 年武汉某集团正式与南漳县政府签署开发春秋寨。听到此讯,褚连生高兴地说:"春秋寨找到了好婆家,要去送一下,善始善终。"在举行开工典礼剪彩的当天,轨道、摇臂、摄像机搬到春秋寨的山脚下,阵势很大,比专业电视台还要专业,好好记录了这热闹的场面,祝贺春秋寨终于可以服务社会经济建设。2017 年 1 月,通过褚连生的大力引荐,中央电视台十套"地理中国"摄制组,来到南漳县拍摄《南漳古堡》专题片。拾穗者团队负责片中的大景航拍

2017年1月10日至14日，拾穗者成员褚连生、王爱红、魏冬玲协助中央电视台第十频道拍摄纪录片《南漳古堡》

镜头，褚连生、魏冬玲和我全程参加了。先后十几天驱车在荆山腹地参与拍摄，风里来雪里去完成了任务。实现了把南漳古山寨搬到国内最高流媒体，在央视宣传的心愿。

　　漳河源头的中场陈家造纸作坊是拾穗者和纸民创建的漳纸工坊，荆山深处的又一个隐秘所在。这里的陈氏家族以制造"火纸"为生，纯手工造纸工艺已有几百年历史。21世纪初，受到工业化生产冲击，留下来的手艺人寥寥无几，面临可能"人亡艺绝"的境地。拾穗者团队决定要记录下整个造纸工艺及手艺人的生活现状，一方面留存资料，一方面想通过传播，唤起人们对非物质文化遗产的关注。记得2015年初，褚连生刚买的飞行器"小悟"到手后，迫不及待地赶往南漳拍摄古村落、古山寨和漳河源古法造纸。当天，从卧牛寨赶到漳河源路口时已近半夜，敲开路边农家小店买了几支手电筒，摸黑下山走向峡谷。走到半山腰发现纸民陈三爷家门外有灯亮着，他们一直没睡，锅里留着热乎乎的饭菜等着我们，让我们心里暖乎乎的。终于在凌晨两点把晚饭吃上了，等天亮再拍摄漳河源古法造纸。没想到，在航拍漳河源陈家老屋的全景时损失惨重。开始设计了5组镜头（共5块电池），飞到3组半的时候，飞行器意外挂到悬崖边的枯树枝上，随后翻

本文作者在开展公益拍摄

着跟头掉到漳河里。不算其他损失，仅返厂修理费就达 8600 元，褚连生说："虽然心疼，但漳河源有了新视角的大景图片，也值了！"此次俯拍的漳河源大景图登上了多家刊物，队友魏冬玲开玩笑说这张照片值万元。2005 年到 2016 年拍摄漳河源视频 5 场次 8 小时，制作的 DV 纪录片《漳源纸事》获第 29 届东京录影节优秀作品奖，DV 纪录片《纸民》在 2008 年参加了北京第 6 届中国纪录片展。

在乡村振兴中，传统村落渐受关注。中国古村落发展与保护专业委员会联合拾穗者，从 2016 年开始，赴荆山深处开展传统村落的立档调查工作。截止到 2019 年实景拍摄、采访、航拍 40 场次 60 小时。我们采取入户访谈、记录拍摄、航拍等方法进行全面调查。每次拍摄前编写好拍摄内容，航拍、采访、细节分组分头进行，当晚开会总结、整理查看拍摄内容。有一次，得知南漳县的一个村子有"端公舞"的祭祀活动，我们连夜赶到现场，全程拍摄。辛苦是辛苦，但欣慰的是我们拍摄的有关村落视频资料在中国景观村落、中国传统村落评选中发挥了作用。麻城河村、昌集村、峡口村、不二坪村、三里岗村、冯家湾村进入中国景观村落和中国传统村落名录。

从襄阳到汉水

秦岭雪，巴山雨，交集汇聚成汉水。沿我们的母亲河——汉江上溯寻源，是我们多年的心结。2005年10月，我们开始探访汉江源头。天公不作美，一路都在下雨，被堵在旬阳县城三天两夜，赶上了三十年一遇的大洪水，部分街道被淹，房屋垮塌。白天广播、电视轮番播发县长令，晚上防洪警报响个不停，要求沿江居民迅速撤离。我们不顾险情，冒着滂沱大雨，拍下了穿城而过的滔滔江水、山体滑坡、洪水冲垮的路面，留下了用生命豪赌换来的珍贵影像资料，直到现在回想当时的场面还心有余悸。2018年我们再次寻访汉江源，已经完全没有当年的痕迹，现在的源头筑起了水坝，在通往汉江源的路口修建了一个"汉江源文化广场"。在新旧影像对比中，我愈加感受到了记录的价值与意义。

岘山是襄阳的一座文化名山。随着岁月的磨蚀，各类摩崖石刻、建筑遗址在一天天漫漶乃至消失，而它们是一个地方不可再生的文化符号。自2008年以来，我们DV组数次实地踏勘岘山文化遗址，用动态影像记录这些有价值的文化遗迹。

从2006年开始，多次跟随历史专家李治和、规划专家陈家驹考察汉江两岸，完整记录了崔家营水利工程枢纽蓄水前后河流与城市的容颜，见证河湖之变。

作为汉江流域商业文明的遗存，樊城仅存的6家会馆相继被列为省、市文物保护单位，我们用动态影像第一次完整记录了黄州会馆的修复过程。2006至2019年，我们对岘山、汉水、会馆、码头共拍摄记录28场次，积累素材20小时。

襄阳古城是全国重点文物保护单位，是一座人文厚重的城市。秦楚争霸、三国争雄、宋金之战、宋蒙之战，为这"兵家必争之地"作了沉重和壮烈的注脚。这座城市遗留文化符号俯拾皆是，足以让人们用一生的时间去解读记录。2005至2019年，我们利用休息时间完成了36场次40小时的拍摄。

2012年，襄阳开始了大规模的旧城改造工程。拾穗者紧急实施"樊城历史街区文献档案"项目。通过口述历史、影像记录、实物采集等方式收集樊城历史街区资料。我们利用节假日，扛起设备，走街串巷，采访原住民。在用稳定器记录九街十八巷的原始街景中，拍一段检查一段，感觉影像质量有点不到位的，都要从头再来一遍，直到满意为止。

2007年团队借助"中国记忆网"筹集资金，对陈老巷布匹老字号阮祥泰旧址进行了地面、上下水的修缮，以此保护陈老巷历史建筑，称得上是修复保护历史文化街区建筑的具有标本价值和意义的探索。我们多年跟拍陈老巷42号（今41号，亦为阮祥泰旧址）衡德华的生活。记得2007年，为了拍摄衡德华老人一家过小年有烟火气的画面，在寒冷的冬天，我们从下午开拍包饺子，直到晚上近 11 点拍他们团年。饥寒交迫，但有了想要的素材心里暖和，觉得特别值。现在每次去陈老巷都要进 42 号看看衡老太太，老太太见到我们就像见到亲人一样，泡茶、递烟，留我们吃饭。团队摄制《公民参与文化遗产保护与模式示范项目》《种子的力量》等纪录片，进京参展，起到很好的宣传作用。2006 年至 2019 年拍摄动态影像 35 场次累计 50 小时。就这样，我们将老街老巷的飞檐翘角、砖墙布瓦、百姓生活永远给予定格记忆。

我也积极参与公益事业和文保宣传工作。团队的 DV 小组连续多年参加拍摄福利院的团年宴、慈善爱心晚会、义卖和专题活动。2014 年，褚连生荣获襄阳慈善总会颁发的"慈善爱心先进个人称号"。参加"记者陪你看襄樊"、文化遗产日、穿天节、"吾爱吾襄·读城"等活动，共拍摄 90 场次 110 小时。

十五年来，为了提高拍摄技术和后期制作水平，从拍摄到剪辑、配音、背景音乐、字幕等等，我从零开始学起。有时制作一部几分钟的视频，要对几小时的素材反复进行筛选，每个画面精确到帧。褚连生为了提高影像拍摄水平，2007 年自费到北京参加草场地青年导演培训班，跟随著名纪录片导演吴文光老师学习；随后不惜重金配备摇臂、斯坦尼康、轨道、灯光、录音机、摄像机、无人机和后期制作、影像存储等设备。到目前为止，DV 组拍摄的动态影像资料累计达 5T 左右，制作的部分专题片在各类会议、电视台和网络媒体上播出。

我的祖籍不在襄阳，之前一直没有归属感。但是，我喜欢"回到田野，守望故乡"这八个字。和同伴们一起拾穗十几年，对襄阳由了解而热爱，用 DV 聚焦光阴故事，定格时代变迁，越来越成为我自觉自愿的行为。拾穗，永远在路上。

麻城河乡村艺展：一个众创众筹的成功案例

刘爱河 / 文　魏冬玲 / 图

2016 年 10 月 1 日至 5 日，在举国欢度国庆佳节之际，在襄阳市南漳县东巩镇麻城河村，一场别开生面的"丙申年庆·麻城河乡村艺展"正在如火如荼地举办。这是一次以艺术介入的形式进行乡村建设乡土复兴的公益活动，也是拾穗者多年坚持的"回到田野 守望故乡"的又一次实践。最重要的是，这是一次众创众筹的尝试。

麻城河是湖北省南漳县东巩镇太坪村所辖自然村，因其丰富的明清建筑文化遗产和得天独厚的山水自然环境，2015 年被中国古村落保护与发展专业委员会评为"中国景观村落"。

一、活动的缘起和运作

多年来，拾穗者一直致力于襄阳市的文化遗产保护，致力于汉水文化的发掘和保护。举办这样一个活动也是拾穗者发起人李秀桦在和几个热爱乡土文化的朋友聊天间突然闪过的一个念头，他们一拍即合，组成了 5 人策展团队，开始策划活动方案。活动方案得到东巩镇委书记的认可后，大家开始分头行动。

这项活动内容很丰富，包括七个单元：（1）我是鲁班：村民工匠＋志愿者乡建工作坊；（2）母亲的艺术＋父亲的艺术：麻城河民艺展；（3）原乡：荆山传统村落影像展；（4）岁时纪胜：木版年画艺术展；（5）半耕半读（农事体验＋读书交流）；（6）麻城河农夫市集；（7）麻城河艺术家工作营（艺术家驻村创作）。

组织这项活动并非易事，需要有创新性而且能够打动观众的设计理念，也

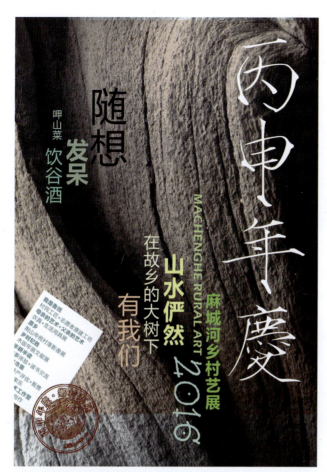

"丙申年庆：麻城河乡村艺展"海报　豆米设计

需要创造将这些理念落地的条件。为达成这一目的，还需要协调镇政府、村委会、社会组织、志愿者等方方面面的关系。对一个志愿者组织来说，难度确实不小。最为棘手的恐怕是经费了，如果没有经费，再好的理念都是空想。拾穗者想到了众筹。他们测算了一下，此次活动大约需要经费 28000 元。策展团队带头发起众筹，在村民和各界朋友的支持下，众筹还比较顺利，用了 22 天时间，成功筹到所需经费，先后有 380 多人次捐款，其中，50% 以上捐款来自外出务工的麻城河村民。

　　筹款其实是筹人。从这次众筹的过程可以看出，捐款人主要包括两部分：一部分是由于对拾穗者有深入了解，知道他们多年来一直在实实在在地做文保，认

麻城河乡村艺展：一个众创众筹的成功案例

473

可他们的品牌，因而毫不犹豫地献出了自己的一份爱心；另一部分是麻城河村民，尤其是外出务工的村民，他们热爱自己的家乡，愿意为这一传播家乡文化的有益活动尽一份力。当然，拾穗者成员也都带头捐款，他们的身体力行也感动和感染了很多人。

众筹平台上有好多让人感动的留言："希望我们的乡村越来越美丽，希望能从根本上改变乡村的现状，让农民富裕起来。""乡村，是最后的中国记忆，如今慢慢在岁月中沦陷。留住乡愁，心怀感恩。""支持家乡建设，尽一点力！""只有行动才能让中国的乡村变得更美好，更有希望。"

众筹的成功也说明这项活动有了很好的群众基础，得到大家的高度认可，也在很大程度上增强了拾穗者办好这一活动的信心和动力。

筹款成功后，进入了实质性的执行阶段。建筑小品——待雨亭的设计和建造、摄影作品和木版年画作品的遴选和制作、展品的陈列、讲座的安排、海报和logo的制作……每一项具体工作的落实都需要周密的计划，需要反复协调各方关系，还得精打细算，尽量花小钱办大事，毕竟经费非常有限。

待雨亭的建造是此次活动的一个重头戏。湖北文理学院建工学院副教授、乡建工作坊负责人张平乐如此阐述自己的设计思想："'待雨亭'选址于麻城河秦家民居和李家民居中间的一块较为平坦的基址，名叫东沟，是麻城河村民劳作和游客游玩的必经之处。此地南依凤凰山脉，山上有凤凰寨，北临麻城河水，地势高亢，视野开阔，风景绝佳，实为形胜之地。选址于此，农人可在繁忙农事之余、斜风细雨之时稍作休息；游客可在此稍作停顿，缓解跋涉之疲劳，并可欣赏山川景物。在艺展期间，拟作为展出场地和接待场地。"但施工中期发现困难重重，仅人工费用就7000多元，远远超出了预算。但最后镇政府伸以援手，解决了资金问题。

此次活动共展出了66幅摄影作品和30幅木版年画作品。摄影作品由拾穗者成员魏冬玲负责征集，展览结束后将留在麻城河村，供村民和游客参观。

经过两个多月的精心筹备，活动于10月1日如期举行。这一天，有3000多市民、外地游客来到了麻城河村，参加了这一场文化盛宴。接下来的几天中，每天有上千人来参加活动，有志愿者，有附近的农民，有慕名而来的各界人士，也有前来度假旅游的，活动还吸引了不少背包客，襄阳业余无线电协会的朋友们也来麻城河安营扎寨、深度体验，并提供应急通信和救援保障。

参加麻城河乡村艺展的志愿者们

二、活动的特点

此次活动的一个重要特点是参与主体的多样性。

拾穗者是该项活动的发起者，也是最重要的组织协调者。他们成功地筹到活动所需经费，为活动的开展迈出了最坚实的一步。

东巩镇政府给予了很大程度的支持，不仅补齐了活动经费缺口，10 月 1 日，为确保活动的正常进行，派出了应急通信车、消防车和救护车，还组织了一场大型民间艺术演出，大大增强了这次活动的吸引力和影响力。

太坪村委员会和拾穗者一起参与了活动的策划和组织，全程支持活动的举办。

湖北文理学院的大学生和村民一起设计和建造待雨亭。湖北汽车工业学院王占北教授在活动中做了公益讲座，丰富了活动内容，增长了大学生和村民的知识。

中国古村落保护与发展专业委员会一直关注麻城河，2014 年即对麻城河村做了田野考察，次年批准麻城河村为"中国景观村落"，并在襄阳设立了工作站。

中国记忆网、襄阳市草草义工协会、襄阳业余无线电协会、人文武汉志愿者团队也专程赶来参加这次活动，与拾穗者共同探讨民间力量如何更好地挖掘和保护文化遗产。

有一个志愿者也特别值得一提，他是东巩镇的李勋福，是拾穗者团队的铁杆粉丝，一直以来都非常支持拾穗者的工作。十年前拾穗者探访古山寨时他就主动做向导，拾穗者的事儿就是他的事儿，乐此不疲无怨无悔。从待雨亭开始建设时也就天天泡在工地。这次活动中，哪儿需要他就可以在哪儿看到他，每天开车数十千米山路来麻城河，帮忙接送客人，运输物品，大事小情都乐意。他默默地做了许多事，大家都看在眼里，记在心里。他是一个平凡的人，但他身上闪现着人性的光辉。

媒体对这次活动的作用也不可低估，在筹备阶段，《襄阳日报》《襄阳晚报》等媒体就做了前期宣传，让更多的人了解并参与到这项活动中。活动期间和活动结束后，湖北电视台、襄阳电视台、《襄阳日报》《襄阳晚报》、中国小康网、中国古村落网、南漳新闻网都做了报道。襄阳天马映画影视公司还到现场拍摄了微电影，微信朋友圈的转发也在很大程度上扩大了该项活动的影响力。

三、小结

这次活动是众创众筹的一个典型案例，也是唤醒村民文化自觉的一个典型案例。拾穗者作为承办方，在这次活动中发挥了最重要的主导和组织协调作用。众筹的成功，一方面得益于拾穗者多年来的有口皆碑，另一方面也得益于麻城河村民对本土文化的意识和热爱。政府、社会组织、高校、志愿者、村民、媒体也都以不同方式参与了这次活动，由于充分调动了各方积极性，而且都发挥出各自优势，使得这次活动能够成功举办。活动虽然结束了，但其影响将是长期而深远的，更多的人走进了麻城河村，感受了麻城河村的自然和人文气息。村民们也史无前例地对自己的家乡有了新的认识，意识到自己家乡的"美"。随着更多的人关注麻城河村，一起建设麻城河村，古老的乡村必将焕发出新的活力。

这次活动之所以能得到东巩镇政府的大力支持，主要是拾穗者和其他成员前期做了大量扎实的工作，得到镇政府领导的高度认可。政府的支持对社会组织来说至关重要，因为当前，文物保护领域社会组织发展还相对滞后，政府加强对社会组织的支持和引导，不仅可以有效动员更广泛的社会力量，共同致力于文物保护，而且可以做出社会组织自己的特色，政府花小钱就能办大事，值得提倡，也值得推广。

　　这次活动的主办方还设计了调查问卷，委托大学生志愿者进行随机发放调查，调查结果表明，大部分游客和回乡人员都希望让更多的人进来体验乡村生活，做好生态环境和文物保护工作，把乡村建设得越来越好。

原载《中国文物报》2016 年 11 月 11 日
作者系中国文化遗产研究院副研究员

麻城河乡村艺展：一个众创众筹的成功案例

民间遗产保护传承的困与忧

——以漳纸工坊为例

刘爱河／文　张玉涛／图

　　耳闻漳河源和漳纸工坊已有多年，前不久，终于有幸与拾穗者一起走进漳河源，走进漳纸工坊。关于漳河源的美艳、漳纸工坊的朴拙，我曾不止一次地展开自己的想象，但置身其中，还是难掩兴奋之情，那空灵幽静的高山峡谷，清澈碧翠的山泉溪流，沁人心脾的爽朗空气，色彩传奇的人文故事，无不令人心感惊艳和震撼。

　　漳纸工坊位于湖北省南漳县漳河源自然景区，从襄阳市区出发经过3个多小时车程，到薛坪镇龙王冲的山垭下车，之后沿着陡峻的崖壁小心翼翼地往下走，大约40分钟可以到达谷底，也就是漳河源的腹地。这里山高林密，沟深谷幽，雨量充沛。川流不息的漳河水，漫山遍野的毛竹，给古法造纸提供了天然良港。据纸民陈三爷讲，漳纸工坊始于清代，江西陈氏家族为了躲避战乱，沿着湖北大冶、咸宁，一路辗转迁徙至漳河源，在这里开山取料，筑木为屋，建起了南漳最早的造纸作坊。200多年来，陈家后裔手手相传以此为家，斩竹漂塘、荡料入帘，世世代代以造纸为生。陈氏家业鼎盛时期，工坊遍及漳河源上场、中场、下场，多达六七十家，漳河两岸的山林几乎被陈氏家族垄断。及至清代中后期，漳河造纸名噪一时，陈家可谓富甲一方。

　　早期的造纸作坊既生产用于书画和线装书的宣纸，也生产民间常用的裱纸、火纸。清末民国时期，由于战乱和匪患，漳河纸业受到很大冲击，工艺复杂的宣纸制造被迫停止。解放初期，漳纸生产几近停产。改革开放后，造纸作坊重归纸民，漳纸生产也逐步恢复，传统工艺得以延续、传承，但主要生产祭祀用的黄表纸和火纸。由于漳纸生产在原料和工艺上几乎与明末宋应星所著《天工开物》记录的蔡伦造纸过程别无二致，因而很快引起一些学者和研究者的关注，漳纸工坊独特的历史价值、科学价值和工艺价值，被专家们誉为"中国造纸术的活化石"。

岁月如歌。进入二十一世纪，随着现代工业化、城镇化的发展，手工作坊式的造纸方式显然难敌现代机械化技术的冲击，高强度的劳动，低效率的产出，使得漳纸销售渐渐失去市场优势，久居山里的陈家后裔们不再愿以造纸为生，他们纷纷走出漳河源，奔向城市，或打工，或经商，曾经火热的漳纸工坊再次陷入后继乏人的危机。

拾穗者的偶然发现与屡屡造访

2004 年，一个偶然的机会，漳纸工坊被背包客李秀桦发现，岌岌可危的陈氏作坊因此而迎来了命运的转机。2005 年，李秀桦发起成立了拾穗者民间文化工作群。在他的影响下，一群一群拾穗者纷至沓来，漳河源里开始多起了笑声，多起了男男女女的行人。为了保护这一濒临失传的造纸工艺，让更多的人了解支持这一古老工坊，拾穗者记录工艺、撰写文章，呼吁政府加以关注和保护。2007 年，他们自筹款项制作了记录陈家造纸的 DV 纪录片——《漳源纸事》，美奂的自然风景，真实的镜头写生迅速赢得了公众的目光，在东京第 29 届 JVC 录影节上，《漳源纸事》一炮走红，荣得大奖，寂寞的漳河源、漳纸工坊也由此声名鹊起。

之后的十几年，拾穗者始终不遗余力地在精神和物质方面给予漳纸工坊各种帮助。虽然山路坎坷，但拾穗者的脚步始终没有停歇，李秀桦、邓粮等二十多次走进漳河源，他们源源不断地给工坊带来生活补贴和日用品，带来传承改进造纸工艺的新理念和新技术，带来对传统造纸工艺感兴趣的专家学者、大中小学生、背包客。在关注古法造纸工艺传承发展和纸民生产生活的同时，拾穗者还把目光投向更远的未来，他们立足乡村文化系统建设，着眼自然生态与文化遗产保护，给漳纸工坊制定了"活化传承，生活美学，环境保育"的十二字发展方针。拾穗者的不懈坚持和努力，坚定了陈家人继续手工造纸的信心和决心，使得漳纸工坊得以保存至今，传统民间工艺得以持续传承。拾穗者对漳纸工坊的长期关注和支持，彰显了他们对中华优秀传统文化的热爱，对传统造纸工艺的珍视，也表达着他们对甘于清贫、甘于寂寞、一直坚守祖先基业、传承漳纸工艺的纸民的敬佩。多年来，拾穗者与纸民结下了深厚友谊，亲如一家，风雨同行，他们的故事也感染了一批批有情怀、有爱心的传统文化爱好者前来探访，在扩大漳纸工坊影响的

中国文化遗产研究院文化遗产专家于冰（左）和作者在漳纸工坊

同时，也书写着当代文化遗产志愿者勇于担当、甘于奉献的华彩篇章。

保护者的主动介入与文化大家的倾情相助

2011 年，为了使漳河源古法造纸工艺得以传承和延续，拾穗者再掀波澜，一些热衷于传统工艺保护的志愿者开始自觉聚集，主动介入到陈家的生活生产当中。他们发动各方力量，募集资金，启动了"漳纸工坊——漳河源自然生态和文化遗产保护项目"。在漳纸工坊建立纸文化陈列室，通过帮助纸民外出参加培训、寻求社会赞助、组织漳纸工坊手工纸研习营、举办展览等等，为造纸工艺的改良和纸民的生存出谋划策。南开大学校友伸出热情之手，捐款 3 万余元，支持项目建设。索桥建设是项目的重头戏，2012 年，索桥建成，被定名为"漳河源南开桥"，这是漳河源上第一座桥。索桥的建成联通了通往工坊的道路，极大地方便了纸民和游客的出行。这座桥由纸民秦明炎主持修建，凭着多年的乡村生活经验，他优化了设计方案，选址也略有调整，最终建起的桥不仅美观、牢固，而且还降低了成本。项目组和南开校友对这座桥高度重视，特意请著名历史学家、南开大学教授来新夏先生为小桥题名，赋予小桥特殊的文化气息。同年，改良的手工纸"漳纸一号"试制成功，中国文联副主席、中国民间文艺家协会主席冯骥才先生试用

作者在漳纸工坊体验传统造纸

后欣然命笔，"天然漳纸好，下笔有精神。古事今不去，拾穗乃功臣。"这对纸民和拾穗者都是莫大的鼓舞。为了改善进出漳河源中场的山路难行和安全隐患问题，武汉一家民间社区——拉图尔自然生活俱乐部，在会员中募集资金，在拾穗者的配合下，整治登山步道，加装防护栏杆，消除路途隐患。拾穗者的介入和文化人的助推，带动了越来越多的公益团体，如草草义工、绿色汉江、襄阳义工、启明学堂、南阳文保团队等主动加入到漳纸工坊的保护之中，多次和拾穗者就漳纸工坊的前景交换意见，共谋出路。

背包客的源源涌入与"最美手工私游地"殊荣

随着拾穗者的深度介入和网络媒体的宣传报道，越来越多的传统文化爱好者、旅游背包客开始走进漳河源，走进漳纸工坊，古老的陈家纸坊渐渐人气攀升，熙熙攘攘。2011年以来，拾穗者先后组织了8次漳纸工坊手工研习营，超过200余人参加。在他们的带动和宣传下，有越来越多背包客慕名走进漳河源，探访漳纸工坊。2016年，前往漳河源的游客达4000多人，创历史最高纪录。每遇小长假或黄金周，前往漳纸工坊的游客都会激增。2017年"五一"小长假，竟有200多游客走进漳河源，对于平时冷冷清清的漳河源来说堪称爆棚。背包客的源源涌

民间遗产保护传承的困与忧

入不仅给漳河源的旅游注入活力，而且给传统的漳纸工艺、漳纸工坊的保护传承带来了生机。在公众的热情推介下，在政府的重视下，南漳"古法造纸"被纳入国家非物质文化遗产保护范围。2009 年，南漳县政府给陈中明颁发"非物质文化遗产"项目"古法造纸"代表性传承人证书。2010 年，陈中明和陈廷彬一起被列为"古法造纸工艺"市级非物质文化遗产代表性传承人。2014 年，秦明炎被评为湖北省民间工艺技能传承人。

优美的自然环境，清新醉人的空气流水，完整的造纸工艺，古朴的水利系统和独特的湖北省民居，物质文化与非物质文化的古老遗存，人与自然的和谐共融，很快引起了私游者的关注。众人拾柴火焰高，在大众的推介下，2012 年，漳纸工坊以其独特的峡谷自然风光和原生态古法造纸工艺，被《中华手工》杂志评选为"中国最美手工私游地"。这里优美的环境、宁静的氛围，深得都市人喜欢。在这里，人的身心能得到彻底放松，感悟到诗意的栖居；这里的造纸作坊、水利系统、朴实纸民，能带给游客独特的文化体验，亲切而自然；这里的悬崖绝壁、小桥流水、古树老屋，既有险峻之美，又有品玩之乐，能带给游客强烈的视觉冲击和心灵震撼，令人流连忘返、回味无穷。对于热爱自然、热爱生活、热爱传统手工艺的游客来说，漳河源不容错过！

漳纸工坊，保护传承路在何方？

如何在保持环境原生态、维持造纸工艺完整的前提下，把漳纸工坊建成自然保育和文化遗产保护理念传播的重要场所，拾穗者一直在思考、在尝试，已经摸索出一条较为可行的路径。他们通过组织研习营、举办陈列展览、在期刊报纸发表文章等多种形式，广泛传播漳纸工坊的价值，带动越来越多的人走进漳河源，了解传统造纸工艺的精髓，体验漳河源独特的自然和人文生态，以此来增加纸民收入，维持现状。但这还不能从根本上解决漳纸工坊的保护和传承，为了美丽的漳河源能够一直美丽，为了古老的造纸工艺能够一直存续，环境需要整治，老屋需要修缮，工艺需要展示，产品需要提升，这些都需要得到政府部门和社会各界的支持和帮助。政府部门应该积极支持，将陈氏古法造纸工艺列入传统工艺振兴目录，予以重点支持，同时制定相关措施，将遗产保护与精准扶贫相结合，鼓励纸民从事传统手工艺生产，提高纸民收入。与此同时，还需要投入资金，在最大程度维护原生态的前提下对进入漳河源的道路及周边环境进行整治，使参观漳河源更易达、更便捷；社会组织和志愿者应该发挥其广泛性、独立性、灵活高效的优势，在调查研究和展示传播方面多下功夫，进一步深化造纸工艺传承发展研究，深化陈氏家风家史研究，讲好漳河源的故事，传播好漳纸工坊的价值，呼吁更多的人关注和参与漳纸工坊的保护和传承；专业人士应该在老屋修缮、纸张改良、产品提升、展示利用等方面给予指导，帮助纸民开拓思路，提升品质，加强与社会各界的交流与合作，逐步走出困境；游客应该自觉爱护漳河源的生态环境，杜绝不文明行为，"除了照片什么都不要带走，除了脚印什么都不要留下"。

目前，漳纸工坊仅剩三人，87岁的老奶奶、年近花甲的女儿和女婿。作为一个文化遗产工作者，我深深地为漳纸工坊的未来担忧。漳纸工坊的出路在哪里？漳河源的明天会如何？目前还没有令人满意的答案。这样一个古朴静谧的世外桃源，适合作为少量游客进行文化体验的场所，通过适当发展文化旅游反哺造纸工艺传承。漳纸工坊的接待能力也很有限，如果游客太多，势必会影响每一位游客的观感体验。每一位来这里的游客，应该怀着对自然的渴望、对遗产的敬畏和对纸民的关切。这样的旅游应该拒绝喧嚣，拒绝匆忙，在悠然自得的状态下慢慢感受、慢慢体验，不仅要了解造纸工艺的精髓和价值，而且要了解纸民得以世代维系的家训和家风，不仅要着眼文化遗产的保护和传承，也应给予纸民更多的人文关怀。

在工业化、城镇化快速发展，传统和现代、城市和乡村激荡碰撞的进程中，传统村落、传统工艺都在不断衰败，面临严峻的冲击和挑战，漳纸工坊并非个案。民间文化遗产的保护、传承和发展，是一个时代命题，也是一个现实难题，需要政府部门的关注支持，更需要社会各界的共同参与。每个人尽一点微薄之力，就能汇聚成一股强大的力量，或许就能成就一段新的传奇，再铸新的辉煌！

原载《遗产与保护研究》2018年第5期

民间遗产保护传承的困与忧

民不能忘

萧雨林 / 文　邓粮 / 图

农历乙未年，也就是公元 2016 年，邓粮和一块石匾较上了劲。

准确地说，邓粮是为了一块石匾和一帮人较上了劲。

邓粮是襄阳铁路供电段的一名中层干部，但他经常被人提及的是他另一个身份——襄阳拾穗者民间文化工作群召集人。

拾穗者

襄阳，是一座人文厚重的历史文化名城。楚人的拓土开疆，两汉的沉浮兴替，三国风云，盛唐风流，两宋硝烟，都在这片土地上留下了可圈可点的重笔。刘秀、刘表、诸葛亮等史上留名的人物灿若星辰。这座城市遗留的人文符号俯拾皆是，也许正因如此，才有了拾穗者这样一群人。

时间退回到 2005 年。在襄阳市人大工作的李秀桦、大学教师邵爱民和工程师张玉涛在网络论坛上相识，出于对历史人文的热爱，他们常相约在节假日探访老街老巷。一天，李秀桦提出设想，即以整理、研究、保护和传播地方文化为己任，成立一个民间文保机构，得到了另外两人的积极响应。邵爱民则从法国画家米勒的作品《拾穗者》中得到灵感，把团队命名为"拾穗者"，意在拣拾散落民间的"文化之穗"。

十年过去了，这些拾穗者拾起的文化之穗还真不少，人数也由最初的三人增加到 15 人。在他们的努力下，南漳古山寨被搬上了《中国国家地理》杂志，引起了国内外关注。在他们的推动下，老河口木版年画被列为国家级非物质文化遗产。他们的文化记录和研究成果，已汇成了两部厚厚的《拾穗集》。2008 年，拾

"民不能忘"石刻拓本

穗者被评为"薪火相传——中国文化遗产保护年度人物"。今年,邓粮作为团队召集人被吸收为中国文物保护基金会理事。

作为襄阳日报一名记者,我关注拾穗者群体长达十年。第一次采访"拾穗者"是在 2006 年,那时邓粮还不是召集人。在拾穗者这个民间文化工作群里,邓粮不是因为最有文化才被推举为召集人,他当上召集人是因为他的性格。

邓粮,看名字就知道是出生在那个"以粮为纲"的时代。怎么形容他的性格呢?他们曾经关注的老河口木版年画中,最具代表性的一幅作品叫"一团和气"。我当时就发现,"一团和气"这个词简直就是为邓粮量身打造的。邓粮属于那种长得很喜庆的人,小眼睛,厚嘴唇,笑起来的样子也是一团和气,常常让人产生粮食丰收了的联想。在这个由十余人组成的大家庭里,难免会因学术分歧和性格差异等问题发生争执,但只要邓粮一介入,好像什么矛盾都能被他三言两语轻松化解,而后就又是"一团和气"了。

然而,从今年初开始,一团和气笑容可掬的邓粮像是换了个人,经常皱着眉头,一脸凝重。让邓粮耿耿于怀的,就是这块刻着"民不能忘"四字的石匾。

石匾受损

邓粮最早看到这块"民不能忘"四字石匾,是在 2008 年。那时,团队成员根据自己的研究方向做选题,有人做"老街",有人做"岘山",邓粮和团队成员杨家香选择做"汉江河堤"。发现"民不能忘"石匾,就在这期间。

在樊城沿江的大堤上,最能吸引游人目光的,就是那些形态各异而又不失古

位于公馆门码头的"民不能忘"石刻

朴的码头与牌坊。其中，公馆门码头是现存码头中规制较完整的一座，由石蹬道和石平台组成，呈扇形。在码头平台的条石驳岸正中，镶嵌着一块长近两米、宽约四十厘米的大石匾。石匾上有阴刻楷书"民不能忘"四字，字体遒劲有力，又不失圆润。初见这四字，就有种很特别的感觉驱使邓粮去探寻这四字背后的故事。

2015年4月，八省一市"万里茶道文化遗产保护工作推进会"在武汉举行，确定湖北为万里茶道申报世界文化遗产的牵头省份。对襄阳来说，码头与会馆，是与"万里茶道"密切相关的建筑遗迹。其中，樊城码头于2008年被列为省级文物保护单位，而"民不能忘"石刻为市级文保。这年12月，作为民间文保团队的召集人，邓粮随"万里茶道"申遗专业人员一起到樊城码头实地考察，就是这次考察中，他发现"民不能忘"石匾被破坏。只见一艘写着"襄水缘茶舫"的白色大船在固定船身时，把一根钢管打进了石匾左侧石缝中，石匾左上角出现了一处十多厘米长的缺痕，石匾上方的青石条也被整体撬走。邓粮顿觉心头仿佛压了块石头，当即打电话给襄阳市文物管理处主任邹劲。

"我希望能把经营襄水缘茶舫的船移走，同时修复石匾及周边环境。"邓粮对邹劲说。

在襄阳的文化主管部门中，几乎没有人不知道拾穗者。作为官方，他们对拾穗者的工作给予了很多必要的支持，邹劲也不例外。但是，几个月过去了，船还是没有动静。邹劲回复邓粮，这事属于海事局管，还涉及这块地方所属的米公街道办事处等单位。

对于邹劲的回复，邓粮有些不满，随后找到市海事局以及石匾所在的社区。结果，每个单位都有自己的一番说辞。问题久拖不决，邓粮很是焦虑，甚至考虑以志愿者身份向有关单位提起环境公益诉讼。

"我们的目的是保护这块石匾，不是跟部门作对。何不借助媒体的力量？"拾穗者成员楚山农向邓粮建议。

媒体介入

邓粮就是在这种情况下找到我的，那天是 2016 年 4 月 5 日。

"你说，多少会馆消失了，码头被破坏了，现在我们就剩下这点东西了，为什么不能保护好？"邓粮一脸凝重地说。和他认识十年了，我从未见他对哪件事这么上心。

4 月 6 日，我和邓粮相约来到现场。在"民不能忘"石匾所处的公馆门码头，一共停了两艘船，一艘是趸船，供坐船过江的游人使用；另一艘就是这艘相当于水上餐厅的襄水缘茶舫。

我们以游客身份踏上了固定在石匾处的襄水缘茶舫，在船舱里点了几个菜，假装不经意地问老板一些问题。船老板倒也热情，说这艘船本身不是他的，是他从一骆姓船主手中租来的。

"老骆以前是渔业社的职工，后来单位破产了，海事局就允许他和另一个船主在这个码头经营。旁边的趸船和这个船都是他们的。"船老板说。

"您知不知道，固定船只的钢管旁边那块石匾是个文物？"

"以前不知道，去年有电视台的来报道过，才知道这是个文物。"

"那船刚好固定在这块石匾旁边，是你们选的位置吗？"

"那是老骆他们固定的。"船老板说。

当天晚上，我把石匾被破坏的情况和这块石匾背后的故事，加上一组石匾被破坏前后的图片，发在 4 月 7 日的《襄阳日报》上，打算报道发出后再去找文物管理处。

4 月 10 日，我以记者身份联系了邹劲。邹劲对此事非常重视，请我们到市文物局解释情由。

邹劲告诉我，去年邓粮在反映"民不能忘"石匾被破坏的情况后，他们第一时间就到现场察看。但是经营"襄水缘茶舫"的船只的泊位属市海事局管辖，他们也先后找米公街道办事处和海事部门协商过。

"主要是文物管理处没有执法权，不能强制执行。"邹劲解释。

"那就没有办法了吗？"我问邹劲。

"你们介入的话可能会好一些，我们再以市文物局的名义给海事局等部门发个告知函，把码头和这块石匾的价值告诉他们，请他们配合。说实话，襄阳文物遗迹点多、线长、面广，文物保护工作就凭我们文物管理处这么一二十号人，远远不够呀！文物保护工作需要各部门的配合和全社会的参与。"邹劲说。

第二天，我和同事来到海事局。当时，海事局领导不在局里，我们把有关情况告诉了办公室主任，他让我们等回复。

4月13日，海事局电话告知，领导已作出批示，由樊城区海事处一行十六人前去协调，要求"襄水缘茶舫"的船主把船移走，并恢复文物原貌，请我和他们一起到现场。

没想到海事局行动这么快。但这毕竟是触动了船主利益的事，这事是我报道出去的，去的话会不会有危险，以后会不会遭报复？但若不到现场，跟踪报道怎么写？于是，我戴了个墨镜，约邓粮一起到了现场。

不出所料，船主的情绪一开始非常激烈。

"你们记者瞎球写！不是我们，这块石匾早就被偷走了，我们把桩打在这儿，完全为了保护文物！"男船主近乎咆哮着说。

船主的妻子也大喊委屈，拿着一张报纸说："这些年，我们在江边救了多少想跳河的人啊！我们一直在保护这个文物，你看，这是晚报报道过的……"

我一看，是晚报记者一年前写过的报道，文中也的确写到他们保护文物的事迹。情况变得有点复杂。这时，邓粮走到跟前对船主妻子说："大姐，我相信你们的初衷是好的，是想保护这块石匾，可是破坏文物也是事实。你看，这么好的石匾缺了一角，上面的条石也被掀掉了。"

这时，海事局的人也趁机上前做工作："我们帮你起锚，你们把船移到码头那一边，也没有多大妨碍。"

为了固定船只，锚杆要插入很深的水下，没有专业设备是无法拔起的。现在由海事部门帮他们起锚，船主和妻子的态度终于缓和。海事处用他们的设备把襄水缘茶舫起了锚，船只终于移开了。当天，文物管理处也派了专人协调，最后船主的妻子竟非常慷慨地表示："好，我们保证移走。作为襄阳市民，保护文物也是我们的责任！"

4月13日上午10点，固定在"民不能忘"石匾上的船只总算移走了。

事有凑巧，就在报纸刚刊出"民不能忘"遗迹受损报道后，4月12日，时值全国文物工作会议在京召开，会上传达了习近平总书记对文物工作的重要指示，以及李克强总理对文物工作的批示。一时间，新华社等各大中央媒体以及新媒体几乎都在头条位置推送了中央领导关于文物工作的指示和讲话精神。其中，习总书记有句话让人印象深刻，他要求各级党委和政府都要增强对历史文物的敬畏之心，树立"保护文物也是政绩"的理念，这无疑是针对当前文物保护工作中存在的普遍问题而提出的。他强调，文物承载灿烂文明，传承历史文化，维系民族精神，是老祖宗留给我们的宝贵遗产，是加强社会主义精神文明建设的深厚滋养。

习总书记刚好在这时对文物工作做出指示，对"民不能忘"事件的处理和石匾的保护无疑起到了极大的推动作用。没过多久，襄阳市政府召开关于襄阳码头申遗工作的协调会，政府一位副秘书长在主持会议时三次提到，千万不要再出现"民不能忘"石匾受损这样的事了，要求海事、水利等各部门全力配合码头文物遗迹的保护和申遗工作。

5月12日，文物管理处在河南定制的四块文物保护标识牌也运到襄阳，分别立在了四个码头旁。

石匾与郑敦允

在做这个报道的过程中，我查找了与这块"民不能忘"石匾有关的史料。读过这些史料后，我终于明白邓粮为什么对这块石匾有着近乎执拗的珍惜之情。

这块石匾，与一个人有关，准确地说，是与清代的一个官员有关。

清澈的汉水穿城而过，把襄阳古城一分为二，也为这座城市留下许多美丽的传说。比如神女解佩的故事，是中国最古老的神话传说之一。然而，作为襄阳人的母亲河，汉水带给人们的并不总是温情与浪漫，还有无数次的水灾。历史上，地方官员无不把治理水患作为要务。早在三国时期，襄阳太守胡烈在汉江边筑堤以防水。唐代宰相张柬之是襄阳人，也曾把修堤作为对家乡的贡献。清道光八年（1828年），郑敦允出任襄阳知府，更把修堤列为事关民生的头等大事。

郑敦允，号芝泉，湖南长沙人。道光八年（1828年）八月出任襄阳知府，到任后秉公断案，扶良抑暴，深受百姓拥戴。在襄期间，他"不避艰巨，本之以

在樊城公馆门码头，郑敦允郑公的后裔子孙给孩子们讲述"民不能忘"的故事

精心，辅之以勤力，是以事无不举"。因是刑部出身，擅长听讼断案，"判决常至夜分，积牍为空。"这段文字，我是从清人周树槐的《襄阳太守郑公传》里读到的。

又据当时湖北学政贺熙龄撰写的《樊城新堤记》载，在郑敦允到任襄阳之前数十年，水患不仅让樊城百姓的生命财产安全受到很大威胁，也使樊城的商业发展受到很大影响（堤岸日圮，富庶渐减）。郑敦允认为洪水乃"生灵之大患"，决心把土堤修建为石堤。为了方便商船停泊靠岸和装卸货物，郑敦允把原来的自然码头也一并改建成踏步式石砌码头。

樊城石堤改建工程竣工时，郑敦允特建三瑞亭以示纪念，并欣然撰写《三瑞亭记》，详细叙述了筑堤缘由与始末。"古今事无险夷难易皆天地合而成。"郑敦允开篇即言"三瑞"乃天、地、人，坦言筑堤成功只是"能感天和享地利"而已，丝毫不以为是个人功劳。

喜庆的气氛还未散去，罕见的大水次年汹涌而来。1831年6月，汉水暴涨；7月，滔滔汉水冲堤毁岸，涌入樊城；8月，汉水复溢。这次大水亘古未有，所筑石堤塌陷过半，也毁掉了临江而立的三瑞亭。

此时，已经调署武昌粮储道的郑敦允痛感是自己失责，执意要求回襄阳守修堤防，并设法筹得万金，于1831年8月回襄阳。

听说郑敦允要回来，"襄人走迎三百里，日夜牵挽而至。"迎接郑敦允回襄。岂料，五个月后，郑敦允因积劳成疾逝在任上。

郑敦允离世当天，襄阳士民像自己的亲人离去一般痛哭不止，史料记曰：民哭公，如哭私亲。

清周树槐的《襄阳太守郑公传》中还记载着这样一件事，说的是郑敦允病逝后，其弟坐船前来襄阳奔丧。未到地点，船停在一处歇息，只见两人手拿长刀登上了船，很张狂的样子。船主是襄阳人，上前呵斥："你们想干什么，这是郑公家前来迎丧的亲人！"二人听后随即退下。船主告诉郑公的弟弟，二人是襄中巨盗，郑公曾捕获他们五人，杀了其中三个。郑公之弟问："难道他们不会因此仇恨吗？"船主回答："郑公一向持法公平，人皆信服，区区盗贼又敢怎样？"

对此，周树槐在文末感叹道："呜呼！公勤民而民不能忘，诘盗而盗不敢怨。"

郑敦允任职襄阳前后不足四年，其修筑石堤造福于民的功绩令民众始终不能忘怀。1835 年秋，在郑敦允离世三年后，各方人士主动捐资修建郑公祠，选址公馆门码头西北侧，并在码头驳岸正中镶嵌"民不能忘"石匾一方，用以缅怀其功德，并把这段石堤命名为郑公堤。

心中有民，才使"民不能忘"

当时，襄阳士民捐资刻下这块"民不能忘"石匾，就是想让后人永世不忘郑敦允的修堤功德和为民之心。然而，让人感慨的是，在不到两百年的时间里，很多襄阳人已不知郑公何人了。特别是在石匾受损后，有些部门对待文物的态度更让邓粮感到痛心。

本来，"民不能忘"事件到此也算有了个相对圆满的结果，但邓粮认为这事还没完。他争取到市文化主管部门的支持，开始了对码头历史的宣讲。当然，他每次宣讲的重点，都是这块"民不能忘"石匾和石匾背后的故事。

"按理说，郑敦允后来已经调到武昌了，就算河堤被毁，也不干他的事，这属于天灾。如果不是他修了石堤，樊城人民受灾会更加严重。但他还是认为自己失职，要求调回襄阳修堤。我们再看看当今的官员，有几个升了官后还要求再回来的？"每次说起郑敦允，邓粮都会说到这个细节。

于是，我强烈地感受到，邓粮为这块石匾所做的一切，从表面上看是一个民间文化团队为了维护一块文物的完整，实际上是对当今很多官员已经缺失的"为

民不能忘

491

民精神"的追寻与捍卫。我也由此想到，为民精神是中国自古就有的政治传统。孔子讲仁政，孟子讲"民为贵，社稷次之"。郑敦允的为民之心也不是天生就有的，而是与自古以来的优秀官风一脉相承。而共产党的"初心"和先进性从哪里来？这其中分明有着对中华民族优秀传统的继承。习总书记也说过，"中国共产党人始终是中国优秀传统文化的忠实继承者和弘扬者。"对襄阳来讲，"民不能忘"四字背后的意义，已远远超越了它作为文物层面的价值。

因此，在"民不能忘"事件的报道结束之后，我仍继续关注着邓粮的宣讲。有时，他带着一帮人在码头现场讲解，有时，在社区放码头的宣传片。无数人被他的宣讲所感动，这其中也包括不少党员干部。

一个雨天，一位机关干部约邓粮到米公祠石苑一游，邓粮便叫上了我。这位机关干部也是听了邓粮的宣讲后慕郑公之名而来的。之前，我只是读了有关郑公的文字史料，而米公祠石苑还存放着一块刻着"郑公祠"三字的石匾和与郑敦允有关的两块碑刻。枇杷树下，两块石碑并排而立，一块刻着郑敦允本人所撰写的《三瑞亭记》，一块刻着《新建郑公祠记》，为道光十五年赐进士出身翰林院庶吉士的光化知县陆炯所撰。经风沐雨近两百年，两块石碑字迹仍清晰可辨，一个刚劲，似藏为民之心；一个工整，可感崇敬之意。绵绵细雨滋润碑体，循着纹理滑落，似行行泪水。伫立碑前，我仿佛穿越到1832年正月初六，即郑敦允离世的日子，那一天，"民哭公，如哭私亲"。

正恍惚间，只听邓粮对这位机关干部说："一个官员，只有心中有民，才能让'民不能忘'。"

这位不愿我写出姓名的机关干部看着两块石碑，感慨道："郑公精神，民不能忘，官更不能忘！"

后记

　　襄阳拾穗者民间文化工作群（以下简称拾穗者），长年致力于地域文化和汉水文化的调查和研究，从不同的角度、用多种方式记录和整理乡土人文资料，先后编辑出版了《拾穗集》《拾穗二集》。按照拾穗者工作计划，应在 2020 年出版《拾穗三集》。此书收录 2015 年至 2019 年拾穗者的工作成果和成员的文章，因庚子年特殊原因，《拾穗三集》推迟至今才得以付梓。《拾穗三集》既是对团队阶段性工作的总结和记录，也收录了团队成员在这一阶段的研究成果和文化随笔。本着实事求是的原则，根据篇幅和构架要求，在充分尊重作者意愿的基础上，我们完成了本书的编辑。在此过程，团队成员凝心聚力、出谋划策，大家积极参与，使此书顺利出版，高质量地完成了此项任务。

　　回顾过去的这几年，拾穗者团队逐渐成熟，多年积累的成果也开始彰显成效。漳纸工坊项目不仅是拾穗者持续研究的对象，同时也成为团队加强自身建设的教育基地。每年开展的漳纸工坊手工纸研习营活动也成为很有社会影响力的文化品牌项目，每年都会吸引全国各地文化爱好者参与，把营地——陈家老屋也打造成了全国最美手工私游地的网红打卡点。于此，特别感谢漳纸传承人秦明炎先生及他的家人，正是因为他们的努力和坚持，才使得漳纸工坊项目发扬光大并意义重大，它已经从单纯的"非遗传承"延伸到"文化寻根、文化旅游、文化育人"等方面。也感谢胡海龙先生在漳纸工坊项目推广上做了大量的工作，作为项目发起人之一，胡海龙先生多次回访漳纸工坊开展持续研究，通过各种方式、利用各种场合将漳纸项目和传承人推荐给大家，提升了项目的影响力。

　　2017 年拾穗者开展了"吾爱吾襄·拾穗者文化遗产保护宣传季"系列活动，其中"吾爱吾襄·时光胶囊：樊城记忆档案文献展"得到了襄阳市档案局（馆）的大力支持。局长杨国林从活动策划到实施都对我们充满信任，姚景灿先生亲力亲为在布展一线指导工作，吕梅女士作为活动共同策展人，没日没夜在现场参与具体工作，在此一并感谢！同时，感谢襄阳市古玩城李少国先生免费给我们提供展览场地，他要求襄阳古玩城全体商户和工作人员都参与活动的宣传工作，正是因为他们的参与才让展览"点燃"襄、樊二城，在短时间内参观人数过万，取得了较好的社会效益。

拾穗者在2019年推出的"吾爱吾襄·读城——人文历史研学体验活动"项目，活动甫一推出，便得到襄阳日报社关注。拾穗者和《襄阳日报》社以及襄阳市小记者团进行合作，在一年中组织了14场"读城"活动。通过活动，让文化的种子和对家乡的热爱深深植入到孩子们幼小纯真的心灵，让文化得以传承。再次感谢襄阳日报社，感谢小记者团队以及李晓华女士全心付出。

"中国自然和文化遗产日"是拾穗者坚持开展文化宣传的传统项目，襄阳博物馆姚练先生、胡俊玲女士本着对文化的崇敬和高度的社会责任感，每年都会和拾穗者一起参与组织活动。感谢二位及博物馆同仁的通力合作，让"自然和文化遗产日"宣传活动成为襄阳文化人的节日。

在收获的季节总是充满着感激，拾穗者在这几年取得了一定的成绩，特别感谢团队成员们继继绳绳的坚持，感谢家人们默默的支持，感谢社会各界的认可，感谢每位朋友的关心关注。

感谢襄阳市委、市政府领导关心、关注、参与我们的活动，感谢襄阳市人大常委会把拾穗者列为襄阳市人大常委会基层立法联络点，感谢市委宣传部授予襄阳拾穗者民间文化工作群"感动襄阳"特别奖的荣誉称号，感谢市财政给予拾穗者活动以及出版经费帮助，感谢市民政局协助拾穗者开展各种公益活动！感谢市文化和旅游局、市文物管理处在业务指导上，在各种文化项目开展上，对拾穗者的支持和帮助。还有很多很多想感谢的人士和机构在此一并致谢，也希望大家在今后一如既往地关心、关注拾穗者。

此书的出版得到了文物出版社的大力支持，让此书在质量上有了很大的提升。感谢文保先行者、著名作家张金起，襄阳资深新闻工作者孙东海为本书作序。

鉴于时间仓促，编著者水平有限，本书难免有诸多瑕疵，请读者不吝赐教，我们将在今后的工作中改进。

编　者
2021年3月24日